D1589924

Simone de Beauvoir

La force
des choses

I

Gallimard

Simone de Beauvoir a écrit des Mémoires où elle nous donne elle-même à connaître sa vie, son œuvre. Quatre volumes ont paru de 1958 à 1972 : *Mémoires d'une jeune fille rangée*, *La force de l'âge*, *La force des choses*, et *Tout compte fait*, auxquels s'adjoint le récit de 1964, *Une mort très douce*. L'ampleur de l'entreprise autobiographique trouve sa justification, son sens, dans une contradiction essentielle à l'écrivain ; choisir lui fut toujours impossible entre le bonheur de vivre et la nécessité d'écrire ; d'une part la splendeur contingente, de l'autre la rigueur salvatrice. Faire de sa propre existence l'objet de son écriture, c'était en partie sortir de ce dilemme.

Simone de Beauvoir est née à Paris le 9 janvier 1908. Elle fit ses études jusqu'au baccalauréat dans le très catholique Cours Désir. Agrégée de philosophie en 1929, elle enseigna à Marseille, à Rouen et à Paris jusqu'en 1943. *Quand prime le spirituel* fut achevé bien avant la guerre de 1939 mais ne paraîtra qu'en 1979. C'est *L'invitée* (1943) qu'on doit considérer comme son véritable début littéraire. Viennent ensuite *Le sang des autres* (1945), *Tous les hommes sont mortels* (1946), *Les mandarins*, roman qui lui vaut le prix Goncourt en 1954, *Les belles images* (1966) et *La femme rompue* (1968).

Outre le célèbre *Deuxième sexe*, paru en 1949 et devenu l'ouvrage de référence du mouvement féministe mondial, l'œuvre théorique de Simone de Beauvoir comprend de nombreux essais philosophiques ou polémiques, tels *Privilèges* (1955, réédité sous le titre du premier article *Faut-il brûler Sade ?*) et *La vieillesse* (1970). Elle a écrit, pour le théâtre, *Les bouches inutiles* (1945) et a raconté certains de ses voyages dans *L'Amérique au jour le jour* (1948) et *La Longue Marche* (1957).

Après la mort de Sartre, Simone de Beauvoir a publié *La cérémonie des adieux* (1981) et les *Lettres au Castor* (1983) qui rassemblent une partie de l'abondante correspondance qu'elle reçut de lui. Jusqu'au jour de sa mort, le 14 avril 1986, elle a collaboré activement à la revue fondée par Sartre et elle-même, *Les temps modernes,* et manifesté sous des formes diverses et innombrables sa solidarité totale avec le féminisme.

J'ai dit pourquoi, après les Mémoires d'une jeune fille rangée, je décidai de poursuivre mon autobiographie. Je m'arrêtai, à bout de souffle, quand je fus arrivée à la libération de Paris ; j'avais besoin de savoir si mon entreprise intéressait. Il parut que oui ; cependant, avant de la reprendre, de nouveau j'hésitai. Des amis, des lecteurs m'aiguillonnaient : « Et alors ? Et après ? Où en êtes-vous maintenant ? Finissez-en : vous nous devez la suite... » Mais, au-dehors comme en moi-même, les objections ne m'ont pas manqué : « C'est trop tôt : vous n'avez pas derrière vous une œuvre assez riche... » Ou bien : « Attendez de pouvoir dire tout : des lacunes, des silences, ça dénature la vérité. » Et aussi : « Vous manquez de recul. » Et encore : « Finalement, vous vous livrez davantage dans vos romans. » Rien de tout cela n'est faux : mais je n'ai pas le choix. L'indifférence, sereine ou désolée, de la décrépitude ne me permettrait plus de saisir ce que je souhaite capter : ce moment où, à l'orée d'un passé encore brûlant, le déclin commence. J'ai voulu que dans ce récit mon sang circule ; j'ai voulu m'y jeter, vive encore, et m'y mettre en question avant que toutes les questions se soient éteintes. Peut-être est-il trop tôt ; mais demain il sera sûrement trop tard.

« Votre histoire, on la connaît, m'a-t-on dit aussi, car à partir de 44 elle est devenue publique. » Mais cette

7

publicité n'a été qu'une dimension de ma vie privée et, puisqu'un de mes desseins est de dissiper des malentendus, il me semble utile de raconter celle-ci en vérité. Mêlée beaucoup plus que naguère aux événements politiques, j'en parlerai davantage ; mon récit n'en deviendra pas plus impersonnel ; si la politique est l'art de « prévoir le présent », n'étant pas spécialiste, c'est d'un présent imprévu que je rendrai compte : la manière dont au jour le jour l'histoire s'est donnée à moi est une aventure aussi singulière que mon évolution subjective.

Dans cette période dont je vais parler, il s'agissait de me réaliser et non plus de me former ; visages, livres, films, des rencontres que j'ai faites, importantes dans leur ensemble, presque aucune ne me fut essentielle : lorsque je les évoque, ce sont souvent les caprices de ma mémoire qui président à mon choix, il n'implique pas nécessairement un jugement de valeur. D'autre part, les expériences que j'ai décrites ailleurs — mes voyages aux U.S.A., en Chine — je ne m'y attarderai pas, alors que je relaterai en détail ma visite au Brésil. Certainement ce livre s'en trouvera déséquilibré : tant pis. De toute façon je ne prétends pas qu'il soit — non plus que le précédent — une œuvre d'art : ce mot me fait penser à une statue qui s'ennuie dans le jardin d'une villa ; c'est un mot de collectionneur, un mot de consommateur et non de créateur. Je ne songerais jamais à dire que Rabelais, Montaigne, Saint-Simon ou Rousseau ont accompli des œuvres d'art et peu m'importe si on refuse à mes mémoires cette étiquette. Non ; pas une œuvre d'art, mais ma vie dans ses élans, ses détresses, ses soubresauts, ma vie qui essaie de se dire et non de servir de prétexte à des élégances.

Cette fois encore, j'élaguerai le moins possible. Cela m'étonne toujours qu'on reproche à un mémorialiste des longueurs ; s'il m'intéresse, je le suivrai pendant des volumes ; s'il m'ennuie, dix pages, c'est déjà trop. La couleur d'un ciel, le goût d'un fruit, je ne les souligne pas par complaisance à moi-même : racontant la vie de quelqu'un d'autre, je noterais avec la même abondance, si je les connaissais, ces détails qu'on dit triviaux. Non seulement c'est par eux qu'on sent une époque et une personne en chair et en os : mais, par leur non-signifiance, ils sont dans une histoire vraie la touche même de la vérité ; ils n'indiquent rien d'autre qu'eux-mêmes et la seule raison de les relever, c'est qu'ils se trouvaient là : elle suffit.

Malgré mes réserves qui valent aussi pour ce dernier volume — impossible de dire tout — des censeurs m'ont accusée d'indiscrétion, ce n'est pas moi qui ai commencé : j'aime mieux fureter moi-même dans mon passé que de laisser ce soin à d'autres.

On m'a en général reconnu une qualité à laquelle je m'étais attachée : une sincérité aussi éloignée de la vantardise que du masochisme. J'espère l'avoir gardée. Je l'exerce depuis plus de trente ans dans mes conversations avec Sartre, me constatant au jour le jour sans vergogne ni vanité, comme je constate les choses qui m'entourent. Elle m'est naturelle, non par une grâce singulière, mais à cause de la manière dont j'envisage les gens, moi comprise. Notre liberté, notre responsabilité, j'y crois, mais, quelle qu'en soit l'importance, cette dimension de notre existence échappe à toute description ; ce qu'on peut atteindre, c'est seulement notre conditionnement ; je m'apparais à mes propres yeux comme un objet, un résultat, sans qu'interviennent dans cette saisie les notions de mérite ou de faute ; si par hasard, le recul aidant, un acte me semble plus ou moins heureux ou regrettable, il m'importe en tout cas beaucoup plus de le comprendre que de l'apprécier ; j'ai plus de plaisir à me dépister qu'à me flatter car mon goût de la vérité l'emporte, de loin, sur le souci que j'ai de ma figure : ce goût lui-même s'explique par mon histoire et je n'en tire aucune gloire. Bref, du fait que je ne porte aucun jugement sur moi, je n'éprouve nulle résistance à tirer au clair ma vie et moi-même; du moins dans la mesure où je me situe dans mon propre univers : peut-être mon image projetée dans un monde autre — celui des psychanalystes par exemple — pourrait-elle me déconcerter ou me gêner. Mais si c'est moi qui me peins, rien ne m'effraie.

Il faut évidemment s'entendre sur mon impartialité. Un communiste, un gaulliste raconteraient autrement ces années; et aussi un manœuvre, un paysan, un colonel, un musicien. Mais mes opinions, convictions, perspectives, intérêts, engagements sont déclarés : ils font partie du témoignage que je porte à partir d'eux. Je suis objective dans la mesure, bien entendu, où mon objectivité m'enveloppe.

Comme le précédent, ce livre demande au lecteur sa collaboration : je présente, en ordre, chaque moment de mon évolution et il faut avoir la patience de ne pas arrêter les comptes avant la fin. On n'a pas le droit par exemple, comme l'a fait un critique, de conclure que Sartre aime Guido Reni parce qu'il l'aima à dix-neuf ans. En fait, seule la malveillance dicte ces étourderies et contre elle je n'entends pas me prémunir : au contraire, ce livre a tout ce qu'il faut pour la susciter et je serais déçue s'il ne déplaisait pas. Je serais déçue aussi s'il ne plaisait à personne et c'est pourquoi j'avertis que sa vérité ne s'exprime dans aucune de ses pages mais seulement dans leur totalité.

On m'a signalé dans La Force de l'âge beaucoup de menues erreurs et deux ou trois sérieuses; malgré tous mes soins, dans ce livre aussi je me serai certainement trompée souvent. Mais je répète que jamais je n'ai délibérément triché.

PREMIÈRE PARTIE

Chapitre premier

Nous étions libérés. Dans les rues, les enfants chantaient :

Nous ne les reverrons plus
C'est fini, ils sont foutus.

Et je me répétais : c'est fini, c'est fini. C'est fini : tout commence. Walberg, l'ami américain des Leiris, nous promena en jeep dans la banlieue : c'était la première fois depuis des années que je roulais en auto. De nouveau, je flânai après minuit dans la douceur de septembre ; les bistrots fermaient de bonne heure, mais quand nous quittions la terrasse de la Rhumerie ou ce petit enfer rouge et fumeux, le Montana, nous avions les trottoirs, les bancs, les chaussées. Il restait des tireurs sur les toits et je m'assombrissais quand je devinais au-dessus de ma tête cette haine aux aguets ; une nuit, on entendit les sirènes : un avion dont on ne sut jamais la provenance survolait Paris ; des V^1 tombèrent sur la banlieue parisienne et éventrèrent des pavillons. Et Walberg, généralement très bien informé, disait que les Allemands achevaient de mettre au point de terrifiantes armes secrètes. La peur retrouvait en moi une place encore toute chaude. Mais la joie la balayait vite. Jour et nuit avec nos amis, causant, buvant, flânant, riant, nous fêtions notre délivrance. Et tous ceux qui la célébraient comme nous devenaient, proches ou lointains, nos amis. Quelle débauche de fraternité! Les ténèbres qui avaient enfermé la France explosaient. De grands soldats kakis, qui mastiquaient du chewing-gum, témoignaient qu'on pouvait à nouveau franchir les mers. Ils marchaient d'un pas nonchalant et souvent ils titubaient; ils chantaient et sifflaient en titubant le long des trottoirs et sur les quais des métros; en titubant ils dansaient le soir dans les bars et de grands rires découvraient leurs dents enfantines. Genet, qui n'avait eu aucune sympathie pour les Allemands mais qui n'aimait pas les idylles, déclara bruyamment à la terrasse de la Rhumerie que ces civils costumés manquaient d'allure : raidis dans leurs carapaces vertes et noires, les occupants avaient une autre gueule! Pour moi, dans le laisser-aller des jeunes Américains, c'était la liberté même qui s'incarnait : la nôtre et celle — nous n'en doutions pas — qu'ils allaient répandre sur le monde. Hitler et Mussolini abattus, Franco et Salazar chassés, l'Europe se nettoierait définitivement du fascisme. Par la charte du C.N.R. la France s'engageait sur le chemin du socialisme; nous pensions que le pays avait été assez profondément ébranlé pour pouvoir réaliser, sans nouvelles convulsions, un remaniement radical de ses structures. *Combat* exprimait nos espoirs en affichant comme devise : *De la Résistance à la Révolution.*

Cette victoire effaçait nos anciennes défaites, elle était nôtre et l'avenir qu'elle ouvrait nous appartenait. Les gens au pouvoir, c'était des résistants que, plus ou moins directement, nous connaissions; parmi les responsables de la presse et de la radio, nous comptions de nombreux amis : la politique était devenue une affaire de famille et nous entendions nous en mêler. « *La politique n'est plus dissociée des individus*, écrivait

Camus dans *Combat* au début de septembre. *Elle est l'adresse directe de l'homme à d'autres hommes.* » S'adresser aux hommes, c'était notre rôle à nous qui écrivions. Peu d'intellectuels, avant guerre, avaient tenté de comprendre leur époque ; tous — ou presque — y avaient échoué, et celui que nous estimions le plus, Alain, s'était déconsidéré : nous devions assurer la relève.

Je savais à présent que mon sort était lié à celui de tous ; la liberté, l'oppression, le bonheur et la peine des hommes me concernaient intimement. Mais j'ai dit que je n'avais pas d'ambition philosophique ; Sartre avait esquissé dans *L'Être et le Néant* et comptait poursuivre une description totalitaire de l'existence dont la valeur dépendait de sa propre situation ; il lui fallait établir sa position, non seulement à travers des spéculations théoriques, mais par des options pratiques : ainsi se trouva-t-il engagé dans l'action d'une manière bien plus radicale que moi. Nous discutions toujours ensemble ses attitudes et parfois je l'influençai. Mais, dans leur urgence et leurs nuances, c'est à travers lui que les problèmes se posaient à moi. En ce domaine, c'est de lui qu'il me faut parler pour parler de nous.

Dans notre jeunesse, nous nous étions sentis proches du P.C. dans la mesure où son négativisme s'accordait avec notre anarchisme. Nous souhaitions la défaite du capitalisme, mais non pas l'avènement d'une société socialiste qui nous aurait privés, pensions-nous, de notre liberté. C'est en ce sens que le 14 septembre 1939 Sartre notait sur son carnet : « *Me voilà guéri du socialisme si j'avais besoin de m'en guérir.* » En 41, cependant, créant un groupe de résistance, il associa pour le baptiser les deux mots : socialisme et liberté. La guerre avait opéré en lui une décisive conversion.

D'abord elle lui avait découvert son historicité ; au choc qu'il en éprouva, il comprit combien, tout en le condamnant, il avait été attaché à l'ordre établi. Il y a du conservateur chez tout aventurier : pour bâtir sa figure, pour projeter dans les temps futurs sa légende, il a besoin d'une société stable. Donné jusqu'aux moelles à l'aventure d'écrire, ayant convoité dès l'enfance d'*être* un grand écrivain et la gloire immortelle, Sartre misait sur une postérité qui reprendrait à son compte, sans cassure, l'héritage de ce siècle ; au fond, il restait fidèle à « l'esthétique d'opposition » de ses vingt ans : acharné à dénoncer les défauts de cette société, il ne désirait pas la bouleverser. Soudain, tout se détraqua ; l'éternité se brisa en morceaux : il se retrouva, voguant à la dérive, entre un passé d'illusions et un avenir de ténèbres. Il se défendit par sa morale de l'*authenticité* : du point de vue de la liberté, toutes les situations pouvaient également être sauvées si on les assumait à travers un projet. Cette solution restait très proche du stoïcisme puisque les circonstances ne permettent souvent d'autre dépassement que la soumission. Sartre, qui détestait les ruses de la vie intérieure, ne pouvait pas se plaire longtemps à couvrir sa passivité par des protestations verbales. Il comprit que, vivant non dans l'absolu mais dans le transitoire, il devait renoncer à *être* et décider de *faire*. Ce passage lui fut facilité par son évolution antérieure. Pensant, écrivant, son souci primordial était de saisir des significations ; mais, après Heidegger, Saint-Exupéry, lu en 1940, le convainquit que les significations venaient au monde par les entreprises des hommes : la pratique prenait le pas sur la contemplation. Il m'avait dit pendant « la drôle de guerre » — il l'avait même écrit dans une lettre à Brice Parain — qu'une fois la paix retrouvée il ferait de la politique.

Son expérience de prisonnier le marqua profondément : elle lui enseigna la solidarité ; loin de se sentir brimé, il participa dans l'allégresse à la vie communautaire. Il détestait les privilèges, son orgueil exigeant qu'il conquît par ses seules forces sa place sur terre : perdu dans la masse, un numéro parmi d'autres, il éprouva une immense satisfaction à réussir, à partir de zéro, ses entreprises. Il gagna des amitiés, il imposa ses idées, il organisa des actions, il mobilisa le camp tout entier pour monter et applaudir, à Noël, la pièce qu'il avait écrite contre les Allemands, *Bariona*. Les rigueurs et la chaleur de la camaraderie dénouèrent les contradictions de son antihumanisme : en fait, il se rebellait contre l'humanisme bourgeois qui révère dans l'homme une nature ; mais si l'homme est à faire, aucune tâche ne pouvait davantage le passionner. Désormais, au lieu d'opposer individualisme et collectivité, il ne les conçut plus que liés l'un à l'autre. Il réaliserait sa liberté non pas en assumant subjectivement la situation donnée mais en la modifiant objectivement, par l'édification d'un avenir conforme à ses aspirations ; cet avenir, au nom même des principes démocratiques auxquels il était attaché, c'était le socialisme, dont seule l'avait écarté la crainte qu'il avait eue de s'y perdre : à présent il y voyait à la fois l'unique chance de l'humanité et la condition de son propre accomplissement.

L'échec de « Socialisme et liberté » donna à Sartre une leçon de réalisme ; il ne fit de travail sérieux que plus tard, au sein du F.N. en collaboration avec les communistes.

En 41, je l'ai dit [1], ils boudaient les intellectuels petits-bourgeois et ils avaient fait courir le bruit que Sartre avait acheté sa libération en s'engageant à servir de mouton aux Allemands. En 43, ils voulaient l'unité d'action. Il y eut bien un tract, attribué à des communistes et imprimé dans le sud de la France, où le nom de Sartre figurait sur une liste noire, entre Châteaubriant

---

1. Dans *La Force de l'âge*.

et Montherlant ; il le montra à Claude Morgan qui s'exclama : « C'est navrant ! », et ils enterrèrent l'incident. Les relations de Sartre avec les résistants communistes furent parfaitement amicales. Les Allemands partis, il entendit maintenir cet accord. Les idéologues de droite ont expliqué son alliance avec le P.C. à coup de pseudo-psychanalyse ; ils lui ont imputé des complexes d'abandon ou d'infériorité, du ressentiment, de l'infantilisme, la nostalgie d'une Église. Quelles sottises ! Les masses marchaient derrière le P.C. ; le socialisme ne pouvait triompher que par lui ; d'autre part Sartre savait à présent que son rapport avec le prolétariat le mettrait lui-même radicalement en question. Il l'avait toujours considéré comme la classe universelle ; mais tant qu'il avait cru atteindre l'absolu par la création littéraire, son être pour autrui n'avait eu qu'une importance secondaire. Il avait découvert avec son historicité sa dépendance ; plus d'éternité, plus d'absolu ; l'universalité à laquelle, en tant qu'intellectuel bourgeois, il aspirait, seuls pouvaient la lui conférer les hommes en qui sur terre elle s'incarnait. Il pensait déjà ce qu'il a exprimé plus tard [1] : le vrai point de vue sur les choses est celui du plus déshérité ; le bourreau peut ignorer ce qu'il fait : la victime éprouve de manière irrécusable sa souffrance, sa mort ; la vérité de l'oppression, c'est l'opprimé. C'est par les yeux des exploités que Sartre apprendrait ce qu'il était : s'ils le rejetaient, il se trouverait enfermé dans sa singularité de petit-bourgeois.

Aucune réticence ne gênait l'amitié que nous portions à l'U.R.S.S. ; les sacrifices du peuple russe avaient prouvé que dans ses dirigeants s'incarnait sa propre volonté. Il était donc, sur tous les plans, facile de vouloir coopérer avec le P.C. Sartre n'envisagea pas d'y

1. En 1952 dans *Les Communistes et la paix*.

18

entrer ; d'abord il était trop indépendant ; surtout, il avait avec les marxistes de sérieuses divergences idéologiques. La dialectique, telle qu'il la concevait alors, l'abolissait en tant qu'individu ; il croyait à l'intuition phénoménologique qui donne immédiatement la chose « en chair et en os ». Bien que rallié à l'idée de *praxis*, il n'avait pas renoncé à son très ancien et constant projet d'écrire une morale : il aspirait encore à *l'être* ; vivre moralement, c'était, selon lui, atteindre à un mode d'existence absolument signifiant. Il ne voulait pas abandonner — il n'a jamais abandonné — les conceptions de la négativité, de l'intériorité, de l'existence, de la liberté, élaborées dans *L'Être et le Néant*. Contre un certain marxisme, celui que professait le P.C., il tenait à sauver la dimension humaine de l'homme. Il espérait que les communistes donneraient une existence aux valeurs de l'humanisme ; il essaierait, grâce aux outils qu'il leur emprunterait, d'arracher l'humanisme aux bourgeois. Saisissant le marxisme du point de vue de la culture bourgeoise, il situerait, inversement, celle-ci dans une perspective marxiste. « *Issus des classes moyennes, nous tentions de faire le trait d'union entre la petite bourgeoisie intellectuelle et les intellectuels communistes* [1]. » Sur le plan politique, il pensait que les sympathisants avaient à jouer à l'extérieur du P.C. le rôle qu'à l'intérieur des autres partis assume l'opposition : soutenir tout en critiquant.

Ces rêves aimables étaient nés de la résistance ; si elle nous avait révélé l'histoire, elle avait masqué la lutte des classes. En même temps que le nazisme, il semblait que la réaction eût été politiquement liquidée ; de la bourgeoisie, seule participait à la vie publique la fraction ralliée à la résistance et elle acceptait la charte du C.N.R. De leur côté, les communistes soutenaient le

1. *Merleau-Ponty vivant.*

gouvernement d' « unanimité nationale ». Thorez revenant d'U.R.S.S. donna pour consigne à la classe ouvrière de relever l'industrie, de travailler, de patienter, de renoncer provisoirement à toutes revendications. Personne ne parlait de revenir en arrière : et dans leur marche en avant, réformistes et révolutionnaires empruntaient les mêmes chemins. Dans ce climat, toutes les oppositions s'estompaient. Que Camus fût hostile aux communistes, c'était un trait subjectif de médiocre importance puisque, luttant pour faire appliquer la charte du C.N.R., son journal défendait les mêmes positions qu'eux : Sartre, sympathisant avec le P.C., approuvait cependant la ligne de *Combat* au point qu'il en écrivit une fois l'éditorial. Gaullistes, communistes, catholiques, marxistes, fraternisaient. Dans tous les journaux s'exprimait une pensée commune. Sartre donnait une interview à *Carrefour*. Mauriac écrivait dans *Les Lettres françaises*; nous chantions tous en chœur la chanson des lendemains.

Bientôt *Les Lettres françaises* donnèrent dans le sectarisme. *Action* montrait plus d'ouverture; il semblait possible de s'entendre avec la jeune équipe qui l'animait. Hervé, Courtade, demandèrent même à Sartre d'y collaborer : il refusa parce qu'*Action* avait éreinté Malraux d'une manière qui nous semblait injuste. Nous fûmes très surpris quand Ponge, qui dirigeait la section culturelle, nous dit qu'un monceau d'articles dirigés contre Sartre s'entassait sur son bureau. Il en publia quelques-uns. Sartre répondit par une *Mise au point*. On lui reprochait de s'inspirer d'Heidegger : l'attitude politique prise par Heidegger ne condamnait pas rétrospectivement toutes ses idées. D'autre part, loin d'être un quiétisme et un nihilisme, l'existentialisme définissait l'homme par l'action ; s'il le vouait à l'angoisse, c'est dans la mesure où il le chargeait de responsabilités ; l'espoir qu'il lui refusait, c'était la confiance paresseuse en autre chose que lui-même : il en appelait à sa volonté. Sartre était convaincu qu'après ça les marxistes ne le tiendraient plus pour un adversaire. Tant d'obstacles avaient été surmontés qu'aucun ne nous semblait plus infranchissable. Des autres et de nous-mêmes, nous attendions tout.

Notre entourage partageait cette euphorie : c'était en premier lieu la famille et la vieille garde des fiestas. Des jeunes s'étaient liés à notre groupe. Rolland, devenu communiste à vingt ans dans le maquis et pénétré des vertus du parti, tolérait cependant avec rondeur nos déviations. Scipion riait si fort qu'on le croyait gai ; il excellait dans le pastiche, le calembour, la contrepèterie, l'anecdote picaresque. Astruc, au grand sourire liquide, écrivait à tour de bras dans tous les journaux, et quand il n'écrivait pas, il parlait : de lui surtout. Avec un narcissisme attendrissant, il faisait sur sa vie privée des aveux naïfs et crus. Avoir vingt ou vingt-cinq ans en septembre 44, cela paraissait une énorme chance : tous les chemins s'ouvraient. Journalistes, écrivains, cinéastes en herbe, discutaient, projetaient, décidaient avec passion, comme si leur avenir n'eût dépendu que d'eux. Leur gaieté fortifiait la mienne. Auprès d'eux, j'avais leur âge, sans rien perdre cependant d'une maturité si cher payée que je n'étais pas loin de la prendre pour de la sagesse ; ainsi conciliais-je — dans une fugace illusion — les contradictoires privilèges de la jeunesse et de la vieillesse : il me semblait savoir beaucoup et pouvoir presque tout.

Bientôt des exilés revinrent. Bianca avait passé un an cachée dans le Vercors avec ses parents et son mari : elle avait épousé un camarade d'études. Raymond Aron était parti pour Londres en 1940 ; il avait dirigé avec André Labarthe une revue, *La France libre,* mal vue des gaullistes ; bien qu'il ne fût guère enclin aux effusions, quand il surgit un matin au Café de Flore nous tombâmes dans les bras l'un de l'autre. Plus tardivement, Albert Palle avait lui aussi gagné l'Angleterre ; parachuté en France, il s'était battu dans le maquis. Je retrouvais avec émotion les anciens visages ; il y en eut de nouveaux. Camus nous fit connaître le père Bruckberger, aumônier des F.F.I., qui venait de tourner avec Bresson *Les Anges du péché* ; il jouait les bons vivants ; il s'asseyait en robe blanche à la Rhumerie, fumant la pipe, buvant du punch, parlant dru. Aron nous emmena déjeuner chez Corniglion-Molinier qui avait été condamné à mort par Vichy ; on avait confisqué son mobilier et il campait, avenue Gabriel, dans un appartement luxueux et vide ; empressé, charmeur, il abondait en anecdotes sur les Français de Londres. Romain Gary aussi nous raconta des histoires, un soir, à la terrasse de la Rhumerie. A un cocktail donné par *Les Lettres françaises*, j'aperçus Elsa Triolet et Aragon. L'écrivain communiste que nous rencontrions le plus volontiers, c'était Ponge ; il parlait, comme il écrivait, par petites touches, avec beaucoup de malice et quelque complaisance. A Versailles, au cours d'une fête patronnée par les Éditions de Minuit et où on joua une pièce de La Fontaine, je causai avec Lise Deharme. Je ne me rappelle plus toutes les mains serrées, tous les sourires échangés, mais je sais combien ce foisonnement me plaisait.

Ces rencontres me révélaient une histoire qui était la mienne et que je n'avais pas connue. Aragon nous décrivit en détail les bombardements de Londres, le sang-froid des Anglais, leur endurance ; les V[1], qu'à Neuilly-sous-Clermont j'avais vu passer, rouges dans le ciel noir, là-bas c'était un invisible sifflement, une explosion, des morts. « Quand on les entendait, la règle était de s'aplatir sur le trottoir, nous raconta Aron. Une fois, en me relevant, j'aperçus une très vieille dame qui était restée debout et qui me toisait ; je fus si vexé que je la semonçai : « Madame, dans des cas pareils, on se couche ! » Il me prêta la collection de *La France libre* et je déchiffrai la guerre non plus à partir de Paris, mais à partir de Londres, à l'envers. J'avais vécu claquemurée ; le monde m'était rendu.

Un monde ravagé. Dès le lendemain de la libération, on découvrit les salles de torture de la Gestapo, on mit au jour des charniers. Bianca me parla du Vercors ; elle me raconta les semaines que son père et son mari avaient passées, cachés dans une grotte ; les journaux donnèrent des détails sur les massacres, sur les exécutions d'otages ; ils publièrent des récits sur l'anéantissement de Varsovie. Ce passé brutalement dévoilé me rejetait dans l'horreur ; la joie de vivre cédait à la honte de survivre. Certains ne se résignèrent pas. Envoyé sur le front par *Franc-Tireur* comme correspondant de guerre, Jausion[1] ne revint pas et sa mort ne fut sans doute pas accidentelle. La victoire se payait cher. En septembre, l'aviation alliée fit du Havre un champ de gravats, il y eut des milliers de morts. Les Allemands s'accrochaient en Alsace et autour de Saint-Nazaire. En novembre, de lourds engins silencieux, les V^2, beaucoup plus efficaces que les V^3, s'abattirent sur Londres : étaient-ce les armes secrètes dont parlait Walberg, ou en existait-il d'autres, encore plus redoutables ? Les troupes de Von Rundstedt inondaient la Hollande et l'affamaient. Elles reprirent en Belgique une partie du terrain perdu et en massacrèrent les habitants ; par éclair, je les imaginais rentrant victorieusement dans Paris. Et on n'osait pas penser à ce qui se passait dans les camps maintenant que les Allemands se savaient perdus.

1. Sa fiancée, je l'ai dit, avait été déportée. Arrêté place de la Concorde pendant l'insurrection, il avait été échangé contre un officier allemand la veille de l'entrée des alliés. Il a laissé un roman : *Un homme marche dans la ville*.

Matériellement, la situation avait empiré depuis l'année passée ; les transports étaient désorganisés ; on manquait de ravitaillement, de charbon, de gaz, d'électricité. Quand vinrent les froids, Sartre portait une vieille canadienne qui perdait ses poils. J'achetai à un de ses camarades de captivité, qui était fourreur, un manteau en lapin qui me tenait chaud ; mais, sauf un tailleur noir que je réservais pour les grandes occasions, je n'avais que des vieilleries à mettre dessous et je continuais à chausser des souliers à semelles de bois. Ça m'était, d'ailleurs, complètement égal. Depuis ma chute de bicyclette, une dent me manquait, le trou était visible et je ne songeais pas à le faire combler : à quoi bon ? De toute façon, j'étais vieille, j'avais trente-six ans ; il n'entrait aucune amertume dans cette constatation ; emportée loin de moi-même par la houle des événements et par mes activités, j'étais le cadet de mes soucis.

A cause de cette pénurie, il ne se passait pas grand-chose dans le domaine de la littérature, des arts, des spectacles. Cependant les organisateurs du Salon d'Automne en firent une grande manifestation culturelle : une rétrospective de la peinture d'avant-guerre. Refoulée par les Allemands dans l'ombre des ateliers ou dans les caves des marchands, c'était un événement de la voir exposée au grand jour. Toute une section était consacrée à Picasso ; nous lui rendions assez souvent visite, nous connaissions ses plus récents tableaux, mais là, toute l'œuvre de ces dernières années était rassemblée. Il y avait de belles toiles de Braque, Marquet, Matisse, Dufy, Gromaire, Villon, et l'étonnant Job de Francis Guber ; des surréalistes aussi exposaient : Dominguez, Masson, Miro, Max Ernst. Fidèle au Salon d'Automne, la bourgeoisie afflua, mais cette fois, on ne lui offrait pas son habituelle pâture : devant les Picasso, elle ricana.

Peu de livres paraissaient ; je m'ennuyai sur l'*Auré-*

lien d'Aragon, et non moins sur *Les Noyers d'Altenburg,* publié en Suisse un an plus tôt et qui avait fait dire au vieux Groethuysen : « Malraux est en pleine possession de ses défauts. » *L'Arbalète* rassembla, traduits pour la plupart par Marcel Duhamel, des textes d'auteurs américains inconnus — Henry Miller, Mac Coy, Nathanaël West, Damon Runyan, Dorothy Baker — et connus : Hemingway, Richard Wright, Thomas Wolfe, Thornton Wilder, Caldwell, et, bien entendu, Saroyan ; on ne pouvait pas ouvrir un périodique sans rencontrer son nom. Il y avait aussi dans ce numéro un Anglais, Peter Cheney. On parlait de plusieurs nouveaux écrivains anglais : Auden, Spender, Graham Greene, mais on les ignorait encore. Quelqu'un me prêta *The last ennemy* d'Hillary ; abattu au-dessus de la Manche, le jeune pilote, un des derniers Oxfordiens aux longs cheveux, racontait avec un rire un peu discordant les opérations et les greffes qui lui avaient rendu des yeux, un visage, des mains ; par son refus de tout humanisme et de tout héroïsme, le récit dépassait de loin l'épisode qui lui servait de prétexte. Je lus aussi un grand nombre de livres de guerre — de moindre qualité — spécialement imprimés aux U.S.A. pour les pays d'outre-mer ; sur la couverture blanche, filetée de rouge, la Liberté brandissait son flambeau. Harry Brown racontait dans *A walk in the sun* le débarquement en Italie d'une poignée d'hommes. Dans *G. I. Joe,* Ernie Pyle faisait le portrait du combattant américain : Les Américains adoraient « ce petit homme en uniforme fripé qui hait les guerres mais qui aime et comprend les soldats [1] ». Il décrivait la guerre quotidienne : « La guerre des hommes qui lavent leurs chaussettes dans leurs casques [1]. »

---

1. Steinbeck.

Au théâtre on reprit *Huis clos*. Dullin monta *La Vie est un songe*. Le « Spectacle des Alliés » au Pigalle était avant tout une cérémonie patriotique, les pièces présentées avaient peu d'intérêt. J'assistai en séance privée à *L'Espoir* de Malraux qui me toucha autant que le livre. Sauf les montages de Capra, *Pourquoi nous combattons,* et, çà et là, de vieux Mack Sennett, le cinéma n'offrait rien d'acceptable. Patience ! on racontait monts et merveilles sur Hollywood. Un jeune génie de vingt-sept ans, Orson Welles, avait bouleversé le cinéma ; il avait réussi à donner aux plans arrière la même netteté qu'aux plans avant et, dans ses photos d'intérieurs, les plafonds étaient visibles. La révolution technique allait si loin, disait-on, que pour projeter les derniers films américains il faudrait des appareils spéciaux.

Je remis à Gallimard *Le Sang des autres* ; Sartre lui apporta les deux premiers volumes des *Chemins de la liberté. Pyrrhus et Cinéas* parut : ce fut un des premiers ouvrages qui virent le jour après la libération ; dans l'euphorie générale, et aussi parce qu'on avait été sevré d'idéologie et de littérature pendant ces quatre années, ce mince essai fut très bien accueilli. Je recommençai à écrire. J'avais tout mon temps à moi car, grâce au cinéma et au théâtre, Sartre, qui avait demandé un congé à l'Université, gagnait de l'argent ; nous avions toujours mis nos ressources en commun, nous continuâmes et je ne fus plus astreinte à des besognes alimentaires. J'ai si souvent conseillé aux femmes l'indépendance et déclaré que celle-ci commence au porte-monnaie qu'il me faut expliquer une attitude qui sur le moment me parut aller de soi. Mon autonomie matérielle était sauvegardée puisqu'en cas de besoin je pouvais aussitôt reprendre mon poste de professeur[1] ; il

1. Réintégrée dans l'Université je me fis mettre en congé.

m'aurait paru stupide et même coupable de sacrifier des heures précieuses pour me prouver au jour le jour que je la possédais. Je ne me suis jamais dirigée d'après des principes, mais selon des fins ; or, j'avais à faire ; écrire était devenu pour moi un métier exigeant. Il me garantissait mon autonomie morale ; dans la solitude des risques courus, des décisions à prendre, je réalisais ma liberté, bien mieux qu'en me pliant à des routines lucratives. Je voyais dans mes livres mon véritable accomplissement et ils me dispensaient de toute autre affirmation de moi. Je me consacrai donc entièrement et sans scrupules à *Tous les hommes sont mortels*. Chaque matin j'allais à la bibliothèque Mazarine lire des récits des anciens temps ; il y faisait un froid glacial mais l'histoire de Charles Quint, l'aventure des anabaptistes me transportaient si loin de mon corps que j'oubliais de grelotter.

L'année précédente, je l'ai dit, nous avions conçu deux projets : une encyclopédie et une revue. Sartre ne donna pas de suite au premier, mais il tenait au second. Faute de papier, seules étaient autorisées à paraître les publications qui avaient existé avant la guerre ou qui s'étaient fondées en zone libre pendant l'occupation. *Esprit, Confluences, Poésie 44* avaient de l'intérêt mais n'exprimaient que très insuffisamment notre temps. Il fallait inventer autre chose. Sartre s'est expliqué sur ses intentions : « *Si la vérité est une, pensais-je, il faut, comme Gide l'a dit de Dieu, ne la chercher nulle part ailleurs que partout. Chaque produit social et chaque attitude — la plus intime et la plus publique — en sont des incarnations allusives. Une anecdote reflète toute une époque autant que le fait une Constitution politique. Nous serions des chasseurs de sens, nous dirions le vrai sur le monde et sur nos vies*[1] ». Nous constituâmes, dès

1. *Merleau-Ponty vivant.*

septembre, un comité directeur ; Camus était trop absorbé par *Combat* pour s'y joindre ; Malraux refusa ; y entrèrent Raymond Aron, Leiris, Merleau-Ponty, Albert Ollivier, Paulhan, Sartre, moi-même : à l'époque, ces noms ne juraient pas ensemble.

Nous cherchâmes un titre. Leiris, qui avait gardé de sa jeunesse surréaliste le goût du scandale, proposa un nom fracassant : *Le Grabuge* ; on ne l'adopta pas parce que nous voulions certes déranger mais aussi construire. Le titre devait indiquer que nous étions positivement engagés dans l'actualité : tant de journaux, depuis tant d'années, avaient eu le même propos qu'il ne restait guère de choix ; on se rallia à *Temps modernes* ; c'était terne, mais le rappel du film de Charlot nous plaisait. (Il arriva souvent, une fois la revue fondée, que l'Argus nous envoyât des coupures qui concernaient le film). Et puis disait Paulhan, de son ton faussement sérieux d'où le sérieux n'est pas exclu, il est important qu'on puisse désigner une revue par ses initiales, comme on l'avait fait pour la N.R.F. ; or T. M. sonnait assez bien. Le second problème fut l'établissement d'une couverture. Picasso en dessina une, très jolie, mais qui eût mieux convenu à des Cahiers d'art qu'aux *Temps modernes* ; il était impossible d'y faire tenir un sommaire ; elle eut pourtant des partisans et au sein du comité se déroulèrent des querelles très vives, quoique sans hargne. Finalement, un maquettiste de la maison Gallimard soumit un projet qui réconcilia tout le monde. Nos discussions ne portaient que sur des vétilles, mais déjà j'y prenais grand plaisir : cette communauté d'entreprise me semblait la forme la plus achevée de l'amitié. En janvier, Sartre voyageant, j'allai en son nom demander à Soustelle, alors ministre de l'Information, de nous allouer du papier. Leiris, qui le connaissait par le Musée de l'Homme, m'accompagna. Soustelle fut très aimable mais la composition du comité de rédaction le fit tiquer : « Aron ? Pourquoi Aron ? » Il lui reprochait son attitude antigaulliste. Il finit par nous faire des promesses qui furent tenues quelques mois plus tard.

Dès que les trains recommencèrent à circuler nous allâmes passer trois semaines chez Mme Lemaire ; assis dans un compartiment bondé, nous avons roulé de huit heures du matin à huit heures du soir ; le train ne suivait pas l'itinéraire habituel ; nous avons laissé nos valises au Lion d'Angers et nous avons fait à pied, d'une traite, les dix-sept kilomètres qui nous séparaient de La Pouèze. Ce séjour fut, comme les autres, heureux et sans histoire.

De retour à Paris, je me préoccupai de faire jouer *Les Bouches inutiles*. Sartre en avait communiqué une copie à Raymond Rouleau. Celui-ci me dit que j'avais « visé trop court » : la concision du dialogue touchait à la sécheresse. Je passai ma pièce à Vitold ; il la mettrait volontiers en scène, me dit-il. Badel, le directeur du Vieux Colombier, accepta de la monter. Vitold commença à faire passer des auditions, il distribua des rôles : j'avais destiné à Olga celui de Clarice. Il fut question que Douking établît les décors et j'en discutai, avec lui. A cette occasion, j'allai plusieurs fois dîner chez Badel avec Sartre. Un soir on joua au murder-party et, à ma grande fierté, je fus le seul détective qui découvrit l'assassin. J'avais de la sympathie pour Gaby Sylvia que sa beauté et son talent laissaient insatisfaite et qui voulait s'instruire : elle avait pour précepteur Robert Kanters qui la préparait très sérieusement au bachot. Mais je me sentais mal à l'aise dans ce salon trop riche où les gens ne parlaient pas mon langage. Gaby Sylvia portait des robes de Rochas, d'une astucieuse et éblouissante simplicité, auprès desquelles mon tailleur noir, la robe d'une simplicité sans malice que je venais de me faire faire à La Pouèze, semblaient presque une impolitesse. J'étais très sociable, en ce temps-là, mais le rituel mondain m'ennuyait.

« Est-ce que ça vous amuserait, Sartre et vous, de faire

la connaissance d'Hemingway ? » me demanda Lise un soir. « Bien sûr ! » dis-je. Voilà le genre de proposition qui me plaisait. Celle-ci ne me surprit pas trop. La principale distraction de Lise, depuis la Libération, c'était ce qu'elle appelait « la chasse à l'Américain ». Les Américains distribuaient facilement leurs cigarettes et leurs « rations » et Lise, toujours affamée, entendait profiter de cette prodigalité. Seule le plus souvent et quelquefois, les premiers temps, en compagnie de Scipion, elle s'asseyait le soir à la terrasse du Café de la Paix ou sur les Champs-Élysées, attendant qu'un G.I. lui adressât la parole ; les soupirants ne lui manquaient pas : si elle en trouvait un qui lui parût à la fois discret et distrayant, elle acceptait un verre, une promenade en jeep, un dîner ; en échange d'une promesse de rendez-vous qu'elle ne tenait généralement pas, elle rapportait à l'hôtel du thé, des Camel, du café en poudre, des boîtes de spam. Le jeu avait ses risques. Sur les boulevards, des soldats lui criaient : « Zig-Zig Blondie » ; elle riait et s'éloignait ; s'ils insistaient, elle leur jetait des injures à faire rougir un soudard, car son vocabulaire était aussi éloquent en anglais qu'en français ; l'un deux, place de l'Opéra, se vexa : il lui cogna vivement la tête contre un réverbère et la laissa inanimée. Mais il lui arrivait aussi de faire des rencontres plaisantes : elle s'était liée avec un jeune géant blond et gai, frère cadet d'Hemingway ; il lui montrait des photos de sa femme et de ses enfants, il lui apportait des caisses de rations, il lui parlait du « best seller » qu'il avait l'intention d'écrire : « Je connais la recette », disait-il.

Ce soir-là, Hemingway, qui était correspondant de guerre et qui venait d'arriver à Paris, avait rendez-vous avec son frère au Ritz où il logeait ; le frère avait suggéré à Lise de l'accompagner et de nous emmener, Sartre et moi. La chambre où nous entrâmes ne ressemblait pas du tout à l'idée que je me faisais du Ritz ; elle était grande mais laide avec ses deux lits aux barreaux de cuivre ; dans l'un d'eux Hemingway était couché, en pyjama, les yeux protégés par une visière verte ; sur une table à portée de sa main, en quantité respectable, des bouteilles de scotch à moitié ou tout à fait vides. Il se redressa, empoigna Sartre et le serra dans ses bras : « Vous êtes un général ! » disait-il en l'étreignant. « Moi, je ne suis qu'un capitaine : vous êtes un général ! » (Quand il avait bu, il forçait toujours sur la modestie.) La conversation entrecoupée de nombreux verres de whisky se déroula dans l'enthousiasme ; malgré sa grippe, Hemingway débordait de vitalité. Sartre, saisi par le sommeil, partit en titubant vers trois heures du matin ; je restai jusqu'à l'aube.

Bost souhaitait faire du journalisme ; Camus lut le manuscrit du livre qu'il avait écrit pendant la guerre, sur son expérience de fantassin, *Le Dernier des métiers* ; il le retint pour la collection *Espoir* qu'il dirigeait chez Gallimard et envoya Bost sur le front comme correspondant de guerre. Dès qu'on lui demandait un service, il le rendait avec tant de simplicité qu'on n'hésitait pas à lui en demander un autre : jamais en vain. Plusieurs jeunes de notre entourage désiraient eux aussi entrer à *Combat* : il les embaucha tous. Ouvrant le journal le matin, il nous semblait presque dépouiller notre courrier personnel. Vers la fin de novembre, les U.S.A. voulurent faire connaître en France leur effort de guerre et invitèrent une douzaine de reporters. Jamais je ne vis Sartre aussi joyeux que le jour où Camus lui offrit de représenter *Combat*. Pour se procurer des papiers, un ordre de mission, des dollars, il eut à faire un tas de démarches ennuyeuses ; il les accomplit, à travers la froidure de décembre, avec une allégresse qu'exaspérait une pointe d'inquiétude : à cette époque, rien n'était jamais sûr. Et, en effet, on crut pendant deux ou trois jours que le projet tombait à l'eau : à la consternation de Sartre, je mesurai son désir.

Ça signifiait tant de choses, l'Amérique ! Et d'abord, l'inaccessible ; jazz, cinéma, littérature, elle avait nourri notre jeunesse mais aussi elle avait été un grand mythe : un mythe ne se laisse pas toucher. La traversée devait se faire en avion ; il semblait incroyable que l'exploit de Lindbergh fût aujourd'hui à notre portée. L'Amérique, c'était aussi la terre d'où nous était venue la délivrance ; c'était l'avenir en marche ; c'était l'abondance et l'infini des horizons ; c'était un tohu-bohu d'images légendaires : à penser qu'on pouvait les voir de ses yeux, on avait la tête tournée. Je me réjouissais non seulement pour Sartre mais pour mon compte car, ce chemin brusquement ouvert, j'étais sûre de le suivre un jour.

J'avais espéré que les réveillons de fin d'année ressusciteraient la gaieté des fiestas mais, le 24 décembre, l'offensive allemande venait tout juste d'être stoppée, il restait de l'angoisse dans l'air. Bost était sur le front, Olga inquiète ; nous passâmes chez Camille et Dullin un moment assez morne ; vers une heure du matin, nous descendîmes à pied, avec Olga et une petite bande, vers Saint-Germain-des-Prés et nous achevâmes la nuit chez la belle Évelyne Carral ; nous avons mangé de la dinde ; Mouloudji a chanté ses habituels succès et Marcel Duhamel — qui ne dirigeait pas encore la *Série noire* — avec beaucoup de charme des chansons américaines. La Saint-Sylvestre, nous l'avons fêtée chez Camus qui occupait rue Vaneau l'appartement de Gide ; il y avait un trapèze et un piano. Tout de suite après la libération, Francine Camus était arrivée d'Afrique, très blonde, très fraîche, belle dans son tailleur bleu ardoise ; mais nous ne l'avions pas souvent rencontrée ; plusieurs des invités nous étaient inconnus. Camus nous en désigna un qui n'avait pas articulé un mot de la soirée : « C'est lui, nous dit-il, qui a servi de modèle à

L'Étranger. » Pour nous, la réunion manquait d'intimité. Une jeune femme m'avait acculée dans un coin et m'accusait d'un ton vindicatif : « Vous ne croyez pas à l'amour ! » Vers deux heures du matin Francine joua du Bach. Personne ne but beaucoup sauf Sartre, persuadé que cette soirée ressemblait à celles d'autrefois et bientôt trop égayé par l'alcool pour remarquer la différence.

Il partit le 12 janvier, par un avion militaire. Il n'y avait pas de courrier privé entre les U.S.A. et la France : je n'eus de ses nouvelles qu'en lisant ses articles. Il inaugura sa carrière de journaliste par une gaffe qui fit frémir Aron : il dépeignit avec tant de complaisance l'antigaullisme des dirigeants américains pendant la guerre qu'on faillit le renvoyer en France.

D'après un accord passé entre Camus et Brisson, il devait donner à celui-ci quelques articles ; il lui envoya des impressions, des réflexions, des notes écrites au courant de la plume, réservant à *Combat* les papiers qui lui coûtaient du temps et de la peine : Camus qui avait lu la veille dans *Le Figaro* une description désinvolte et gaie des villes d'Amérique recevait, consterné, une étude appliquée sur l'économie de la Tennessee Valley.

Moi aussi, j'eus ma chance. Ma sœur avait épousé Lionel qui était maintenant attaché à l'Institut français de Lisbonne ; il dirigeait une revue franco-portugaise, *Affinidades*. Il m'invita, au nom de l'Institut, à venir faire au Portugal des conférences sur l'occupation. Je me précipitai dans les bureaux des Relations culturelles et je demandai un ordre de mission. Je dus solliciter un grand nombre de gens ; mais tous me faisaient des promesses et je me consumai d'espoir.

On commença de répéter, au Vieux Colombier, le 3ᵉ et le 4ᵉ tableau des *Bouches inutiles*. Je rassemblais des documents pour *Les Temps modernes,* je prenais des contacts. Je rencontrai aux Deux Magots Connolly, le directeur de la revue anglaise *Horizon* où avaient paru pendant la guerre des œuvres d'écrivains résistants, entre autres le *Crève-Cœur* d'Aragon. Il me parla de la nouvelle littérature anglaise et de Kœstler qui vivait à Londres. J'avais aimé *Le Testament espagnol* ; la nuit de Noël, Camus m'avait prêté *Darkness at noon* que j'avais lu d'un trait pendant toute la nuit suivante ; je fus contente d'apprendre que Kœstler appréciait les livres de Sartre. A déjeuner, à dîner, je retrouvais toujours des amis ; nous allions chez Chéramy, au Vieux Paris, à l'Armagnac, au Petit Saint-Benoît ; je passais mes soirées avec l'un ou l'autre, au Montana, au Méphisto, aux Deux Magots. Bost me fit une fois déjeuner au restaurant du Scribe où les correspondants de guerre avaient leurs entrées ; c'était au cœur de Paris une enclave américaine : du pain blanc, des œufs frais, des confitures, du sucre, du spam.

Je nouai des amitiés nouvelles. Avant la guerre une inconnue avait envoyé à Sartre un petit livre, *Tropismes,* qui avait passé inaperçu et dont la qualité nous frappa ; c'était Nathalie Sarraute ; il lui avait écrit, il l'avait rencontrée. En 41, elle avait travaillé dans un groupe de résistance avec Alfred Péron ; Sartre l'avait revue, j'avais fait sa connaissance. Cet hiver-là, je sortis assez souvent avec elle. Fille de Russes israélites que les persécutions tzaristes avaient chassés de leur pays au début du siècle, elle devait, je suppose, à ces circonstances sa subtilité inquiète. Sa vision des choses s'accordait spontanément avec les idées de Sartre : elle était hostile à tout essentialisme, elle ne croyait pas aux caractères tranchés, ni aux sentiments définis, ni à aucune notion toute faite. Dans le livre qu'elle écrivait à présent, *Portrait d'un inconnu,* elle s'attachait à ressaisir à travers les lieux communs l'équivoque vérité de la vie. Elle se livrait peu, elle parlait surtout de littérature, mais avec passion.

34

Au cours de l'automne, je rencontrai, dans la queue d'un cinéma des Champs-Élysées, en compagnie d'une relation commune, une grande femme blonde, élégante, au visage brutalement laid mais éclatant de vie : Violette Leduc. Quelques jours plus tard, au Flore, elle me remit un manuscrit. « Des confidences de femme du monde », pensai-je. J'ouvris le cahier : « Ma mère ne m'a jamais donné la main. » Je lus d'une traite la moitié du récit ; il tournait court, soudain, la fin n'était qu'un remplissage. Je le dis à Violette Leduc : elle supprima les derniers chapitres et en écrivit d'autres qui valaient les premiers ; non seulement elle avait le don, mais elle savait travailler. Je proposai l'ouvrage à Camus ; il l'accepta tout de suite. Quand *L'Asphyxie* parut, quelques mois plus tard, le livre, s'il ne toucha pas le grand public, obtint le suffrage de juges exigeants ; il valut entre autres à son auteur l'amitié de Jean Genet et celle de Jouhandeau. Violette Leduc n'avait, en fait, rien d'une femme du monde ; quand je la connus, elle gagnait sa vie en allant chercher dans les fermes de Normandie des kilos de viande et de beurre qu'elle ramenait à Paris à la force de ses poignets ; elle m'invita plusieurs fois à dîner dans des restaurants de marché noir qu'elle ravitaillait ; elle était gaie et souvent drôle, avec, sous une apparence de rondeur, quelque chose de violent et de méfiant ; elle me parlait avec fierté de ses trafics, de ses dures marches à travers la campagne, des bistrots de village, des camions, des trains noirs ; elle se sentait naturellement de plain-pied avec les paysans, les rouliers, les forains. C'était Maurice Sachs, avec qui elle avait été très liée, qui l'avait encouragée à écrire. Elle vivait dans une grande solitude. Je lui fis connaître Colette Audry que je voyais assez souvent et aussi Nathalie Sarraute ; une amitié naquit entre elles, assez vite brisée par le heurt des tempéraments.

*

L'épuration créa tout de suite des divisions parmi les anciens résistants ; tout le monde s'accordait à blâmer la façon dont elle était conduite ; mais tandis que Mauriac prêchait le pardon, les communistes réclamaient la rigueur ; dans *Combat,* Camus cherchait un juste milieu ; Sartre et moi nous partagions son point de vue : la vengeance est vaine, mais certains hommes n'avaient pas leur place dans le monde qu'on tentait de bâtir. Pratiquement, je ne me mêlai de rien ; je m'étais fait inscrire au C.N.E., par principe, mais je ne mis jamais les pieds à aucune de ses réunions ; j'estimais que la présence de Sartre rendait la mienne superflue. Cependant, connaissant à travers Sartre les décisions du Comité, j'approuvais que ses membres s'engageassent à ne pas écrire dans les revues et les journaux qui accepteraient des textes d'anciens collabos. Les gens qui avaient consenti à la mort de millions de Juifs et de résistants, je ne voulais plus entendre leur voix ; je ne voulais pas trouver dans des publications leur nom accolé au mien. Nous avions dit : « Nous n'oublierons pas » ; je ne l'oubliais pas.

Aussi tombai-je des nues lorsque, peu de jours avant le procès de Brasillach, quelqu'un — je ne sais plus qui — me demanda de mettre mon nom en bas d'un papier que ses avocats faisaient circuler : les signataires déclaraient qu'en tant qu'écrivains ils se solidarisaient avec lui et qu'ils réclamaient l'indulgence du tribunal[1]. D'aucune manière, sur aucun plan je n'étais solidaire de Brasillach : que de fois, lisant ses articles, j'avais eu des larmes de rage ! « Pas de pitié pour les assassins de la patrie », écrivait-il ; il avait revendiqué le droit « d'indi-

---

1. Je ne me rappelle pas les termes exacts de cette pétition mais c'en était le sens.

quer ceux qui trahissent » et il en avait largement usé ; sous sa direction, l'équipe de *Je suis partout* dénonçait, réclamait des têtes, pressait Vichy d'instituer en zone libre le port de l'étoile jaune. Ils avaient fait plus qu'accepter : ils avaient voulu la mort de Feldman, de Cavaillès, de Politzer, de Bourla, la déportation d'Yvonne Picard, de Péron, de Kaan, de Desnos ; c'est de ces amis, morts ou moribonds, que j'étais solidaire ; si j'avais levé un doigt en faveur de Brasillach, j'aurais mérité qu'ils me crachent au visage. Pas un instant je n'hésitai, la question ne se posa même pas. Camus eut la même réaction : « Nous n'avons rien à voir avec ces gens-là, me dit-il. Les juges décideront : ça ne nous regarde pas. »

Je voulus pourtant assister au procès ; ma signature n'avait aucun poids, mon refus était symbolique : mais même dans un geste on engage sa responsabilité et il me semblait trop commode d'esquiver la mienne par l'indifférence. J'obtins une place dans la tribune de la presse ; ce ne fut pas une expérience agréable. Les journalistes prenaient des notes avec désinvolture, ils traçaient des dessins sur leurs papiers, ils bâillaient ; les avocats déclamaient ; les juges siégeaient, le président présidait ; c'était une comédie, c'était une cérémonie : pour l'accusé, c'était le moment de vérité qui mettait en jeu sa vie, sa mort. Face à la pompe futile des Assises, lui seul, son destin soudain rassemblé, existait en chair et en os. Il tint tête, calmement, à ses accusateurs et quand la sentence tomba, il ne broncha pas. A mes yeux, ce courage n'effaçait rien ; ce sont les fascistes qui attachent plus d'importance à la façon de mourir qu'aux actes. Je n'acceptais pas non plus que le passage du temps suffît à changer ma colère en résignation : il ne ressuscite pas les morts, il ne lave pas leurs assassins. Mais, comme tant d'autres, j'étais gênée par un appareil qui, transformant le bourreau en victime, donne à sa condamnation l'apparence de l'inhumanité. En sortant du Palais de Justice, je rencontrai des amis communistes et je leur dis mon malaise : « Il fallait rester chez vous », me répondirent-ils sèchement.

A quelques jours de là, Camus me confia avec un peu d'embarras que, cédant à certaines pressions et à des raisons qu'il m'expliqua mal, il avait finalement signé un texte appuyant une demande de recours en grâce. Quant à moi, bien que le matin où eut lieu l'exécution je n'aie guère pu en détacher ma pensée, je n'ai jamais regretté mon abstention. On a reproché à l'épuration d'avoir plus durement frappé ceux qui parlaient avec approbation du mur de l'Atlantique que ceux qui le construisaient. Je trouve parfaitement injuste qu'on ait excusé la collaboration économique mais non qu'on ait sévi contre les propagandistes d'Hitler. Par métier, par vocation, j'accorde une énorme importance aux paroles. Simone Weil réclamait qu'on traduisît devant un tribunal ceux qui se servent de l'écriture pour mentir aux hommes et je la comprends. Il y a des mots aussi meurtriers qu'une chambre à gaz. Des mots ont armé l'assassin de Jaurès, des mots ont acculé Salengro au suicide. Dans le cas de Brasillach, il ne s'agissait pas d'un « délit d'opinion »; par ses dénonciations, par ses appels à l'assassinat et au génocide, il avait directement collaboré avec la Gestapo.

Les Allemands avaient perdu la partie ; mais ils s'acharnaient. La famine : ils avaient ramené en Europe l'antique fléau. Grattant la terre, rongeant l'écorce des arbres, des milliers de Hollandais s'étaient vainement débattus contre cette mort moyenâgeuse. Bost rapporta de Hollande des photos que Camus me montra. « On ne peut pas publier ça ! » me dit-il en étalant sur son bureau des images d'enfants qui n'avaient plus ni corps, ni visages : rien que des yeux, énormes et fous. Les journaux ne passèrent que les plus bénignes, et déjà on avait peine à les regarder en face.

*

Le 27 février au soir, je montai dans le train d'Hendaye, munie d'escudos et d'un ordre de mission : un bout de papier, rayé de tricolore, à mes yeux aussi prestigieux qu'un vieux parchemin scellé de cire épaisse. Mon voisin lisait avec application une vie de Staline : « C'est aride », disait-il ; toute la nuit il échangea avec deux jeunes femmes des considérations sur le bolchevisme : en gros ils étaient pour. Moi j'achevai *Poison Ivy* de Peter Cheney, je commençai *Brighton Rock* de Graham Greene et vers l'aube je m'endormis. Soudain le ciel fut bleu : Hendaye. Sauf pour moi et pour un petit vieillard qui allait lui aussi à Madrid, c'était le terminus : franchir une frontière demeurait un rare privilège. Il y avait six ans que ça ne m'était pas arrivé, quinze ans que j'avais dit adieu à l'Espagne. Il me fallut attendre une heure chez le commandant militaire. Enfin, la barrière s'est levée, j'ai revu les bicornes vernis des carabiniers. Au bord de la route, une femme vendait des oranges, des bananes, du chocolat, et ma gorge s'est nouée de convoitise et de révolte : cette abondance, à dix mètres de chez nous, pourquoi nous était-elle interdite ? Soudain notre disette cessa de me paraître fatale ; j'avais l'impression qu'on nous imposait une pénitence : qui ? de quel droit ? A la douane, on me changea mes escudos, on refusa mes francs. Ma valise à la main, je parcourus à pied les deux kilomètres qui me séparaient d'Irun, réduit par la guerre civile en un tas de décombres. Dans le train, je retrouvai le petit vieillard ; il me raconta qu'en me voyant passer sur la route des Espagnols avaient dit : « C'est une pauvre femme : elle n'a pas de bas ! » Eh bien, oui, nous étions pauvres : pas de bas, pas d'oranges, notre argent ne valait rien. Sur les quais des gares, des jeunes femmes se promenaient, bavardes et rieuses, les jambes habillées de soie ; dans les villes que nous traversions, j'apercevais aux vitrines des magasins des monceaux de comestibles. Aux arrêts, des marchands ambulants offraient des fruits, des bonbons, du jambon ; les buffets regorgeaient de nourriture. Je me rappelais la gare de Nantes où nous étions si affamés, si fatigués, et où nous n'avions trouvé à acheter, pour un prix exorbitant, que des galettes rabougries. Je me sentais rageusement solidaire de la misère française.

Et puis je dormis ; au réveil, la France était loin ; au-dessus des plateaux veloutés de gelée blanche s'étendait un ciel d'un bleu triomphant. L'Espagne. L'Escurial, tel qu'il était quinze ans plus tôt ; autrefois, je contemplais sans surprises des pierres séculaires ; maintenant, la permanence me déconcertait ; ce qui me semblait normal, c'était ces villages en ruine et, dans les faubourgs de Madrid, ces maisons effondrées.

A Madrid, je ne reconnus pas mon passé ; il y avait sur la Gran Via les mêmes ombreux cafés, autour de la Plaza Mayor la même odeur d'huile chaude, mais mes yeux avaient changé ; l'abondance, invisible jadis, me semblait toute neuve et m'éblouissait. De la soie, de la laine, du cuir, des victuailles ! Je marchais à perdre le souffle, et tout en marchant je mangeais ; je m'asseyais et je mangeais : des raisins secs, des brioches, des *gambas,* des olives, des gâteaux, des œufs frits, du chocolat à la crème ; je buvais du vin, du vrai café. A travers les rues populeuses du vieux Madrid, à travers les beaux quartiers, je regardais tous ces passants pour qui la dramatique histoire que je venais de vivre n'avait été qu'une rumeur. Je tombai en arrêt devant une vitrine : elle exhibait de superbes photos, soulignées de légendes à la gloire de « la femme allemande pendant la guerre », à la gloire de la « Volksturm » ; c'était un centre de propagande allemande. J'étais là, je voyais de mes yeux les images d'héroïques croisés qui étaient des S.S. Un peu plus tard, Madrid ruissela de lumière ; je me mêlai au flot qui montait et descendait indolemment l'Alcala, comme autrefois ; ici, le fil du temps s'était renoué : ce n'était pas mon temps, le mien restait brisé, à jamais. Soudain je fus saisie d'angoisse ; un jour, à Rouen, une autre conscience avait pris ma place au centre des choses ; sur l'Alcala, le même scandale m'étourdit. Jusqu'à cette minute, le sujet de l'histoire, c'était la France ; maintenant l'Espagne, séparée, étrangère, m'imposait avec tant de force sa présence que le sujet, c'était elle ; la France devenait un objet brumeux à l'horizon ; et moi, sans prise sur ces lieux où mon corps se mouvait, j'avais cessé d'exister. Une épaisse fatigue, qui n'était celle de personne, se traînait à travers la foule.

Je me retrouvai le lendemain ; mais je traversai le Prado en visiteuse distraite : j'étais coupée du Greco, de Goya, des siècles révolus, de l'éternité ; mon siècle me collait aux pieds ; je ne fus tout à fait rendue à moi-même que lorsqu'il me fut rendu, sur la colline pelée, bosselée, crevassée où se dressait naguère la Cité universitaire ; des gens étaient assis sur ce terrain vague, des enfants jouaient, des hommes dormaient ; tout autour s'étageaient des immeubles neufs et des chantiers ; au centre, des débris de maisons, des pans de murs, des portes qui ne donnaient sur rien ; dans les villes sinistrées de Normandie, j'avais marché parmi des gravats tout frais ; mais ces briques-ci avaient la dignité que, depuis Volney et Horace Vernet, la littérature et l'art confèrent aux ruines ; cependant leur histoire s'inscrivait à l'intérieur de ma vie ; cela aussi, c'était un changement. Jadis, j'avançais comme sur une route le long du temps universel ; maintenant, il était au-dedans de moi une dimension de mon expérience ; de loin en loin, une inscription : « Vive Franco » ; sur tous les immeubles neufs flottaient des drapeaux jaune et rouge. *Je portais un foulard jaune et rouge, et un homme avait craché : « Pas de ça, ici ! »* Je regardai à mes pieds le déploiement des secs plateaux castillans, au loin les montagnes neigeuses, et j'achevai de me rétablir dans la réalité : 1945, l'Espagne de Franco. Il y avait des phalangistes, des policiers, des soldats à tous les coins de rue ; sur les trottoirs passaient en procession des prêtres et des enfants vêtus de noir, portant des croix. Les bourgeois bien nourris que je croisais sur la Gran Via avaient souhaité la victoire allemande. Et le luxe de leurs avenues n'était qu'une façade.

Une amie m'avait donné l'adresse d'Espagnols anti-franquistes. Sur leurs conseils, j'allai à Tetuan, à Vallecas. Tout au nord de Madrid, je vis, accroché à des collines, un quartier vaste comme un gros bourg et sordide comme une zone : des masures aux toits rouges, aux murs de pisé, remplies d'enfants nus, de chèvres et de poules ; pas d'égouts, pas d'eau : des fillettes allaient et venaient, courbées sous le poids des seaux ; les gens marchaient pieds nus ou en pantoufles, à peine vêtus ; parfois, un troupeau de moutons traversait une des ruelles, soulevant un nuage de poussière rouge. Vallecas était moins campagnard, on y respirait une odeur d'usine ; mais c'était le même dénuement ; les rues servaient de champ d'épandage ; des femmes lavaient des loques sur le seuil de leurs taudis ; toutes vêtues de noir, la misère durcissait leurs visages qui paraissaient presque méchants. Un ouvrier gagne de 9 à 12 pesetas par jour, m'avaient dit mes informateurs ; je regardais le prix des choses et je comprenais pourquoi, dans les marchés, personne ne souriait. Les gens touchaient de

100 g à 200 g de pain par jour et une poignée de pois chiches ; ceux-ci coûtaient au marché noir 10 pesetas le kilo. Les œufs, la viande étaient inabordables pour le peuple des faubourgs. Les petits pains, les beignets que des femmes vendaient, dans des paniers, au coin des rues bien famées, il fallait être riche pour se les offrir. C'était des riches que j'avais aperçus sur les quais des gares et seuls ils profitaient de cette abondance que j'avais enviée.

Je regardais, j'écoutais. On me raconta comment, pendant ces années de guerre, la Phalange avait collaboré avec l'Allemagne ; la police était entre les mains de la Gestapo ; le régime avait tenté de propager l'antisémitisme, mais en vain, car le mot de juif aujourd'hui n'éveillait aucun écho parmi les Espagnols. Ceux-ci supportaient de plus en plus impatiemment la dictature. La semaine précédente, trois bombes avaient explosé dans un local phalangiste ; deux phalangistes avaient été tués ; en représailles Franco avait, officiellement, fait fusiller dix-sept communistes ; beaucoup d'autres étaient abattus sans éclat et on torturait dans les prisons. Qu'attendaient les Américains pour chasser Franco ? me demandais-je. Mais je ne doutais pas qu'ils ne s'y décidassent bientôt.

A Lisbonne, je trouvai sur le quai de la gare ma sœur et Lionel ; en taxi, à pied, debout, assis, dans les rues, au restaurant, dans leur appartement, nous avons parlé jusqu'à ce que le sommeil m'emportât. La gaieté de cette arrivée, je l'ai décrite dans *Les Mandarins*. Je retrouvais Marseille, Athènes, Naples, Barcelone : une ville brûlante, fouettée par l'odeur de la mer ; le passé soudain ressuscitait dans la nouveauté de ses collines et de ses promontoires, de ses tendres couleurs, de ses bateaux aux voiles blanches.

Comme à Madrid, le luxe des magasins me parut d'un autre âge ; j'y entrai. « Qu'est-ce que c'est que ces galoches ! » m'avait dit ma sœur en regardant mes pieds ; et tout de suite elle entreprit de me nipper. Jamais je ne m'étais livrée à pareille débauche ; ma tournée de conférences m'était généreusement payée et en un après-midi je me montai un trousseau complet : trois paires de souliers, un sac, des bas, du linge, des pull-overs, des robes, des jupes, des chemisiers, une veste de lainage blanc, un manteau de fourrure. J'étais vêtue de frais au cocktail donné par l'Institut français. J'y rencontrai des amis portugais de Lionel, tous adversaires du régime ; ils me parlèrent avec colère de Valéry qui n'avait voulu voir au Portugal que le ciel bleu et les grenadiers en fleur. Et toutes ces salades sur le mystère et la mélancolie de l'âme portugaise ! Sur sept millions de Portugais, il y en a soixante-dix mille qui mangent leur saoul : les gens sont tristes parce qu'ils ont faim.

Avec ma sœur et Lionel, j'entendis des « fados », j'assistai à une course de taureaux à la portugaise. Je me promenai dans les jardins de Cintra, parmi les camélias et les fougères arborescentes. En dépit des « jours sans auto » et du rationnement de l'essence, nous fîmes un grand tour à travers l'Algarve dans une voiture prêtée par l'Institut français ; le temps n'avait pas émoussé cette joie : découvrir jour après jour, d'heure en heure, des visages nouveaux du monde. Je vis une terre aux couleurs africaines, fleurie de mimosas et hérissée d'agaves, des falaises abruptes heurtant un océan qu'apaisait la douceur du ciel, des villages crépis de blanc, des églises, d'un baroque plus mesuré que celui d'Espagne ; souvent derrière la sobre façade, aux lignes infléchies, s'ouvrait une boîte à surprises : les murs et les colonnes étaient peinturlurés, et aussi les confessionnaux, la chaire, l'autel ; de l'ombre émergeaient d'étranges objets en bois, en étoffe, en cheveux, en cire, qui étaient des Christ ou des saints. Sur les routes, je croisais des paysans qui portaient des culottes en peau de mouton et sur l'épaule une couverture bariolée ; les femmes étaient vêtues de robes éclatantes ; sur le fichu, noué au-dessous du menton, elles posaient de larges sombreros ; beaucoup tenaient une jarre en équilibre sur leur tête ou bien appuyée à leur flanc. J'apercevais de loin en loin des groupes d'hommes et de femmes penchés sur le sol qu'ils sarclaient d'un même mouve-ment rythmé : rouges, bleus, jaunes, orange, leurs costumes brillaient au soleil. Mais je ne me laissais plus abuser ; il y avait un mot dont je commençais à mesurer le poids : la faim. Sous les étoffes colorées, ces gens avaient faim ; ils allaient pieds nus, le visage fermé, et dans les bourgades faussement pimpantes, je remarquai leurs regards hébétés ; sous l'écrasant soleil, un déses-poir sauvage les brûlait. La semaine suivante, nous prîmes le train pour Porto ; à toutes les stations, des mendiants envahissaient les wagons. Le soir Porto scintillait ; elle était rouge et belle, au matin, sous le tiède brouillard blanc qui montait du Douro ; mais j'eus vite fait de découvrir la crasse humide des « îlots insalubres » grouillants d'enfants scrofuleux ; des petites filles en haillons fouillaient avidement des pou-belles. Je ne m'appliquais pas au dégoût ni à la compassion ; je buvais du *vinho verde*, de l'eau-de-vie d'arbouse, je me perdais dans la gaieté de mon sang et du ciel ; nous nous levions tôt, pour voir l'aube blanchir la mer ; nous regardions le soir s'allumer les phares tandis que l'Océan mangeait lentement le soleil incan-descent ; j'accueillais joyeusement la beauté des pay-sages et des pierres : les collines fleuries du Minho, Coïmbre, Tomar, Batalha, Leiras, Obidos. Mais par-tout, la misère était trop flagrante pour qu'on l'oubliât longtemps. A Braga, c'était fête ; il y avait des proces-sions et une foire ; j'achetai des foulards, des vases, des cruches, des coqs en céramique ; j'admirai les bœufs magnifiques, aux cornes en forme de lyre, attachés deux par deux par des jougs en bois travaillé ; mais impossible d'ignorer les mendiants, les enfants couverts de gourme, les files de paysans aux pieds nus, les femmes courbées sous des fardeaux. A Nazaré, le pittoresque du port, des barques, des costumes, ne masquait pas la tristesse des yeux. La bourgeoisie portugaise supportait très sereinement la misère des autres. Aux enfants exsangues qui leur demandaient l'aumône, les dames en fourrure répondaient avec impatience : « Tenha Paciência. » A V., petit port du Minho, nous avons déjeuné à une terrasse avec l'agent consulaire, un Portugais ; des enfants nous regardaient manger, en silence ; il les a chassés ; l'un d'eux est revenu et je lui ai donné 5 escudos ; le Portugais s'est dressé en sursaut : « C'est trop ! il va s'acheter des bonbons ! »

Pendant la guerre, le Portugal avait accordé toutes ses sympathies et certains appuis à l'Allemagne ; Hitler vaincu, il se rapprochait de la France et c'est ainsi qu'il avait autorisé l'Institut français à patronner cette tournée. J'avais enseigné, parler ne m'effrayait pas ; mais il y avait une distance qui parfois me décourageait entre l'expérience que j'évoquais et mon public ; il venait m'écouter par désœuvrement, par snobisme et souvent avec malveillance, beaucoup d'auditeurs gardant au fascisme toute leur affection ; à V. la salle fut de glace ; les camps, les exécutions, les tortures, personne ne voulait y croire ; l'agent consulaire me dit, lorsque je me levai : « Eh bien ! je vous remercie d'avoir raconté ces choses qu'on ignorait complètement » ; et il souligna avec ironie ce dernier mot. Les francophiles, cependant, substituaient à mes récits des épopées ; je fus confondue de honte quand je lus dans un illustré : « *Simone de Beauvoir nous dit : Nous faisions cuire des pommes de terre sur du papier journal ; nous gardions l'essence pour la lancer sur les tanks allemands.* » Paris avait souffert plus ou moins qu'on ne l'imaginait ici ; il avait été moins complaisant et moins héroïque ; toutes les questions qu'on me posait tombaient à faux.

En revanche, je fus très intéressée par les entretiens avec les antifascistes portugais ; je rencontrai surtout d'anciens professeurs, d'anciens ministres, d'âge mûr ou avancé ; ils portaient des faux cols durs, des melons ou des feutres sombres, ils faisaient confiance à la France éternelle et à Georges Bidault ; mais ils me communiquèrent une foule de documents sur le niveau de vie de la population, l'organisation économique du pays, le budget, les syndicats, l'analphabétisme, et aussi sur la police, les prisons, la répression. Un jeune médecin m'introduisit dans des maisons ouvrières : des taudis où on se nourrissait de sardines défraîchies ; il me donna des chiffres précis sur l'insuffisance des hôpitaux, des soins médicaux, de l'hygiène ; d'ailleurs, il n'y avait qu'à marcher dans Lisbonne les yeux ouverts pour s'en rendre compte. Le peuple était délibérément maintenu dans la crasse et l'ignorance : on était en train de lancer Fatima. « Le malheur, c'est que Salazar ne tombera que si Franco tombe », me disaient mes interlocuteurs. Et ils ajoutaient que les deux dictateurs ne se trouvaient, hélas ! que fort peu menacés par la défaite de l'Axe. Les capitalistes anglais avaient de gros intérêts au Portugal, l'Amérique était en train de négocier l'achat de bases aériennes aux Açores : Salazar pouvait compter sur l'appui des Anglo-Saxons ; c'est pourquoi il était nécessaire de remuer l'opinion française. Un ancien ministre me demanda de remettre une lettre à Bidault ; s'il l'aidait à établir un nouveau gouvernement, celui-ci céderait l'Angola à la France. Cette combine colonialiste m'aurait fort déplu si je l'avais prise au sérieux ; mais je savais que la lettre serait jetée au panier. Je la portai au Quai d'Orsay.

Je rentrai à Paris au début d'avril, par un beau soleil. Je rapportais cinquante kilos de victuailles : des jambons, du chorizo couleur de rouille, des gâteaux de l'Algarve, gluants de sucre et d'œuf, du thé, du café, du chocolat. Je les distribuai triomphalement à la ronde. Je donnai à mes amies des pull-overs et des écharpes ; à Bost, à Camus, à Vitold, des chemises bariolées de pêcheurs nazaréens. Et je me pavanais dans mes nouveaux atours. Une élégante inconnue m'aborda, place Saint-Augustin : « Où avez-vous trouvé ces souliers ? » me demanda-t-elle en désignant mes souliers à semelle crêpe. « A Lisbonne », lui dis-je, non sans fierté, tant il est difficile de ne pas tirer gloire de ses chances. Vitold m'apprit une nouvelle désagréable ; il s'était querellé avec Badel qui ne voulait plus monter ma pièce ; mais on trouverait facilement un autre théâtre, m'assurait-il.

Je rédigeai mes reportages ; celui que je fis sur Madrid parut dans *Combat-Magazine,* sous mon nom ; la radio espagnole m'accusa d'avoir forgé de toutes pièces des calomnies, pour de l'argent et sans quitter Paris. *Combat* commença d'imprimer une série d'articles sur le Portugal que je signai d'un pseudonyme pour ne pas compromettre mon beau-frère ; Camus se trouvait alors en Afrique du Nord et Pia, qui le remplaçait, interrompit brusquement cette publication ; elle fut reprise par *Volontés* que dirigeait Collinet. Je reçus des lettres chaleureuses d'un certain nombre de Portugais cependant que les services de propagande protestaient. Je me remis à mon roman ; à présent, je voyais à travers les fenêtres de la Mazarine des feuillages et le ciel bleu, et souvent je lisais les anciennes histoires pour le plaisir de lire, sans me soucier de mon héros.

Dullin monta *Le roi Lear.* Camille en avait fait une

bonne adaptation, et elle avait aidé Dullin à en établir la mise en scène. Les costumes et les décors — que personnellement j'aimais bien — étaient d'une extravagance un peu agressive; mais la distribution était bonne, avec une ravissante Cordelia, Ariane Borg; tour à tour odieux, pathétique, gâteux, illuminé, inhumain, trop humain, Dullin en Lear avait réussi une de ses meilleures créations. Cependant la critique tomba sur le spectacle à bras raccourcis. Le public le bouda. Pour Dullin, cet échec était un désastre car on parlait de lui ôter la direction du Sarah Bernhardt. Il me demanda de défendre *Le roi Lear*. J'écrivis un article que Ponge fit passer dans *Action*. J'accusais les critiques de mauvaise foi : ils avaient attaqué la mise en scène parce qu'ils n'osaient pas avouer que c'était Shakespeare qui les ennuyait. Ce petit pamphlet était plus violent qu'inspiré; je n'en espérais pas grand-chose et il n'en résulta rien. Il me valut seulement quelques solides rancunes.

C'était le printemps, le premier printemps de paix. On projetait à Paris *Les Enfants du Paradis* de Prévert, et enfin des films américains : *Ma femme est une sorcière, La Dame du vendredi, La Vieille Fille* avec Bette Davis. Je fus un peu déçue : où était la révolution qui bouleversait le cinéma ?

Ce mois d'avril étincelait, je m'asseyais avec mes amis aux terrasses des cafés; j'allai me promener dans la forêt de Chantilly avec Herbaud, revenu de Londres : notre brouille s'était effacée d'elle-même. Le 1er mai il neigeait, à peine vendait-on au coin des rues quelques maigres brins de muguet. Mais de nouveau l'air était doux ce soir où de grands V cisaillaient le ciel, où tous les Parisiens étaient dans la rue et chantaient.

Sartre se trouvait encore à New York, Bost en Allemagne. Je passai la soirée avec Olga, Mme Lemaire, Olga Barbezat, Vitold, Chauffard, Mouloudji, Roger Blin, quelques autres. Nous avons pris ensemble le métro, nous sommes descendus à la Concorde ; nous nous tenions par le bras, mais en débouchant sur la place notre groupe a été disloqué ; je m'accrochai à Mme Lemaire et à Vitold qui grognait gaiement : « Quel jeu de con ! » tandis que des remous nous emportaient vers la place de l'Opéra ; le théâtre ruisselait de lumières tricolores, des drapeaux claquaient, des lambeaux de *Marseillaise* traînaient dans l'air, on étouffait : un faux pas et on eût été piétiné sur place. Nous sommes montés vers Montmartre et nous nous sommes arrêtés à la Cabane cubaine ; quelle cohue ! Je revois Mme Lemaire marchant sur des tables pour arriver jusqu'à la banquette où j'avais réussi à m'installer ; Olga Barbezat me parlait, les larmes aux yeux, de mes amis morts. Nous nous retrouvâmes dans la rue, un peu désemparés : où aller ? Vitold et Mouloudji suggérèrent l'atelier d'une de leurs amies. Nous nous mîmes en route ; une jeep s'arrêta contre le trottoir, offrant de nous transporter. Deux G.I. et deux W.A.C. montèrent avec nous chez Christiane Lainier ; assises sur une commode, les W.A.C. somnolèrent tandis que Mouloudji chantait et que Blin disait, très bien, un poème de Milosz. Le souvenir que j'ai gardé de cette nuit est beaucoup plus brouillé que celui de nos anciennes fêtes, peut-être à cause de la confusion de mes sentiments. Cette victoire avait été gagnée très loin de nous ; nous ne l'avions pas attendue, comme la libération, dans la fièvre et l'angoisse ; elle était prévue depuis longtemps et n'ouvrait pas de nouveaux espoirs : elle mettait seulement un point final à la guerre ; d'une certaine manière, cette fin ressemblait à une mort ; quand un homme meurt, quand pour lui le temps s'est arrêté, sa vie se caille en un seul bloc où les années se superposent et se chevauchent ; ainsi se coagulaient derrière moi en une masse indistincte tous les moments passés : joie, larmes, colère, deuil, triomphe, horreur. La guerre était finie : elle nous restait sur les bras comme un grand cadavre encombrant, et il n'y avait nulle place au monde où l'enterrer.

Et maintenant, qu'allait-il arriver ? Malraux affirmait que la troisième guerre mondiale venait de s'ouvrir. Tous les anticommunistes se précipitaient dans le catastrophisme. Des optimistes cependant prédisaient la paix éternelle ; grâce au progrès technique, tous les pays bientôt s'aggloméreraient en un seul bloc indivisé. On était encore loin de compte, pensais-je, mais je ne croyais pas non plus qu'on recommençât à se battre demain. Un matin, j'aperçus dans le métro des uniformes inconnus, décorés d'étoiles rouges : des soldats russes. Fabuleuse présence. Lise qui parlait couramment sa langue natale tenta de causer avec eux ; ils lui demandèrent d'un ton sévère ce qu'elle faisait en France et son enthousiasme tourna court.

Peu de temps après le jour V, je passai une nuit très gaie avec Camus, Chauffard, Loleh Bellon, Vitold, et une ravissante Portugaise qui s'appelait Viola. D'un bar de Montparnasse qui venait de fermer nous descendîmes vers l'hôtel de la Louisiane ; Loleh marchait pieds nus sur l'asphalte, elle disait : « C'est mon anniversaire, j'ai vingt ans. » Nous avons acheté des bouteilles et nous les avons bues dans la chambre ronde ; la fenêtre était ouverte sur la douceur de mai et des noctambules nous criaient des mots d'amitié ; pour eux aussi, c'était le premier printemps de paix. Paris demeurait intime comme un village ; je me sentais liée à tous les inconnus qui avaient partagé mon passé et qui s'émouvaient avec moi de notre délivrance.

Tout n'allait pas bien, pourtant. La situation matérielle ne s'améliorait pas. Mendès-France avait démissionné. La charte du C.N.R. restait lettre morte. Camus, à son retour d'Algérie, décrivit dans *Combat* la surexploitation des indigènes, leur misère, leur faim ;

les Européens avaient droit à trois cents grammes de pain par jour, les Musulmans à deux cent cinquante et ils en touchaient à peine cent. On eut peu d'échos des événements de Sétif : le 8 mai, pendant les fêtes de la victoire, des provocateurs, des fascistes, disait *L'Humanité,* avaient tiré sur les Musulmans ; ceux-ci avaient riposté, l'armée avait rétabli l'ordre : on parlait d'une centaine de victimes. On ne connut que beaucoup plus tard l'énormité de ce mensonge [1].

Des bruits sinistres couraient sur les camps libérés par les Américains ; les premiers temps, ils avaient distribué avec étourderie pain, conserves, saucisson : les déportés mouraient sur le coup ; maintenant on prenait des précautions, mais le changement de régime en tuait encore beaucoup. Le fait est qu'aucun médecin ne savait traiter le type de sous-alimentation qui se rencontrait dans les camps : c'était un cas neuf ; peut-être sur ce point les Américains furent-ils moins coupables qu'on ne le pensa alors. On leur reprochait aussi leur lenteur dans le rapatriement des internés. Il y avait le typhus à Dachau, on y mourait en masse ; on mourait dans tous les camps ; la Croix-Rouge française avait demandé d'y pénétrer et nos alliés le lui avaient refusé : cette interdiction nous irritait. D'autre part nous n'admettions pas que les prisonniers allemands fussent bien nourris tandis que la population française crevait de faim. Nos sentiments à l'égard de nos sauveurs s'étaient refroidis depuis décembre.

Les déportés revinrent et nous découvrîmes que nous n'avions rien su. Des photographies de charniers couvrirent les murs de Paris. Bost était entré à Dachau quelques heures après les Américains : les mots lui manquaient pour décrire ce qu'il avait vu. Un autre

1. Environ quatre-vingts Européens furent massacrés, par suite de provocation de leur part. L'armée ratissa la région : quarante mille morts.

correspondant de guerre me parla pour la première fois des *musulmans* : « Et le pire, conclut-il d'un ton un peu égaré, c'est qu'ils dégoûtent. » Bientôt je vis leurs images dans les journaux. Il y eut quelques courts métrages tournés par les Américains, et des récits, des témoignages, écrits, oraux : les trains de mort, les « sélections », les chambres à gaz, les crématoires, les expériences des médecins nazis, les lentes exterminations quotidiennes. Quand, quinze ans plus tard, le procès Eichmann et une soudaine profusion de films et de livres ressuscitèrent des temps déjà lointains, les gens ont été bouleversés, ils ont sangloté, ils se sont évanouis ; en 45, nous avons reçu ces révélations dans leur fraîcheur, elles concernaient des amis, des camarades, notre propre vie. Ce qui m'angoissait le plus, c'était la lutte acharnée et vaine des condamnés pour respirer encore une seconde : les wagons blindés, les hommes se hissant à demi asphyxiés vers l'air du dehors, piétinant les cadavres, retombant morts ; les moribonds se traînant au travail, s'écroulant, et aussitôt abattus ; le refus, l'immensité vide du refus, et cette dernière flamme brutalement soufflée : plus rien, pas même la nuit.

Yvonne Picard ne revint pas ; Alfred Péron mourut en Suisse, peu de jours après son évacuation. Pierre Kaan fut libéré de Buchenwald le 10 mai. « J'aurai tout de même vu ça, la débâcle allemande », dit-il ; il mourut le 20 mai. Le bruit courut que Robert Desnos allait rentrer ; il fut emporté par le typhus, le 8 juin, à Kerenice. De nouveau, j'eus honte de vivre. La mort m'effrayait autant qu'autrefois : mais ceux qui ne meurent pas, me disais-je avec dégoût, acceptent l'inacceptable.

Sartre rentra à Paris et me raconta son voyage. D'abord, l'arrivée au Waldorf ; sa canadienne, l'accoutrement des autres journalistes avaient fait sensation. On avait aussitôt convoqué un tailleur. Puis il me parla des villes, des paysages, des bars, du jazz ; un avion l'avait promené à travers l'Amérique ; dans le cañon du Colorado le pilote demandait de temps en temps : je passe ? l'aile ne touche pas ? Sartre était étourdi par tout ce qu'il avait vu. Outre le régime économique, la ségrégation, le racisme, bien des choses dans la civilisation d'outre-Atlantique le heurtaient : le conformisme des Américains, leur échelle de valeurs, leurs mythes, leur faux optimisme, leur fuite devant le tragique ; mais il avait eu beaucoup de sympathie pour la plupart de ceux qu'il avait approchés ; il trouvait émouvantes les foules de New York et il pensait que les hommes valaient mieux que le système. La personnalité de Roosevelt l'avait saisi, au cours de l'entrevue qu'il avait accordée à la délégation française peu avant sa mort. Avec surprise il avait entendu certains intellectuels s'inquiéter de la montée du fascisme ; de-ci de-là, en effet, on lui avait tenu des propos peu rassurants. Au cours d'un déjeuner, le directeur des *Public relations* de Ford avait évoqué avec bonne humeur la prochaine guerre contre l'U.R.S.S. « Mais vous n'avez pas de frontière commune, où se battra-t-on ? » avait demandé une journaliste du P.C. « En Europe », répondit-il avec naturel. Ce mot fit sursauter les Français, mais ils ne le prirent pas au sérieux. Le peuple américain n'avait rien de belliqueux. Sartre s'était donc donné sans arrière-pensée aux plaisirs du voyage. Il me parla des exilés qu'il avait revus là-bas : à New York, Stépha et Fernand qui faisait de la très belle peinture ; à Hollywood, Rirette Nizan qui gagnait sa vie en sous-titrant des films français. Il avait fait la connaissance de Breton : c'était quelqu'un ; celle de Léger dont la manière avait beaucoup changé : Sartre préférait ses derniers tableaux aux anciens. Quelques jours après son retour, on hissa dans

54

ma chambre une grosse malle noire qui regorgeait de vêtements et de nourriture.

Nous continuions à voir beaucoup de monde. Nous nous mêlions de bon cœur au « Tout-Paris » pour assister aux générales, aux premières, parce que le mot de résistance, politiquement bien endommagé, gardait un sens parmi les intellectuels ; en se retrouvant coude à coude ils affirmaient leur solidarité et le spectacle prenait la valeur d'une manifestation. Nous vîmes ainsi *Meurtre dans la Cathédrale*, très bien monté et joué par Vilar au Vieux-Colombier, mais ennuyeux. Et *Le Dictateur* que l'on avait impatiemment attendu ; presque tout le monde fut déçu ; Hitler ne faisait plus rire. René Leibovitz nous invita un après-midi avec les Leiris et joua au piano de la musique dodécaphonique ; je n'y compris rien ; mais elle avait été interdite par les nazis. Leibovitz pendant quatre ans avait vécu caché ; chaque instant tenait du miracle. C'est à la même époque, il me semble, que nous assistâmes au Quartier latin à l'inauguration du *Gipsy* où Mouloudji faisait ses débuts de chanteur professionnel.

Un soir j'allai avec Sartre et les Leiris chez Dora Marr qui peignait de bons tableaux. Elle croyait aux tables tournantes, pas nous ; elle proposa un essai. Nous posâmes nos mains sur un assez volumineux guéridon. Rien n'arriva, ça devint bientôt fastidieux ; soudain le meuble se mit à frémir, à bouger, à courir : nous courûmes après lui, les mains toujours unies et plaquées dessus. L'esprit fit savoir qu'il était le grand-père de Sartre ; la table épela à petits coups le mot : enfer. Pendant près d'une heure, ruant sur place ou tournoyant, elle nous voua tous au feu éternel et elle raconta sur Sartre des faits que nous étions lui et moi seuls à connaître. Dora exultait ; les Leiris et Sartre riaient de stupéfaction. A la sortie, je leur dis que c'était moi qui avais manœuvré la table. Comme j'avais hautement parié qu'elle resterait immobile, personne ne m'avait soupçonnée.

En juin, le prix de la Pléiade fut décerné pour la seconde fois. On m'invita à prendre le café avec les membres du jury qu'un déjeuner réunissait chez Gallimard. Je ne sais qui avait imposé le lauréat, mais ils paraissaient tous consternés. Le repas terminé, on se répandit dans le jardin. Il y avait beaucoup de monde, un grand soleil, du champagne, du gin, du whisky en abondance. Vers la fin de l'après-midi, assise sur l'herbe à côté de Queneau, je discutai avec lui sur « la fin de l'histoire ». Le sujet revenait souvent dans les conversations. Nous avions découvert la réalité de l'histoire et son poids : nous nous interrogions sur son sens. Queneau, initié à Hegel par Kojève, pensait qu'un jour tous les individus se réconcilieraient dans l'unité triomphante de l'Esprit. « Mais si j'ai mal au pied ? » disais-je. « *On* aura mal à votre pied », me répondait Queneau. Nous disputâmes assez longtemps, avec d'autant plus de feu que les vapeurs de l'alcool nous embuaient agréablement le cerveau ; nous décidâmes de poursuivre le lendemain et nous prîmes rendez-vous. Queneau me proposa un dernier verre ; je connaissais mes limites : je refusai ; il insista : « Juste une coupe de champagne. » Soit. Il me la tendit, je la bus et je me retrouvai couchée sur un divan, la tête brûlante, l'estomac chaviré. Queneau avait à demi rempli de gin le verre que j'avais vidé d'un trait. J'avais aussitôt perdu conscience ; il était très tard, tous les invités étaient partis ; il ne restait que Sartre et la famille Gallimard ; j'avais honte et Jeanne me réconfortait de son mieux. On me reconduisit à l'hôtel en auto et je me couchai aussitôt. Quand je me réveillai douze heures plus tard, j'étais encore mal en point et j'avais complètement oublié mon rendez-vous avec Queneau ; il ne se l'était pas rappelé non plus.

Nous buvions dur à l'époque ; d'abord parce qu'il y avait de l'alcool ; et puis nous avions besoin de nous défouler, c'était fête ; une drôle de fête ; proche, affreux, le passé nous hantait ; devant l'avenir, l'espoir et le doute nous divisaient ; la sérénité ne pouvait pas être notre lot ; le monde contrariait nos passions. Il fallait l'oublier, et oublier même que nous oubliions.

Ma sœur et Lionel rentrèrent à Paris vers la fin de mai. Pendant toutes ces années elle avait beaucoup travaillé. Elle exposa à la galerie Jeanne Castel des compositions inspirées de scènes qu'elle avait vues à l'hôpital de Lisbonne. Je revis avec elle les collections du Louvre qui rouvrait ses portes. Sartre partit pour la campagne avec sa mère, dont le mari était mort au cours de l'hiver. Je décidai de faire un tour à bicyclette ; comme Vitold prenait ses vacances à ce moment-là, nous roulâmes pendant quelques jours côte à côte, de Paris à Vichy, le long des gorges de la Creuse, puis à travers le plateau de Millevaches et l'Auvergne. Nous parlions des *Bouches inutiles* pour lesquelles il avait un théâtre en vue ; nous discutions sur des remaniements possibles et sur des détails de mise en scène ; Vitold avait des ennuis de cœur, il me les racontait. Il était encore très difficile de se nourrir et de se loger ; nous avions emporté des conserves américaines qui complétaient utilement nos repas. Il nous arriva de dormir dans l'arrière-boutique d'un boulanger, sur des banquettes de café, et même, une fois, presque à la belle étoile, dans une hutte de charbonnier. A Vichy, je le quittai et je montai au Vercors que je voulais voir de mes yeux ;

c'est alors que j'assistai à la grande frairie funèbre de Vassieux, que j'ai décrite dans *Les Mandarins*[1].

Le 7 août — je venais de rentrer à Paris — la bombe atomique tomba sur Hiroshima. C'était la fin définitive de la guerre, et un massacre révoltant ; il annonçait peut-être la paix perpétuelle, peut-être la fin du monde. Nous en discutâmes longtemps.

Nous passâmes un mois à La Pouèze ; nous y étions quand la deuxième bombe fut lâchée, quand les Russes entrèrent en Mandchourie et que le Japon capitula. Sartre eut des échos, par des lettres, de la célébration du *V-Day* par les Américains. Pour nous, la victoire datait de mai.

Pour la première fois je retournai à l'étranger avec Sartre : à Bruges, à Anvers, à Gand. Les choses avaient toujours passé mon imagination : je constatai qu'elles passaient aussi ma mémoire. Je commençai à goûter le plaisir de re-voir. J'avais vraiment changé d'âge.

---

1. Il n'y a qu'une inexactitude : je l'ai située après l'explosion de la bombe atomique, alors qu'elle a eu lieu quelques jours avant.

Chapitre II

Le Sang des autres parut en septembre ; le thème principal en était, je l'ai dit, le paradoxe de cette existence vécue par moi comme ma liberté et saisie comme objet par ceux qui m'approchent. Ces intentions échappèrent au public ; le livre fut catalogué « un roman sur la résistance ».

Par moments, ce malentendu m'agaça, mais j'en pris mon parti, car le succès dépassa de loin mon attente. Il fut beaucoup plus bruyant que celui de *L'Invitée* ; tous les critiques placèrent mon second roman au-dessus du premier ; il suscita dans plusieurs journaux des éditoriaux émus. Je reçus, par lettre et de vive voix, des bordées de compliments. Camus, bien qu'il aimât le livre, ne me cacha pas sa surprise ; quant à Aron, il me déclara avec la franchise de l'amitié : « Pour tout dire, je trouve ce succès dégoûtant ! » Il blâmait, je pense, l'engouement bien pensant qui me valait ces suffrages. Écrivains, journalistes, intellectuels, encore étroitement liés par le proche passé, nous étions enclins à nous entre-aduler ; en outre, mon roman était le premier qui parlât, à ciel ouvert, de la résistance. Cependant le public n'obéit pas à une consigne extérieure, les louanges qu'il déversa sur moi étaient sincères : il lut *Le Sang des autres* avec les mêmes lunettes que j'avais chaussées pour l'écrire.

Techniquement, j'avais eu l'impression d'innover ; les uns m'en félicitèrent, d'autres se plaignirent du « long tunnel » qui ouvre le récit ; tous s'accordèrent à en trouver la forme originale, tant le roman français avait jusqu'alors respecté les routines. Ce qui me frappe davantage, c'est que mon récit ait paru « gonflé de sang et de vie ». Un livre est un objet collectif : les lecteurs contribuent autant que l'auteur à le créer ; or, les miens donnaient, comme moi, dans le moralisme ; la perspective que j'avais adoptée leur était si naturelle qu'ils pensaient qu'elle leur livrait la réalité même ; sous le glacis des concepts abstraits et des phrases édifiantes, ils perçurent l'émotion qui s'y était maladroitement engloutie ; ils la ressuscitèrent ; ce fut leur sang et leur vie qu'ils prêtèrent à mes personnages. Puis le temps passa ; les circonstances changèrent, et nos cœurs ; ensemble nous défîmes l'œuvre que nous avions ensemble imaginée. Reste un livre dont aujourd'hui les défauts sautent aux yeux.

Roman sur la résistance, il fut aussi catalogué roman existentialiste. Ce mot désormais était automatiquement accolé aux œuvres de Sartre et aux miennes. Au cours d'un colloque organisé pendant l'été par les éditions du Cerf — c'est-à-dire par les Dominicains — Sartre avait refusé que Gabriel Marcel lui appliquât cette étiquette : « Ma philosophie est une philosophie de l'existence ; l'existentialisme, je ne sais pas ce que c'est. » Je partageais son agacement. J'avais écrit mes romans avant même de connaître ce terme, en m'inspirant de mon expérience et non d'un système. Mais nous protestâmes en vain. Nous finîmes par reprendre à notre compte l'épithète dont tout le monde usait pour nous désigner.

Ce fut donc une « offensive existentialiste » que, sans l'avoir concertée, nous déclenchâmes en ce début d'automne. Dans les semaines qui suivirent la publication de mon roman, les deux premiers volumes des *Chemins de la liberté* parurent, et les premiers numéros des *Temps modernes*[1]. Sartre donna une conférence — *L'existentialisme est-il un humanisme ?* — et j'en fis une au Club Maintenant sur le roman et la métaphysique. *Les Bouches inutiles* furent jouées. Le tumulte que nous soulevâmes nous surprit. Soudain, comme on voit dans certains films l'image échappant à son cadre envahir le grand écran, ma vie déborda ses anciennes frontières. Je fus projetée dans la lumière publique. Mon bagage était léger, mais on associa mon nom à celui de Sartre que brutalement la célébrité saisit. Il ne se passait pas de semaine sans qu'on parlât de nous dans les journaux. *Combat* commentait avec faveur tout ce qui sortait de nos plumes et de nos bouches. *Terre des hommes,* hebdomadaire créé par Herbart et qui ne vécut que quelques mois, nous consacrait dans chaque numéro d'abondantes colonnes amicales ou aigres-douces. Partout paraissaient des échos sur nos livres, sur nous. Dans les rues, des photographes nous mitraillaient, des gens nous abordaient. Au Flore on nous regardait, on chuchotait. A la conférence de Sartre, il vint une telle foule que la salle ne put la contenir : ce fut une bousculade effrénée et des femmes s'évanouirent.

Ce fracas s'expliquait en partie par l'« inflation » que sur le moment même Sartre a dénoncée[2]; devenue une puissance de second ordre, la France se défendait en exaltant, à des fins d'exportation, les produits de son terroir : haute couture et littérature. Le plus modeste écrit suscitait des acclamations, on menait grand tapage autour de son auteur : les pays étrangers s'émouvaient

1. « Dans la même semaine, on a entendu la conférence de Sartre, assisté à la générale des *Bouches inutiles* et lu le premier numéro des *Temps modernes* », écrivait dans *Arts* un critique légèrement excédé.
2. La nationalisation de la littérature. *Temps modernes*, novembre 1945.

avec bienveillance de ce vacarme et l'amplifiaient. Cependant, si les circonstances jouèrent à un si haut point en faveur de Sartre, ce ne fut pas par hasard ; il y avait, du moins à première vue, un remarquable accord entre ce qu'il apportait au public et ce que celui-ci réclamait. Les petits-bourgeois qui le lisaient avaient eux aussi perdu leur foi dans la paix éternelle, dans un calme progrès, dans des essences immuables ; ils avaient découvert l'Histoire sous sa figure la plus affreuse. Ils avaient besoin d'une idéologie qui intégrât ces révélations, sans les obliger cependant à jeter par-dessus bord leurs anciennes justifications. L'existentialisme, s'efforçant de concilier histoire et morale, les autorisait à assumer leur condition transitoire sans renoncer à un certain absolu, à affronter l'horreur et l'absurdité tout en gardant leur dignité d'homme, à préserver leur singularité. Il semblait leur fournir la solution rêvée.

En fait, non ; et c'est pourquoi le succès de Sartre fut aussi ambigu que volumineux, gonflé par cette ambiguïté même. Les gens se jetèrent avidement sur une nourriture dont ils avaient faim ; ils se cassèrent les dents et poussèrent des cris dont la violence intriguait et attirait. Sartre les séduisait en maintenant, au niveau de l'individu, les droits de la morale ; mais celle qu'il indiquait n'était pas la leur. Ses romans leur renvoyaient une image de la société qu'ils récusaient : ils le taxèrent de réalisme sordide, de misérabilisme. Ils étaient disposés à entendre sur eux-mêmes quelques vérités douces, non à se regarder en face. Contre la dialectique marxiste ils revendiquaient leur liberté ; mais Sartre exagérait : celle qu'il leur offrait impliquait de fatigantes responsabilités ; elle se retournait contre les institutions, les mœurs ; elle détruisait leur sécurité. Il les invitait à en user pour s'allier au prolétariat : ils voulaient entrer dans l'Histoire, mais pas par cette porte-là. Classés, catalogués, les intellectuels communistes les gênaient beaucoup moins. En Sartre les bourgeois se reconnaissaient sans consentir au dépassement dont il leur donnait l'exemple ; il leur parlait leur langage et il en usait pour leur dire ce qu'ils ne voulaient pas entendre. Ils venaient, ils revenaient à lui parce qu'il posait les questions qu'ils se posaient : ils s'enfuyaient parce que ses réponses les heurtaient.

Au même instant célèbre et scandaleux, Sartre n'accueillit pas sans malaise une renommée qui, tout en dépassant ses anciennes ambitions, les contredisait. S'il avait désiré les suffrages de la postérité, il ne pensait atteindre de son vivant qu'un public étroit : un fait nouveau, l'apparition du *oneworld,* le transforma en un auteur cosmopolite ; il n'avait pas imaginé que *La Nausée* dût être traduite avant longtemps : grâce aux techniques modernes, à la rapidité des communications et des transmissions, ses œuvres paraissaient en douze langues. C'était choquant pour un écrivain formé à l'ancienne, qui avait vu dans la solitude de Baudelaire, de Stendhal, de Kafka, la nécessaire rançon de leur génie. Loin que la diffusion de ses livres lui en garantît la valeur, tant de médiocres ouvrages faisaient du bruit que le bruit apparaissait presque comme un signe de médiocrité. Comparée à l'obscurité de Baudelaire, la gloire idiote qui avait fondu sur Sartre avait quelque chose de vexant.

Elle se payait cher. Il obtenait à travers le monde une audience inattendue : il se voyait frustré de celle des siècles futurs. L'éternité s'était effondrée ; les hommes de demain étaient devenus ces crabes auxquels s'adresse Franz dans *Les Séquestrés d'Altona* : imperméables, hermétiques, radicalement des autres. Ses livres, même lus, ne seraient pas ceux qu'il avait écrits : son œuvre ne resterait pas. Ce fut vraiment pour lui la mort de Dieu, qui jusqu'alors survivait sous le masque des phrases. Une si totale catastrophe, Sartre devait à son orgueil de l'assumer. Il le fit dans la *Présentation* qui ouvrit en octobre le premier numéro des *Temps modernes*. La littérature avait dépouillé son caractère sacré, soit ; désormais, il mettrait l'absolu dans l'éphémère ; enfermé dans son époque, il la choisirait contre l'éternité, acceptant de périr tout entier avec elle. Cette résolution avait plus d'un sens. Enfant, adolescent, le fantasme favori de Sartre était celui du poète maudit, méconnu de tous, que la gloire foudroie par-delà la tombe ou, pour qu'il en jouît tout de même un peu, sur son lit de mort ; de nouveau il misait sur le retournement de l'échec en triomphe. Démesurément comblé, en gagnant tout, il avait tout perdu : consentant à tout perdre, il nourrissait l'espoir secret que tout lui serait rendu. « *Le refus de la postérité devait me donner la postérité* [1]. »

D'autre part, à quarante ans, ses ambitions les plus audacieuses étaient, sur un certain plan, assouvies : pour équivoque que fût sa réussite, il ne la dépasserait jamais. La répétition l'ennuyait ; il convenait de modifier ses objectifs. Détestant la passivité, s'il avait préféré l'œuvre aux actes, il ne l'avait pas conçue sous la figure de la contemplation, du rêve, de l'échappement à soi-même, mais comme construction. Il avait découvert, au Stalag avec *Bariona,* sous l'occupation avec *Les Mouches,* le rôle vivant qu'elle pouvait avoir. Quand il renonça à *être* et décida de *faire,* il exigea que désormais elle fût toujours appel et engagement. Cela n'impliquait pas du tout qu'il méprisât la littérature mais, au contraire, la volonté de lui rendre sa dignité ; si elle était par essence divine, on pouvait en jouant distraitement de la plume produire un objet sacré : humaine, pour qu'elle ne se dégradât pas en divertissement, il fallait que l'homme la confondît avec son existence même,

1. Notes inédites.

sans faire de sa vie plusieurs parts. L'engagement, somme toute, n'est pas autre chose que la présence totale de l'écrivain à l'écriture.

On voit comment Sartre pouvait à la fois convaincre et indigner : son article engendra des discussions passionnées qui durent encore. En cette période troublée où les rumeurs du monde violaient les plus silencieuses retraites, le public ne demandait qu'à combler le fossé qui séparait la presse de la littérature, ses intérêts quotidiens de ses soucis culturels ; il était avide de connaître ce monde changé où il se retrouvait : il assouvirait noblement sa curiosité si l'art saisissait ces réalités vivantes, brûlantes, qu'aucun académicien n'avait jamais abordées. Seulement, il ne voulait pas renoncer à l'éternité. La lecture devait le transporter dans ces sphères supérieures où règne, souveraine, l'œuvre d'art. Sartre respectait la littérature au point d'en confondre le destin avec celui de l'humanité : on jugea sacrilège qu'il l'eût fait descendre du ciel sur terre. Ainsi dans tous les domaines. Ce qu'il proposait à ses lecteurs les enrichissait mais les dérangeait ; et ils lui avaient plus de rancune que de gratitude.

Il prêtait le flanc du fait qu'il resta fidèle à la règle que nous nous étions fixée : réagir à la situation sans représentation de soi. Il ne changea pas ses habitudes : il vivait à l'hôtel et au café, s'habillait n'importe comment, se dérobait aux mondanités ; non seulement il n'était pas marié mais nos vies avaient trop d'indépendance pour qu'on pût considérer nos relations comme une classique « union libre ». On aurait excusé ces singularités si Sartre s'était abrité derrière son personnage d'écrivain. Il ne l'a jamais fait ; et, dans la surprise de sa métamorphose, il ne pensa pas qu'il lui fallait au moins tenir compte de son nouveau statut. Ce naturel lui gagna beaucoup d'amitiés. Mais l'opinion en fut choquée. Ignorant le sérieux du travail de l'écrivain, elle ne lui pardonne ses privilèges que s'il lui apparaît comme l'Autre, ce qui flatte son goût des mythes et des idoles, et désarme l'envie. Mais l'Autre, c'est l'inhumain ; les comédies de la vanité et de l'importance ne suffisent pas à cacher que l'auteur célèbre est un homme, un semblable ; il bâille, il mange, il marche, autant de preuves de son imposture. On ne hisse l'écrivain sur un piédestal que pour mieux le détailler et conclure qu'on a eu tort de l'y jucher. Tout de même, tant qu'il s'y cramponne, la distance émousse la malveillance. Sartre ne jouait pas le jeu, il restait au niveau de la foule : n'importe qui. Alors, s'entêtant à le prendre pour Autre tout en constatant qu'il était leur pareil, les gens dénonçaient en lui le plus impudent des mystificateurs. Un soir, comme nous sortions du Golfe-Juan, un dîneur qui n'avait pas cessé de regarder Sartre avec malveillance dit à sa femme : « Eh bien, quoi ? Il se mouche... » Tous ces griefs se renforçaient les uns les autres. Sa simplicité se retournait contre lui dans la mesure où il ne se pliait pas aux mœurs bourgeoises. Le fait est qu'elle avait quelque chose de suspect : elle impliquait des convictions démocratiques trop extrêmes pour que l'élite ne sentît pas contestées ses supériorités.

L'idylle de l'automne 44 se gâta vite. Aucun ouvrage sérieux n'avait été écrit sur *L'Être et le Néant* mais déjà dans des revues, des cours, des conférences, les bienpensants l'attaquaient. Le 3 juin 1945, *La Croix* avait dénoncé dans l'existentialisme athée « un danger plus grave que le rationalisme du XVIIIe siècle et le positivisme du XIXe ». L'extrême droite commençait, avec quelques précautions encore, à sortir de sa réserve : par des pamphlets, des échos, des commérages, elle se répandait en calomnies sur Sartre. En novembre 1945, un jeune garçon à l'œil bleu me demanda au Flore de lui parler de Sartre ; il devait écrire un article sur lui dans un hebdomadaire à sensation qui paraissait depuis peu,

Samedi-Soir; je refusai; de toute façon il ferait ce papier, me dit-il; autant valait qu'il tînt ses informations de moi. Soit. Je le renseignai. Quelques jours plus tard, une poubelle se déversait sur Sartre : sordide, frivole, sa philosophie convenait à un peuple malade. Moralement et physiquement, il n'aimait que la crasse. Nous fûmes déconcertés par cette giclée de boue. Mais enfin, bon, ces gens-là ne pouvaient pas nous aimer; contre leurs insultes, nous apprendrions à nous blinder. Quand Boutang se demandait si Sartre était un possédé, ça nous était égal. Sartre s'arrachait à sa classe, l'animosité qu'elle lui marquait était normale. Celle des communistes, en revanche, l'atteignit comme une injustice.

Il avait participé, à leurs côtés, en juin 1945, à la vente du C.N.E. (« Monsieur Sartre, lui demanda une dame d'un certain âge, selon vous, l'enfer, c'est les autres ? — Oui... — Alors, moi, je suis le paradis », dit-elle avec un sourire émerveillé.) Il imaginait que sa *Mise au point* avait réglé tous les différends : il se trompait. Dans un article paru dans *Action,* Henri Lefebvre, sur un ton très désagréable, accusa Sartre de perdre son temps à démontrer dans *L'Être et le Néant* des choses qui pour un marxiste allaient de soi; il barrait le chemin à toute philosophie de l'histoire et masquait à ses lecteurs les vrais problèmes. Kanapa donna un article au premier numéro des *Temps modernes.* « Accompagnez-moi chez Maublanc, dit-il à Sartre, Garaudy et Mougin voudraient causer avec vous. » Le matin de l'entrevue, il téléphona avec embarras qu'il ne venait pas. Sartre se rendit seul chez Maublanc où Garaudy et Mougin l'engueulèrent : c'était un idéaliste, il détournait les jeunes du marxisme; aucun communiste n'écrivit plus chez nous. Nous souhaitions pourtant ne pas rompre avec eux. Politiquement, cette fallacieuse entité, la résistance, n'existait plus; en décembre 1945, Malraux l'ayant évoquée devant la Chambre, il suscita de la gêne, alors qu'un an plus tôt le mot déclenchait automatiquement des applaudissements. Scindée en trois partis, seul le P.C. en perpétuait les espoirs révolutionnaires ; la S.F.I.O., figée, anachronique, était boudée par les masses. Quand le pays après avoir voté pour une Constituante aux pouvoirs limités procéda aux élections, elles furent un triomphe pour les communistes. Nous avions les mêmes objectifs qu'eux et eux seuls pouvaient les réaliser. Dans le conflit qui opposa Thorez à de Gaulle, nous nous rangeâmes du côté du premier[1]. Nous poursuivîmes notre dialogue avec les marxistes. Merleau-Ponty s'expliqua dans le numéro de novembre des *Temps modernes* ; en décembre, *Action,* dans un article intitulé *Ou bien-ou bien,* lui répondit aigrement, ainsi qu'à Beaufret qui avait parlé de l'existentialisme dans *Confluences.* Au début de 1946, Merleau-Ponty ayant donné un papier à *Action* sur la figure moderne du héros, on lui rétorqua dans les *Cahiers d'Action,* que le « communiste est le héros permanent de notre temps ». Hervé attaqua un autre article de Merleau-Ponty, paru aux *Temps modernes,* sur le réalisme politique. Alquié et Naville discutèrent sur un ton plus modéré, en mars, dans la *Revue Internationale.* Comme la vogue de l'existentialisme ne diminuait pas — à la conférence qu'y consacra Beaufret, au Vieux-Colombier, en avril, le public se rua — *Action* en vint à ouvrir une enquête : *Faut-il brûler Kafka ?* dirigée contre la littérature noire ; la question, heureusement, indigna beaucoup de lecteurs ; parmi les réponses il n'y eut qu'un seul oui. Quand nous rencontrions dans le privé Courtade, Hervé, Rolland, Claude Roy, on se disputait avec gaieté, sur un fond apparent

1. Thorez réclamait pour son parti un des trois grands ministères ; de Gaulle le lui refusait ; on aboutit à une conciliation, mais le 22 janvier 1946 de Gaulle démissionna parce qu'il désapprouvait la Constitution qu'élaborait la Chambre à majorité socialiste et communiste.

d'estime : cette campagne publique ne nous en irritait que davantage.

Certes, Sartre était encore loin d'avoir compris la fécondité de l'idée dialectique et du matérialisme marxiste ; les œuvres qu'il publia cette année-là le prouvent. Sa préface aux *écrits intimes* de Baudelaire [1], écrite deux ans plus tôt, est une description phénoménologique : il y manque l'étude psychanalytique qui eût expliqué Baudelaire à partir de son corps et des faits de son histoire. Les *Réflexions sur la question juive* assouplissent et enrichissent par un constant recours au social la méthode phénoménologique : les bases concrètes d'une histoire de l'antisémitisme leur font défaut. L'article *Matérialisme et révolution,* paru dans *Les Temps modernes,* mettait directement en cause le marxisme orthodoxe. Sartre critiquait — avec des arguments moins valables qu'aujourd'hui mais inspirés des mêmes principes — l'idée d'une dialectique de la nature ; il analysait, dans sa force et dans ses faiblesses, le matérialisme en tant que mythe révolutionnaire. Il indiquait quelle place la révolution fait nécessairement et effectivement à l'idée de liberté. A ce moment-là sa pensée tournait court car sur la relation liberté-situation, il flottait, et davantage encore sur l'histoire.

Moins profonde sur certains points, sur d'autres plus exigeante que la doctrine marxiste, la philosophie de Sartre ne la contredisait pas radicalement ; il souhaitait des échanges. Les communistes s'y refusèrent. Il est vrai que par la manière dont le public bourgeois interpréta l'existentialisme, il en pervertit le sens : il y vit — comme dans le moralisme de Camus — une idéologie de rechange. Les communistes firent de même. La

1. Elle fut publiée en volume un peu plus tard avec une préface de Leiris. L'intention de Sartre — comprendre à partir de sa totalité les moments d'une vie — échappa aux critiques — sauf à Blanchot — qui l'accusèrent de méconnaître le caractère de la poésie.

conjoncture politique leur imposait-elle ce sectarisme ? Peu importe ici. Le fait est qu'intellectuellement un dialogue avec Sartre était possible et qu'ils préférèrent reprendre à leur compte les insultes de la droite : chantre de la boue, philosophe du néant et du désespoir. Ce qui toucha Sartre c'est qu'ils le transformaient ainsi en un ennemi des masses. « *La célébrité, pour moi, ce fut la haine* », nota-t-il plus tard. Déconcertante expérience ; il se mit, par-delà toutes ses attentes, à exister tapageusement pour autrui ; mais en tant que haïssable et haï. Il espérait encore, en 1945-1946, modifier cette situation : il n'imaginait plus que ce serait facile.

Je me suis souvent demandé quelle aurait été ma position si je n'avais pas été liée à Sartre. Proche des communistes, sûrement, par horreur de tout ce qu'ils combattaient : cependant j'aimais trop la vérité pour ne pas exiger de pouvoir librement la rechercher : je ne serais jamais entrée au P.C. ; ayant moins d'importance objective que Sartre, les difficultés de cette attitude en auraient été atténuées, mais elle eût ressemblé à la sienne. Je me trouvai donc en parfait accord avec lui. Seulement, comme ce n'était pas moi que les communistes réprouvaient, insultaient, dénonçaient, comme je n'étais pas compromise en personne par leur inimitié, j'étais tentée de la prendre à la légère : la ténacité de Sartre à la désarmer m'étonnait ; par moments je l'incitais à l'impatience. Parfois au contraire, au hasard d'une rencontre ou d'une lecture, je me demandais si nous n'aurions pas dû piétiner nos scrupules d'intellectuels et militer dans le P.C. Sartre aussi passait par des oscillations qui tantôt coïncidaient avec les miennes, tantôt non. Nous discutions beaucoup.

Je n'avais jamais cru au caractère sacré de la littérature. Dieu était mort quand j'avais quatorze ans, rien ne l'avait remplacé : l'absolu n'existait qu'au négatif, comme un horizon à jamais perdu. J'avais souhaité devenir, comme Emily Brontë ou George Eliot, une légende ; mais j'étais trop convaincue qu'une fois mes yeux fermés plus rien ne serait rien pour tenir fortement à ces rêves. Je périrais avec mon époque, puisque je mourrais : il n'y a pas deux manières de mourir. Je souhaitais être lue de mon vivant par beaucoup de monde, qu'on m'estimât, qu'on m'aimât. La postérité, je m'en foutais. Ou presque.

Je m'étais habituée à ma peau d'écrivain et il ne m'arrivait plus guère de regarder ce personnage neuf en me disant : c'est moi. Mais ça m'amusait de voir mon nom dans les journaux et pendant quelque temps, le bruit fait autour de nous, mon rôle de « figure bien parisienne » me divertirent. Par bien des côtés aussi il me déplaisait. La susceptibilité ne m'étouffait pas ; qu'on m'appelât « la grande Sartreuse » ou « Notre-Dame de Sartre » j'en riais ; mais certains regards masculins me blessaient ; ils offraient une complicité crapuleuse à la femme existentialiste, donc dévoyée, que j'étais. Alimenter des ragots, émoustiller des curiosités, j'y répugnais. Enfin, à ce moment-là la malveillance m'égratignait à peine et je profitai de ma fraîche notoriété. Elle ne m'étonnait pas : il me paraissait normal que la libération en transformant le monde eût changé ma vie. Je ne me l'exagérais pas non plus : elle était très mince, comparée à celle de Sartre. Je constatais cette distance sans envie, parce que je tenais trop à lui pour le jalouser, et que je la trouvais justifiée. Je n'éprouvais même pas le regret de n'avoir pas mérité davantage : mon premier livre n'avait que deux ans, il n'était pas temps de tirer un trait. J'avais l'avenir, je lui faisais confiance. Jusqu'où m'amènerait-il ? Sur la valeur de mon œuvre, au futur comme au présent, j'évitais de m'interroger : je ne voulais ni me bercer d'illusions, ni prendre les risques d'une lucidité peut-être cruelle.

Somme toute, à l'encontre de Sartre, ni dans ma réalité sociale, ni en tant qu'écrivain je ne me mettais en question. Je pourrais me targuer de m'être laissée moins que lui prendre au mirage de l'être, ayant payé dans mon adolescence le prix de ce renoncement ; je pourrais aussi me reprocher d'avoir refusé d'affronter mon existence objective ; il est certain que mon scepticisme me servit à éluder les difficultés avec lesquelles Sartre se colletait. Cette fuite m'était facilitée par mon tempérament. J'avais toujours eu plus que lui le goût de l'immédiat. J'aimais tous les plaisirs du corps, la couleur du temps, les promenades, les amitiés, les bavardages, et connaître, et voir. Et puis, loin de me trouver comme lui saturée par le succès, je n'apercevais pas de limites à mes espoirs : j'étais comblée et non blasée. Les circonstances assuraient à tout effort, à la moindre réussite, une résonance qui me stimulait ; des tâches s'offraient et les moyens de les remplir. Le présent et ses proches horizons me suffisaient.

Pendant quelque temps la revue me captiva. Grâce au renom de Sartre et à la querelle que provoqua sa théorie de l'engagement, elle eut de nombreux lecteurs ; elle s'efforçait de refléter une époque qui avait envie de se connaître, et son succès dura. Paulhan qui avait longtemps dirigé la N.R.F. nous faisait profiter de sa compétence ; c'était lui d'ordinaire qui se chargeait de la mise en page ; il m'en enseigna la recette. Aron, qui avait acquis de l'expérience avec la *France libre,* nous donnait aussi des conseils techniques ; il surveillait de très près la marche des *Temps modernes* ; il escomptait, je crois, que Sartre n'aurait pas assez de persévérance pour s'y intéresser longtemps et qu'il en hériterait. Il s'occupait particulièrement du secteur politique et il trouvait d'adroites raisons pour refuser les articles favorables au communisme. Excellent pour l'analyse, il était lamentable pour la prévision : il annonça le triomphe des socialistes à la veille des élections qui furent une victoire des M.R.P. et une tape pour la S.F.I.O. Leiris avait en charge la poésie et nos goûts s'accordaient rarement. Le comité se réunissait souvent et on y discutait ferme.

J'ai dit ce que la revue représentait pour Sartre. Tout en ce monde est un signe qui renvoie à tout : notre originalité était de rechercher des faits anodins et révélateurs. D'autre part, par le choix des textes, par l'orientation des articles, nous espérions influencer nos contemporains. Et aussi il nous était très utile d'avoir à portée de la main le moyen de dire sans délai nos impatiences, nos surprises, nos adhésions. Un livre, c'est long à écrire et, en ce temps-là, c'était long à publier ; dans une revue on peut saisir l'actualité au vol ; on peut, presque aussi rapidement que dans une correspondance privée, s'adresser à ses amis, réfuter ses adversaires. Je lisais un article irritant et je me disais aussitôt : « Je vais répondre ! » C'est ainsi que j'écrivis les essais que je donnai aux *Temps modernes*. En cette période de renaissance, tâtonnante, bouillonnante, il y avait sans cesse des questions qui se posaient, des défis à relever, des erreurs à rectifier, des malentendus à dissiper, des critiques à repousser. Peu d'ouvrages, peu de revues paraissaient : nos polémiques d'intellectuels avaient l'intimité, l'urgence et la chaleur des querelles de famille.

J'avais un grand désir de voir jouer *Les Bouches inutiles.* A la générale de *Huis clos,* le fracas des applaudissements m'avait remuée : c'était plus présent, plus grisant que l'éparse rumeur soulevée par un livre. J'avais assisté au *Caligula* de Camus qui à la lecture m'avait laissée froide : Gérard Philipe transfigurait la pièce. Je souhaitais que la mienne subît une aussi flatteuse métamorphose. Et puis je cédais encore à des mirages : mon nom sur les faïences du métro, ce serait celui d'un auteur dramatique, et cet auteur, ce serait moi. Quand Vitold me proposa de rencontrer Serge qui dirigeait le théâtre du Carrefour, je courus.

A Rouen, dix ans plus tôt, j'avais entendu parler d'un beau garçon qui traînait tous les cœurs après soi ; il avait épousé la plus jolie de mes élèves de troisième ; il s'appelait Serge : c'était lui. Olga le connaissait ; quand elle le revit, elle s'exclama : « C'est vous, Serge ! — Eh oui ! » dit-il sur un ton d'excuse. Il avait vieilli, engraissé et perdu beaucoup de cheveux. Divorcé, il s'était remarié avec Jacqueline Morane que le rôle de Catherine intéressait. Elle avait de l'allure et une belle voix. Serge décida de monter ma pièce ; à peine avait-on commencé les répétitions, il me dit qu'il allait être obligé de les interrompre : il manquait de fonds ; pouvais-je en trouver ? Ce n'était pas facile. Les livres, faute de papier, ne tiraient qu'à cinq mille exemplaires ; nos ressources ordinaires nous permettaient de vivre à notre aise, sans plus. Je pensais la partie perdue quand, inopinément, une fortune me tomba du ciel.

Néron[1] était sorti de Fresnes au début de l'année et je l'avais revu trois ou quatre fois, chez Lipp, au Flore, aux Deux Magots. Il aurait voulu travailler, d'une manière ou d'une autre, aux *Temps modernes* ; mais nous n'avions aucune tâche à lui confier. « Alors, le seul salut, pour moi, ce serait d'écrire », me disait-il ; la fadeur des textes qu'il me montra ne laissait guère d'espoir. Il me raconta pourtant avec art une de ses dernières tentatives de suicide : cent comprimés d'aspirine avalés l'un après l'autre, la lenteur, la morosité de cette opération qui s'était achevée en vomissement. Il avait fait d'autres essais avec des barbituriques. A chaque fois, il se ménageait une porte de sortie, mais il prenait tout de même des risques considérables. « Ce

---

1. Cf. *La Force de l'âge.*

74

n'est ni un jeu, ni une comédie », m'expliquait-il. « On est en état d'indifférence par rapport à la vie et à la mort : on donne à la mort ses chances. »

Un matin d'octobre, il poussa la porte du Flore : « Je sais que vous avez besoin d'argent », me dit-il. Il l'avait appris sans doute par Renée que je voyais de temps en temps. Il posa sur ma table une liasse de billets : cent mille francs ; c'était beaucoup à l'époque : « N'ayez crainte, ils sont à moi. Je les ai gagnés régulièrement. » Renée m'avait dit qu'il avait trouvé une belle situation et il avait tant d'entregent que je m'en étais à peine étonnée ; il était attaché au ministère chargé de la reconstruction des régions sinistrées et contrôlait des devis. En finançant *Les Bouches inutiles* il rachèterait un peu, espérait-il, le mauvais tour qu'il avait joué à Sartre. Je portai tout de suite l'argent à Serge.

A sept heures, le lendemain matin, on frappa à ma porte : « Police ! » Deux flics entrèrent dans ma chambre et m'enjoignirent de les suivre quai des Orfèvres ; j'étais accusée de recel, je devais restituer les cent mille francs. Je m'habillai, je courus à l'autre bout du couloir prévenir Sartre : il irait emprunter la somme à Gallimard. Nous étions intrigués. Quelle nouvelle combine Néron avait-il inventée ? Pourquoi m'avait-il mise dans le bain ? En tout cas, j'étais fautive : le gouvernement ne faisait pas contrôler des devis par un escroc notoire ; mon désir de voir ma pièce jouée avait obnubilé mon jugement.

Quai des Orfèvres, on me fit asseoir dans une grande salle meublée de tables et de bancs. J'avais emporté du travail et pendant trois ou quatre heures j'écrivis. Des inspecteurs allaient, venaient, ils amenaient des prévenus et les questionnaient ; des corbeilles de sandwiches circulaient ; entre deux interrogatoires, ils mangeaient et bavardaient. Vers midi, l'un d'eux me dit de le suivre ; il me fit entrer dans le cabinet d'un juge d'instruction à qui Sartre venait de remettre l'argent et qui nous demanda des autographes. Le lendemain, toute la presse commentait cette aventure. Un journaliste titra ingénieusement son papier : « Aussi cruel que son homonyme, Néron livre les existentialistes aux poulets. »

Néron s'expliqua. Il se procurait — il ne dit pas comment — le nom de sinistrés soupçonnés d'avoir fait des déclarations abusives. Muni de faux papiers, il les menaçait de lourdes amendes et de prison, puis il laissait entendre qu'ils pouvaient acheter sa discrétion. A d'autres, qui n'avaient pas encore établi leurs devis, il suggérait lui-même de les truquer : un pot-de-vin et il les ratifierait. Cette fois encore, la complicité de ses victimes lui assurait, pensait-il, l'impunité ; néanmoins la mèche fut éventée. Il n'avait pas commis de contrefaçons : des escroqueries seulement, car, prenant soin de ne pas imiter exactement les papiers officiels, il avait changé la disposition de la bande tricolore qui les traversait. Appréhendé inopinément, pressé de rembourser, il trouva plus honorable d'avoir investi ses profits dans une entreprise artistique que de les avoir dissipés et il me mit en cause : c'est, du moins, ce qu'il me dit. Il ne resta pas longtemps en prison ; je le revis, mais rarement. Il ne réussit plus que des coups sans envergure. De temps en temps, il tentait la mort. Un jour, il décida de ne pas se rater. On le trouva dans sa chambre d'hôtel, couché sur son lit, la photo de Renée sur sa poitrine, foudroyé par une dose massive d'acide prussique.

Les Bouches inutiles se montèrent. J'assistai aux répétitions ; tout me semblait parfait tant je m'émerveillais d'entendre mes phrases devenir des voix vivantes. Sur un seul point je fus déçue. Je comptais qu'un dispositif permettrait de passer en un éclair d'un tableau à un autre ; chacun fut enfermé dans un cadre construit ;

le théâtre n'était pas riche, on manquait de machinistes : quand Sartre vint voir « filer » la pièce, la lenteur des changements l'inquiéta ; le moment venu, ils seront plus rapides, m'assura-t-on. Mais l'après-midi de la couturière, des attentes irritantes hachèrent la représentation, aggravant mon malaise ; je m'étais amusée, dans l'intimité, à un jeu anodin ; soudain, des témoins, des juges en faisaient un objet public dont je me trouvais responsable ; je les avais convoqués, des mots sortis de ma plume éclaboussaient leurs oreilles : j'avais honte de mon indiscrétion ; en même temps, leur regard se superposait au mien, ma vue se brouillait. A certaines répliques, trop naïvement inspirées de l'existentialisme, des amis échangèrent des clins d'œil. J'étais assise à côté de Genet qui ménage peu ses sévérités : « Le théâtre, ce n'est pas ça ! pas ça du tout », me chuchotait-il. Je souffris. Tout de même, le rideau baissé, on me félicita et ma confiance se rétablit. Le soir de la générale, épiant par un trou du rideau la salle qui se remplissait, j'étais anxieuse, mais optimiste. De nouveau, des amis m'encouragèrent et il me sembla qu'on applaudissait bien. Une pièce, ce n'est pas inerte comme un livre ; quelque chose était arrivé, par moi, à un grand nombre de gens : metteur en scène, acteurs, machinistes ; quelque chose d'heureux, pensais-je. J'avais organisé un souper dans l'appartement de Gégé, mes invités étaient très gais et, le whisky aidant, je me sentis tout à fait joyeuse. Jacques Lemarchand me prit à part ; il déplorait ces tableaux figés, ces temps morts ; et puis, à peu d'exceptions près, il avait trouvé les acteurs insuffisants ; les qualités de la pièce passaient mal la rampe, ses défauts, trop bien. Connaissant sa bienveillance, je perdis mon assurance. Qu'allaient penser des critiques moins amicaux ?

Les quotidiens presque unanimement m'éreintèrent ; ce fut une assez brutale déconvenue. Les hebdomadaires furent moins hostiles ; j'eus même quelques chauds défenseurs : Philippe Hériat qui me consacra deux articles, le critique des *Lettres françaises* qui parla de théâtre cornélien, celui de *Terre des hommes*. *Action* réprouvait la morale de la pièce mais en disait plutôt du bien. La critique parlée n'était pas défavorable ; pendant quelques semaines, le public vint. Mais les froids commençaient et le théâtre était très mal chauffé ; il était mal situé aussi : par moments, le bruit du métro aérien couvrait la voix des acteurs. Les recettes baissèrent ; après une cinquantaine de représentations, le théâtre ferma. J'avalai facilement cet échec. Sans trop m'aveugler sur ma pièce, je pensais qu'elle n'avait pas eu toutes ses chances. Il y avait des gens qui l'aimaient ; j'étais évidemment portée à leur accorder plus de crédit qu'à ceux qui ne l'aimaient pas. Surtout, trop d'intérêts me tiraient en avant pour que je m'attarde à des regrets.

Bost revint d'Amérique où il avait été envoyé en reportage par *Combat* : il exultait. Lise s'était fiancée à un G. I. qu'elle se préparait à rejoindre aux U.S.A. ; elle avait hâte de fuir la France où l'avenir lui était barré et où elle avait faim. Sartre aussi allait repartir pour New York. En janvier, il y avait rencontré une jeune femme, à demi séparée de son mari et, en dépit d'une situation brillante, médiocrement satisfaite de sa vie ; ils s'étaient plu, beaucoup. Avertie de mon existence, elle avait décidé que, lorsqu'il serait rentré en France, ils s'oublieraient ; il tenait trop à elle pour y consentir ; de Paris, il lui avait écrit et elle avait répondu. Pour la revoir, il s'était fait inviter par des Universités américaines et s'embarqua le 12 décembre sur un *Liberty ship*.

J'aurais bien voulu quitter Paris. On continuait à être mal ravitaillé ; dans les petits restaurants que je fré-

quentais, je ne mangeais pas mon soûl. Je ne savais plus
où m'installer pour travailler ; dans ma chambre, j'avais
froid ; au Flore, trop de gens me connaissaient ; depuis
la création des *Temps modernes,* dont les bureaux se
trouvaient dans la maison Gallimard, nous fréquentions
le bar, tout proche, du Pont-Royal ; il faisait tiède et
calme dans ce sous-sol doré, mais il n'était pas commode d'écrire sur les tonneaux qui servaient de tables.
J'eus un anthrax à la jambe qui me paralysa pendant
plusieurs jours. L'Alliance française m'avait invitée à
faire des conférences à Tunis et à Alger, mais cette fois
les Relations culturelles ne me facilitaient pas le
voyage : il n'y avait jamais de place pour moi sur les
bateaux, sur les avions, d'ailleurs fort rares, en partance
pour Tunis.

J'assistai à la générale des *Frères Karamazov* : Vitold
jouait Ivan, Dufilho, Smerdiakov, Casarès était une
délicieuse Groutchenka. Je voyais assez souvent
Camus. Un soir, après avoir dîné tous les deux chez
Lipp et bu au bar du Pont-Royal jusqu'à la fermeture, il
acheta une bouteille de champagne, et nous le vidâmes
à la Louisiane en causant jusqu'à trois heures du matin.
Du fait que j'étais une femme — donc, car il était
féodal, pas tout à fait une égale, — il lui arrivait de se
confier intimement à moi : il me faisait lire des passages
de ses carnets, il me parlait de ses problèmes privés. Il
revenait souvent sur un thème qui le préoccupait : il
faudrait un jour écrire la vérité ! Le fait est que chez lui
il y avait un fossé plus profond que chez beaucoup
d'autres entre sa vie et son œuvre. Quand nous sortions
ensemble, buvant, causant, riant tard dans la nuit, il
était drôle, cynique, un peu canaille et fort gaulois dans
ses propos ; il avouait ses émotions, il cédait à ses
impulsions ; il pouvait s'asseoir dans la neige au bord
d'un trottoir à deux heures du matin et méditer pathétiquement sur l'amour : « Il faut choisir : ça dure ou ça

brûle ; le drame, c'est que ça ne puisse pas à la fois durer et brûler ! » J'aimais l' « ardeur affamée » avec laquelle il se donnait à la vie et à ses plaisirs, et sa très grande gentillesse : au temps où Bost était correspondant de guerre, chaque fois que Camus recevait une dépêche de lui, il téléphonait à Olga. Cependant on lui reprochait, à l'intérieur du journal, d'être hautain et cassant. Dans les discussions sérieuses, il se fermait, il se guindait, il opposait aux arguments des phrases nobles, des sentiments élevés, de saintes colères complaisamment dirigées. Plume en main, il devenait avec raideur un moraliste en qui je ne reconnaissais plus rien de notre joyeux compagnon nocturne. Il se rendait compte que sa figure publique ne coïncidait pas du tout avec sa vérité privée et parfois cela le gênait.

Lasse de languir à Paris, j'allai faire du ski à Megève ; je retournai au Chalet Idéal-Sport. Je fus émue lorsqu'en ouvrant les yeux le matin je retrouvai la blancheur des hautes neiges et des souvenirs d'un autre âge. Car ces temps, aujourd'hui tous anciens et que ce recul écrase, comme s'écrasent les reliefs quand on les survole de haut, ma mémoire y discernait d'inégales profondeurs ; le passé encore frais, déjà étranger, l'étonnait. « Il y a six ans, écrivais-je à Sartre, je vous écrivais d'ici et c'était la guerre. Ça me semble beaucoup plus loin que six ans. Je me sens un peu par-delà, comme dans une seconde vie ; je ne reconnais plus bien ni moi, ni le monde d'avant. Pourtant il y a les souvenirs, les souvenirs avec vous de cette première vie. Ça fait un drôle d'effet, un peu angoissant, tant ils se rattachent mal au présent. »

J'avais de la compagnie ; Lefèvre-Pontalis, un ancien élève de Sartre qui avait été l'ami de Bourla, était installé avec sa femme dans un petit hôtel, au flanc du Mont d'Arbois ; bientôt Bost arriva à Idéal-Sport avec Olga et Wanda ; elles ne s'aventurèrent que rarement sur les pistes, elles préféraient prendre des bains de soleil. Salacrou logeait au-dessus de ma tête, *Chez ma tante.* Il skiait beaucoup mieux que nous tous, mais souvent il prenait un verre avec nous. Il m'arrivait, tôt le matin, quand les téléfériques dormaient encore et que la montagne était déserte, de descendre solitairement sur Saint-Gervais, dans le silence et le froid. Mais en général je ne sortais que l'après-midi; avant le déjeuner, je travaillais à *Tous les hommes sont mortels,* au cœur d'un vaste paysage étincelant. Jusqu'alors, j'avais été trop excessive pour mélanger labeur et jeu; je trouvais beaucoup d'agrément à cet alliage. Après l'agitation de Paris, je goûtai le recueillement du chalet : « Je me sens si bien, sans personne à me regarder ni à me parler ! » écrivis-je à Sartre. J'ai quand même été très flattée quand la patronne a dit à Bost : « Mais elle est très connue, Mlle de Beauvoir ; il y a des tas de gens qui demandent si c'est elle : c'est comme pour M. Salacrou. »

Enfin une dépêche m'avisa que j'avais une place dans un avion qui décollait de Marignane trois jours plus tard ; je rentrai en hâte à Paris que je trouvai lugubre. « Paris est glacé, l'hôtel n'est pas chauffé, et il paraît qu'on ne bouffe absolument rien. Il ne fait pas jour avant neuf heures du matin et on n'a pas d'électricité ; tous les bars ferment à dix heures ; les gens sont mornes, c'est d'un intolérable ennui », écrivis-je à Sartre. Je montai joyeusement dans le train qui me conduisit à Pas des Lanciers, d'où un autobus m'emmena à l'aérodrome ; c'était le petit matin. J'avais un peu d'appréhension : je prenais l'avion pour la première fois ; mais comme j'étais heureuse qu'encore et de nouveau il y eût pour moi des premières fois !

Hélas ! quelqu'un m'avait volé ma place et le prochain avion ne partait que dans trois jours. J'étais sans le sou, il pluvinait, on comptait sur moi à Tunis, et l'impatience exaspérait mon désarroi. Je suppliai ; les pilotes s'attendrirent ; ils m'installèrent entre eux dans la carlingue ; je n'avais jamais rêvé pareil baptême de l'air. A droite, à gauche, devant moi, à l'infini, la Méditerranée brillait, et ça me paraissait un prodige de la regarder du haut du ciel. *Nous disions : un jour, quand nous serons riches, nous prendrons l'avion pour Londres ; mais il paraît qu'on est malade pendant tout le voyage et que, de toute façon, on ne voit presque rien.* Je passai au-dessus des montagnes de Corse, sans avoir fait l'effort de les escalader ; je distinguai des gens, des moutons. Et la Sardaigne se découpa sur le bleu de la mer aussi exactement que sur mes atlas d'enfant. Soudain, il y eut des maisons de pisé, des toits plats, des palmiers, des chameaux : l'Afrique et mon premier atterrissage.

Personne ne m'attendait à l'aérodrome ; tant mieux ; cette liberté imprévue, cet incognito me charmèrent ; au sortir des grisailles de Paris, les souks avaient autant de fraîcheur que ceux de Tétouan, jadis.

Le lendemain, le représentant de l'Alliance française, M. E., m'a prise en main ; sa femme ressemblait à Kay Francis. Ils m'installèrent au Tunisia Palace ; ils me promenèrent en auto à Carthage, à Hammamet. A Sidi Bou Saïd il fallait faire dix mètres à pied pour découvrir la mer et un panorama superbe ; ils y avaient amené Benda qui avait refusé de quitter l'auto : « J'imagine, j'imagine... », avait-il répondu. Je souhaitais que cette indifférence ne me gagnât jamais.

J'en étais fort loin. Toutes les heures que je ne consacrais pas à mes conférences et aux mondanités imposées, je les passais en excursions. J'allai, seule, visiter les ruines romaines de Dougga ; mes hôtes s'inquiétèrent : un an plus tôt, une institutrice s'était fait violer et égorger sur cette route. Pour ma promenade du lendemain ils me conseillèrent Gramat, tout près de Tunis ; il y avait un petit hôtel, au bord de la mer, et des dunes ensoleillées où, après déjeuner, je m'étendis avec un livre. Je m'endormis et, dans un demi-rêve, je pensai : « Tiens ! il y a des chats dans ces dunes » ; j'ouvris les yeux : pas de chat, mais un vieil Arabe très sale assis sur mon estomac ; dans le sable, à côté de son couffin, un couteau. « Plutôt être violée qu'égorgée », me dis-je, mais je défaillais de terreur. Tout en le repoussant, je lui proposai volubilement de l'argent ; il hésita : je vidai mon sac entre ses mains et je dégringolai les dunes à toutes jambes ; heureusement, j'avais laissé au Tunisia Palace le gros de ma fortune. Je dis à la patronne de l'hôtel que j'avais rencontré un vieux vagabond ; elle le connaissait ; il maraudait un peu ; son couteau, il s'en servait pour couper des asperges. Je supposai qu'il m'avait agressée sans beaucoup de conviction, pour ne pas laisser perdre une chance.

Je fis à Tunis un séjour plaisant ; les E. m'amenaient dans les plus jolis restaurants. Un soir nous dînâmes chez Bernard Zherfuss, l'architecte, qui était le frère d'une de mes camarades du cours Désir ; il était marié. J'avais fait des progrès en psychologie ; malgré leur parfaite réserve, il me sembla qu'entre lui et Mme E. quelque chose d'impalpable se passait. Je devais apprendre, un ou deux ans plus tard, que chacun d'eux avait divorcé et qu'ils s'étaient épousés.

Les E. trouvaient maladroite la politique de la France en Tunisie ; ils souhaitaient un rapprochement entre les bourgeoisies française et musulmane. Je rencontrai chez eux des Tunisiennes habillées, maquillées, coiffées et parfumées à la parisienne ; elles ne portaient plus le voile que le matin, pour aller au marché ; elles avaient soif de liberté. Parmi les hommes, les jeunes étaient d'accord avec elles ; ils souffraient de se voir imposer par leur père des épouses ignorantes et mal éveillées.

Sur l'ensemble de la question franco-tunisienne, personne ne me renseigna et je n'insistai guère. Le démon de l'aventure m'avait reprise. Je me disposais à explorer la Tunisie et à remonter à Alger par le Sahara ; l'irrégularité des transports rendait cette entreprise hasardeuse et elle me séduisait d'autant plus.

Sousse, Sfax, le grand cirque romain d'El Djem, Kairouan, Djerba : je m'y rendis sans peine, par train, par car et par bateau. A Djerba, Ulysse avait oublié Pénélope et l'Ithaque : l'île méritait sa légende. C'était un frais verger tapissé d'herbe diaprée ; les palmiers abritaient de leurs cimes lustrées la tendresse des arbres en fleur ; la mer fouettait avec violence ce jardin. J'étais seule dans l'hôtel et la patronne me choyait. Elle me raconta que l'été dernier, une de ses pensionnaires, une petite Anglaise, prenait chaque jour sur une plage déserte de longs bains de soleil ; un jour, elle était rentrée déjeuner, le visage chaviré, et elle n'avait pas touché aux plats. « Qu'est-ce qu'il y a ? » avait demandé la patronne ; la jeune fille avait fondu en larmes : trois Arabes, qui l'épiaient depuis plusieurs jours, l'avaient à tour de rôle violée. « J'essayais de la consoler, me dit la patronne. Je lui disais : Oh ! voyons, mademoiselle, en voyage ! allons, calmez-vous : en voyage ! » Mais le soir même elle avait fait ses valises. Décidément ici le viol n'est pas un mythe, pensai-je ; beaucoup d'hommes vivent dans un si extrême dénuement que le mariage, donc la femme, leur sont interdits : leur ventre crie ; et puis, habitués au voile et à la réserve des Musulmanes, une femme qui s'étend sur le sable, seule, demi nue, est une femme offerte, c'est une femme à prendre. Du coup, pour me rendre le lendemain à un village où il y avait foire, j'acceptai de me faire escorter par un vieillard barbu dont la patronne m'avait garanti la vertu.

Pour poursuivre mon voyage, il me fallait utiliser des

transports militaires ; je m'arrêtai à Médenine, où je vis ces curieux greniers voûtés et collés les uns sur les autres qu'on appelle des « gorfa » ; le capitaine me promit que le surlendemain un camion me conduirait aux Matmata ; je repris un autobus pour Tataouine : ce nom terrifiant m'attirait. Quand je descendis du car, un spahi en grand costume m'enjoignit cérémonieusement de le suivre. Il m'accompagna jusqu'à la villa, meublée de tapis et de coussins, où habitait le commandant des A. I., un Breton barbu, aux yeux très bleus ; de Médenine on l'avait averti de ma visite et il me signifia qu'il n'était pas question de circuler à pied et seule sur son territoire : c'eût été porter atteinte au prestige de la France. Je me déplacerais sous escorte et en jeep. Soit. Il me fit asseoir à la table où il dînait avec les autres officiers des A. I., et une doctoresse dont le mari, médecin lui aussi, était absent ; elle m'estomaqua par l'outrance de son langage et de ses plaisanteries que les convives mâles encaissaient avec des rires scandalisés : quelle virago ! Je couchai dans une chambre contiguë à la sienne ; son ton changea. Elle m'expliqua que sa verdeur la protégeait contre les galanteries et les grossièretés. Elle travaillait beaucoup ; elle soignait surtout les maladies vénériennes qui infestaient la population ; elle avait artificiellement inséminé les épouses du caïd, incapable de faire lui-même ses enfants. Drôle de vie, qu'elle menait tambour battant, mais non sans lassitude. Elle me dit que les officiers des A. I. ne frayaient pas avec ceux de la Légion ; ils formaient un petit cercle fermé. Ils montaient à cheval ; de temps en temps ils allaient à Gabès. Ils s'ennuyaient énormément.

Par là s'explique sans doute la chaleur de leur accueil : toute diversion leur était bonne. Ils me promenèrent le matin à travers des paysages dont l'éclatant dépouillement annonçait déjà le désert ; ils organisèrent à midi un grand méchoui ; je visitai avec eux des villages troglodytes, creusés dans des falaises couleur d'aurore ; les notables nous invitaient dans leurs grottes tendues de luxueux tapis, ils nous offraient des œufs durs qu'il eût été offensant de refuser, que j'étais incapable d'ingurgiter : je les entassai dans mon sac. Le soir, le capitaine s'étant renseigné sur moi, on me demanda de parler de l'existentialisme : on avait convié l'instituteur. Je ne sais plus ce que je bafouillai.

A Médenine, le camion promis m'attendait. J'étais l'unique passagère. Le chauffeur devait reconnaître la route des Matmata endommagée par la guerre. En deux ou trois endroits des ponts avaient sauté, mais il réussit à franchir les oueds et m'amena jusqu'au singulier village où dix mille personnes habitent sous terre. La place du marché grouillait ; rien que des hommes, drapés dans des burnous neigeux, bavards et joyeux ; les femmes, brunes, aux yeux bleus, parfois jeunes et belles, mais l'air morne, étaient disséminées au fond des puits sur lesquels donnaient des grottes ; j'ai visité un de ces antres : dans de sombres cavernes enfumées, j'ai vu une marmaille demi nue, une vieille édentée, deux femmes entre deux âges, mal soignées, et une jolie fille couverte de bijoux qui tissait un tapis. En remontant vers la lumière, j'ai croisé le maître du logis qui revenait du marché, resplendissant de blancheur et de santé. J'ai plaint mon sexe.

J'ai couché à Gabès ; le patron de l'hôtel glissa sous ma porte un poème où il déplorait, entre deux compliments galants, que je fusse existentialiste. L'oasis d'abord me déçut : je marchais entre des murs de terre, au fond de chemins boueux et, sauf des palmes au-dessus de ma tête, je ne voyais rien. Et puis, je me suis faufilée dans les vergers et j'ai connu la gaieté des fontaines parmi les arbres en fleurs. Les jardins de Nefta étaient plus tendres encore. Il y avait, au flanc de la grand-place, un hôtel charmant. Sur le livre d'or, Gide avait écrit : « Si j'avais connu Nefta, c'est elle, plutôt que Biskra, que j'eusse aimée[1]. » Le matin, tout en lisant le *Spartacus* de Koestler, j'ai attendu sur la terrasse au soleil le camion qui m'emporterait au cœur du désert. Le chauffeur, un Tunisien, m'a fait asseoir à côté de lui : pas une autre femme, dans sa cargaison ; pas un Européen. Bientôt j'ai vu avec surprise la piste s'effacer et la voiture foncer à travers les sables. Pour rouler sur le sable, m'avait-on expliqué, il faut d'abord dégonfler les pneus, et puis avoir le coup de main ; les novices tombent en panne au bout de cent mètres. Le conducteur semblait expert ; tout de même, chaque fois qu'il se jetait à l'assaut d'une dune, je pensais : « Il n'arrivera pas en haut. » En haut, le camion, dangereusement incliné, marquait un temps d'arrêt : « Il va basculer », pensais-je. Et puis il descendait ; et ça recommençait. Les dunes ondulaient à perte de vue tout autour de moi et je me suis demandé : « Pourquoi est-ce si beau ? » Ce sable à l'infini suggérait un monde lisse et sûr, coulé de sa surface à son noyau dans une seule substance ; un jeu délicieux de courbes et de lumière s'exhalait, comme une musique, de la sérénité de l'Un.

Je me suis promenée au clair de lune d'El Oued ; le sol était creusé de vastes entonnoirs où s'engloutissaient les jardins ; de loin, c'était doucement fantastique, ces cimes de palmiers à fleur de terre. J'ai passé la journée sur la crête d'une dune ; les femmes d'un douar voisin l'ont escaladée, elles m'ont entourée ; elles ont ouvert mon sac, joué avec mon rouge à lèvres, déplié mon turban, pendant que les enfants déboulaient sur le sable à grands cris. Je ne me lassais pas de contempler la calme monotonie des hautes

1. Je cite de mémoire.

vagues immobiles. Sur un banc du square public, on m'a montré, gravé de sa main, le nom de Gide.

Ouargla m'a retenue trois jours. Je voulais aller à Ghardaïa. Un négociant de dattes attendait un camion qui devait y transporter sa marchandise ; chaque matin, je traversais les délirantes esplanades inventées par un colonel pédéraste — le colonel Carbillet — qui s'était visiblement pris pour Lyautey. Je demandais au négociant : « Le camion est-il arrivé ? — Non. Mais demain sûrement... » Je regagnais l'hôtel dont j'étais l'unique cliente et où on me nourrissait de chameau ; j'aimais m'asseoir sur sa terrasse, amarrée à la lisière des sables houleux. Je n'avais plus rien à lire et je ne trouvai au village qu'un vieux numéro de *La Bataille* ; par moments, le temps me paraissait sans fond et je me sentais défaillir ; alors je m'avançais, mes sandales à la main, parmi le moutonnement des dunes couleur d'abricot que barraient au loin de dures falaises roses ; sous les palmiers passait silencieusement une femme drapée, un vieillard avec un âne : c'est beau un pas humain qui traverse, sans la troubler, l'immobilité des choses ; je revenais vers l'hôtel, émue d'apercevoir sur la douceur du sable l'empreinte de mes pieds. Après des années de vie collective, ce tête-à-tête avec moi-même me touchait si fort que je croyais y découvrir l'aurore d'une sagesse : ce n'était qu'une halte, mais j'ai longtemps retenu dans mon cœur les palmes, les sables et leur silence.

On m'attendait à Alger ; je renonçai à Ghardaïa. Au bar du Grand Hôtel de Touggourt je retrouvai avec malaise une civilisation oubliée : agitée, verbeuse, gloutonne. Je partis le lendemain, non par la rapide micheline qu'utilisent les Européens, mais — comme je voulais m'arrêter à Biskra quelques heures — par un train beaucoup plus matinal, plus lent, et rempli presque exclusivement d'Arabes. Tous les wagons étaient bondés ; des grappes humaines se pressaient sur les marchepieds ; je réussis à monter sur une plate-forme où je restai debout, fouettée par des rafales de sable ; je n'avais pas eu le temps de prendre de billet ; j'en demandai un au contrôleur. « Un billet ? Vous y tenez ? » Il rit et secoua la tête : « Voyons : une Européenne ! je ne vais pas vous faire payer. » J'admirai cette logique : puisque j'avais de l'argent, il ne m'en réclamait pas. Cependant il injuriait les indigènes ; d'une bourrade, il envoyait rouler sur le sol ceux qui s'accrochaient aux tampons ; le train n'allait pas vite, ils ne se blessaient pas, mais ils regardaient avec désespoir le désert autour d'eux, ils criaient et montraient le poing.

Biskra était moins séduisante que dans les livres de Gide. Constantine, pluvieuse, haineuse, me glaça. A Alger, on ne me laissa jamais seule et je ne vis que des décors. Le nord me sembla terne après l'éblouissement du Sahara.

Je revins en avion. Je trouvai Paris vide. Sartre n'était pas rentré. Lise s'en était allée, Olga séjournait en Normandie, chez ses parents, Bost voyageait en Italie avec une bande de journalistes, Camus partait pour New York. Je travaillais, je me languissais un peu. Par Queneau je fis la connaissance de Boris Vian : ingénieur de formation, il écrivait et il jouait de la trompette ; il avait été un des animateurs du mouvement zazou qu'avaient engendré la guerre et la collaboration : leurs riches parents séjournant la plupart du temps à Vichy, des fils et des filles de famille organisaient dans les appartements abandonnés des parties « terribles » ; ils vidaient les caves et brisaient les meubles, imitant les saccages guerriers ; ils trafiquaient au marché noir. Anarchistes, apolitiques, contre leurs parents pétainistes ils affichaient une anglophilie provocante ; ils imitaient l'élégance gourmée, l'accent, les manières des snobs anglais. L'Amérique, ils y pensaient si peu qu'ils furent déconcertés quand Paris se remplit d'Américains ; pourtant ils avaient avec eux un lien très fort : le jazz dont ils étaient fanatiques. L'orchestre d'Abadie où jouait Vian fut engagé par le « French Welcome Committee » le jour même de l'entrée des G. I. à Paris, et rattaché au « Special Service Show ». Ainsi s'explique la tenue qui fut, pendant trois ans, celle des ex-zazous ; ils s'habillaient avec des surplus américains : blue jeans et chemises à carreaux. Ils se réunissaient avenue Rapp, dans le quartier des Champs-Élysées et aussi au Champo, au coin de la rue Champollion, qui était alors un dancing. Une poignée d'entre eux aimaient, outre le jazz, Kafka, Sartre, les romans américains : pendant la guerre ils fouinaient dans les boîtes des quais et ils triomphaient quand ils y dénichaient les œuvres interdites de Faulkner ou d'Hemingway. Pour lire, pour discuter, ils venaient à Saint-Germain-des-Prés. C'est ainsi que je rencontrai Vian au bar du Pont-Royal ; il avait en lecture chez Gallimard un manuscrit qui plaisait beaucoup à Queneau ; je pris un verre avec eux et avec Astruc ; je trouvai que Vian s'écoutait et qu'il cultivait trop complaisamment le paradoxe. Il donna en mars une « partie » ; quand j'arrivai, tout le monde avait déjà beaucoup bu ; sa femme Michelle, ses longs cheveux de soie blonde répandus sur ses épaules, souriait aux anges ; Astruc dormait sur le divan, pieds nus ; je bus vaillamment moi aussi tout en écoutant des disques venus d'Amérique. Vers deux heures, Boris me proposa une tasse de café ; nous nous sommes assis dans la cuisine et jusqu'à l'aube nous avons parlé : de son roman, du jazz, de la littérature, de son métier d'ingénieur. Je ne découvrais plus rien d'affecté dans ce long visage lisse et blanc mais une extrême gentillesse et une espèce de candeur têtue ; Vian mettait autant de feu à détester « les affreux » qu'à aimer ce qu'il aimait : il jouait de la trompette bien que son cœur le lui interdît. (« Si vous continuez, vous serez mort dans dix ans », lui avait dit le médecin.) Nous parlions et l'aube arriva trop vite : j'accordais le plus haut prix, quand il m'était donné de les cueillir, à ces moments fugaces d'amitié éternelle.

Un mois plus tard eut lieu le premier cocktail Gallimard ; Astruc s'endormit derrière un canapé ; quand il s'éveilla le salon était désert ; il chercha la sortie à tâtons, entra dans la salle à manger où les Gallimard venaient de se rassembler pour dîner et plongea les mains dans la soupière.

Quelqu'un que je voyais souvent, c'était Merleau-Ponty avec qui je m'occupais des *Temps modernes*. J'avais fait dans la revue le compte rendu de sa thèse, la *Phénoménologie de la perception*. Nos pieuses enfances bourgeoises créaient un lien entre nous ; mais nous y réagissions de manières différentes. Il gardait la nostalgie des paradis perdus : pas moi. Il se plaisait avec les gens âgés, il se défiait des jeunes que je préférais de loin aux vieux. Il avait dans ses écrits le goût des nuances et il parlait avec hésitation : j'étais pour les options tranchées. Il s'intéressait aux franges de la pensée, aux nébulosités de l'existence plutôt qu'à leur dur noyau ; moi c'était le contraire. J'estimais beaucoup ses livres et ses essais, mais je trouvais qu'il comprenait mal la pensée de Sartre. J'apportais dans nos discussions une véhémence qu'il subissait en souriant.

Vers le milieu de mars, Olga revint de Normandie ; le médecin de famille, s'étonnant de sa fièvre et de ses fatigues, l'avait radiographiée : ses deux poumons étaient atteints. L'échec des *Bouches inutiles* l'avait violemment contrariée, et les bains de soleil de Megève ne lui avaient pas fait de bien. Je télégraphiai à Bost qui rentra aussitôt à Paris. Les spécialistes étaient tous d'un avis différent. Sans pneumothorax, Olga allait mourir ; un pneumothorax, c'était la mort certaine. Il fallait l'envoyer dans un sana, il ne le fallait surtout pas. Finalement elle est entrée à l'hôpital Beaujon et on lui a fait un pneumo. C'était d'autant plus désolant que Dullin se préparait à reprendre *Les Mouches*. Le projet fut abandonné, ni lui ni Sartre ne voulant d'une autre Electre.

*

J'avais achevé à Megève *Tous les hommes sont mortels*, commencé en 43. De retour d'Amérique, Sartre en lut la dernière partie dans la cave bruyante et enfumée du Méphisto où nous passions à ce moment-là la plupart de nos soirées.

« Comment peut-on consentir à n'être pas tout ? » se demande George Bataille dans *L'Expérience intérieure*. Cette phrase m'avait frappée car tel était dans *L'Invitée* le dévorant espoir de Françoise : elle avait voulu être tout. Je regrettais de n'avoir pas mieux mis en lumière cette illusion et son échec ; je décidai de reprendre ce thème. Rongé d'ambition et d'envie, mon nouveau héros prétendrait s'identifier à l'univers ; et puis il découvrirait que le monde se résout en libertés individuelles, dont chacune est hors d'atteinte. Alors que dans *Le Sang des autres* Blomart se croit responsable de tout, celui-ci souffrirait de ne rien pouvoir. Ainsi son aventure serait-elle le complément de mon premier roman et l'antithèse du second. Mais je ne voulais pas qu'il leur ressemblât. En 43-44, j'étais investie par l'Histoire, et c'est à son niveau que j'entendais me placer ; non content de connaître la fortune et la gloire, mon héros réclamerait d'agir sur le cours du monde. L'idée me vint de lui donner l'immortalité : sa faillite en serait d'autant plus fracassante. Je me mis à explorer en long et en large la condition d'immortel. Je poursuivis cette méditation sur la mort où m'avait entraînée la guerre ; je m'interrogeai sur le temps ; il m'avait été brutalement révélé et je m'étais aperçue qu'il pouvait, autant que l'espace, m'arracher à moi-même. Aux questions que je soulevais, je ne donnai pas de réponses. *Le Sang des autres* avait été conçu et construit abstraitement ; mais sur l'histoire de Fosca je rêvai.

Le thème dominant qui revient, avec un peu trop d'obstination peut-être, à travers tout le livre, c'est le conflit du point de vue de la mort, de l'absolu, de Sirius, avec celui de la vie, de l'individu, de la terre ; à vingt ans déjà, sur mes carnets intimes, j'oscillais de l'un à l'autre ; je les avais opposés dans *Pyrrhus et Cinéas* ; dans *L'Invitée* il arrive à Françoise, par fatigue ou prudence, de renier le monde vivant et de glisser dans l'indifférence de la mort ; contre un présent inacceptable Hélène, dans *Le Sang des autres,* essaie de prendre pour alibi l'infini de l'avenir ; cette fois encore je confrontais le relatif et l'absolu à travers l'Histoire ; mais nous tenions la victoire, le présent nous comblait : c'était l'avenir qui nous inquiétait. Nous avions dédaigné les voix grincheuses qui susurraient, en août 1944 : « Et après ? » ; et aussi le catastrophisme de ceux qui annonçaient en 45 : « La troisième guerre mondiale vient de s'ouvrir. » Je n'imaginais pas que demain la bombe atomique ferait sauter la terre. Néanmoins le sens de la victoire alliée se trouvait mis en question et je me demandais : quelle est l'épaisseur vraie du présent ? entre le nihilisme des faux prophètes et l'étourderie des jouisseurs, où se situer ?

J'engageai d'abord Fosca dans une entreprise finie : la gloire, de Carmona ; c'est pour la mener à bien qu'il choisit l'immortalité ; mais ce terrible privilège lui découvre les contre-finalités qui rongent et détruisent toute réussite singulière ; l'orgueil particulariste, incarné par Fosca, divise l'Italie et la livre sans défense au roi de France, puis à l'empereur d'Autriche. Alors il renonce à sa patrie, il devient l'éminence grise de Charles Quint ; s'il parvenait, à travers lui, à rassembler le monde entier, son œuvre échapperait, croit-il, aux démentis du temps ; mais comment totaliser l'humanité si chaque homme est unique ? Effrayé par les massacres et les malheurs qu'entraîne la recherche du Bien universel, il doute de ce Bien même ; les hommes refusent, fût-ce comme les anabaptistes au prix de destructions sauvages, cette plénitude immobile qui ne leur laisserait plus rien à *faire*. L'univers n'est nulle part, constate-t-il : « Il n'y a que des hommes, des hommes à jamais divisés » ; il renonce à les gouverner : « On ne peut rien pour les hommes ; leur bien ne dépend que d'eux-mêmes... Ce n'est pas le bonheur qu'ils veulent : ils veulent vivre. On ne peut rien ni pour eux, ni contre eux ; on ne peut rien. »

L'expérience malheureuse de Fosca couvrait la fin du Moyen Age et le début du XVIe siècle ; des guerres stupides, une économie chaotique, de vaines révoltes, d'inutiles massacres, un accroissement des populations que n'accompagnait aucune amélioration de leur sort, tout dans cette période me semblait confusion et piétinements : je l'avais choisie exprès. La conception de l'histoire qui se dégage de cette première partie est résolument pessimiste ; je ne la considérais certes pas comme cyclique, mais je niais que son déroulement fût progrès. Comment penser que mon époque valût mieux que les précédentes, alors que sur les champs de batailles, dans les camps, dans les villes bombardées, elle avait multiplié les horreurs du passé ? Le romantisme et le moralisme qui contrebalancent ce pessimisme venaient aussi des circonstances ; nos amis morts dans la résistance, tous ces résistants devenus par leur mort nos amis, leur action avait servi à peu de chose, ou même à rien ; il fallait admettre que leurs vies s'étaient donné leur propre justification ; il fallait croire à la valeur d'un dévouement, d'une fièvre, d'un orgueil, d'un espoir. J'y crois encore. Mais la dispersion des hommes interdit-elle à l'humanité toute conquête collective ? C'est une autre question.

D'ailleurs, je ne l'affirmais pas. La noire vision proposée au début du roman, le dernier chapitre la conteste. Les victoires remportées par la classe ouvrière depuis le début de la révolution industrielle, c'était une vérité que je reconnaissais aussi. En fait, je n'avais pas de philosophie de l'histoire et mon roman ne s'arrête à aucune. Dans la marche triomphale qui ferme ses souvenirs, Fosca ne voit qu'un piétinement : mais il ne détient pas le mot de l'énigme. Il a d'abord considéré le monde avec les yeux du politique qui se fascine sur des formes : cité, nation, univers ; ensuite il lui a donné un contenu : les hommes ; mais il a voulu les gouverner du dehors, en démiurge ; quand il comprend enfin qu'ils sont libres et souverains, qu'on peut les servir mais non disposer d'eux, il est trop fatigué pour leur garder de l'amitié ; sa défection ne refuse pas à l'Histoire son sens : elle indique seulement que la rupture des générations est nécessaire pour aller de l'avant. Les communistes, après Hegel, parlent de l'Humanité et de son avenir comme d'une individualité monolithique : je me suis attaquée à cette illusion en incarnant dans Fosca le mythe de l'unité ; les détours, les reculs, les malheurs de l'Histoire, ses crimes, sont trop durs à encaisser pour qu'une conscience puisse à longueur de siècles en garder la mémoire sans céder au désespoir ; heureusement, de pères en fils, la vie indéfiniment se recommence. Mais cette nouveauté implique aussi la douleur de la séparation : les désirs qui animèrent les hommes du XVIIIe siècle, s'ils s'accomplissent au XXe, les morts n'en recueillent pas les fruits ; Fosca, entraîné dans un défilé tumultueux pense à la femme qu'il avait aimée cent ans plus tôt : ce qui arrive aujourd'hui, se dit-il, c'est exactement ce qu'elle voulait, ce n'est pas du tout ce qu'elle aurait voulu. Cette découverte achève sa déroute : il ne peut pas créer un lien vivant entre les siècles puisqu'ils ne se dépassent qu'en se reniant ; indifférent aux gens qui les habitent, rien ne l'attacherait à leurs projets ; s'il les aime, il ne pourra pas supporter l'infidélité à laquelle son destin le condamne.

Car Fosca est le lieu maudit de l'oubli et de la trahison ; j'avais cruellement éprouvé mon impuissance à saisir d'aucune manière la mort des autres ; toutes les absences sont contredites par l'immuable plénitude du monde. Dans mon second roman, Blomart se demande à propos d'un camarade tué à vingt ans : « Qui n'a-t-il pas été ? » ; Fosca s'interroge à propos d'une femme aimée : « Où n'est-elle pas ? » A plusieurs reprises je lui ai prêté cette phrase qui revient aussi une fois dans *Les Mandarins* : « Les morts étaient morts ; les vivants vivaient. » Il ne peut pas même caresser l'espoir de se souvenir toujours : ce mot pour lui n'a pas de sens. Tous ses rapports avec les hommes en sont pervertis ; il n'atteint jamais dans leur vérité l'amour ni l'amitié puisque la base de notre fraternité, c'est que nous mourons tous : seul un être éphémère est capable de trouver l'absolu dans le temps. La beauté ne saurait exister pour Fosca, ni aucune des valeurs vivantes que fonde la finitude humaine. Son regard dévaste l'univers : c'est le regard de Dieu, tel que je le refusai à quinze ans, le regard de Celui qui transcende et nivelle tout, qui sait tout, peut tout, et change l'homme en ver de terre. Ceux qu'il approche, Fosca leur vole le monde, sans réciprocité ; il les jette dans la désolante indifférence de l'éternité.

C'est là le drame de Régine, que j'ai conçu en contrepoint de celui de Fosca. A un immortel je pouvais prêter la plus vaste des ambitions, mais non, puisqu'il est sans pareil, ce sentiment fait de fascination et de rancœur, l'envie ; j'en dotai une femme avide de dominer ses semblables et révoltée contre toutes les limites : la gloire des autres, sa propre mort ; quand elle rencontre Fosca, elle veut habiter son cœur immortel : alors elle deviendra, pense-t-elle, l'Unique ; au contraire : sous ses yeux, elle se dissout ; ses entreprises, ses vertus ne recouvrent qu'un dérisoire effort pour être, identique à celui de tous les autres hommes ; elle voit avec épouvante sa vie se dégrader en comédie [1] ; elle tombe dans la folie. Elle a entrevu pourtant un salut mais elle n'a pas eu la force de s'y arrêter : il lui aurait fallu s'agripper à sa finitude. Un des héros, Armand, affronte, sans en être pétrifié, le regard de Fosca parce qu'il est engagé corps et âme dans son époque. Cette morale rejoint les conclusions de *Pyrrhus et Cinéas*, mais elle n'est pas assenée sous forme de leçon ; plutôt, elle sert de prétexte à une expérience imaginaire. Des critiques, ceux-là mêmes qui s'irritent quand un roman démontre, ont reproché à celui-ci de ne rien prouver ; c'est justement pourquoi malgré des longueurs, des redites, des surcharges, j'ai de l'amitié pour lui. En le relisant je me suis demandé : mais qu'est-ce que j'ai voulu dire ? Je n'ai voulu dire rien d'autre que l'aventure que j'inventai. Le récit se conteste sans répit ; si on prétendait en tirer des allégations, elles se contrediraient ; aucun point de vue ne prévaut définitivement ; celui de Fosca, celui d'Armand sont vrais ensemble. J'avais dit dans mon précédent essai que la dimension des entreprises humaines n'est ni le fini ni l'infini, mais l'indéfini : ce mot ne se laisse enfermer dans aucune limite fixe, la meilleure manière de l'approcher, c'est de divaguer sur

1. La scène de la fête, où elle prend conscience de la comédie, rappelle celle où, dans *L'Invitée*, Élisabeth recevant le trio a l'impression de se livrer à une parodie ; mais son trouble était de nature psychologique ; il a un sens métaphysique chez Régine.

ses possibles variations. *Tous les hommes sont mortels*, c'est cette divagation organisée ; les thèmes n'y sont pas des thèses mais des départs vers d'incertains vagabondages.

J'avais commencé en rentrant de Tunisie un essai où j'abordais les mêmes questions. J'en avais eu l'idée un an plus tôt. J'avais fait, en février 45, une conférence chez Gabriel Marcel, devant des étudiants presque tous catholiques ; j'avais amené avec moi un ancien élève de Sartre, Misrahi, existentialiste et sioniste : il appartenait au groupe Stern ; chaque fois que Gabriel Marcel m'attaquait, il se jetait en avant pour me défendre avec emportement et pertinence : il s'était fait détester. En sortant de là, je causai avec lui au premier étage du Flore ; je lui dis qu'à mon avis on pouvait fonder une morale sur *L'Être et le Néant* si l'on convertissait le vain désir d'être en une assomption de l'existence. « Écrivez donc ça ! » m'avait-il dit. Cet hiver-ci, Camus m'avait demandé, pour je ne sais plus quelle collection, une étude sur l'action ; l'accueil fait à *Pyrrhus et Cinéas* m'encourageait à revenir à la philosophie. D'autre part, quand je lisais Lefebvre, Naville, Mounin, j'avais envie de leur répondre. J'entrepris donc, en partie contre eux, *Pour une morale de l'ambiguïté*.

De tous mes livres, c'est celui qui aujourd'hui m'irrite le plus. La partie polémique m'en paraît valable. J'ai perdu du temps à combattre des objections dérisoires ; mais à l'époque on traitait l'existentialisme de philosophie nihiliste, misérabiliste, frivole, licencieuse, désespérée, ignoble : il fallait bien le défendre. J'ai critiqué, d'une manière à mes yeux convaincante, le leurre d'*une* humanité monolithique, dont usent — souvent sans l'avouer — les écrivains communistes afin d'escamoter la mort et l'échec ; j'ai indiqué les antinomies de l'action, la transcendance indéfinie de l'homme s'opposant à son exigence de récupération, l'avenir au présent, la réalité collective à l'intériorité de chacun ; reprenant le débat alors si brûlant, sur les moyens et les fins, j'ai démoli certains sophismes. Sur le rôle des intellectuels au sein d'un régime qu'ils approuvent, j'ai soulevé des problèmes encore actuels. Je souscris aussi au passage sur l'esthétisme, et à la conciliation que j'ai indiquée entre la distante impartialité de l'œuvre d'art et l'engagement de l'artiste. Il n'empêche : dans l'ensemble j'ai pris beaucoup de peine pour poser de travers une question à laquelle j'ai donné une réponse aussi creuse que les maximes kantiennes. Mes descriptions du nihiliste, de l'aventurier, de l'esthète, évidemment influencées par celles de Hegel, sont plus arbitraires et plus abstraites encore que les siennes puisqu'il n'y a même pas entre elles le lien d'un développement historique ; les attitudes que j'examine s'expliquent par des conditions objectives ; je me suis bornée à en dégager les significations morales si bien que mes portraits ne se situent à aucun niveau de la réalité. Il était aberrant de prétendre définir une morale en dehors d'un contexte social. Je pouvais écrire un roman historique sans avoir de philosophie de l'histoire, mais non faire une théorie de l'action.

J'avais donné aux *Temps modernes* quatre articles que l'éditeur Nagel a réunis en volume et dont trois traitent aussi de morale ; au lendemain d'une guerre qui avait tout remis en question, il était normal qu'on tentât de réinventer des règles et des raisons. La France était écrasée entre deux blocs, notre destin se jouait sans nous ; cette passivité nous empêchait de prendre la pratique pour loi ; je ne m'étonne donc pas de mon moralisme. Ce que je comprends mal, c'est l'idéalisme qui entache ces essais. En fait, les hommes se définissaient pour moi par leur corps, leurs besoins, leur travail ; je ne plaçai aucune forme ni aucune valeur audessus des individus de chair et d'os. Revenant du

Portugal, comme je reprochais à l'Angleterre sa complicité avec un régime que condamnait, entre autres tares, le tragique pourcentage de la mortalité infantile, Herbaud me dit : « Soit, c'est regrettable que des enfants meurent de misère ; mais ce n'est peut-être pas trop cher payer ce miracle qu'est la démocratie anglaise. » Je fus révoltée. Je me querellai aussi avec Aron qui justifiait par les intérêts supérieurs de l'Angleterre les mesures qu'elle prenait contre l'immigration en Israël : les beautés de la démocratie anglaise, c'était du vent auprès de ces hommes entassés dans des camps, errant sur des bateaux, désespérés. Mais alors, pour justifier la fondamentale importance que je lui reconnaissais, pourquoi passais-je par le détour de valeurs autres que le besoin même ? Pourquoi écrivais-je *liberté concrète* au lieu de *pain* et subordonnais-je au sens de la vie la volonté de vivre ? Je ne me bornais jamais à dire : il faut que ces gens mangent parce qu'ils ont faim. C'était pourtant ce que je pensais. Dans *Œil pour œil*, je justifiais l'épuration sans invoquer le seul argument solide : miliciens, tueurs, tortionnaires, il fallait les abattre non pour manifester que l'homme est libre, mais pour les empêcher de recommencer ; pour un Brice liquidé, que de vies on aurait épargnées ! J'étais — comme Sartre — insuffisamment affranchie des idéologies de ma classe ; au moment même où je les repoussais, je me servais encore de leur langage. Il m'est devenu odieux car, je le sais maintenant, chercher les raisons pour lesquelles il ne faut pas marcher sur la figure d'un homme, c'est accepter qu'on lui marche sur la figure.

*

A son retour d'Amérique, Sartre me parla beaucoup de M. A présent, leur attachement était réciproque et ils envisageaient de passer chaque année trois ou quatre mois ensemble. Soit ; les séparations ne m'effrayaient pas. Mais il évoquait avec tant de gaieté les semaines passées avec elle à New York que je m'inquiétai ; je l'avais cru séduit surtout par le romanesque de cette aventure ; je me demandais soudain s'il ne tenait pas à M. plus qu'à moi ; je n'avais plus l'optimisme chevillé au cœur : tout pouvait m'arriver. Dans une union qui dure depuis plus de quinze ans, quelle part revient à l'habitude ? Quelles concessions implique-t-elle ? Je savais ma réponse : pas celle de Sartre. Je le comprenais mieux qu'autrefois et à cause de ça il m'était plus opaque ; il y avait de grandes différences entre nous ; moi elles ne me gênaient pas, au contraire, mais lui ? D'après ses récits, M. partageait exactement ses réactions, ses émotions, ses impatiences, ses désirs. Quand ils se promenaient, elle avait envie de s'arrêter, de repartir, juste au même moment que lui. Peut-être cela marquait-il entre eux un accord en profondeur — aux sources mêmes de la vie, dans son jaillissement et son rythme — que Sartre n'avait pas avec moi et qui lui était plus précieux que notre entente. Je voulus en avoir le cœur net. Il arrive souvent quand une question dangereuse vous brûle les lèvres qu'on choisisse mal le moment de s'en délivrer : nous sortions de ma chambre pour aller déjeuner chez les Salacrou quand je demandai : « Franchement, à qui tenez-vous le plus : à M. ou à moi ? — Je tiens énormément à M., me répondit Sartre, mais c'est avec vous que je suis. » J'eus le souffle coupé. Je comprenais qu'il avait voulu dire : « Je respecte notre pacte, ne me demandez rien de plus. » Une telle réponse mettait tout l'avenir en question. J'eus beaucoup de peine à serrer des mains, à sourire, à manger ; je voyais que Sartre m'observait avec inquiétude, je me raidissais, mais il me semblait que je n'arriverais jamais au bout de ce déjeuner. L'après-midi, Sartre s'expliqua : nous avions toujours attribué plus de vérité aux conduites qu'aux phrases, c'est pourquoi, au lieu de se perdre en discours, il avait invoqué l'évidence d'un fait. Je le crus.

Peu après son retour Sartre eut les oreillons. Il se mit au lit dans la chambre ronde ; un médecin lui badigeonna le cou et le visage de pommade noire. Au bout de quelques jours, il put recevoir ses amis. Ils ne venaient pas tous : sa maladie effrayait. Il y avait tout de même foule dans sa chambre et j'avais du mal à le défendre contre les ennuyeux.

J'ai tenu un journal, pendant cette période. En voici des extraits ; ils livrent ce que ma mémoire échoue à ressusciter : la poussière quotidienne de ma vie.

30 avril 1946

Quand je suis sortie, à cinq heures, il y avait une grande animation au carrefour Buci ; les femmes achetaient des choux-fleurs, des asperges, les premières fraises ; on vendait des brins de muguet dans de petits pots enrobés de papier d'argent. Sur les murs, des grands OUI et NON en lettres de craie[1]. L'an dernier, le printemps avait quelque chose de miraculeux, c'était le premier printemps de la libération. Celui-ci est déjà installé dans la paix. Il y a des nourritures dans les boutiques, des dattes par exemple, et des étoffes et des livres ; dans les rues des autobus et des taxis ; un grand changement depuis mai dernier.

Aux *Temps modernes,* j'ai retrouvé Merleau-Ponty, Leiris, Ponge. Ponge a quitté *Action* (pour quelle raison ?). Il dit qu'il est très embarrassant pour lui de choisir entre tous les objets qu'il aimerait décrire :

1. Il s'agissait d'accepter ou de refuser la Constitution proposée par la Constituante et soutenue par les communistes.

pourquoi ne pas parler pendant vingt ans de la mousse ? Ou, au contraire, aborder indifféremment tout ce qu'on rencontre sur son chemin ? Il a plus de deux cents poèmes commencés, et il compte un jour les publier sous forme d'un alphabet illustré. Je remets à Festy, pour qu'il les fasse imprimer, les poèmes de Genet et de Laronde, et je lui dis que décidément je ne publierai pas mon roman dans la revue. Je bois un verre au Pont-Royal avec Merleau-Ponty et Suzou. Je rentre. Chez Sartre, qui est toujours enveloppé de bandes Velpeau et coiffé d'un bonnet pointu, je trouve Lefèvre-Pontalis. Sartre va beaucoup mieux ; je lui apporte des livres, des revues et je le fais dîner. Je vais au petit Saint-Benoît avec Bost et Pontalis ; Giacometti arrive en même temps que nous et s'assied à la même table. Il est plus en forme que jamais et raconte un tas d'histoires. A la fin du repas, une salière se renverse. Bost la relève ; G. prend son air sorcier : « Je me demandais qui la relèverait ; et c'est vous ! — Moi je ne l'aurais pas relevée, dit Pontalis. — On les relève toujours », dit G. Alors Bost : « Évidemment, ça n'est pas fait pour être renversé. » Giacometti, pénétré : « Ah ! si vous aviez dit ça devant Breton, c'était la brouille ! » Il parle du peintre Bérard : « Je le trouve tellement beau ! » Je demande : « Aussi beau que Sartre ? » Il répond, très sérieusement : « C'est autre chose. Sartre, c'est la beauté classique, appollinienne ; Bérard est dionysiaque. » Fin de soirée chez Chéramy.

Ce matin, Boubal m'a abordée d'un air radieux : « Si vous lisez dans le journal que M. Sartre est à la mort, ne vous inquiétez pas ; il y a un journaliste qui le cherchait, alors j'ai dit : il est malade, on craint pour ses jours. — Qu'est-ce qu'il a ? — Une maladie secrète. »

Dans l'escalier j'ai rencontré B.[1] qui montait voir

1. Un ancien élève de Sartre, devenu médecin.

Sartre ; je l'ai arrêté ; il m'a dit qu'il savait que Sartre était la proie d'un tas d'emmerdeurs, qu'il ne voulait pas l'ennuyer, mais qu'il avait quelque chose de passionnant à lui dire : un ami à lui, Patrix, a réussi « une transposition plastique du visqueux ». Il paraît que c'est « une grand-mère, une vieille grand-mère qui se transforme en chandelle ».

1er mai

L'an dernier, il neigeait, je me rappelle. Ce matin est tout bleu. Je ne quitte pas ma chambre. Je bois un bol de Nescafé, et je travaille à la *Morale*. Sartre va mieux, il n'a plus son casque de bandes Velpeau, ni de bonnet de coton, mais de grands favoris noirs et une barbe végétale ; et il est encore gonflé, avec un bouton sur le nez. Dans la chambre s'amoncellent de jour en jour la vaisselle sale, de vieux papiers, des livres, on ne sait plus où mettre les pieds. Il me lit des poèmes de Cocteau, très jolis. Dehors, il fait grand soleil : on sent bien la rue à travers les fenêtres avec les marchands de muguet, les revendeurs de bas et de combinaisons en soie artificielle. Pour sortir, je ne mets ni manteau, ni bas. Partout du muguet, et tous les marronniers du boulevard Pasteur sont chargés de fleurs blanches et rouges, elles commencent même à perdre leurs pétales. Je déjeune chez ma mère qui lit *Le Zéro et l'Infini*. Au retour, dans le métro, je vois les affiches de Dullin où *Les Mouches* ne sont pas annoncées et ça me serre le cœur.

Sur les panneaux les premières affiches du référendum : Votez oui, votez non. Tous les *non* ont été barrés.

Travail. A six heures, je bois un verre avec Bost et Rolland au Bar Vert qui fait gauchement concurrence à

Chéramy, avec de belles affiches, mais de vilaines tables rouges et des murs trop verts. Il y a Youki, dans une jolie robe à carreaux noirs et blancs ; elle me parle du poète belge qu'elle m'a envoyé à la revue : « Vous savez, me dit-elle avec son inconscience ordinaire, ma maison, c'est la maison des poètes. »

2 mai

Un jour encore plus beau, plus chaud qu'hier. Du muguet partout ; on n'a jamais vu un printemps si fleuri. J'accompagne Bost à Beaujon. De loin on aperçoit l'hôpital, en briques, avec ses grandes croix rouges ; il est très haut, grand et sévère, il me fait penser à Drancy. Il y a beaucoup de gens devant la porte, des femmes surtout, qui ont fait toilette ; on dirait que pour elles ces visites sont une espèce de fête, elles rient dans l'ascenseur qui monte lentement les onze étages. La salle du onzième est réservée aux malades de la poitrine ; les jeunes femmes sont d'un côté, les vieilles de l'autre ; il y a une seule rangée de lits qui font face à un large balcon grillagé (pour empêcher les suicides, car certains malades, surtout parmi les jeunes, se jetteraient volontiers par la fenêtre) ; on aperçoit un grand paysage de banlieue, avec au premier plan un camp de prisonniers allemands et, par-delà, tout Paris. La chambre d'Olga est un grand cube blanc qui donne aussi sur ce balcon. Elle dit que la vue est extraordinairement belle, le soir, quand toutes les lumières s'allument. Elle a bonne mine aujourd'hui, bien coiffée, maquillée. On lui a fait une troisième insufflation. Ça fait quinze jours qu'elle est au lit, elle commence à s'impatienter.

Dans l'autobus, je lis *La Vie de Pouchkine* par

Troyat, qui m'intéresse et je regarde *Samedi-Soir*. Ils parlent du *Zéro et l'Infini*. « Kœstler a pathétiquement compris l'inquiétude du temps présent ; mais il est incapable de nous fournir aucun moyen d'en sortir. » Ça va loin, ce genre de reproche. J'ai entendu au moins cent discussions sur le *Zéro*. La critique la plus juste, c'est celle que faisait Giacometti, l'autre jour : c'est au nom d'une autre objectivité que Roubacheff devrait s'opposer au n° 1 et non par subjectivisme ; il devrait y avoir entre eux une différence précise, d'ordre politique et technique ; faute de quoi Roubacheff manque de vérité.

Travail. A huit heures je vais chez Sartre ; il lit *Prête-moi ta plume* de Scipion qui vient justement de recevoir aujourd'hui le prix de la satire, attribué par le journal *Le Clou,* et dont la photo s'étale dans *Combat*. Il a vu Pontalis, qui aime beaucoup le livre de Bost[1] ; et Genet qui souhaitait une lettre de Sartre, demandant au ministre de l'autoriser à visiter les maisons de redressement. Bost cherche un sujet d'article pour *Combat ;* je lui suggère d'en faire un sur l'hôtel Chaplain. Il nous parle de *Combat,* de la passion que Pia apporte à tuer le journal en se tuant lui-même, d'Ollivier que tout le monde déteste et qui le sent, d'Aron qui se fait prendre en grippe à force de comprendre intensément *Combat* et de le dire. Tout le monde a félicité Bost de son article sur le pape et Altmann est monté de *Franc-Tireur* pour leur dire : « C'est vache, mais c'est rudement bien. » On s'est émerveillé de la sûreté avec laquelle il appelait boléro un camail et coiffe une calotte. Il y a eu trois désabonnements.

1. *Le Dernier des métiers.*

Matinée de travail dans ma chambre. L'après-midi je regarde les hebdomadaires avec Sartre. Quelques échos dans *Cavalcade* et dans *Fontaine* signalent que nous n'allons plus au Flore mais au Pont-Royal. Un article assez bienveillant de Wahl sur l'existentialisme, à propos d'une conférence de Merleau-Ponty. Je vais à la revue. Il y a beaucoup de monde. Vivet me présente un de ses amis : « X qui a énormément de talent. » J'ai dit : « Je vous félicite, monsieur ; que voulez-vous nous donner ? — N'importe quoi. » Un silence, puis il demande : « Que voulez-vous que je vous donne ? — N'importe quoi. » Autre silence : « Eh bien, je vous remercie beaucoup, dit-il. — C'est moi qui vous remercie. »

Paulhan a fabriqué un très joli montage de textes : de lui, de Léautaud, de fragments de manuscrits baroques. Je vais le remercier. Dans son bureau, dix personnes, le dos tourné, plongeant dans un coffre : « Nous regardions les photos des endroits où Rimbaud s'est promené », me dit Paulhan : « Voulez-vous voir ? » Mais je vais chercher des épreuves chez Festy, puis prendre un verre avec les Leiris au Pont-Royal. Stéphane est là qui me réclame son « entretien avec Malraux ».

Chez Sartre, une fois de plus nous nous demandons quel rapport il y a entre lucidité et liberté, et si notre morale est vraiment une morale aristocratique. Bost passe. Il dit qu'il y a beaucoup d'agitation à *Combat* à cause des articles d'Ollivier et d'Aron qui prônent le *non* ; beaucoup de types du journal voteront *oui ;* et ils veulent qu'on fasse une campagne exhortant les gens à voter socialiste ; sinon *Combat* devient un journal de droite. Il semble que tous soient retenus au journal par le charme personnel de Pia à qui son anticommunisme fait oublier qu'il se prétend un homme de gauche.

Je mange une glace au Flore en lisant *La Médiation chez Hegel* qui ne m'apprend rien. Il y a là Adamov, Henri Thomas, Marthe Robert, et puis Giacometti, Tzara, un tas de gens. J'achète du thé à Boubal et je rentre dormir.

4 mai

Matin gris, un peu froid. Je vais chercher chez les L. l'entretien Stéphane-Malraux. Malraux s'y montre bien antipathique ; il se prend à la fois pour Gœthe et pour Dostoïevsky, et il parle de tout le monde avec une grande malveillance. A propos de Camus : « Je vous en prie, soyons sérieux. Nous ne sommes pas au café de Flore. Parlons de La Bruyère ou de Chamfort. » Stéphane lui dit (je ne sais où il a pêché ça) : « Sartre veut écrire un grand livre sordide sur la résistance. — J'en écrirai un qui ne sera pas sordide. » Mais il se défend assez bien de l'accusation de tourner au fasciste : « Quand on a écrit ce que j'ai écrit, on ne devient pas fasciste. »

Travail. De temps en temps passent sous mes fenêtres des autos munies de haut-parleurs qui clament : « Votez non » ou « Votez oui ». On ne parle plus que du vote. Nous n'avons pas de carte d'électeur. (Nous sommes passés à la mairie, mais nous n'avons pas insisté.) Pouillon n'ira pas voter, ni sans doute Bost, mais nous discutons quand même. D'ailleurs les résultats sont déjà acquis ; le sondage de l'opinion publique, cette semaine, a donné 54 p. 100 de *oui*.

A midi et demi Pontalis passe à l'hôtel. Il a rencontré Genet hier, au chevet de Sartre, et il lui a demandé : « Voulez-vous une sèche ? » Genet l'a toisé : « Pourquoi appelez-vous une cigarette une sèche ? » Et il a fait un long discours, expliquant que, selon le mot d'Herriot, la culture, c'est ce qui reste quand on a tout oublié, mais qu'il ne fallait pas faire semblant de tout avoir oublié pour se donner l'air cultivé : comme si c'était le souci majeur de Pontalis ! Celui-ci a apporté un œuf à Sartre et du jambon qu'il a tiré de sa poche d'un air embarrassé. Ils ont eu une longue conversation ; Sartre a dit qu'on ne peut pas passer sa vie à juger idiot ce que fait le P.C. tout en y donnant les mains, que le mieux c'est de voter communiste mais de répondre non au référendum. Pontalis est parti, très ébranlé.

Je retrouve au Flore Pouillon et Bost. Pouillon revient de Nuremberg ; c'est marrant, dit-il, de voir comment tout le monde joue le jeu, avocats et accusés compris ; il fera un papier là-dessus pour les *T.M.* Il dit que s'il vote il répondra non parce que, comme secrétaire-rédacteur, il a assisté à la fabrication de la Constitution et qu'il la trouve trop moche ; mais il ne votera pas, il faudrait pour ça qu'il aille en province. Il se justifie en disant : « M. Gay a déclaré que celui qui ne votait pas était un traître et un malfaiteur ; étant donné ce qu'est M. Gay, on peut donc s'estimer de ne pas voter. »

A Beaujon avec Bost. Olga ne s'impatiente pas trop.

Dans les couloirs de l'hôtel, des papillons : « Votez non. » Nous disons avec Sartre que les gens, qu'ils votent oui ou non, le feront à contrecœur. Je dis : « Moi, je me dégage. — C'est très mal de dire ça ! » me dit Sartre. « Mais vous ne votez même pas. — L'important, ce n'est pas de voter ; c'est de savoir comment on voterait. » J'ai dû rire, comme dirait Giacometti.

Je dîne aux Catalans avec Bost ; il y a Solange Sicard, Grimaud, etc. Bost me montre un article de Vintenon sur lui, très aimable, et à la radio Fauchery l'a couvert de fleurs.

Dimanche 5 mai

Il y a des jours, quand j'ai beaucoup travaillé les jours d'avant, où je me sens comme ces limandes qui ont trop baisé, et qui s'échouent sur les rochers, moribondes, vidées de leur substance. C'est ainsi, ce matin. J'ai dormi avec de mauvais rêves et je garde une espèce de froid au cœur. Ciel bleu, vent bruyant : on vend les journaux à grands cris, on se dispute même au carrefour : c'est le référendum. Nous ne votons pas, en partie par étourderie et paresse, parce qu'on n'avait pas de carte d'électeur, et surtout parce que sans doute nous nous serions abstenus.

Travail. A quatre heures j'ai vu Palle, pour lui demander d'arranger un peu son article sur Petiot. Il était tout doré et beau et très gentil. Lui non plus n'a pas voté.

Chez Chéramy le soir, la radio donne les résultats du référendum. A la surprise générale, il semble y avoir beaucoup plus de *non* que de *oui*. Beaucoup d'abstentions. C'est que les gens sont gênés de dire *oui,* comme de dire *non*.

Je rentre, toujours dans ce rôle d'état d'angoisse. Sans doute y a-t-il des gens qui sentent comme ça, normalement, leur peau entre eux-mêmes et le monde ; tout doit être très différent, alors. Ce soir, il y avait de l'horreur un peu partout : par exemple, cette main de femme où le squelette était si apparent et qui fourrageait dans des cheveux blonds ; les cheveux étaient une plante, avec une *racine* dans la peau du crâne. Le mot *racine* était fascinant et affreux pendant que je m'endormais.

Lundi 6 mai

Résultat du référendum : non par 52 p. 100 de voix contre 48 p. 100 de *oui* ; 20 p. 100 d'abstentions. Tout de suite j'ai couru chercher les journaux ; plus d'*Humanité* ni de *Populaire* ; la droite se félicite, bien entendu.

J'ai déjeuné au Petit Saint-Benoît avec Merleau-Ponty, qui défend le point de vue communiste ; de là on passe à la philosophie de Sartre, à qui il reproche de manquer l'épaisseur du monde. Ça réveille mon envie d'écrire mon essai, mais je suis fatiguée, je ne sais pas pourquoi. Sartre se porte comme un charme ; il est rasé et vêtu d'un beau pyjama bleu tout neuf. Genet a déposé pour lui le magnifique volume imprimé par Barbezat : *Le Miracle de la rose,* énorme, en grosses lettres noires, avec des titres rouges.

A quatre heures je monte dans ma chambre, et je suis si fatiguée que je dors deux grandes heures. Puis je me suis mise au travail et soudain un tas d'idées me sont montées à la tête. A dix heures je suis descendue voir Sartre. La chambre était toute sombre, avec juste la petite lampe au-dessus de sa tête. Genet et Lucien étaient là. On ne sait pas ce qu'est devenu le manuscrit de *Pompes funèbres,* confié aux Gallimard, et Genet dit qu'il fera un malheur si on le lui a perdu.

Mardi 7 mai

Thé, journaux, travail. Sartre commence à travailler à ses tableautins d'Amérique [1], ce qui le fatigue assez. Genet passe chez moi. Il vient d'avoir une scène avec les Gallimard, à propos de son manuscrit perdu ; il les a

---

1. Qu'il abandonna.

engueulés et il a ajouté : « Et par-dessus le marché, vos employés se permettent de me traiter d'enculé ! » Claude Gallimard ne savait plus où se mettre. A Beaujon avec Bost. On a fait à Olga une dernière insufflation, elle saura demain seulement si ça a mordu ou non. Elle a vu, dans la salle de radioscopie, des filles à qui on venait de faire des sections de bride et qui avaient des morceaux de métal qui leur sortaient du corps, ça l'a bouleversée. Elle supporte mal toute cette lumière blanche dans sa chambre, et ces vitres qui permettent de la surveiller du couloir.

Au Flore, Montandon me montre un *Labyrinthe* où sont annoncées nos conférences en Suisse, avec d'assez bonnes photos de Sartre et de moi. Je félicite Dora Marr de son exposition où j'ai été avant-hier. Chez Gallimard, je croise Chamson dans l'escalier ; il me demande des nouvelles de Sartre : « Il a les oreillons », dis-je. Il se met à descendre à reculons : « Mais c'est contagieux. — Très contagieux ; je suis sûrement en train de vous les passer. » Il s'est enfui. J'ai effrayé aussi M. qui m'apportait des papiers sans intérêt sur l'Angleterre. Visite d'Ansermet ; puis d'un jeune homme qui veut faire des articles sur le cinéma, du jeune couple qui raconte en chants amébées ses nuits amoureuses, de Rirette Nizan. Elle m'apporte une lettre écrite par Nizan à ses parents quand il avait dix-sept ans : il relate une conversation avec Sartre où tous deux, assis sur les marches d'un escalier, déclarèrent qu'ils étaient authentiquement des surhommes, et il expose toutes les considérations morales qui s'ensuivirent. Je rentre. Dans l'escalier, une prétendue ancienne élève me demande, pour le compte de l'Institut Gallup, comment je vois l'avenir de la France : je lui réponds que je ne le vois pas, ce qu'elle semble trouver très profond. Je regarde avec Sartre des lettres et des manuscrits que je rapporte de la revue. Il y a deux chapitres de Louise

Weiss ; je note un passage. Une Française rencontre pendant l'exode son ancien amant, Andlau, vêtu de l'uniforme allemand : « *Andlau, superbement intelligent et cynique comme il l'avait toujours été — pourquoi aurait-il changé ? — dit en souriant : Il me semble que vous avez besoin d'un bain. Blanche sentit l'offense.* » Il y a aussi les *Mémoires d'un obscur,* récit d'un deuxième classe qui a été prisonnier ; on publiera le chapitre sur sa vie à la ferme. Des poèmes, des nouvelles, des chroniques. Un jeune « existentialiste » de dix-sept ans envoie un poème qui commence par ces mots : « Le vide tend vers le plein. »

Visite de Genet et de Barbezat. La patronne du Flore m'a remis un autre tout petit livre de Jean Ferry, avec une dédicace très aimable. Ça s'appelle : *Le Tigre mondain,* et je l'aime beaucoup.

8 mai

Un peu mal à la tête, mais je travaille bien quand même. Cette seconde partie me donne du mal, mais ça m'intéresse de découvrir mes propres pensées.

Sartre fait ses premiers pas. Nous allons prendre un verre à la Rhumerie martiniquaise, en parlant de la revue et de la *Morale.*

Soirée dans sa chambre avec Bost. Bost dit qu'Aron et Ollivier se contrefoutent de la manière dont vivent les gens, de leur fatigue, de la misère ; ça n'existe pas pour eux. Il nous raconte que les locataires de l'hôtel Chaplain se sont reconnus dans l'article de *Combat,* qu'il avait pourtant signé Jan Maury, et qu'ils sont fous de colère. De nouveau nous discutons sur les communistes. Nous voterons pour eux ; mais il semble toujours aussi impossible de parvenir à une entente idéologique. Longues vaticinations. Le problème de notre rapport avec eux est essentiel pour nous et ils ne nous permettent pas d'y donner de solution, c'est une impasse.

9 mai

Ça m'agace parce que, dès que j'ai travaillé deux heures, j'ai mal à la tête ; pourtant ça m'intéresse. L'après-midi, je fais un tour avec Sartre, nous sommes montés chez sa mère et il a admiré sa future chambre. Le soir au Flore, j'aperçois Limbour à qui je demande des chroniques, et Zette avec Leiris. Bost est aux cent coups parce que l'histoire de l'hôtel Chaplain s'aggrave ; il y a des types qui sont venus le demander à *Combat* pour lui casser la figure.

10 mai

Vitold est venu voir Sartre. On discute sur la possibilité d'une tournée en Italie et d'une représentation de *Huis clos* en Suisse ; Vitold hésite parce qu'il a un film en juin. Je déjeune avec lui chez Lipp, puis je vais chercher Sartre. Nous nous asseyons à la terrasse des Deux Magots, il fait très beau. On rafistole l'exemplaire de *Morts sans sépulture* afin de le donner à taper à Nagel. A la revue, grande agitation. Vittorini vient au bureau des *T.M.* avec Queneau et Mascolo ; il a l'air timide et parle mal français. Il regrette que nous soyons invités en Italie par Bompiani qui est un éditeur réactionnaire ; il dit : « Si vous aviez été invités par *mon parti,* on vous aurait promenés partout en auto ; Eluard, on l'a promené partout. » On décide d'échanger nos revues ; on se verra à Milan et on préparera un numéro italien. Il y a affluence ; Gaston Gallimard est venu ;

114

j'avais mis le nez dans son bureau, mais j'avais fui, ayant dû serrer la main à Malraux et à Roger Martin du Gard : ceux-là, ils transportent avec eux une lourde charge de sérieux, et l'antre de Gaston Gallimard exhalait une odeur d'encens. Il voulait me parler de Genet qui lui a envoyé une lettre insultante, après sa scène avec Claude. Il me faisait presque des excuses, il affirme que le manuscrit n'est pas perdu. J'ai parlé à un tas de gens. Il y avait le jeune couple impudique ; le type m'apportait une nouvelle ; il m'a demandé, de sa voix naïve et chantante : « Est-ce que Sartre votera pour moi, au prix de la Pléiade ? » J'ai réglé des trucs avec Renée Saurel[1], superbe, les cheveux au vent, aperçu Leiris, et porté à Paulhan le manuscrit de Nathalie Sarraute ; il y a inscrit de sa belle écriture le titre et le nom de l'auteur ; il était seul, par miracle. Il m'a montré un petit Wols, très joli, qu'il a encadré dans une boîte, avec éclairage indirect.

A sept heures j'ai retrouvé les Queneau au Pont-Royal. Il y avait Georges Blin qui m'a entreprise sur : *Sexualité et existentialisme.* Il m'a passé les bonnes feuilles d'une revue de Wahl qui va bientôt paraître. Whal critique *L'Être et le Néant* dans un esprit analytique surprenant, genre : « Le premier paragraphe de la page 62 est bon, mais la dixième ligne est faible. » J'ai bu trois gin-fizz et j'étais très animée. Le numéro 8 est sorti, on le trouve assez brillant.

L'hôtel est repeint à neuf ; il embellit de jour en jour, et il y a maintenant une belle femme de chambre brune, une ancienne cliente qui a eu des malheurs, et une autre blonde, toute froufroutante. On se croirait dans un bordel. La rousse sympathique a disparu.

---

1. Elle était alors la secrétaire des *Temps modernes.*

Le travail ne marche qu'à moitié ; je suis fatiguée ; c'est agaçant d'avoir des obstacles dans sa tête. Déjeuner chez Lipp avec Sartre et Pontalis. Chez Odette Lieutier, Dullin signe ses livres. La librairie a été arrangée par Camille, avec des masques, des photos, un tas de beaux objets ; Dullin est tout beau, il a l'air très content, au milieu de la foule de ses admirateurs. Il y a quelques drapeaux dans les rues, en l'honneur du jour V ; ça fait bien triste.

Je voudrais travailler, mais je dors, la tête est mauvaise. A six heures je descends chez Sartre. Il y a Nathalie Sarraute, bien ondulée, et dans un beau tailleur bleu vif, qui explique posément que nous sommes le Château de Kafka ; sur nos registres, chacun a son chiffre qu'il ne connaît pas ; nous accordons tant d'heures par an à celui-ci, tant d'heures à celui-là et il est impossible d'en obtenir une de plus même si on se jette sous un autobus. Nous arrivons à la convaincre, après une heure d'argumentation, que nous avons de l'amitié pour elle. Elle avoue d'ailleurs qu'à ses yeux nous sommes de pures abstractions et qu'elle se contrefiche de nos individus contingents et humains. C'est toujours « l'idole-paillasson ». Elle nous parle de son article sur Valéry qui sera sans doute assez marrant.

Je dîne avec Bost au Golfe-Juan. Il y a les Gallimard avec Badel. Le balafré borgne de l'Armée du Salut vend une Bible à Jeanne Gallimard.

116

Dimanche 12 mai

Le temps manque pour ce journal. J'arrive à peine à noter les anecdotes. Le ciel est couvert et les marronniers commencent à perdre leurs fleurs.

Ce matin j'ai travaillé, après avoir été acheter aux Deux Magots les cigarettes et les petits pains du dimanche. A midi, j'y ai rencontré Pagniez qui a apporté un article très amusant sur l'histoire de la Constituante. Déjeuner avec Sartre chez Lipp ; Vitold est passé pour discuter les projets de Suisse et d'Italie. Café au Montana. Travail. Je me sentais pleine de zèle parce que, enfin, je n'avais plus mal à la tête. J'ai tout repris depuis le début, c'est le moment le plus amusant, le moment où on copie et où ça prend forme. A six heures réunion des *T. M.* dans la chambre de Sartre. Sa mère avait fait des beignets et j'ai apporté du cognac, acheté au patron. Il y avait Vian qui s'est amené avec sa trompette, il allait jouer au Point Gamma, c'est comme ça qu'il gagne sa vie. Sa *Chronique du menteur* était un peu facile mais drôle. Il y avait Paulhan, Pontalis, Vivet et son ami, qui a soutenu qu'on ne pouvait pas reprocher à Steinbeck d'avoir écrit *Lâchez les bombes* puisqu'il avait raté son livre. On a envisagé d'étudier la littérature « engagée » américaine : comment Steinbeck, Dos Passos, Faulkner se sont laissé mobiliser et ont fait de la propagande pour le compte de l'État. Roger Grenier est venu aussi, et Bost, à sept heures et demie, comme une fleur, quand tout était fini : les trois numéros suivants sont pleins à craquer.

Bost reste avec nous. Il raconte qu'Olga a reçu des visites de jeunes malades ; elle a été très frappée par la dureté avec laquelle elles parlaient de leur maladie. Comme Olga disait qu'elle n'avait pas de brides : « Oh ! les brides, ça se trouve, a dit une fille. Le coupeur passe une fois par mois. Alors, tant qu'il n'est pas là, t'as pas de brides ; mais le jour où il se ramène, tu verras comme ça descend, les brides. » Elles disent que les types tiennent moins bien le coup que les femmes. Souvent il y en a qui se balancent par-dessus le grillage du balcon ; pourtant il est très haut et recourbé vers le dedans. On flirte beaucoup entre le onzième étage et le dixième où sont les hommes. Souvent il y a des spectacles où tout le monde descend en pyjama. Ils méprisent les malades qui ne sont pas tuberculeux ; ils s'estiment les uns les autres d'après le degré de leur maladie et leur résistance morale.

13 mai

Pendant un grand moment, j'ai pensé : « Me voilà enfermée dans mon rêve, comme dans le dessin d'Henry ; jamais je n'arriverai à me retrouver dans ma chambre. » Ça faisait une palissade autour de mon lit. Enfin je me suis réveillée, mais il était déjà tard, presque neuf heures. J'étais de bonne humeur parce que je ne suis plus du tout fatiguée, et Sartre va mieux, et samedi on part pour la Suisse. Rolland nous a invités à Constance en disant : « On sera entre copains — avec Hervé et Courtade. » Aucune ironie dans sa voix : les insultes écrites ne comptent pas.

Nous déjeunons au Casque avec Giacometti.

On se demande comment Breton va être reçu à son retour à Paris. Aragon a été atterré du peu d'enthousiasme avec lequel est accueilli *Personne ne m'aime* ; il croit à un complot fasciste.

Au Flore, je trouve trois gros beaux livres américains dans lesquels nous choisirons des textes de Wright, pour les numéros août-septembre.

De trois à six, je travaille. Je passe au Flore voir

Montandon pour régler le voyage en Suisse. J'aperçois Salacrou avec Sophie Desmarets, rousse et belle. Je rentre et mets ce journal à jour. Je m'aperçois en en relisant des morceaux que déjà ça n'évoque rien. Il ne faut pas espérer que ces mots-là soient différents des autres, qu'ils aient le pouvoir magique de garder en eux la vie, et que par eux le passé ressuscite. Non. Pour moi-même, ces quinze derniers jours ne sont déjà plus que des phrases écrites, et rien par-delà. Ou alors il faudrait vraiment faire attention à la façon de raconter. Mais ça deviendrait une œuvre, et je n'ai pas le temps.

Dîné avec Bost dans la chambre de Sartre, d'œufs et de corned-beef. Bost est retourné à l'hôtel Chaplain, il a négocié avec Jeannette qui s'est un peu amadouée. Il a vu Wright à la terrasse du Flore ce matin et Wright lui a ri au visage ; il paraît qu'il rit toujours, mais c'est une manière de ne pas se livrer. Sartre et Bost se font à tour de rôle une raie au milieu des cheveux pour prouver que ça donne l'air bête ; ça féminise surtout, ce qui est curieux. Bost a parlé des romans à quatre sous, en 70 000 signes, qu'il écrivait il y a deux ans ; il les faisait en deux jours, pour 1 500 francs ; il y en avait un qui s'appelait : *Éva n'était que belle.* Il nous montre une lettre d'un certain Jules Roy qui le félicite ; et celle d'un type qui se plaint que dans la mairie du 16ᵉ les affiches de renseignement soient mal placées ; son livre a beaucoup de succès. A onze heures, les yeux de Sartre deviennent roses, non sans quelque affectation, et nous le laissons dormir. On boit un verre chez Chéramy où un mystérieux général nous offre un autre verre. Bost me parle de mon roman qu'il a porté enfin aujourd'hui chez Gallimard ; il aime beaucoup l'épisode des Indiens, mais trouve le début un peu long. Pontalis aussi trouve que ça fait trop chronique.

Je rentre à minuit et je passe une heure à relire ce journal et à l'écrire. J'aimerais le soigner davantage. Je suis bien au lit, un peu vacillante de sommeil, à travers des mots. J'entends la pluie dehors, discrète, et de lointains bruits de pas. Demain je travaillerai, et bientôt je pars pour la Suisse. Je suis contente, pour ne pas changer. En ce moment, j'aimerais avoir vraiment beaucoup de temps pour écrire.

Mardi 14 mai

Réveil gris. J'ai pensé à toutes les démarches que j'avais à faire ; je hais les démarches, je hais surtout penser à les faire ; d'autant plus que j'y pense longtemps parce que je ne les fais pas. Je vais chercher les journaux. Il y a un article malveillant d'un nommé Pingaud[1] sur le roman de Bost ; Bost est évidemment existentialiste, dit le type, puisqu'il a dédicacé son livre à la Russe du café de Flore ; et puis Sartre a fait un grand éloge du roman-reportage, justement dans le premier numéro des *T.M.* où paraissait le *Dernier des métiers*. Article malveillant aussi du petit Clément sur l'existentialisme. Je retrouve dans un placard le manuscrit du *Sang des autres* que je vais donner à Adamov pour la vente au profit d'Artaud ; c'est un beau manuscrit, raturé et fripé, écrit sur des feuilles d'un tas de formats, avec des encres et même des écritures différentes. Ça fait vivant à côté d'un livre ; on se rend compte que ça vous est sorti du corps ; il s'y colle le souvenir de certains moments où on l'a écrit. Je parcours *Black Metropolis* pour faire un choix en vue du numéro américain. J'aimerais bien avoir du temps pour lire.

Démarches. Travail au Pont-Royal. A cinq heures et

1. Devenu depuis notre ami et qui participe à la direction des *Temps modernes*.

demie je monte à la revue. Alquié et Pouillon discutent avec Sartre sur la politique communiste.

Aron passe un instant ; Paul Mohrien vient chercher le *Portrait de l'antisémite* et mes quatre articles parus dans les *T.M.* Je redescends au Pont-Royal, voir Vian qui m'a apporté son roman et un livre américain sur le jazz, on en traduira un morceau. Il parle du jazz avec passion. Il me dit qu'il existe en Amérique de très bonnes pièces radiophoniques, un peu naïves, mais charmantes, comme celle de la petite chenille qui danse au son de : « Yes, Sir, t'is my baby », ou du petit garçon qui cherche dans les astres son chien écrasé par un autobus et dont on s'aperçoit à la dernière minute qu'il a été écrasé lui aussi. Il fera un article là-dessus. Son roman [1] est extrêmement amusant, surtout la conférence de Jean-Sol Partre, et le meurtre avec l'arrache-cœur. J'aime aussi la recette de Gouffé : « Prenez un andouillon ; écorchez-le malgré ses cris. »

A huit heures je rentre avec Sartre qui est très fatigué. C'est un joli moment du soir, avec les feuillages mouillés, les lumières vertes et rouges, quelques vitres éclairées, et un reste de jour au ciel.

Nous mangeons du jambon en examinant le butin ramassé à la revue. Des nouvelles, mauvaises ; un très bon *Procès de Nuremberg* de Pouillon ; un bon *Petiot* de Palle ; le texte de Ponge, *Ad litem,* ne vaut pas grand-chose. Passe Bost. Olga a des brides, elle se trouve mal soignée dans cet hôpital, il faut absolument qu'elle s'en aille. Il raconte qu'il y a eu une mutinerie hier dans une prison américaine et cinq détenus tués, mais quand il a été aux renseignements, les officiers ont nié avec colère.

Dans un discours prononcé en Sorbonne à propos de l'anniversaire de Descartes, Thorez a revendiqué Descartes : c'est un grand philosophe matérialiste.

1. *L'Écume des jours.*

15 mai

Deux heures d'attente à la légation suisse. Mais elles passent vite parce que je lis *L'Écume des jours* de Vian, que j'aime beaucoup, surtout la triste histoire de Chloé qui meurt avec un nénuphar dans le poumon ; il a créé un monde à lui ; c'est rare, et ça m'émeut toujours. Les deux dernières pages sont saisissantes ; le dialogue avec le crucifix, c'est l'équivalent du « *Non* », dans *Le Malentendu* de Camus, mais c'est plus discret et plus convaincant. Ce qui me frappe, c'est la vérité de ce roman et aussi sa grande tendresse.

Déjeuner et café avec Sartre chez Lipp, au Flore, chez Chéramy. J'ai acheté un beau Guide Bleu de la Suisse ; ça me ravit et me désole parce que je sais qu'il y a tant de choses à voir et que **je** ne pourrai pas les voir. J'ai peur que le voyage ne soit un peu bien officiel. Mais je me réjouis quand même.

Dans l'escalier, un long jeune homme à parapluie m'a abordée pour me demander ce que Sartre entendait par « essence ». Je l'ai renvoyé à *L'Être et le Néant*. Il m'a dit qu'il l'avait bien lu, mais qu'il ne voulait pas être superficiel et qu'alors je devais lui donner une définition en quatre mots. C'est pour un journal de Strasbourg.

Jeudi 16 mai

Le printemps revient. En allant acheter des cigarettes, je vois de magnifiques bottes d'asperges, enveloppées à mi-corps de papier rouge sur fond de papier vert dans une voiture des quatre-saisons ; c'est très joli. Travail. J'ai rarement éprouvé tant de plaisir à écrire, surtout l'après-midi, quand je rentre à quatre heures et demie dans cette chambre dont l'atmosphère est encore épaisse de toute la fumée du matin, où il y a sur la table le papier déjà couvert d'encre verte ; et la cigarette et le stylo sont agréables, au bout de mes doigts. Je comprends bien Duchamp, disant à Bost, qui lui demandait s'il ne regrettait jamais de ne plus peindre : « Je regrette la sensation du tube de couleur, quand on le presse et que la peinture s'écrase sur la palette ; c'était agréable. » Le côté physique de l'écriture est agréable. Et puis même à l'intérieur, il me semble que je me sens me dénouer ; c'est peut-être une illusion. En tout cas, je sens des choses à dire. Il y a aussi un projet de roman qui commençait à naître, hier, chez Chéramy.

Exposition Kermadec. Dîner aux Catalans avec Sartre et Bost qui parlent insolemment devant moi de New York.

17 mai

Au Flore, à midi, avec Sartre, je fais la connaissance de Soupault. Ça me fait toujours drôle quand je vois un type que j'ai admiré à vingt ans, qui me semblait inaccessible, et qui est un homme de chair et d'os, mûrissant. Soupault me demande si je voudrais aller en Amérique. Il me promet de m'y faire inviter en octobre si vraiment je veux, et il amuse Sartre parce qu'il semble se défier de ma fragilité. Bien sûr je veux, et j'ai insisté, et je crève d'envie d'y aller, et en même temps j'ai un peu d'angoisse au cœur à l'idée de partir pour quatre mois.

Ce matin, dans *Cavalcade*, un article de Monnerot sur Sartre, idiot et venimeux. Des échos sur l'article de Mounin dont ils disent qu'il a mis Sartre K.O. ; ils ne sont pas difficiles. Dans le *Littéraire*, une interview de normaliens, par Paul Guth, où on parle de Sartre. Et au milieu d'un article de Billy sur « littérature de métaphysique », un dessin sur moi qui ai l'air toute grasse et bovine. Déjeuner au Golfe-Juan avec les Pagniez. Pagniez défend le réformisme.

A la revue, nous mettons en page le numéro 9. C'est merveilleux le nombre de textes dont nous disposons maintenant. Des gens défilent, mais ne restent pas, et nous travaillons en paix. Il paraît que Néron est sorti de prison, nous dit Merleau-Ponty. Nous buvons un verre au Pont-Royal avec les Leiris, les Queneau, Giacometti. Dîner au Golfe-Juan avec Giacometti et Bost. On a discuté assez longtemps sur le procès de ce châtelain qui a descendu à coups de fusil le jardinier, amant de sa fille. La petite avait seize ans et elle écrivait des lettres si obscènes qu'on n'a pas pu les lire au procès ; le jardinier en avait trente-six et c'était un repris de justice ; le père a été guetter avec son fils dans la chambre de la fille, et ils l'ont tué ; le fils a manqué le type par deux fois, mais le père l'a eu. On l'a condamné seulement à quatre ans de prison, et le fils à trois ans avec sursis. Sartre fait rire Bost aux larmes en soutenant que ce crime est la conséquence des dernières élections, que depuis la libération le père se sent dans un monde révoltant et que ce meurtre a exprimé le paroxysme de sa révolte. Là-dessus Giacometti évoque l'histoire du sergent Bertrand, si doux et si rangé, mais qui toutes les nuits déterrait des cadavres dans les cimetières, les mutilait et les grignotait ; on n'a pu le punir que pour violation de sépulture, ni la mutilation ni la manducation des cadavres n'étant prévues par la loi. Il parle de Picasso qu'il avait vu la veille et qui lui avait montré des dessins ; il paraît que, devant chaque nouvelle œuvre, il est comme un adolescent qui commence à peine à découvrir les ressources de l'art. Il dit : « Je crois que je commence à comprendre quelque chose ; pour la première fois, j'ai fait des dessins qui sont vraiment du dessin. » Et il se réjouit quand G. lui dit : « Oui, il y a du progrès. » On a fini la soirée chez Chéramy. Mais, comme on disait avec Bost, ici un journal ne sert à rien ; il aurait fallu un appareil enregistreur pour noter les conversations irrésistibles de Sartre et de Giacometti.

18 mai

Ce soir, je pars pour la Suisse. Voilà trois semaines que je n'ai presque pas quitté ma chambre, ne voyant guère que Sartre et Bost. C'était reposant et fructueux. Cet après-midi, je suis en haut du Flore, près de la fenêtre, je vois la chaussée mouillée, les platanes qu'agite un vent aigre ; il y a du monde, et en bas c'est le grand brouhaha. Je ne me sens pas bien ici. Il me semble que plus jamais je ne recommencerai à y travailler comme j'ai fait toutes ces années.

Bost est venu me chercher. Il avait reçu une petite lettre de Gide le félicitant pour *Le Dernier des métiers*. Il m'a montré aussi un numéro de *La Rue*, journal fondé par Jules Vallès et qui ne sortira que dans quelque temps : ils font paraître un numéro « pour la conservation du titre ». Il y a du Prévert, du Nadeau, des dessins d'Henry, et une complainte de Queneau sur le thème : « Je suis un pauvre con. » Nous allons à Beaujon. Olga nous parle des malades qu'elle voit. Une jeune femme, mère de deux enfants, a été hier se faire faire un pneumo, on a essayé trois fois, en trois endroits, et ça a raté ; elle a eu une syncope de désespoir et est restée trois quarts d'heure évanouie. Une petite provinciale s'est amenée, croyant n'avoir qu'un poumon abîmé ; quand elle a dit à Benda qui venait de regarder sa radio : « Je viens pour un pneumo », il a demandé : « A quel poumon ? » C'est comme ça qu'elle a appris que les deux côtés étaient touchés. Olga dit que le pire, c'est qu'on se résigne peu à peu, à mesure qu'on perd de la vitalité.

Train pour Lausanne. Nous sommes seuls dans le compartiment avec une petite jeune fille brune qui toute la nuit serre son sac de voyage contre son cœur ; elle dort assise. Moi je m'étends et je dors assez bien. Je me rappelle un voyage en Limousin, quand j'avais treize ou quatorze ans, et que j'avais passé toute la nuit le visage à la fenêtre, mangeant du charbon et me sentant souverainement supérieure aux grandes personnes engourdies dans la chaleur du compartiment. C'est à des choses comme ça que je sens que j'ai vieilli. Il y a eu seulement pendant un moment une belle lune brillante, dans un ciel rayé de nuages ; et au matin, des montagnes dans une aube gris-rose. Ça ne manque jamais, le coup du réveil, quand après un long sommeil je me trouve brusquement transportée dans un petit matin très lointain. Le plus fort, ç'a été le désert, avant Tozeur ; et puis les arrivées à Sallanches, en hiver ; et je ne sais trop pourquoi, la campagne mouillée d'Auvergne en arrivant à Mauriac.

L'éditeur Skira, qui avait organisé cette tournée de conférences, nous a installés à Genève dans un hôtel proche du lac. Je voyais de ma fenêtre des cygnes luxueux et de magnifiques parterres de fleurs. L'opulence de la Suisse m'a ébahie : « C'est une des choses les plus plaisantes et les plus oubliées que de pouvoir manger n'importe quoi, à n'importe quel moment », notai-je ; et plus loin : « Quel plaisir de pouvoir souper après le cinéma : ça rappelle l'avant-guerre ! » A la brasserie du Globe, on commandait à son gré du whisky, du xérès, des porto-flips, tout ce qu'on voulait ; des pancartes annonçaient : toasts au caviar de Russie. Je me rappelais avec quelle émotion, passant à Annemasse en 1943, j'avais lu sur un poteau indicateur : « Genève, 9 kilomètres » ; et les gens disaient d'une voix éblouie : « La nuit, on voit les lumières » ; je voyais le Kursaal illuminé et le chatoiement des enseignes au néon. On nous a amenés à Lausanne chez un marchand de vêtements « par correspondance et à tempérament » ; Sartre a emporté un costume et un imperméable, moi une robe en tussor vert, une jupe de toile tricolore. Je me suis acheté à Genève des souliers en superbe cuir, des valises, et une montre au cadran noir avec des aiguilles vertes.

Beaucoup de corvées pendant ces trois semaines : non seulement nos conférences, mais des signatures de livres, des séances à la radio ; un matin, une caméra nous a suivis pendant près de deux heures à travers les rues somnolentes du vieux Genève ; et puis il y avait des dîners, des réceptions, des bavardages. Nous avions de la sympathie pour Skira et pour sa jolie femme ; il connaissait les surréalistes, il les avait édités : « Moi j'étais le dompteur », disait-il ; indifférent jusqu'à l'absence et cependant toujours agité, passionnément intéressé par les femmes, certainement bourré de complexes sous ses airs de jouisseur égoïste, sa conversation était cynique et drôle quand il consentait à se déboutonner. Avec Montandon, le directeur de *Labyrinthe,* nous nous entendions bien, en dépit de ses préventions contre l'existentialisme : il appartenait au « parti du travail » et il était marxiste. « Tous les intellectuels suisses sont des réactionnaires, nous dit-il ; pendant la guerre, on a voulu organiser une manifestation antinazie, et on n'a pas trouvé plus de deux vieux professeurs pour y participer. C'est pour ça que je me suis carrément inscrit à un parti populaire. » Nous fîmes quelques autres rencontres intéressantes ou agréables. Mais il y eut aussi beaucoup de gens que nous fûmes contraints de fréquenter et qui nous ennuyaient ou même qui nous répugnaient.

Notre premier repas au Globe m'a atterrée : « C'est

un magnifique repas, avec tournedos, et glaces, et vins suisses qui sont très bons ; mais horriblement morne. B[1]. est odieux quand il parle des sages-femmes arabes, avec qui il voyageait en camion, en Afrique, et qu'on parquait à part, le soir, " parce qu'elles sentaient mauvais " ; elles avaient été converties au catholicisme et elles protestaient au nom de la religion : " Mais on a des âmes comme vous. " On ne faisait qu'en rire, dit B. ; il raconte ça avec une complaisance insupportable ; il se vante exagérément de son antivychisme : " Je suis vychissois, mais pas vychiste. " Un seul moment intéressant, quand Montandon raconte la discussion de Merleau-Ponty avec Tzara, sur *Le Zéro et l'Infini*. Tzara soutenait que Kœstler était un salaud : la preuve, c'est qu'il avait pu, pendant la guerre, payer le sanatorium à sa femme malade. Alors M. P. a cassé un verre en disant : " Dans ces conditions, la discussion n'est pas possible. " Geste qui m'étonne d'autant plus de M. P. qu'il pouvait facilement mettre Tzara dans sa poche : de toute façon c'était une saine réaction. Je suis soulagée quand le déjeuner s'achève. Ça m'est plus pénible quand je suis avec Sartre que lorsque je suis seule comme au Portugal ou à Tunis parce que je pense aux moments qu'on pourrait passer tous les deux, sans les autres... »

Le lendemain de notre arrivée, nous avons été nous promener aux environs d'Interlaken ; à notre retour, Sartre a reçu la presse : « Quand je descends dans le hall, il y a déjà du monde autour de Sartre : toute une tourbe de journalistes, vieux pour la plupart et terriblement décents. On s'assied dans la salle à côté du hall, et nous siégeons côte à côte Sartre et moi comme les rois catholiques ; je nous trouve assez ridicules, surtout moi. Un petit vieux à moustache blanche ouvre le feu : il n'a

1. C'était un officiel français, très haut placé.

128

rien lu, dit-il, de l'existentialisme, il ne le connaît que par ouï-dire : « Mais il paraît que c'est une doctrine qui permet tout ; n'est-ce pas dangereux ? » Sartre explique. L'atmosphère est nettement hostile. En particulier il y a un gros bonhomme aux yeux plissés finement, affichant toute la supériorité désabusée et réaliste des conservateurs idéalistes, et qui l'entreprend sur l'éducation des enfants : « Doit-on respecter la liberté de l'enfant ? » Et il est sous-entendu que l'ouvrier est un enfant. (Ce type, c'était Gillouin, éminence grise de Pétain, nous a dit plus tard l'attaché de presse, furieux qu'il se soit insinué dans cette conférence.) La séance dure plus d'une heure avec le secours d'un peu de vermouth et de biscuits au fromage. Une fille brune, coiffée d'une natte, pose des questions avec sympathie ; tous les autres sentent le fascisme ou la religion, et ils sont résolument contre nous sans savoir de quoi il s'agit. »

La première conférence de Sartre, je n'y ai pas assisté, j'étais en excursion, mais il me l'a racontée : il y a eu 1 100 personnes ; on a bien écouté mais peu applaudi ; il a parlé deux heures. Après ça il a bu quatre martinis, dîné et passé la soirée au dancing ; bien entendu il ne se rappelait presque rien, sinon qu'il a donné des conseils à une honorable dame de La Chaux-de-Fonds touchant la vie sexuelle de son fils. La dame craignait qu'il ne fît des enfants à quelque créature : « Alors apprenez-lui à se retirer, madame », lui dit Sartre. « En effet, dit-elle, je lui dirai que le conseil vient de vous, ça le frappera davantage. »

A Zurich, Sartre a fait une conférence, et on a donné au théâtre une représentation de *Huis clos*.

Mercredi

Skira est venu nous chercher au buffet de la gare, vêtu d'une étonnante chemise à rayures, et accompagné de deux types de la librairie française, un brun lent [1] et un blond vif qui sont très gentils; dans la vitrine de la librairie ils ont exposé des coupures de journaux, des livres, des caricatures et des photos de Sartre. *Labyrinthe* a fait placarder des affiches sur les murs de la ville, avec le nom de Sartre en grosses lettres rouges. Dîner et conférence. Sartre entre au milieu des applaudissements, il ôte son manteau comme un boxeur son peignoir en montant sur le ring; il y a environ six cents personnes, surtout des jeunes gens, qui ont l'air très intéressés. A six heures les libraires avaient gentiment déjoué les journalistes en les envoyant à un mauvais train, mais maintenant, ils se ramènent, il y en a bien quinze, à notre table, qui assaillent Sartre de questions. Pendant ce temps, le brun me parle d'une voix lente et triste; il me dit qu'il a été communiste, mais que les méthodes du parti l'ont dégoûté. On discute un peu sur Kœstler : c'est étonnant comme on retombe toujours sur les mêmes conversations...

Jeudi

Vers sept heures je retrouve Sartre qui revient de la répétition; il a fait une peur folle à tout le monde en tombant dans une fosse d'orchestre de trois mètres de profondeur; c'était recouvert d'une bâche; il a marché

---

1. C'était Harold qui s'est fait connaître depuis par ses montages photographiques.

dessus, la bâche a crevé et on l'a vu s'engouffrer. « Adieu la conférence !... » a dit le libraire ; et puis on a vu reparaître une tête un peu ahurie. Nous allons au théâtre. La salle est pleine. Je m'assieds au second rang. Sartre parle pendant vingt minutes sur le théâtre, très bien ; les gens ont l'air content. On attend assez longtemps et le rideau se lève. Les acteurs ont un peu le trac. Chauffard tremble sur ses jambes. Balachova a changé de perruque et de robe, la silhouette est beaucoup mieux. Ils se marchent tous un peu sur la langue, et à la fin le rideau ne tombe pas. Mais ils ont très bien joué et le public applaudit beaucoup. Nous allons tous souper dans une grande brasserie décorée de magnifiques tableaux de Picasso, Chirico, etc. C'est un type qui expose là sa collection. A minuit on se quitte. Sartre raccompagne Wanda [1]. Je sors avec Chauffard et nous allons boire un gin-fizz dans un sous-sol ; il est content parce que Laffont publie ses nouvelles. Je n'ai pas du tout envie de dormir ; mais on nous chasse ; passé minuit, tout ferme à Zurich. Dehors, il pleut, et nous allons tristement nous séparer quand nous rencontrons le libraire qui piétine sous un grand parapluie. Il propose qu'on achète une bouteille de vin et qu'on aille le boire à la librairie. Nous y restons jusqu'à trois heures, regardant des livres d'art, des dessins, des revues et Chauffard lit à haute voix des poèmes obscènes, signés Claudinet, qui sont peut-être de Cocteau [2] ; ça s'appelle *Vies* sur la couverture extérieure et *Vits* au-dedans ; il y en a un très joli, dont le refrain est : « Si seulement j'avais deux francs. »

A Berne, nous avons dîné à l'ambassade : un théologien m'a longuement entreprise sur le néant, l'être, l'en-soi et le pour-soi. A Paris les conversations prenaient

1. A la scène, Marie Olivier.
2. J'ai appris que non.

tout de suite un tour politique ; en Suisse, théologique. On posa même à Sartre des questions insistantes sur la nature des anges. L'existentialisme avait provoqué une querelle entre Ansermet et Leibovitz ; le premier prétendait comprendre toute la musique à partir de l'existentialisme ; seule la musique sérielle s'accorde avec cette philosophie, disait le second. Ils s'étaient vivement entr'insultés dans *Labyrinthe*.

Je fis une conférence à Lausanne. A la sortie une dame m'a abordée : « Je ne comprends pas. M. Sartre a dit des choses si bien ! il a l'air si convenable ! Et il paraît qu'il écrit des choses horribles ! Mais pourquoi, madame ? Pourquoi ? » Je parlai aussi à Genève devant des étudiants. Cette nuit-là et la nuit suivante, nous sommes sortis avec Skira et avec Annette, une toute jeune fille qui intéressait vivement Giacometti[1]. Elle nous plaisait. Je trouvais que, sur beaucoup de points, elle ressemblait à Lise ; elle en avait le rationalisme bourru, la hardiesse, l'avidité ; ses yeux dévoraient le monde : elle ne voulait rien laisser perdre, ni personne ; elle aimait la violence et elle riait de tout.

Dans une réunion, à Lausanne, Sartre a rencontré un jeune homme, Gorz, qui connaissait son œuvre sur le bout des doigts et lui en parla très bien. Nous le revîmes à Genève. Il n'admettait pas qu'à partir de *L'Être et le Néant* on pût justifier un choix plutôt qu'un autre et l'engagement de Sartre le gênait : « C'est parce que vous êtes suisse », lui dit Sartre. En vérité il était juif autrichien, installé en Suisse depuis la guerre.

Nous avons vu Fribourg, Neuchâtel, Bâle, les musées. Les villages étaient trop bien astiqués, mais il y en avait de jolis ; nous buvions du vin blanc dans les *weine stube* au parquet immaculé. Nous avons aimé les petites places et les fontaines de Lucerne, ses maisons

1. Elle est aujourd'hui sa femme.

peintes, ses tours, et surtout les deux ponts couverts, en bois, décorés de vieilles images. Nous sommes montés au Selisberg où Sartre avait passé des vacances, quand il était petit ; il m'a montré son hôtel, sa chambre, avec un balcon qui surplombait le lac : c'est de ce balcon que dans *Huis clos* Estelle jette son enfant dans l'eau. Il pleuvait beaucoup ; je n'appréciais guère les grosses Suissesses, les Suisses aux chapeaux de velours fleuris d'edelweiss, les accordéons, les chansons mal chantées en chœur ; mais ma manie me tenait et souvent je laissais Sartre dans les villes, je partais dans la montagne pour quelques heures ou quelques jours. Je l'ai convaincu d'aller à Zermatt et nous sommes montés en funiculaire en haut du Gonergratt à plus de 3 000 mètres ; assis sur un banc, les pieds dans la neige, nous avons regardé longtemps le Matterhorn, à demi enveloppé, comme une divinité redoutable, dans sa nuée personnelle. Au matin, un étau serrait mes tempes et celles de Sartre : le mal des montagnes. Sur la terrasse de l'hôtel, il y avait soixante Suisses, un insigne à la boutonnière, qui examinaient le paysage avec un air de compétence ; ils s'appelaient « les contemporains de La Chaux-de-Fonds » : contemporains de qui ? Nous avons pris le train pour Paris. A Vallorbe, un douanier a dit à Sartre, en lui rendant son passeport : « Vos livres sont introuvables, monsieur » ; et à moi : « Alors toujours le tandem ? »

*

A son retour d'Amérique, Sartre avait reçu la lettre d'un khâgneux, Jean Cau, qui lui demandait de lui trouver du travail ; il préparait Normale pour la première fois et sans espoir ; après le concours, ses parents le rappelleraient auprès d'eux, en province. Sartre répondit qu'il chercherait. Il fut malade, il partit pour la

Suisse, il ne chercha pas. En juin, Cau — qui avait vainement adressé des requêtes analogues à d'autres écrivains — vint le trouver : l'année scolaire s'achevait. « Eh bien, dit Sartre, soyez mon secrétaire. » Cau accepta. Sartre le convoqua aux Deux Magots ; mais son courrier n'était pas encore volumineux, il n'avait guère besoin d'être secondé. Je le revois, tandis que je travaillais à une table voisine, fouillant peineusement dans ses poches et en extirpant deux ou trois enveloppes ; il expliqua à Cau ce qu'il convenait de répondre. Il me dit en soupirant qu'au lieu de lui économiser du temps, son secrétaire lui en mangeait. Cau de son côté s'agaçait parce qu'il avait souhaité un emploi et non la charité. Les choses s'arrangèrent peu à peu quand Sartre se fut installé avec sa mère rue Bonaparte. Dans la pièce attenante à son bureau, Cau, le matin répondait au téléphone, fixait les rendez-vous, mettait à jour la correspondance : on aurait dit que l'organe avait créé la fonction. Il était temps que Sartre mette un peu d'ordre dans sa vie ; mais je me demandais avec regret s'il n'allait pas perdre cette liberté si chère à notre jeunesse.

Les Temps modernes de juin parurent avec la mention : directeur Jean-Paul Sartre. Le comité avait éclaté. Ollivier fonçait vers la droite, il sympathisait avec l'Union gaulliste qui venait de naître. L'anticommunisme d'Aron s'accusait. A ce moment-là, ou un peu plus tard, nous déjeunâmes au Golfe-Juan avec Aron et Pia, séduit lui aussi par le gaullisme. Aron dit qu'il n'aimait ni les U.S.A. ni l'U.R.S.S. mais qu'en cas de guerre il se rallierait à l'Occident ; Sartre répondit qu'il n'avait de goût ni pour le stalinisme ni pour l'Amérique, mais que si une guerre éclatait il se rangerait du côté des communistes. « En somme, conclut Aron, entre deux détestations nous ferions des choix différents ; mais ce serait de toute façon à notre corps défendant. » Nous

134

trouvâmes qu'il atténuait exagérément une opposition que nous jugions fondamentale. Pia nous exposa l'économie gaulliste sans même effleurer les problèmes des salaires, des prix, du niveau de la vie ouvrière ; je m'étonnai : « Oh ! pour le bien-être social, on s'adressera aux Jocistes », me dit-il avec dédain. En moins de deux ans, les mots de droite et de gauche avaient pleinement repris leur sens, et la droite gagnait du terrain : en mai, le M.R.P. avait remporté le maximum des suffrages.

Genet me parla de la *Dame à la Licorne* et j'allai voir l'exposition de la tapisserie française. On projeta enfin à Paris *Citizen Kane* : oui, Orson Welles avait bouleversé le cinéma. Pour le prix de la Pléiade, Queneau et Sartre soutinrent Boris Vian, mais le jury lui préféra l'abbé Grosjean, candidat de Malraux.

Mon essai était achevé et je me demandais : que faire ? Je m'asseyais aux Deux Magots, je regardais la page blanche. Je sentais le besoin d'écrire au bout de mes doigts, et le goût des mots dans ma gorge, mais je ne savais pas qu'entreprendre. « Que vous avez l'air farouche ! me dit une fois Giacometti. — C'est que je voudrais écrire, et je ne sais pas quoi. — Écrivez n'importe quoi. » En fait, j'avais envie de parler de moi. J'aimais *L'Âge d'homme* de Leiris ; j'avais du goût pour les essais-martyrs où on s'explique sans prétexte. Je commençai à y rêver, à prendre quelques notes, et j'en parlai à Sartre. Je m'avisai qu'une première question se posait : qu'est-ce que ça avait signifié pour moi d'être une femme ? J'ai d'abord cru pouvoir m'en débarrasser vite. Je n'avais jamais eu de sentiment d'infériorité, personne ne m'avait dit : « Vous pensez ainsi parce que vous êtes une femme » ; ma féminité ne m'avait gênée en rien. « Pour moi, dis-je à Sartre, ça n'a pour ainsi dire pas compté. — Tout de même, vous n'avez pas été élevée de la même manière qu'un garçon : il faudrait y regarder de plus près. » Je regardai et j'eus une révélation ; ce monde était un monde masculin, mon enfance avait été nourrie de mythes forgés par les hommes et je n'y avais pas du tout réagi de la même manière que si j'avais été un garçon. Je fus si intéressée que j'abandonnai le projet d'une confession personnelle pour m'occuper de la condition féminine dans sa généralité. J'allai faire des lectures à la Nationale et j'étudiai les mythes de la féminité.

Le 2 juillet, l'Amérique fit exploser à Bikini une nouvelle bombe. Personnellement je n'étais pas — je n'ai jamais été — sensible au danger atomique ; mais il effrayait beaucoup de gens. Quand, dans une émission radiophonique, Jean Nocher annonça que par suite d'un accident la matière avait commencé de se désagréger en chaîne, que d'ici quelques heures nous allions tous mourir, on le crut. « J'étais avec mon père, me raconta Mouloudji, nous sommes descendus nous promener, nous pensions : c'est la fin du monde ; et nous étions bien tristes. »

*

Notre éditeur, Bompiani, nous avait invités à Milan, et Mme Marzoli, qui dirigeait la grande librairie française de la ville, nous avait organisé — en collaboration avec Vittorini — une ou deux conférences. Revoir l'Italie ! Je ne pensais plus qu'à ça. Les circonstances n'étaient pas très propices. Brigue et Tende venaient d'être attribuées à la France et l'Italie reprochait amèrement à la sœur latine ce « coup de poignard dans le dos ». D'autre part, Tito réclamait le rattachement de Trieste à la Yougoslavie ; les intellectuels communistes français avaient signé en sa faveur un manifeste. Deux jours avant la date fixée pour notre départ, je me trouvais au bar du Pont-Royal ; on m'appela au téléphone : c'était Mme Marzoli qui me demandait de Milan ; elle me conseillait de remettre notre voyage : les Italiens ne nous écouteraient pas volontiers ; elle parlait avec tant de fermeté que certainement si elle avait eu Sartre au bout du fil, il se fût rendu ; moi, je me défendis opiniâtrement : qu'à cela ne tienne, nous nous tairons, lui dis-je ; mais nous avons des lires chez Bompiani, nous avons nos visas ; nous viendrons. Elle essaya de me dissuader ; elle s'égosilla en vain ; je raccrochai en lui disant : « A bientôt ! » Je donnai à Sartre une version édulcorée de l'incident, car je redoutais ses scrupules.

Nous fûmes accueillis à Milan par l'équipe du *Politecnico* que dirigeait Vittorini ; nos revues se ressemblaient beaucoup ; les premiers numéros avaient paru à la même époque ; d'abord hebdomadaire, puis mensuel, *Politecnico* avait publié le manifeste de Sartre sur la littérature engagée. Nous avions rencontré Vittorini à Paris ; j'avais lu en français *Conversation en Sicile.* Il était farouchement attaché à son parti : « Si on me coupait le corps en quatre-vingts morceaux, ça ferait quatre-vingts petits communistes », disait-il ; cependant nous ne sentions pas de barrière entre nous. Dès le premier soir, dînant au son du violon dans le restaurant favori des intellectuels milanais avec lui et ses amis — Vigorelli, Veneziani, Fortini, quelques autres — nous avons compris qu'en Italie les hommes de gauche formaient un front commun. Nous avons causé tard dans la nuit. Vittorini nous parla des difficultés que venaient d'affronter les communistes italiens. Au nom de l'internationalisme révolutionnaire, ils avaient d'abord soutenu Tito ; mais les réactions de la base les avaient décidés à jouer la carte patriotique et maintenant ils faisaient chorus avec le reste du pays. Ils nous racontèrent qu'Eluard, qui donnait en Italie des conférences, avait chaleureusement appuyé leur position initiale par des déclarations publiques ; un beau matin la presse publia le manifeste des communistes français en faveur de la Yougoslavie : le nom d'Eluard s'y trouvait tout naturellement inscrit ; il parlait ce jour-là à Venise : il fut hué !

Chaque jour nous nous rencontrions, tantôt sous les arcades, place de la Scala, tantôt au bar de notre hôtel, peuplé d'élégantes Italiennes aux cheveux d'argent pâle, et nous causions. C'était passionnant de voir le fascisme et la guerre avec les yeux de nos « frères latins ». L'un d'eux confessait que, né et élevé sous le fascisme, il avait continué d'y adhérer longtemps : « Mais la nuit de la chute de Mussolini, j'ai compris ! » nous dit-il avec un accent de fanatisme triomphant. Ces convertis méprisaient les exilés qui s'étaient coupés du pays par leur intransigeance et qui parvenaient mal à reprendre pied dans la réalité ; eux, à travers leurs erreurs, voire leurs compromissions, ils pensaient avoir mûri politiquement. Ils corrigeaient par beaucoup d'ironie leur enthousiasme vertueux. « Maintenant, nous disaient-ils, il y a 90 millions d'habitants en Italie. 45 millions qui ont été fascistes ; 45 millions qui ne l'ont pas été. » Je me rappelle une de leurs plaisanteries. Un car de tourisme italien fait la tournée des champs de bataille ; devant chaque village en ruine, un petit homme, assis au fond du car, se tord les mains : « C'est ma faute ! c'est ma faute ! » Intrigué un voyageur lui demande : « Pourquoi votre faute ? — Je suis le seul fasciste du car. » Un stendhalien, politiquement aussi zélé hier qu'aujourd'hui, mais qui avait changé de couleur, nous dit en riant qu'on le surnommait : le Noir et le Rouge.

Je vis les églises de brique et les palais de Milan, mais non la *Cène* qu'on était en train de repeindre. Vigorelli nous promena en auto autour du lac de Côme ; il fit ouvrir, au bord de l'eau, une chapelle romane très belle, décorée de fresques de Masolino. Il nous montra Dongo où naquit le Fabrice de Stendhal, où Mussolini fut arrêté et son escorte abattue : du sang a coulé sur ces fleurs, nous dit-il, en désignant les parterres multicolores qui se reflétaient dans l'eau bleue. Dans ce paysage passionné, nous avons mangé des glaces suaves comme un péché, avant de faire halte dans la villa de Vigorelli, au-dessus du lac.

Bompiani, qui appartenait à l'extrême droite nationaliste, répéta à Sartre qu'un Français de gauche, en ce moment, était deux fois un ennemi : il annexait Brigue et Tende et il soutenait Tito ; s'il ouvrait la bouche en public, Sartre se ferait lyncher et il ne l'aurait pas volé ! Nos amis craignaient une agression néo-fasciste : à la porte du préau où parla Sartre et jusque sur l'estrade, ils plantèrent des gendarmes armés de mitraillettes. La cour était pleine de monde : pas une huée, rien que des applaudissements. Je parlai un autre soir, sans histoire, dans la bibliothèque de Mme Marzoli. Nous compromettions Bompiani et il eut à cœur de se désolidariser de nous. De mauvaise grâce il nous invita à dîner. Il habitait un palais ; on prenait au rez-de-chaussée un ascenseur qui débouchait directement dans un salon ; des laquais en livrée et gantés de filoselle blanche servaient à table. Bompiani ne desserra pas les dents : au café, il prit un journal et s'y plongea. Le lendemain, il signifia à Sartre qu'il ne lui verserait pas l'argent qu'il lui avait promis et sur lequel nous comptions pour prolonger notre voyage.

Heureusement, l'éditeur Arnaldo Mondadori sut par Vittorini notre embarras et son fils, Alberto, un superbe corsaire moustachu, à la voix de basse, vint traiter avec Sartre ; celui-ci s'engageait à se faire désormais publier chez eux et, en échange, on lui remettait sur-le-champ une solide avance. Alberto proposa en outre de nous conduire en voiture à Venise puis à Florence. Nous acceptâmes de bon cœur ; il nous plaisait, et aussi sa femme Virginia, délicieusement belle et douée de ce naturel que Stendhal prisait tant chez les Italiennes. Sa jeune sœur, vive et gaie, les accompagnait ainsi qu'un ami architecte. Sur la route ils riaient, ils bavardaient, ils fredonnaient : ils s'interrompirent une fois avec confusion en s'apercevant qu'ils étaient en train de chanter à pleins poumons *Giovinezza*. Je fus tout étonnée, à Venise, de séjourner au *Grand Hôtel* où je n'imaginais pas, autrefois, mettre jamais les pieds. Restaurants, bars, ils connaissaient les bons endroits ; et aussi ils aimaient l'Italie et nous y promenaient avec une désinvolture savante. Parmi tant de moments éclatants, je me rappelle notre départ pour Florence ; le matin se levait tandis que je m'installais avec mes valises dans la gondole ; je sentais sur ma peau la fraîcheur qui montait de l'eau et la tendresse du soleil naissant. Le soir, nous avons longtemps rôdé devant le palais de la Seigneurie ; le clair de lune caressait sous la loggia la statue de Cellini que l'architecte a touchée d'une main émue. Malgré les morts, les ruines, les cataclysmes, la beauté était encore là.

Les Mondadori sont retournés à Venise. Nous avons loué une auto pour aller à Rome ; nous avons eu la chance qu'elle tombât en panne d'essence aux portes de la ville et j'ai connu l'odeur du crépuscule dans la campagne romaine. Nous avions des chambres retenues à l'hôtel Plaza, sur le Corso, où logeaient tous les officiels français : je regrettai l'Albergo del Sol.

Sartre a fait deux conférences ; et comme, à l'époque, tout écrivain français était un drapeau, on nous reçut avec de grands égards. L'attaché culturel français nous emmena en auto voir le lac et le château de Bracciano. Jacques Ibert nous invita un soir à la Villa Médicis ; dans le parc flambaient des feux de joie qui embaumaient. Le chargé d'affaires français donna un dîner au

Palais Farnèse ; pour la première fois de ma vie je portai une robe du soir, non décolletée, mais noire et longue que m'avait prêtée la femme de l'attaché culturel. Je redoutais ces cérémonies, mais la grâce italienne en adoucissait la pompe. Carlo Levi y parut, sans cravate, le col largement ouvert. Quelques semaines plus tôt, le fils de Jacques Ibert était venu aux bureaux des *Temps modernes,* un livre à la main : « Il vient de paraître en Italie, il a un énorme succès ; je le traduis », m'avait-il dit ; c'était *Le Christ s'est arrêté à Eboli* ; je l'avais lu et nous devions en publier en novembre de larges extraits ; Levi décrivait la vie d'un village du Sud où l'avaient fait reléguer, avant guerre, ses convictions antifascistes ; tel qu'on le devinait à travers ce récit, il m'avait beaucoup plu ; en chair et en os il ne me déçut pas. Médecin, peintre, écrivain, journaliste, il appartenait au Parti d'Action, héritier du mouvement « Justice et Liberté » créé en France par les frères Rosselli qui avaient rassemblé contre le fascisme la bourgeoisie démocrate ; le Parti d'Action, né à Milan en 1941-1942, avait conclu avec le P.S.I. et le P.C.I. un pacte de résistance ; il avait dirigé, sous la présidence de Parri, le premier gouvernement résistant ; c'était un petit groupe, composé surtout d'intellectuels et sans contact avec les masses ; une scission s'y était produite quelques mois plus tôt entre la fraction libérale et la fraction révolutionnaire dont Levi faisait partie et qui se situait très près des communistes [1]. Nos positions étaient voisines des siennes. Il parlait avec autant de charme qu'il écrivait. Attentif à tout, tout l'amusait et son insatiable curiosité me rappelait celle de Giacometti : mourir, même, lui semblait une intéressante expérience ; il décrivait les gens, les choses, sans jamais user d'idées générales,

1. Le Parti d'Action éclata en 1947. Certains membres s'inscrivirent au P.C.I., d'autres au P.S.I., d'autres, comme Levi, tout en sympathisant avec le P.C.I., restèrent indépendants.

mais, à la manière italienne, par brèves anecdotes choisies. Il habitait un atelier, très vaste, au dernier étage d'un palais ; en bas de l'escalier monumental — que le seigneur du lieu gravissait jadis à cheval — il y avait un doigt en marbre de la grandeur d'un homme ; sur le mur, à côté de la porte de Carlo Levi, on lisait des injures, crayonnées par son propriétaire qui essayait vainement de l'expulser, et les réponses de Levi. On comprenait qu'il s'agrippât : de ses fenêtres qui donnaient sur la place Gesù il embrassait la ville entière. Parmi le fatras des papiers, de livres, de toiles qui encombraient son logis, il conservait avec soin des roses desséchées : « Ailleurs, elles se seraient depuis longtemps effritées, disait-il. J'ai une présence bénéfique. » Sur les hommes autant que sur les fleurs il pensait exercer une influence décisive : « Je n'exposerai pas cette année, nous dit-il. Je suis dans une période de recherches. Tous les jeunes peintres se mettraient à m'imiter alors que je ne suis pas sûr de ce que je fais. » Convaincu de son importance, il semblait ne pas en tirer vanité : il l'attribuait moins à ses mérites qu'à une aura flottant autour de lui, par un bonheur de berceau ; ce fluide le mettait à l'abri de toutes les disgrâces : son optimisme touchait à la superstition. Pendant la guerre, il avait jugé inutile de se cacher, persuadé qu'une moustache et des lunettes suffisaient à le camoufler : on le reconnaissait à cent pas ; heureusement l'antisémitisme n'avait pas pris en Italie. Sensible à tous les agréments de la vie, il avait pour les femmes une affectueuse dévotion, exceptionnelle chez un Italien ; en outre il était romanesque ; en le quittant, un soir, nous le vîmes avec surprise grimper à un réverbère et enjamber une fenêtre.

Moins délié, plus renfermé, Silone — dont j'avais aimé *Fontamara* jadis et récemment *Le Pain et le Vin* — était lui aussi un conteur ; je goûtai ses récits sur son enfance dans les Abruzzes, sur les durs paysans de son village.

Il avait été, de 1924 à 1930, un des dirigeants, puis le principal responsable du parti communiste italien alors en exil; il en avait été exclu en 1931, pour des raisons que nous ignorions [1]. Revenu en Italie après la guerre il était entré au P.S.I. Il parla très peu de politique. Nous fûmes seulement frappés par un scepticisme que sur le moment nous attribuâmes à sa condition d'Italien, non à sa position personnelle. Du haut du Janicule, contemplant Rome à nos pieds, il dit pensivement : « Comment voudriez-vous que nous prenions rien tout à fait au sérieux ! Tant de siècles superposés, qui se sont tous contestés les uns les autres ! Tant de fois Rome est morte, tant de fois elle a ressuscité ! C'est impossible pour un Italien de croire à une vérité absolue [2]. » Il nous parla avec charme des dessous de la politique vaticane et de l'attitude ambiguë du peuple italien, religieux, superstitieux, mais que la présence insistante du clergé rend farouchement anticlérical. J'avais beaucoup de sympathie pour sa femme, une Irlandaise, dont la pieuse enfance avait été encore plus étouffante que la mienne.

Moravia, nous l'avons peu vu. J'étais assise à côté de lui à un déjeuner littéraire. Il nous a paru que les écrivains italiens ne s'aimaient guère entre eux. Le voisin de Sartre lui a murmuré à l'oreille : « Je vais vous demander à haute voix quel est, à votre avis, notre plus grand romancier et vous répondrez : Vittorini. Vous verrez la tête de Moravia ! » Sartre s'est récusé. Quand

1. En 1950 il y eut sur la question une longue controverse publique entre Togliatti et lui. Elle fut publiée dans *Les Temps modernes.* Le moins qu'on puisse dire c'est que, de son propre aveu, Silone entre 1927 et 1930 avait joué un étrange double jeu.
2. Ce relativisme cher aux hommes de droite lui servait sans doute de justification. Au moment de la scission du P.S.I., à peu de temps de là, Silone suivit Saragat. Et bientôt il donna à fond dans l'anticommunisme.

on prononçait le nom d'un confrère absent, ils l'exécutaient en deux formules : « Oh ! celui-là, ce n'est pas un écrivain : c'est un journaliste ! » Et : « Son drame, c'est qu'il n'a pas su mûrir. » On ajoutait : « Il a gardé une mentalité infantile » ; ou : « C'est un éternel adolescent. » On aurait dit que chacun renvoyait aux autres l'image de lui-même qu'il surprenait dans leurs yeux. Cette malice ne nous déplaisait pas ; nous y voyions l'envers de cet intérêt aigu que les Italiens se portent les uns aux autres et qui vaut bien, pensions-nous, notre tiédeur.

Nous retrouvâmes à l'hôtel Plaza Scipion qui revenait de Grèce ; dînant avec nous dans une guinguette du Monte Mario, Rome illuminée à nos pieds, il nous raconta son pugilat avec un moine du Mont Athos qui avait voulu attenter à sa vertu ; il se plaignit de la francophobie italienne : au cours de leurs étreintes une putain l'avait dangereusement empoigné : « Et Brigue et Tende ? » Il fit très sérieuse figure au dîner du Farnèse dans un costume que lui avait prêté l'attaché culturel.

Jeanine Bouissounouse et son mari Louis de Villefosse, représentant français à la commission alliée, nous emmenèrent en voiture à Frascati et à Nemi ; ils nous firent connaître leurs amis italiens : Donnini, un communiste, professeur d'histoire des religions qui avait vécu longtemps en exil ; Bandinelli, directeur général des Beaux-Arts et communiste lui aussi qui avait créé sur ses terres de Toscane une coopérative paysanne. Guttuso, peintre communiste qui nous invita à passer une soirée dans son atelier, via Marguta. Avec ses terrasses superposées, ses cours intérieures, ses escaliers, ses passerelles, cette rue, où habitent surtout des peintres et des écrivains, était devenue pendant la résistance romaine un véritable maquis. Je visitai, à côté des Catacombes, les fosses Ardéatines : par suite d'un

144

attentat ayant coûté la vie à trente-trois Allemands, trois cent trente résistants avaient été abattus à la mitrailleuse, le 24 mars 1944. Les Allemands avaient abandonné les cadavres dans la carrière dont ils avaient obstrué l'entrée en faisant sauter à la dynamite des blocs de terre ; on ne les avait découverts que trois mois plus tard. En 1946, la mémoire des victimes (glacée par le marbre, quelques années plus tard) était encore toute chaude ; des cercueils en bois s'alignaient au long des galeries, posés à même la terre rougeâtre, marqués chacun d'un nom et de deux dates : pour tout ornement, quelques fleurs défraîchies et des photos du mort en premier communiant, en marié, en soldat, en joueur de football.

Les anciens exilés avec qui nous causâmes à Rome tenaient en médiocre estime les néophytes de l'antifascisme ; nous fûmes frappés par ce conflit entre les purs — pour la plupart des hommes d'âge — et les réalistes de la génération montante ; ceux-ci nous semblaient mieux adaptés que ceux-là aux temps nouveaux [1].

Nous passâmes deux jours à Naples. La ville avait beaucoup souffert. Le seul hôtel ouvert tombait en pièces ; les plafonds béaient sur le ciel, des gravats couvraient l'escalier ; du port et de ses environs il ne restait que des décombres. Dans les rues torrides, le vent jetait en tourbillons la poussière des ruines. Le musée était fermé. A Capri, intacte, je retrouvai mon passé. Nous restâmes encore quelques jours à Rome, à l'hôtel de la Città, sans rencontrer personne.

Ce fut pour nous un grand bonheur de revoir l'Italie, mais davantage encore d'y retrouver le climat que nous avions connu, si brièvement, dans les jours de la libération. En France, l'unité s'était réalisée, contre une

1. Il y avait aussi en Italie des hommes purs et réalistes à la fois ; les antifascistes qui avaient lutté sur place, clandestinement. Mais nous ne les avons connus que plus tard.

occupation étrangère, sur les bases équivoques du nationalisme ; la droite et la gauche devaient nécessairement se séparer dès qu'auraient disparu les circonstances qui les rapprochaient. En Italie, les nationalistes étaient les fascistes ; la coalition qui les combattait voulait unanimement la liberté et la démocratie ; sa cohérence venait de ses principes et non des événements, aussi survécut-elle à la guerre, libéraux, socialistes, communistes luttant ensemble contre la droite afin de faire respecter la constitution nouvelle. La sincérité des positions républicaines et démocratiques du P.C.I. ne fut jamais mise en doute par ses alliés. Le pacte germano-soviétique et le flottement qui s'ensuivit chez les communistes français fournirent une arme contre eux ; pas une ombre ne ternissait la résistance des communistes italiens au fascisme ; tous les antifascistes — c'est-à-dire depuis peu le pays entier ou presque — rendaient hommage à leur courage.

La situation du P.C.I. était plus favorable que celle du P.C.F. pour des raisons qui remontaient loin. En France, la bourgeoisie, ayant réussi en 89 sa révolution, mena sans hésitation et unanimement la lutte contre la classe ouvrière. En Italie, elle se constitua en classe dirigeante seulement au XIXe siècle, à travers des divisions et des crises, au cours de son ascension elle dut s'appuyer, surtout au début du XXe siècle, sur le prolétariat. Cette collusion eut d'importantes conséquences culturelles. Un philosophe bourgeois comme Labriola, d'abord hégélien, se rapprocha du marxisme. L'ouverture de la pensée bourgeoise ouvrit réciproquement celle des marxistes. Dans une éclatante synthèse Gramsci, marxiste, reprit à son compte l'humanisme bourgeois. Le P.C.I. eut d'autres chances historiques. Le reflux du prolétariat européen, après la première guerre mondiale, jeta l'Italie dans le fascisme et le P.C.I. dans la clandestinité : il combattit sur le terrain national, ce qui lui évita bien des écueils. Le P.C. français, minoritaire, sans prise ou presque sur le pays, eut pour premier objectif l'internationalisme ; obéissant aux directives du Komintern, contraint d'encaisser la politique de Staline — entre autres, les procès de Moscou — il apparaissait comme « le parti de l'étranger » et son impopularité entraîna son durcissement. Il gagna dans la résistance un brevet de patriotisme et obtint aux élections plus de voix que chacun des deux autres partis : il ne devint tout de même pas un parti de masses. La France de 45 était une société industrielle et stratifiée ; les paysans n'avaient pas les mêmes intérêts que les ouvriers ; et parmi ceux-ci il y avait diverses couches qui s'opposaient : les communistes se recrutaient surtout parmi les O.S. Malgré leur clientèle électorale, leur nombre demeurait restreint ; pour rester forts, il leur fallait former un bloc sans faille.

L'Italie, démunie de fer et de charbon — presque un pays sous-développé — était une société en fusion ; il y avait peu de distance entre les ouvriers et les paysans dont beaucoup — surtout dans le Sud — constituaient une force révolutionnaire. Les uns et les autres, marqués par le souvenir du fascisme dont le cadavre était encore chaud, considéraient que seul le communisme était capable d'en consolider la défaite. Le P.C.I. avait donc dans l'ensemble de la population une large base. Ne se trouvant, sur aucun plan, enfermé dans sa singularité, rien ne l'incitait à tenir les différences pour des oppositions. En particulier il considérait comme des amis et non comme des adversaires les intellectuels qui, en Italie, étaient tous de gauche et sympathisaient avec lui.

Son alliance avec le parti socialiste contribuait aussi à le défendre contre l'isolement dont souffrait le P.C.F. Grâce à la rupture opérée par le fascisme, le P.S.I. avait pu en 45, avec Nenni, se rénover : et il avait choisi de maintenir, après des années de lutte commune, son accord avec le P.C.I. En France, le socialisme avait repris l'héritage de la S.F.I.O. et de son anticommunisme. Si le P.C.F. regardait comme des ennemis tous les non-communistes, c'est que, dans l'immense majorité des cas, ils l'étaient : une méfiance, justifiée par sa situation, lui interdisait de faire des exceptions.

A l'époque, nous ne nous expliquions pas bien les différences que nous remarquions entre les communistes des deux pays ; mais, attristés par l'hostilité des français, nous profitâmes de l'amitié des italiens avec un plaisir qui en seize ans ne devait jamais se démentir.

Je quittai Sartre à Milan pour me promener trois semaines dans les Dolomites. Je passai à Mérano ma première soirée de solitude : c'est un de mes plus précieux souvenirs. Je dînai, en buvant du vin blanc, dans une cour tapissée de lierre, en face d'une horloge cuivrée qui semblait veiller sur moi du haut du mur ; il y avait longtemps que je n'avais pas vu s'étendre devant moi des semaines de montagne et de silence : le malheur, les dangers que je n'ignorais plus, donnaient à ma joie quelque chose de pathétique qui m'embuait les yeux.

Bolzano, ses coteaux couverts de vigne blonde, Vitipino, ses rues coloriées comme un dessin animé : j'ai découvert cette Italie autrichienne. Et puis de cime en cime, de refuge en refuge, à travers des alpages et des rochers, j'ai marché. J'ai retrouvé l'odeur de l'herbe, le bruit des cailloux au long des éboulis, l'effort haletant de l'escalade, la volupté de la délivrance, quand le sac glisse des épaules qui se collent à la terre, les départs sous le ciel pâle, le plaisir d'épouser de l'aube à la nuit la courbe du jour.

Un soir, au cœur de la montagne, très loin de tous les chemins, dans une auberge-refuge, je demandai une chambre, un dîner ; on me servit, mais sans un mot, sans un sourire. Je remarquai au mur la photo d'un jeune homme, endeuillée d'un morceau de crêpe. Comme je me levais de table, la patronne s'arracha un mot : « Tedesca ? » Non ! dis-je, j'étais française. Les visages s'illuminèrent. Je parlais l'italien, m'expliqua-t-on, avec une sécheresse allemande. Et le fils de la maison avait été tué dans le maquis.

Ce fut un de mes plus rudes voyages à pied, un des plus beaux et — je le pressentais — le dernier.

En rentrant à Paris j'appris les détails du « crime existentialiste » qui défraya les journaux pendant plusieurs semaines. B.[1] possédait à Gif-sur-Yvette un pavillon qu'il prêtait dans la semaine à Francis Vintenon et où il passait le week-end. Un samedi matin, nous raconta-t-il, il ne trouva pas la clé dans la cachette dont ils avaient convenu ; la porte n'était pas fermée : « Francis dort encore », pensa-t-il ; et espérant le surprendre avec son amie, il suivit le corridor à pas de loup ; il y avait une drôle d'odeur dans la maison. « Je suis entré dans la chambre, nous dit-il, j'ai jeté un coup d'œil sur le lit et je me suis exclamé : un nègre ! » C'était Francis, le visage noir, une balle dans la tempe, le corps à demi brûlé au phosphore. On avait vu un barbu rôder dans le village ; B. et son ami le peintre Patrix portaient la barbe, on les interrogea : ils n'avaient rien à voir avec ce meurtre. Il semble que Vintenon, qui en 43 s'était engagé dans la résistance, ait été abattu par un ancien collabo : on a même prononcé un nom ; mais l'affaire fut étouffée.

Un metteur en scène italien souhaitait tourner *Huis clos*. Pour travailler au scénario et en discuter avec lui, Sartre alla de nouveau à Rome, fin septembre ; je l'accompagnai ; Lefèvre-Pontalis, à qui il avait demandé

1. Médecin, ancien élève de Sartre.

de le seconder, vint aussi avec sa femme. Nous nous installâmes, selon nos goûts, en plein cœur de la ville à l'hôtel Minerva. Je n'avais jamais vu Rome dans la tendre lumière d'octobre ; jamais, délivrée de toute obligation touristique ou mondaine, je n'y avais passé de calmes journées à travailler. Elle me devint délicieusement familière, à présent que j'y vivais comme si sa beauté n'avait été qu'accessoire : il y avait encore pour moi bien des manières imprévues de profiter des biens de ce monde.

*

Grâce à Soupault, qui m'avait fait inviter dans un grand nombre d'Universités américaines, mon départ pour l'Amérique était décidé ; les Relations culturelles avaient consenti à payer mon billet d'avion ; je devais partir en janvier. Tout ce trimestre en fut illuminé. Ce fut pour moi une période fiévreuse. Deux ans n'avaient pas abattu ma joie : je ne savais plus trop de quoi la nourrir. Je ne renonçais pas aux vieilles illusions : pourtant j'avais cessé d'y croire. Les options politiques devenaient de plus en plus difficiles et nos amitiés se ressentaient de ces hésitations.

Malgré les impérieux conseils de De Gaulle, revenu à la vie publique par les discours de Bayeux et d'Épinal, les Français acceptèrent la Constitution proposée par l'Assemblée. Aux élections de novembre, le P.C. reprit le rang de premier parti de France. Mais le M.R.P. demeurait puissant, l'Union gaulliste se fortifiait : nous ne songions pas à nous éloigner des communistes, en dépit de leur persévérante inimitié (Kanapa publia un roman sur la résistance où Sartre était représenté comme un étourdi gonflé d'importance, un lâche, presque un provocateur). Contre *Le Zéro et l'Infini* de Kœstler, contre son dernier livre, *Le Yogi et le Commis-*

saire, Merleau-Ponty publia, dans *Les Temps modernes,* *Le Yogi et le Prolétaire.* Il élucidait le sens des procès de Moscou et en particulier de celui de Boukharine. La réalité objective de nos actes nous échappe, disait-il, mais c'est sur elle qu'on nous juge et non sur nos intentions ; bien qu'il soit incapable de la prévoir exactement, l'homme politique l'assume dès l'instant où il décide et il n'a pas le droit de jamais s'en laver les mains. En 1936, dans l'U.R.S.S. isolée, menacée, qui ne pouvait sauver la révolution qu'au prix d'une rigueur monolithique, le visage objectif de l'opposition c'était la trahison. Merleau-Ponty rappelait aux Russes qu'inversement les traîtres n'étaient que des opposants. Il subordonnait la morale à l'histoire, beaucoup plus résolument qu'aucun existentialiste ne l'avait jamais fait. Nous sautâmes ce pas avec lui, conscients — sans en être encore détachés — que le moralisme était la dernière citadelle de l'idéalisme bourgeois. Son essai s'écartait trop du marxisme officiel pour être bien accueilli par les communistes. A droite, il indigna : on l'accusa de faire l'apologie du stalinisme.

Notre position déplaisait à Camus. Son anticommunisme avait déjà suscité entre nous des dissensions ; en novembre 45, me ramenant chez moi en auto, il défendit de Gaulle contre Thorez ; en me quittant, il me cria par la portière : « Le général de Gaulle a tout de même une autre gueule que M. Jacques Duclos. » Cet argument d'humeur m'avait déconcertée dans sa bouche. A présent, il se situait loin de De Gaulle, mais bien davantage encore du P.C. Il revint de New York avec moins de sympathie pour les U.S.A. que n'en avait eu Sartre, mais son hostilité à l'égard de l'U.R.S.S. n'en fut pas atténuée. En son absence, Aron et Ollivier avaient soutenu à *Combat* la S.F.I.O. qui maintenant recrutait le gros de sa clientèle dans la petite bourgeoisie ; il ne les désavoua pas. Peu après son retour, il reçut

Bost dans son bureau, dont Aron sortit en disant d'un ton sarcastique : « Je vais écrire mon éditorial de droite. » Camus s'étonna ; Bost lui expliqua ce qu'il pensait de la ligne actuelle du journal : « Si tu n'es pas content, va-t'en, dit Camus. — C'est ce que je vais faire ! » dit Bost qui rompit avec *Combat.* Camus s'éloigna, outré : « Et voilà la reconnaissance ! » Cependant, s'il cessa pendant un long moment d'écrire dans *Combat,* c'est qu'il s'irritait, m'a-t-on dit, de l'influence prise par Aron. Je pense aussi qu'il boudait la politique. Il s'y était donné dans la mesure où il y avait vu « l'adresse directe de l'homme à d'autres hommes », c'est-à-dire une morale. Un jour Sartre lui avait reproché cette confusion : « *Combat* fait trop de morale, pas assez de politique. » Camus s'était rebiffé. Pourtant sous le titre *Ni victimes, ni bourreaux,* ce fut de nouveau par des considérations éthiques qu'il fit sa rentrée dans le journal au milieu de novembre 46. Il n'aimait pas les hésitations ni les risques qu'implique la réflexion politique ; il lui fallait être sûr de ses idées pour être sûr de soi. Il réagissait aux contradictions de la situation en s'en désintéressant et le travail accompli par Sartre pour s'y adapter l'impatientait. L'existentialisme l'agaçait. Quand il lut dans *Les Temps modernes* le début de la *Morale de l'ambiguïté* il me fit quelques réflexions acerbes ; je péchais à ses yeux contre « la clarté française » ; nous trouvions qu'au nom de cet idéal il se contentait souvent d'une pensée trop courte ; non par légèreté, mais par parti pris ; il se protégeait. Il est dur de dépendre des autres quand on s'était cru souverain : cette illusion, commune aux intellectuels bourgeois, aucun de nous ne s'en guérit sans peine. Chez tous, la réflexion morale visait à récupérer cette prééminence. Mais Sartre, moi à sa suite, nous avions lâché beaucoup de lest ; nos anciennes valeurs étaient rongées par l'existence des masses : la générosité, à laquelle nous avions si âprement tenu, et même l'authenticité. Dans sa recherche, Sartre pouvait tâtonner, mais il ne se fermait jamais. Camus se gardait. Il avait une idée de lui-même à laquelle aucun travail ni aucune révélation n'aurait pu le faire renoncer. Nos relations demeuraient très cordiales ; mais de loin en loin, une ombre les obscurcissait ; leurs fluctuations étaient dues beaucoup plus à Camus qu'à Sartre ou à moi : il convenait que notre présence forçait sa sympathie mais qu'à distance il s'irritait souvent contre nous.

En octobre, un nouveau venu à la personnalité tumultueuse fit irruption dans notre groupe : Kœstler, dont on allait créer à Paris une pièce, *Le Bar du Crépuscule*. Des amis nous avaient assuré que son antistalinisme ne l'avait pas rejeté vers la droite ; il avait déclaré à un journal américain que s'il avait été français il aurait mieux aimé s'exiler en Patagonie que vivre sous une dictature gaulliste.

Notre première rencontre eut lieu au Pont-Royal. Il aborda Sartre avec une plaisante simplicité : « Bonjour, je suis Kœstler. » Nous le revîmes dans l'appartement où Sartre venait de s'installer avec sa mère, place Saint-Germain-des-Prés. D'un ton péremptoire, qu'adoucissait un sourire presque féminin, Kœstler déclara à Sartre : « Vous êtes un meilleur romancier que moi, mais un moins bon philosophe. » Il était en train d'écrire une somme philosophique dont il nous exposa les grandes lignes : il voulait assurer à l'homme une marge de liberté, sans s'écarter du matérialisme physiologique. S'inspirant de travaux que nous connaissions, il nous expliqua que les systèmes commandés par le cervelet, le thalamus, le cerveau, se superposent sans rigoureusement se commander : entre l'inférieur et le supérieur il y a place pour une « bulle » de liberté ; je pensais à *La Contingence des lois de la nature* de Boutroux et je me dis que Kœstler était certainement meilleur romancier que philosophe ; il me donnait envie de rire quand il parlait du thalamus, parce qu'il prononçait thalamousse, évoquant pour moi des gâteaux appelés talmousses que je mangeais dans mon enfance. Nous fûmes gênés, ce jour-là, par sa pédanterie d'autodidacte, par l'assurance doctrinale et le scientisme qu'il tenait d'une médiocre formation marxiste. Ce malaise persista. Tandis qu'avec Camus nous ne parlions jamais de nos livres, à tout bout de champ Kœstler se citait : « Lisez ce que j'ai écrit là-dessus. » Le succès lui était monté à la tête : il avait de la vanité et de l'importance. Mais il avait aussi beaucoup de chaleur, de vie et de curiosité ; il apportait dans les discussions une passion infatigable ; il était toujours prêt, à n'importe quelle heure du jour et de la nuit, à remuer n'importe quelle question. Généreux de son temps et de lui-même, il l'était aussi de son argent ; il n'aimait pas le faste, mais quand on sortait avec lui il voulait toujours payer et dépensait sans compter. Il était naïvement fier que sa femme, Mamaine, appartînt à une aristocratique famille anglaise. Très blonde, très jolie, l'esprit aigu, d'une grâce fragile, elle était déjà atteinte de la maladie pulmonaire à laquelle elle succomba, une dizaine d'années plus tard.

Pendant les trois ou quatre semaines qu'il passa à Paris, nous rencontrâmes souvent Kœstler, généralement avec Camus : ils étaient très liés ; Bost une fois nous accompagna et il se trouva que la conversation dégénéra en dispute, Bost ayant défendu la politique du P.C. : « Vous n'auriez pas dû le faire venir, ç'a été une faute », nous dit le lendemain Kœstler avec sévérité ; il détestait les jeunes : il se sentait exclu de leur avenir et voyait en toute exclusion une condamnation. Susceptible, tourmenté, avide de chaleur humaine, mais coupé d'autrui par ses obsessions personnelles, — « J'ai mes furies », disait-il — nous avions avec lui des rapports

154

ondoyants. Un soir, nous dînâmes avec lui, Mamaine, Camus, Francine, et nous allâmes dans un petit bal de la rue des Gravilliers ; puis il nous invita impérieusement au Schéhérazade ; ni Camus ni nous ne mettions jamais les pieds dans ce genre de boîte. Kœstler commanda des zakouski, de la vodka, du champagne. Le lendemain après-midi, Sartre devait faire à la Sorbonne, sous l'égide de l'Unesco, une conférence sur « la responsabilité de l'écrivain » qu'il n'avait pas encore préparée ; nous comptions ne pas nous coucher tard. Mais l'alcool, la musique tzigane et surtout l'ardeur de nos bavardages nous firent perdre le contrôle du temps. Camus revint sur un thème qui lui était cher : « Si on pouvait écrire la vérité ! » Kœstler s'assombrit en écoutant les *Yeux noirs* : « Impossible d'être des amis quand on ne s'entend pas politiquement ! » nous dit-il d'une voix accusatrice. Il ressassait ses griefs contre la Russie de Staline, il reprochait à Sartre et même à Camus de pactiser avec elle. Nous ne prîmes pas au sérieux sa morosité : nous ne mesurions pas la frénésie de son anticommunisme. Tandis qu'il monologuait, Camus nous disait : « Ce que nous avons de commun, vous et moi, c'est que les individus comptent d'abord pour nous ; nous préférons le concret à l'abstrait, les gens aux doctrines, nous mettons l'amitié plus haut que la politique. » Nous en convînmes avec une émotion qu'exaltaient l'alcool et l'heure tardive. Kœstler répétait : « Impossible ! impossible ! » Et je répondais, à voix basse, à haute voix : « C'est possible ; et nous le prouvons en cet instant même puisque, malgré nos dissensions, nous nous regardons avec tant de joie. » Entre certaines gens et nous, la politique creusait des abîmes ; mais nous croyions encore n'être séparés de Camus que par des nuances verbales.

A quatre heures du matin, nous avons été manger et continuer à boire dans un bistrot des Halles ; Kœstler était nerveux ; par plaisanterie, par irritation, il a jeté à travers la table un croûton de pain qui atteignit Mamaine en plein dans l'œil : il s'est excusé, un peu dégrisé ; Sartre répétait d'un air hilare : « Dire que dans quelques heures je vais parler de la responsabilité de l'écrivain ! » et Camus riait. Je riais aussi, mais l'alcool m'a toujours inclinée aux larmes et quand je me retrouvai à l'aube, seule avec Sartre dans les rues de Paris, je me mis à sangloter sur le tragique de la condition humaine ; comme nous traversions la Seine, je m'accoudai au parapet du pont : « Je ne comprends pas pourquoi on ne se jette pas à l'eau ! — Eh bien, jetons-nous ! » dit Sartre qui, par contagion, a versé aussi quelques pleurs. Nous sommes rentrés vers huit heures du matin. Quand j'ai retrouvé Sartre à quatre heures de l'après-midi son visage était ravagé ; il avait dormi deux à trois heures et il s'était bourré d'orthédrine pour préparer sa conférence. Je me disais en entrant dans l'amphithéâtre bondé : « S'ils avaient vu Sartre, à six heures du matin ! »

Par Kœstler nous avons connu Manès Sperber, qu'il considérait comme son maître et le psychologue le plus compétent du siècle. Il avait un charme feutré ; mais, adlérien intransigeant, anticommuniste farouche, son dogmatisme nous rebuta. Il nous rapporta que Malraux lui avait parlé d'une arme secrète soviétique, plus redoutable que la bombe atomique : une valise, d'aspect inoffensif, remplie de poudre radio-active ; des membres de la cinquième colonne — c'est-à-dire des communistes — en déposeraient au jour dit tout un assortiment dans des endroits choisis, puis, après avoir déclenché un certain mécanisme, ils s'éloigneraient sur la pointe des pieds : les habitants de Chicago, New York, Pittsburgh, Detroit, tomberaient comme des mouches. On comprenait que, devant ce danger, la droite prêchât la guerre préventive.

Environ deux semaines après notre sortie avec Kœstler, les Vian donnèrent une soirée ; il y avait beaucoup de monde, entre autres Merleau-Ponty. Vian avait publié aux *Temps modernes* plusieurs *Chroniques du menteur,* une nouvelle, *Les Fourmis,* et des fragments de *L'Écume des jours* dont il avait accepté avec bonne humeur, semblait-il, l'insuccès. Ce soir-là, tout en écoutant du jazz, on parla beaucoup de Vernon Sullivan, auteur du roman *J'irai cracher sur vos tombes* que Vian venait de traduire : le bruit courait que Sullivan n'existait pas. Vers onze heures du soir arriva Camus, de mauvaise humeur, qui rentrait d'un voyage dans le Midi ; il attaqua Merleau-Ponty, à propos de son article, *Le Yogi et le Prolétaire* ; il l'accusa de justifier les procès de Moscou et s'indigna qu'on pût assimiler l'opposition à une trahison. Merleau-Ponty se défendit, Sartre le soutint : Camus, l'air bouleversé, claqua la porte ; Sartre et Bost se précipitèrent, ils coururent après lui dans la rue mais il refusa de revenir. Cette brouille devait durer jusqu'en mars 47.

Pourquoi cet éclat ? Je pense que Camus était en crise parce qu'il sentait que son âge d'or s'achevait. Il avait passé quelques années triomphantes ; il plaisait, on l'aimait : « *On me trouvait du charme, imaginez cela ! Vous savez ce qu'est le charme ? Une manière de s'entendre répondre oui sans avoir posé aucune question claire*[1]. » Ses chances le grisaient : il croyait pouvoir tout : « *A force d'être comblé, je me croyais, j'hésite à l'avouer, désigné.* » Le succès de *L'Étranger,* la victoire de la résistance l'avaient convaincu que tout ce qu'il entreprenait réussissait. Nous assistâmes avec lui à un concert qui rassemblait le Tout-Paris ; il était accompagné d'une jeune chanteuse à qui il s'intéressait : « Quand je pense, dit-il à Sartre, que nous pouvons,

1. *La Chute.*

demain, l'imposer à ce public ! » Il balaya la salle d'un geste victorieux. Sartre, sur sa demande, écrivit les premiers mots d'une chanson : « C'est en enfer que j'ai mes habitudes. » L'affaire en resta là. Déjeunant avec moi au Petit Saint-Benoît, peu après Hiroshima, il me dit que pour empêcher la guerre atomique il allait demander aux savants du monde entier d'arrêter leurs recherches. « N'est-ce pas un peu utopique ? » objectai-je. Il me foudroya : « On disait aussi qu'il était utopique de vouloir libérer Paris nous-mêmes. Le réalisme, c'est d'oser. » Je connaissais ses emportements hautains ; ensuite, sans trop l'avouer, il transigeait. Il ne parla plus de ce projet. Il s'aperçut vite que rien n'était aussi facile qu'il l'avait escompté ; au lieu de les aborder de front, il renâcla devant les obstacles. Un jour que je préparais une conférence, il me donna un conseil qui me stupéfia : « Si on vous pose une question embarrassante, répondez par une autre question. » Plus d'une fois des étudiants furent déçus par ses esquives. Il feuilletait les livres au lieu de les lire, il tranchait au lieu de réfléchir. J'ai dit quelle prudence recouvrait cette paresse. Il aimait la nature sur laquelle il régnait, mais l'histoire contestait son individualisme et il refusa de s'y plier. Par ce refus même il donnait barre sur lui : elle le transforma de « réalité exemplaire » en « affirmation vide d'un idéal », comme l'écrivit Sartre en 52. Il se débattait contre cette intrusion plutôt que de se résoudre à répudier de vieux rêves. Peu à peu il se mit à nourrir des rancunes contre les résistances de ses interlocuteurs, des systèmes philosophiques, du monde en général. Elles le blessaient comme des injustices car il se croyait des droits sur les choses et les gens ; généreux, il exigeait de la reconnaissance, et un mot qui lui venait tout de suite aux lèvres quand on le contredisait ou qu'on le critiquait, c'était celui d'ingratitude. Au point que plus tard il en arriva, comblé comme il l'avait été, à souhaiter « mourir sans haine [1] ».

En novembre eut lieu la générale de *Morts sans sépulture*. Sartre l'avait écrit un an plus tôt : au moment où les anciens collaborateurs commençaient à relever la tête, il avait eu envie de rafraîchir les mémoires. Pendant quatre ans il avait beaucoup pensé à la torture ; seul, et entre amis, on se demandait : ne parlerais-je pas ? Comment faut-il s'y prendre pour tenir le coup ? Il avait rêvé aussi sur le rapport du tortionnaire à sa victime. Il jeta dans la pièce tous ses fantasmes. Il y opposa encore une fois morale et *praxis* : Lucie se bute dans son orgueil individualiste tandis que le militant communiste, à qui Sartre donne raison, vise l'efficacité.

Sartre avait distribué les rôles à Vitold, Cuny, Vibert, Chauffard, Marie Oliver. Vitold se chargerait de la mise en scène. Mais il n'avait pas été facile de trouver un théâtre. Pendant le séjour de Sartre en Amérique, j'avais multiplié des démarches irritantes. L'épisode de la torture effrayait : « Étant donné mes positions pendant la guerre, dit Hébertot, je ne peux pas me permettre de monter une telle pièce. » Après m'avoir laissé espérer qu'il l'accueillerait à l'Œuvre, Beer se défila lui aussi. Finalement Simone Berriau qui venait de reprendre le Théâtre Antoine l'accepta. Masson fit les décors. Pour compléter le spectacle, Sartre écrivit en quelques jours *La Putain respectueuse,* inspirée d'une histoire véridique qu'il avait lue dans *Les États désunis* de Pozner. Les tortures se déroulaient presque entièrement derrière les décors ; vues des coulisses, elles effrayaient peu et même elles nous faisaient rire car le martyr, Vitold, toujours affamé à cette heure-là, se jetait sur un sandwich et le mastiquait entre deux

1. *La Mer au plus près.*

159

hurlements. Le soir de la générale j'étais dans la salle et tout changea. J'avais vécu pour mon compte l'opération qui transforme soudain un jeu sans conséquence en un événement ; mais cette fois, comme l'avaient prévu les directeurs prudents, le fruit de cette métamorphose fut un scandale. Il m'atteignit : les entendant à travers des oreilles étrangères, les cris de Vitold me parurent insupportables. Mme Stève Passeur se leva et clama, toute droite sous son chapeau : « C'est honteux ! » A l'orchestre, des gens en vinrent aux mains. La femme d'Aron partit à l'entracte, ayant manqué s'évanouir, et il la suivit. Le sens de cet esclandre était clair : la bourgeoisie se préparait à se réunifier et elle jugeait de mauvais goût qu'on réveillât de désagréables souvenirs. Sartre lui-même fut saisi par l'angoisse qu'il suscitait ; les premiers soirs, pour s'en défendre, à l'heure où les tortures commençaient, il buvait du whisky et souvent, en rentrant chez lui, il zigzaguait. Les critiques bourgeois évoquèrent le Grand Guignol, ils reprochèrent à Sartre d'attiser les haines. Un nouvel hebdomadaire à scandale, *France-Dimanche,* envoya chez Sartre un journaliste qui prit à la sauvette, quand la porte s'ouvrit, une photo qu'on présenta comme celle de sa mère : ce n'était pas elle. Il publia un article encore plus nauséabond que celui de *Samedi-Soir,* un an plus tôt.

A peu près au même moment, Barrault monta au Marigny *Les Nuits de la colère* où Salacrou racontait, lui aussi, une histoire de résistance. Sa technique empruntait au cinéma des *flash-back* et des *fondus* ; nous trouvâmes excellents les dialogues où Madeleine Renaud et Jean Desailly passaient de l'attentisme à la trahison : le drame « positif » sortait moins bien. Dans *Morts sans sépulture,* de même, les conversations des miliciens sont mieux venues que celles de leurs victimes. Peindre l'héroïsme, ce n'est pas payant ; pour que des dramaturges aussi rusés que Sartre et Salacrou s'y soient risqués, il faut que le moralisme de l'époque ait été presque irrésistible [1]. Un peu plus tard, en janvier 47, on joua à la Renaissance *Quatre femmes* de Mouloudji ; s'inspirant de la détention de Lola il décrivait la vie quotidienne de quatre prisonnières. La pièce n'eut pas de succès ; les critiques répétèrent avec agacement qu'il était temps d'enterrer le passé.

Les communistes, en général, avaient soutenu *Morts sans sépulture*. Pourtant, quand à un déjeuner organisé par son agent théâtral, l'éditeur Nagel, Sartre vit pour la première fois Ehrenbourg, celui-ci lui reprocha avec acrimonie d'avoir fait de ses résistants des lâches et des donneurs. Sartre tomba des nues : « Avez-vous lu la pièce ? » Ehrenbourg convint qu'il avait seulement feuilleté les premiers tableaux, mais son idée était faite : « Si j'ai eu cette impression, il faut qu'il y ait eu des raisons. » Quant à *La Putain respectueuse* les communistes regrettaient que Sartre n'eût pas présenté au public, au lieu d'un Noir tremblant de peur et de respect, un vrai lutteur. « C'est que ma pièce reflète l'impossibilité actuelle de résoudre le problème noir aux États-Unis [2] », répondit Sartre. Mais ils avaient de la littérature une conception tranchée et un de leurs griefs fut qu'il ne s'y pliât pas.

Ils réclamaient des œuvres exaltantes : de l'épopée, de l'optimisme. Sartre aussi, mais à sa manière. Il s'en est expliqué dans des notes inédites : il refusait « *l'espoir a priori* ». Il se faisait alors de l'action une idée intermédiaire entre un certain moralisme inspiré

---

1. La rumeur publique et Henri Jeanson en particulier attribuèrent à Sartre un commentaire malicieux : « Salacrou a mieux réussi ses collabos que ses résistants : il les connaît mieux. » Sartre avait dit que Salacrou connaissait mieux la bourgeoisie, en général, que les *dinamiteros* de la résistance.
2. C'était en 1946.

par la résistance et le réalisme de la *praxis* ; l'entreprise n'a pas à se fonder sur un calcul de chances : elle est elle-même le seul espoir permis. L'écrivain ne doit pas promettre des lendemains qui chantent mais, en peignant le monde tel qu'il est, susciter la volonté de le changer. Plus le tableau qu'il en propose est convaincant, mieux il atteint ce but : l'œuvre la plus sombre n'est pas pessimiste dès qu'elle fait appel à des libertés, en faveur de la liberté. Ainsi *La Putain respectueuse* provoque l'indignation des spectateurs ; d'autre part, dans les efforts de Lizzie pour échapper à sa condition mystifiée s'indique une chance d'y parvenir. Sartre, d'ailleurs, comprenait le point de vue des communistes : au niveau des masses, l'espoir est un élément d'action ; la lutte est trop sévère pour qu'elles s'y risquent si elles ne croient pas à la victoire. Ce qu'il appelait « un optimisme dur » convenait exclusivement à un public que la réalité ne prend pas à la gorge : il faut de la réflexion, du recul, de la confiance pour dépasser l'attitude critique au lieu de s'y enliser. Il modifia spontanément la fin de *La Putain respectueuse* quand on la porta à l'écran : Lizzie persévère dans sa tentative pour sauver le Noir innocent. Le style de la pièce, une bouffonnerie grinçante, tenait à distance le dénouement ; au cinéma il aurait paru abjectement vrai. Et puis, quand on montre à des gens assez privilégiés pour aller au théâtre qu'il y a aujourd'hui des situations affreuses et sans issue, on les inquiète, on les secoue : très bien ; mais un film est projeté devant des millions de spectateurs qui voient dans leur propre vie un malheur sans issue : une défaite, c'est la leur ; en contribuant à leur découragement, on les trahit. Sartre notait, quelques années plus tard : « *Les communistes ont raison. Je n'ai pas tort. Pour des gens écrasés, fatigués, l'espoir est toujours nécessaire. Ils n'ont que trop d'occasions de désespérer. Mais il faut aussi mainte-*

nir la possibilité d'une entreprise sans illusion. » Il la maintint [1].

Je travaillais à mon essai et je m'occupais des *Temps modernes.* J'avais une impression d'aventure chaque fois que j'ouvrais un manuscrit. Je lisais des livres anglais et américains ignorés en France. J'assistais chaque mardi chez Gallimard à la conférence des lecteurs : il y avait des moments de gaieté, surtout lorsque Paulhan éreintait savamment un livre et concluait : « Bien entendu, il faut le publier. » Une fois par semaine, nous recevions, dans le bureau de la revue, des gens qui nous apportaient des textes ou des suggestions, ou qui venaient nous demander des conseils. Beaucoup de choses s'étaient passées, pendant ces dernières années, que ni la presse, ni l'édition n'avaient encore eu matériellement les moyens de répandre ; les témoins affluaient. J'étais contente quand je pouvais dire à un auteur que son travail était accepté ; moins lorsque des coupures s'imposaient : chaque ligne paraissait essentielle à celui qui l'avait écrite. Une tâche encore plus ingrate, c'était de dire non. L'intéressé

---

1. Dans ses pièces et ses romans, Sartre est très proche de l'esthétique définie, à propos du roman, par Lukacs jeune. Pour Lukacs, dit Goldmann, dans une introduction à ses premiers écrits (*Temps modernes,* août 1962) « le héros du roman est un être *problématique* » ; il « cherche les valeurs absolues sur un mode inauthentique et dégradé ». L'univers romanesque « ne saurait comporter de héros positif pour la simple raison que toutes les valeurs qui le régissent sont *implicites,* et que par rapport à ces valeurs tous les personnages ont un caractère à la fois négatif et positif ». Mais dès que la littérature s'adresse aux opprimés et non aux privilégiés, poser le problème sans au moins esquisser une réponse est insuffisant. Nous avons été frappés, en 55, découvrant le grand écrivain chinois des années 36, Lousin, de constater qu'il avait eu avec ses camarades communistes une querelle analogue à celle de Sartre : il donnait de la société, où pour le moment la révolution était impossible, une description purement critique ; on lui demandait d'y préfigurer l'avenir. Il finit par céder, au nom des impératifs de l'action : mais il considéra que désormais ses œuvres n'avaient plus aucune valeur esthétique. Brecht a longtemps été suspect en U.R.S.S. pour les mêmes raisons : son arme est l'ironie, non l'émotion vertueuse.

s'insurgeait ; il démontrait que son article était bon, qu'il avait du talent. Il partait, convaincu d'être victime d'une machination. Il y avait des jeunes qui voulaient à tout prix percer tout de suite, des vieux qui tentaient leur dernière chance, des incompris qui rêvaient d'échapper à l'ennui du foyer, des hommes et des femmes de tout âge qui avaient besoin d'argent. Beaucoup cherchaient sincèrement dans la littérature une sorte de salut, mais la plupart voulaient l'obtenir au rabais, sans payer le juste poids de travail et de souci. En général, ils se faisaient de curieuses idées sur le rapport de la vie à l'écriture. Une jeune femme m'a remis le manuscrit d'un roman où l'héroïne se débattait entre un odieux mari bourgeois et un amant prolétaire, doué de toutes les vertus ; l'héroïne écrivait son histoire, un éditeur l'acceptait, elle gagnait des millions et partait en croisière avec l'homme aimé. Je critiquai, entre autres choses, l'angélisme de l'amant. « Je vous comprends, dit-elle, vous ne le connaissez pas : il est vraiment comme ça ! » Deux ans plus tard elle m'écrivit : « Vos critiques étaient justes ; je m'étais trompée : il jouait un jeu ; il n'était pas l'homme que je croyais. » Parfois je riais ; à d'autres moments, ça me semblait doucement sinistre, les ambitions humbles et folles qui fermentaient dans ce bureau. On frôlait le tragique ; on tombait souvent dans le burlesque. Un de nos visiteurs les plus bruyants, ce fut l'abbé Gengenbach, surréaliste, à demi défroqué, qui bafouait la soutane, buvait ferme, s'affichait avec des femmes et s'enfermait soudain dans un monastère, pour expier. Il venait nous offrir des textes, parfois pleins d'éclats, et quémander de l'argent ; l'alcool le portait à la véhémence. Un jour il me parla de Breton : « Mais pourquoi déteste-t-il Dieu ? » disait-il en pleurant avec tant d'abondance que je l'emmenai dans un salon désert. Une secrétaire de la maison traversa la pièce en coup de vent : un auteur éconduit venait de s'ouvrir les veines dans le bureau de Lemarchand.

En novembre j'allai faire en Hollande une tournée de conférences. « Il y a deux ans, je pesais vingt kilos de plus », me dit la jeune femme qui m'accueillit à la gare d'Amsterdam. Tout le monde me parla de la famine. Les parcs étaient dévastés, on avait abattu les arbres pour remplir les cheminées. La vieille dame qui me promena dans Rotterdam me fit traverser d'immenses terrains vagues : « C'était les anciens quartiers ; ici se trouvait ma maison. » De la ville tout entière, il ne restait que des décombres. Le pays ne se relevait pas vite ; les vitrines n'exposaient que des articles « factices » ; les magasins étaient vides ; pour le moindre achat, on exigeait une carte : je suis rentrée à Paris avec en poche des florins que je n'étais pas arrivée à dépenser.

Je savais comment les Hollandais avaient résisté à l'occupation ; j'eus de l'amitié pour la plupart de ceux que je rencontrai. Tout de même, le côté officiel de ce voyage me pesa. Pour me donner à la beauté des villes, aux richesses des musées, j'avais besoin de solitude : par gentillesse, on ne m'en accordait pas une miette. Une ou deux fois je me révoltai ; plus souvent, je rusai ; j'allai à Harlem par un train matinal et je fis semblant de n'arriver que le soir : je pus ainsi regarder sans témoin les Franz Hals.

Sartre me rejoignit au bout d'une semaine ; il avait assisté à la générale du *Bar du Crépuscule* : un désastre. Nous vîmes ensemble des Rembrandt, des Vermeer : un petit pan de mur rouge aussi émouvant que le mur jaune qu'aimait Proust. « Pourquoi est-ce si beau ? » se demandait Sartre ; nous étions dans un train qui roulait à travers des bruyères, et je l'écoutais avec une curiosité que quinze années n'avaient pas émoussée ; c'est à propos de ces briques peintes qu'il conçut la définition de l'art qu'il proposa quelques semaines plus tard dans *Qu'est-ce que la littérature* : la reprise en charge du monde par une liberté.

Nous avons passé deux jours à Utrecht ; nous y avons constaté les ravages exercés par l'influence italienne sur les articles du cru ; d'abord vigoureux et vrais, après un voyage à Florence ils ne peignaient plus que des fadaises. Nous avons visité l'Institut psychologique que dirigeait Van Lennep. Il avait écrit à Sartre, il avait discuté à Paris avec lui ; quelle part de fuite implique le *projet* ? demandait-il ; cette question me touchait au vif, moi qui avais été si longtemps tentée de regarder toute occupation comme un divertissement. Van Lennep nous fit passer un examen graphologique ; il avait inventé un dispositif permettant de mesurer, pendant que le sujet écrivait, la pression, la rapidité et le rythme de ses traits ; ensuite, on projeta sur un écran un agrandissement de nos écritures : il y avait entre les deux de tels contrastes que les techniciens présents s'en affligèrent pour nous. Nous nous prêtâmes à des tests projectifs inventés par Van Lennep et encore très peu connus. Il nous montra les images d'un cheval au galop, d'un canot automobile, d'un train, d'un homme en marche : laquelle donnait la plus évidente impression de vitesse ? L'homme, dis-je sans hésiter : chez lui seul la vitesse m'apparaissait comme consciemment vécue. Sans hésiter Sartre choisit le canot parce qu'il *s'arrache* à la surface qu'il dévore. Ma réponse le fit rire et je ris de la sienne, chacun estimant que l'autre s'était ingénument livré.

Nous rentrâmes à Paris. Calder y exposait ses *Mobiles* qu'on n'avait encore jamais vus en France. Sartre l'avait rencontré en Amérique et il trouvait un grand charme à ces « petites fêtes locales » ; il écrivit la préface du catalogue. Grand, ventru, corpulent, son gros visage poupin étoffé par d'épais cheveux blancs, Calder semblait taillé tout exprès pour rappeler, parmi ses aériennes créations, la pesanteur de la matière. Il s'amusait à inventer des bijoux ; le jour du vernissage il me donna une broche en forme de spirale que je portai longtemps.

Nous voyions beaucoup de monde et, depuis 43, je n'avais pas changé d'opinion : chez les écrivains et les artistes dont les œuvres me plaisaient, quelque chose toujours accrochait ma sympathie. Je fus tout de même surprise de rencontrer chez certains d'entre eux des défauts qui la limitaient : de la vanité, de l'importance. Au lieu de vivre dans la réciprocité sa relation au lecteur, on se retourne vers soi, on se saisit dans la dimension de l'Autre : c'est la vanité. Chez les jeunes, je la trouve presque touchante ; elle marque leur naïve confiance en autrui. Cette fraîcheur s'évente vite ; prolongée, la naïveté tourne à l'infantilisme, la confiance à la servilité. Un vaniteux béat peut être d'agréable commerce, encore qu'il parle trop de soi, mais il prête à rire ; c'est un jobard : il prend pour argent comptant toutes les politesses. Frustré, il glisse à la mythomanie, il s'en conte beaucoup plus qu'on ne lui en dit ; ou alors il s'aigrit, il mijote des rancunes et des revanches qui ne sentent pas bon. De toute façon, il triche ; sa suffisance est contredite par la dépendance à laquelle il se soumet : quémandant les flatteries, il s'abaisse quand il prétend se hausser. A trop se complaire à son image, il finit par s'y enfermer ; il tombe fatalement dans l'importance qui est la véhémence de la vanité.

Chaque fois que je la remarque chez un confrère, j'en suis éberluée : comment peut-on s'abolir au profit de son personnage ? Il y a de l'étourderie, je l'ai appris, à en méconnaître la réalité ; ce qu'on représente pour autrui, il faut l'assumer ; d'autre part, si on a des capacités, il est bon de les utiliser, il est légitime, le cas

167

échéant, de s'en prévaloir ; la vérité d'un homme enveloppe son existence objective et son passé : mais elle ne se réduit pas à ces pétrifications. Reniant en leur nom l'incessante nouveauté de la vie, l'important incarne à ses propres yeux l'Autorité contre laquelle tout jugement se brise ; aux questions toujours inédites qui se posent à lui, au lieu de chercher honnêtement des réponses, il les puise dans cet Évangile : son œuvre ; ou bien il se donne en exemple, tel qu'autrefois il fut ; par ces ressassements, quel que soit l'éclat de ses réussites, il prend du retard sur le monde, il devient un objet de musée. Cette sclérose ne va pas sans mauvaise foi ; si on s'accorde un peu de crédit, pourquoi se retrancher derrière son nom, sa réputation, ses hauts faits ? L'important ou bien feint de mépriser les gens ou prétend à leur vénération : c'est qu'il n'ose pas les aborder sur un pied d'égalité ; il abdique sa liberté parce qu'il en redoute les dangers. Cette cécité, ces mensonges me choquent particulièrement chez les écrivains dont la première vertu — même s'ils choisissent les divagations les plus lointaines — doit être une sincérité sans peur.

Je n'étais pas tentée de me fasciner sur moi-même, car je n'avais pas fini de m'étonner de mes chances. Malgré les difficultés des voyages, j'avais été dans de nombreux pays, j'allais partir pour l'Amérique. Lorsque quelqu'un éveillait ma curiosité, je pouvais le plus souvent faire sa connaissance. On m'invitait : si je ne mis jamais les pieds dans les salons, c'est que je n'en eus pas envie. Pour me plaire avec des gens, j'ai besoin de me sentir en accord avec eux ; les femmes du monde, même les plus émancipées, n'étaient pas de mon bord ; si j'avais participé à leurs rites, je me serais ennuyée et blâmée. C'est pourquoi je n'ai jamais eu de robe du soir : je répugnais à endosser la livrée, non de mon sexe (il m'arrivait souvent de porter de ces tenues qu'on dit très féminines) mais de leur classe. Genet me reprochait la simplicité de mes vêtements ; Simone Berriau me dit un jour : « Vous ne vous habillez pas assez bien ! » Au Portugal, j'avais pris plaisir à me monter une garde-robe ; je trouvais jolies les jolies choses ; mais le culte de l'élégance implique un système de valeurs qui n'était pas le mien. Et puis l'argent pouvait servir à trop de choses pour que je n'aie pas scrupule à le gaspiller en toilettes.

L'argent me posait des problèmes. Je le respecte parce que pour la plupart des gens il est dur à gagner ; quand, au cours de cette année, je me rendis compte que désormais Sartre en aurait beaucoup, je fus effrayée. Nous nous devions de l'employer le mieux possible : mais comment choisir entre tous ceux qui en avaient besoin ? Dans les petits chemins autour de La Pouèze, nous parlâmes avec inquiétude de nos nouvelles responsabilités. En fait nous les éludâmes. Sartre n'avait jamais pris l'argent au sérieux, il détestait compter. Il n'avait ni le goût ni le temps de se transformer en une institution philanthropique ; d'ailleurs il y a quelque chose de déplaisant dans les charités trop bien réglées. Il donna presque tout ce qu'il gagnait, mais au hasard des amitiés, des rencontres, des sollicitations. Je regrettais qu'il entrât de l'étourderie dans ses générosités et je calmai mon malaise en dépensant pour moi le moins possible. Pour ma tournée en Amérique il me fallait une robe ; dans une petite maison, j'en achetai une, en tricot, que je trouvais ravissante, mais chère : 25 000 francs. « C'est ma première concession », dis-je à Sartre, et je fondis en larmes. Cela fit rire mes amis, mais je me comprends. J'imaginais encore — bien qu'ayant démontré le contraire dans *Le Sang des autres* — qu'il existait un moyen de ne pas tremper dans l'injustice sociale et je nous reprochais de ne pas le chercher. En fait, il n'y en a pas, et j'ai fini par penser que la solution de Sartre en valait bien une autre. Il n'en était pas satisfait d'ailleurs car les privilèges lui pèsent. Nous avions des goûts petit-bourgeois, notre train de vie resta modeste. Tout de même, nous allions dans des restaurants et des bars que fréquentaient des nantis, on y rencontrait des gens de droite : ça nous agaçait de tomber partout sur Louis Vallon. Sans jamais m'habituer à notre nouvel état, peu à peu — à tort ou à raison — j'hésitai moins à en profiter : c'était si contingent la manière dont l'argent venait et repartait ! Plusieurs fois j'entraînai Sartre dans des voyages coûteux : je les désirai si fort et ils m'apportèrent tant que je ne me les reprochai pas. Dans l'ensemble, la manière dont je consentis à certaines « concessions » tout en en refusant d'autres fut certainement arbitraire ; mais je crois impossible d'établir sur ce plan aucune ligne de conduite cohérente. J'en reparlerai.

A mon retour de Hollande, j'appris que *Tous les hommes sont mortels* venait de paraître. « Ma femme aime beaucoup votre dernier roman, me dit Nagel. Vous savez que les gens le trouvent très en dessous des autres ; mais elle l'aime beaucoup. » Je ne savais pas. J'y avais travaillé avec tant de plaisir que je le croyais de loin le meilleur. Plusieurs de mes amis, ayant lu le manuscrit, partageaient cet avis. J'avais entendu dire (peut-être à tort) que Queneau avait proposé à Gallimard de tirer tout de suite le livre à 75 000 exemplaires. J'avais été déconcertée quand j'avais appris par Zette que Leiris me reprochait de faire du fantastique un usage trop raisonnable : c'est un surréaliste qui parle, me dis-je pour me rassurer. La phrase de Nagel me prit au dépourvu et j'eus un petit choc. Elle reçut bientôt des confirmations. Les critiques me ménagèrent peu : Rousseaux alla jusqu'à regretter d'avoir naguère parlé de moi avec faveur et annonça que je n'écrirais plus jamais rien de bon. Dans le cercle de mes intimes, le livre garda ses partisans et il y en eut même au-dehors ; mais auprès de mes succès antérieurs c'était un incontestable échec. J'étais sensible au jugement de quelques critiques et davantage encore à celui du public : si on me condamnait, c'est que j'avais plus ou moins raté mon coup. Je le regrettai, mais sans m'émouvoir outre mesure. Je continuais à refuser de m'interroger, de me tourmenter, et à faire confiance à l'avenir.

Chapitre III

Je ne préméditais pas d'écrire un livre sur l'Amérique, mais je voulais la voir bien ; je connaissais sa littérature et, malgré mon accent consternant, je parlais anglais couramment. J'avais là-bas quelques amis : Stépha, Fernand, Lise. Sartre m'indiqua des adresses. Je dînai avec Ellen et Richard Wright qui se disposaient à regagner New York, avant de se fixer définitivement à Paris.

J'allai dire au revoir à Olga qui se soignait à Leysin ; elle était décidée à ne plus y rester longtemps, l'ennui la faisait maigrir ; c'était aussi sinistre que Berck ; au bout de vingt-quatre heures, je me sentais déjà accablée. Je regagnai Paris. Et j'attendis. Peu d'avions encore traversaient l'Atlantique, et cet hiver était si traître qu'il leur arrivait souvent, au milieu de l'océan, de rebrousser chemin ; on n'avait pas facilement une place. Un soir enfin Sartre m'accompagna aux Invalides et je passai à Orly deux heures égarées : la distance, la longueur de mon absence, les prestiges de l'Amérique, tout dans ce voyage m'exaltait et m'effrayait ; et voilà que l'avion ne décollait que le lendemain ! Je téléphonai au Montana, j'y retrouvai Sartre et Bost mais je n'étais plus nulle part et toute la journée suivante je flottai dans les ténèbres. Enfin je m'envolai.

A New York, je rencontrai M. Elle allait partir pour

Paris où elle restait jusqu'à mon retour. Elle était aussi charmante que le disait Sartre et elle avait le plus joli sourire du monde.

La France faisait encore pénitence, l'Italie aussi ; la Suisse était fade. La luxuriance américaine me bouleversa : les rues, les vitrines, les voitures, les chevelures et les fourrures, les bars, les drug-stores, le ruissellement du néon, les distances dévorées en avion, en train, en auto, en *greyhound,* la changeante splendeur des paysages, des neiges du Niagara aux déserts enflammés de l'Arizona, et tous les gens de tant d'espèces avec qui je parlai à longueur de jours et de nuits ; je ne fréquentai guère que des intellectuels ; mais quelle distance entre les salades au fromage blanc de Vassar et la marihuana que je fumai dans une chambre du Plaza avec des bohèmes de Greenwich ! Une des chances de ce voyage c'est que, tout en étant orienté par le programme de mes conférences, il laissait une énorme place au hasard et à l'invention : comment j'en profitai, je l'ai raconté en détail dans *L'Amérique au jour le jour.*

J'étais prête à aimer l'Amérique ; c'était la patrie du capitalisme, oui ; mais elle avait contribué à sauver l'Europe du fascisme ; la bombe atomique lui assurait le leadership du monde et la dispensait de rien craindre : les livres de certains libéraux américains m'avaient persuadée qu'une grande partie de la nation avait une sereine et claire conscience de ses responsabilités. Je tombai de haut. Chez presque tous les intellectuels, parmi ceux mêmes qui se disaient de gauche, sévissait un américanisme digne du chauvinisme de mon père. Ils approuvèrent les discours de Truman. Leur anticommunisme touchait à la névrose ; ils se penchaient sur l'Europe, sur la France, avec une arrogante condescendance. Impossible de les déloger, ne fût-ce qu'un instant, de leurs certitudes ; la discussion me parut souvent aussi vaine qu'avec de grands paranoïaques. De

Harvard à La Nouvelle-Orléans, de Washington à Los Angeles, j'entendis des étudiants, des professeurs, des journalistes, se demander sérieusement s'il ne fallait lâcher des bombes sur Moscou avant que l'U.R.S.S. ne fût en mesure de riposter. On m'expliquait que, pour défendre la liberté, il devenait nécessaire de la supprimer : la chasse aux sorcières s'amorçait.

Ce qui m'inquiéta le plus, ce fut l'inertie de tous ces gens que harcelait une propagande égarée. On ne parlait pas encore, du moins à ma connaissance, de l'*organisation man* ; mais c'est lui que je décris dans mon reportage, en termes à peine différents de ceux qu'utilisèrent plus tard des sociologues américains ; ils le caractérisent avant tout par son *extéro-conditionnement* ; et j'ai été frappée par l'absence, même chez des garçons et des filles très jeunes, de toute motivation intérieure ; ils étaient incapables de penser, d'inventer, d'imaginer, de choisir, de décider par eux-mêmes ; leur conformisme traduisait cette impuissance ; ils usaient dans tous les domaines de cet étalon abstrait, l'argent, faute de se fier à leurs propres appréciations. Une autre de mes surprises, ce fut la femme américaine ; s'il est vrai que son esprit revendicatif s'est exaspéré jusqu'à faire d'elle une « mante religieuse », elle n'en demeure pas moins un être dépendant et relatif : l'Amérique est un monde masculin[1]. Ces remarques, l'importance que je leur accordai, font que mon expérience américaine demeure valable à mes yeux aujourd'hui.

Je rencontrai tout de même quelques écrivains, amis plus ou moins intimes de Richard Wright, avec qui je m'entendis très bien ; sincèrement pacifistes et progressistes, s'ils se méfiaient de la Russie de Staline, ils ne ménageaient pas les critiques à leur propre pays. Et

1. Eve Merriam, dans un article qu'elle a publié en 1960 dans *La Nation*, a parfaitement montré que l'homme américain est écrasé non par la femme, mais par l'Organisation.

cependant ils en aimaient beaucoup de choses et ils m'attachèrent à lui au point que j'adoptai presque comme miennes son histoire, sa littérature, ses beautés. Il me devint plus proche encore quand à la fin de mon séjour je me liai avec Nelson Algren. Bien que j'aie raconté — très inexactement — cette histoire dans *Les Mandarins* j'y reviens, non par goût de l'anecdote mais pour regarder de plus près un problème que dans *La Force de l'âge* j'ai pris trop aisément pour résolu : entre la fidélité et la liberté, y a-t-il une conciliation possible ? A quel prix ?

Souvent prêchée, peu observée, l'intégrale fidélité est ressentie d'ordinaire par ceux qui se l'imposent comme une mutilation : ils s'en consolent par des sublimations, ou par le vin. Le mariage traditionnel autorisait l'homme à quelques « coups de canif dans le contrat », sans réciprocité ; à présent beaucoup de femmes ont pris conscience de leurs droits et des conditions de leur bonheur : si rien dans leur propre vie ne compense l'inconstance masculine, la jalousie les rongera et l'ennui. Nombreux sont les couples qui concluent le même pacte, à peu près, que Sartre et moi : maintenir à travers des écarts une « certaine fidélité ». *Je t'ai été fidèle à ma manière, Cynara.* L'entreprise a ses risques : il se peut qu'un des partenaires préfère ses nouveaux liens aux anciens, l'autre s'estimant alors injustement trahi ; au lieu de deux personnes libres, une victime et un bourreau s'affrontent.

En certains cas, pour une raison ou une autre — des enfants, une entreprise commune, la force d'un attachement — le couple est infracassable. Si les deux alliés ne se permettent que des passades sexuelles, il n'y a pas de difficulté, mais aussi la liberté qu'ils se concèdent ne mérite-t-elle pas son nom. Nous avions été, Sartre et moi, plus ambitieux ; nous avions voulu connaître des « amours contingentes » ; mais il y a une question que nous avions étourdiment esquivée : comment le tiers s'accommoderait-il de notre arrangement ? Il arriva qu'il s'y pliât sans peine ; notre union laissait assez de place pour des amitiés ou des camaraderies amoureuses, pour des romances fugaces. Mais si le protagoniste souhaitait davantage, des conflits éclataient. Sur ce point, une discrétion nécessaire a compromis l'exactitude du tableau peint dans *La Force de l'âge* ; car si mon entente avec Sartre se maintient depuis plus de trente ans, ce ne fut pas sans quelques pertes et fracas dont les « autres » firent les frais. Ce défaut de notre système se manifesta avec une particulière acuité pendant la période que je suis en train de raconter.

   « Quand vous passerez à Chicago, allez voir Algren de ma part », m'avait dit à New York Nelly Benson, une jeune intellectuelle chez qui j'avais dîné. « C'est un homme étonnant, un grand ami à moi. » J'ai fait, dans *L'Amérique au jour le jour,* un récit fidèle de ma première rencontre avec lui : notre soirée dans les basfonds de la ville, l'après-midi du lendemain dans les bistrots du quartier polonais ; mais je n'ai pas dit quelle complicité s'était tout de suite établie entre nous, ni comme nous avions été déçus de ne pas pouvoir dîner ensemble : je fus obligée d'accepter l'invitation de deux officiels français. Avant de partir pour la gare je lui ai téléphoné : ils ont dû m'ôter le récepteur des mains. Dans le train de Los Angeles, je lus un de ses livres et je pensai à lui ; il vivait dans une baraque, sans salle de bains ni Frigidaire, au bord d'une allée où fumaient des poubelles et où tournoyaient de vieux journaux ; cette pauvreté m'avait rafraîchie, car je supportais mal l'épaisse odeur de dollars qu'on respirait dans les grands hôtels et dans les restaurants élégants. « Je reviendrai à Chicago », me disais-je ; Algren me l'avait demandé et

177

j'en avais envie ; mais si déjà ce départ nous avait été douloureux, le prochain ne nous blesserait-il pas davantage ? Je posai la question dans la lettre que je lui envoyai. « Tant pis si une nouvelle séparation devait être difficile », me répondit-il.

Les semaines passèrent ; de retour à New York, des amitiés se fortifièrent ; une, surtout, m'occupait beaucoup. Au début de mai, Sartre me demanda, dans une de ses lettres, de retarder mon départ car M. restait encore une dizaine de jours à Paris. J'éprouvai alors cette nostalgie que j'ai prêtée à Anne dans *Les Mandarins* : j'en avais assez d'être une touriste ; je voulais me promener au bras d'un homme qui, provisoirement, serait à moi ; je pensais à mon ami new-yorkais ; mais il ne voulait ni mentir à sa femme, ni lui avouer une aventure : nous renonçâmes. Je décidai de téléphoner à Algren : « Pouvez-vous venir ici ? » lui demandais-je. Il ne pouvait pas ; mais il souhaitait beaucoup me voir à Chicago. Je lui donnai rendez-vous à l'aérodrome.

Notre première journée ressembla à celle que passent, dans *Les Mandarins,* Anne et Lewis : gêne, impatience, malentendu, fatigue, et enfin l'éblouissement d'un accord profond. Je ne restai que trois jours à Chicago ; j'avais des affaires à régler à New York ; je convainquis Algren de m'y accompagner : c'était la première fois qu'il montait en avion. Je faisais des démarches, des courses, des adieux : vers cinq heures je revenais dans notre chambre et jusqu'au matin nous ne nous quittions plus. Il se trouva qu'on me parla souvent de lui ; on le disait instable, ombrageux, et même névrosé : il me plaisait d'être seule à le connaître. S'il avait, comme on le prétendait, des rudesses et des brusqueries, ce n'était certainement que des défenses. Car il possédait ce don, rare entre tous, que j'appellerais la bonté si ce mot n'avait pas été si malmené : disons, un vrai souci des hommes. Je lui dis, avant de le

quitter, que ma vie était faite en France, pour toujours ;
il me crut sans rien y comprendre. Je dis aussi que nous
nous reverrions, mais nous ne savions ni quand, ni
comment et j'arrivai à Paris, chavirée. Sartre aussi avait
des ennuis. Avant de s'embarquer pour la France, M.
lui avait écrit avec franchise : « Je viens, décidée à tout
faire pour que tu me demandes de rester. » Il ne le lui
avait pas demandé. Elle voulut prolonger son séjour
jusqu'en juillet. Bien qu'à New York elle eût été très
amicale avec moi, elle ne me portait pas dans son cœur.
Afin d'éviter des frictions, je m'installai avec Sartre aux
environs de Paris, dans un petit hôtel près de Port-
Royal ; c'était presque la campagne, il y avait des roses
dans le jardin, des vaches dans les prés, et je travaillais
dehors au soleil. Nous nous promenions sur le sentier de
Jean Racine, envahi d'herbes et jalonné de mauvais
alexandrins. Sartre allait à Paris certains soirs pour y
retrouver M. Ce mode de vie m'aurait convenu si elle
s'en était satisfaite : mais non. Les soirs où Sartre restait
à Saint-Lambert, elle lui téléphonait dramatiquement.
Elle ne se résignait pas à ce qu'il la laissât repartir. Mais
comment faire autrement ? Les circonstances ne favorisaient pas les solutions moyennes. Si M. s'installait à
Paris, sacrifiant sa situation, ses amitiés, ses habitudes,
tout, elle serait en droit d'attendre tout de Sartre :
c'était plus qu'il ne pouvait lui offrir. Mais s'il l'aimait,
comment supportait-il de ne pas la voir pendant des
mois ? Il subissait avec remords ses plaintes : il se
sentait en faute. Certes, il avait mis M. en garde : il
n'était pas question qu'il construisît sa vie avec elle ;
mais en lui disant qu'il l'aimait, il démentait cet
avertissement ; car — aux yeux des femmes surtout —
l'amour triomphe de toutes les barrières. M. n'avait pas
entièrement tort : les serments d'amour ne traduisent
que la violence d'un moment ; les restrictions et les
réserves ne ligotent pas davantage ; dans tous les cas, la

vérité du présent balaie impérieusement les mots anciens ; il était normal que M. pensât : les choses changeront. Son erreur fut de prendre pour de simples précautions verbales ce qui était chez Sartre moins une décision qu'un savoir ; et on peut estimer qu'il l'avait abusée dans la mesure où il lui était impossible de lui en communiquer l'évidence. De son côté d'ailleurs, elle ne lui avait pas dit qu'en s'engageant dans cette histoire elle en refusait les limites ; peut-être avait-il été léger en ne l'imaginant pas ; son excuse c'est que, tout en refusant d'altérer ses relations avec moi, il tenait violemment à elle et il avait voulu croire possible une conciliation.

Malgré les douceurs de l'été naissant, je passai deux mois pénibles. Sur le moment j'avais bien encaissé, après celui des *Bouches inutiles,* l'échec de mon dernier roman ; mais sourdement il m'attristait. Je ne progressais plus, je stagnais. Je n'avais pas pu me résoudre à me détacher de l'Amérique, je tentai de prolonger mon voyage par un livre ; je n'avais pas pris de notes : de longues lettres à Sartre, quelques rendez-vous inscrits sur un agenda, aidèrent ma mémoire. Ce reportage m'intéressait ; mais pas plus que mon essai sur la femme — provisoirement abandonné — il ne me donnait ce que j'avais jusqu'alors demandé à la littérature : l'impression à la fois de me risquer et de me dépasser, une joie presque religieuse. « Je fais un travail de marmotte », disais-je à Sartre. De toute façon la peine et le plaisir d'écrire n'auraient pas suffi à calmer le souvenir de mes dernières journées en Amérique. Il n'était pas impossible de retourner à Chicago puisque, à présent, la question d'argent ne se posait pas ; mais ne valait-il pas mieux renoncer ? Je me le demandais avec une anxiété qui touchait à l'égarement. Pour me rasséréner, je prenais de l'orthédrine ; sur le moment, cela m'équilibrait ; mais je suppose que cet expédient ne fut pas étranger aux angoisses que je connus alors ; fondées, réelles, mes inquiétudes auraient pu du moins se contenir dans des formes discrètes : or, elles s'accompagnaient d'un désarroi physique que n'avaient jamais suscité, même lorsque l'alcool les amplifiait, mes plus grands désespoirs. Peut-être l'ébranlement de la guerre et de l'après-guerre m'avait-il disposée à ces paroxysmes. Peut-être aussi, avant que je ne me résigne à l'âge et à ma fin, ces crises furent-elles une dernière révolte : je voulais encore séparer les ténèbres de la lumière. Soudain je devenais une pierre, l'acier la fendait : c'est l'enfer.

A l'occasion de mon retour, je donnai une fiesta, une nuit de relâche, dans la cave, rue de la Montagne-Sainte-Geneviève, où s'étaient transportés *Les Lorientais*[1]. Vian qui tenait le bar servit tout de suite des mélanges implacables ; beaucoup d'invités sombrèrent dans l'hébétude ; Giacometti s'endormit. Je fus prudente et je tins le coup jusqu'à l'aube ; en partant, j'oubliai mon sac ; j'allai le chercher avec Sartre, l'après-midi. « Et l'œil ? nous demanda le concierge, vous ne voulez pas l'œil ? » Un ami des Vian, qu'ils appelaient le Major, avait posé son œil de verre sur le piano et l'avait laissé là. Un mois plus tard s'ouvrit le Tabou, une cave de la rue Dauphine, où Anne-Marie Cazalis, jeune poétesse rousse, lauréate du prix Valéry quelques années plus tôt, accueillait les clients ; Vian et son orchestre s'installèrent au Tabou dont le succès fut tout de suite énorme. On buvait, on dansait et aussi on se bagarrait beaucoup, à l'intérieur et devant l'entrée. Les habitants du quartier déclarèrent la guerre à Anne-Marie Cazalis ; la nuit, ils jetaient des seaux d'eau sur la

1. C'était le nom de la formation de Claude Luter.

tête des clients et même sur tous les passants. Je n'allai pas au Tabou. Je ne vis pas *Gilda* dont tout le monde parlait. Je n'assistai même pas à la conférence que Sartre donna sur Kafka, au bénéfice de la Ligue française pour la Palestine libre[1]. Je ne quittais presque jamais Saint-Lambert.

Sartre m'avait tenue au courant de sa vie par des lettres et nous en reparlâmes. Il avait assisté aux *Bonnes* de Genet que Jouvet avait montées à contresens. Il avait revu Kœstler. Il avait voulu lui donner les *Réflexions sur la question juive* qui venaient de sortir ; Kœstler l'avait arrêté : « Je suis allé en Palestine ; je suis saturé de cette question ; je dois vous prévenir que je ne lirai pas votre livre. » Grâce à l'intervention de M. qui connaissait Camus, Sartre et lui s'étaient réconciliés. *La Peste* parut à ce moment-là ; on y retrouvait, par instants, le ton de *L'Étranger* ; la voix de Camus nous touchait ; mais assimiler l'occupation à un fléau naturel, c'était encore un moyen de fuir l'Histoire et les vrais problèmes. Sur la morale désincarnée qui ressortait de cet apologue, tout le monde tombait trop facilement d'accord. Peu après mon retour, Camus se sépara de *Combat* : la grève des journaux en avait compromis l'équilibre financier. Le journal fut renfloué par Smadja et repris par Bourdet qui l'avait fondé mais qui se trouvait dans un camp de concentration lorsqu'il était sorti de la clandestinité. En un sens, ce changement était heureux : *Combat* prit de nouveau des positions de gauche ; mais Camus y avait été si étroitement associé que son départ marquait pour nous la fin d'une époque.

Celle-ci n'était pas gaie. Dès l'atterrissage, la pauvreté de la France m'avait saisie. La politique de Blum — le blocage des prix et des salaires — avait échoué : on manquait de charbon, de blé, la ration de pain avait été

1. C'était le moment où se déroulait l'affaire de l'*Exodus*.

réduite, impossible de manger, de se vêtir, sans recourir au marché noir et le salaire des ouvriers ne le leur permettait pas. Pour protester contre l'abaissement de leur niveau de vie, 20 000 ouvriers s'étaient mis en grève le 30 avril chez Renault. La faim provoqua des émeutes et de nouvelles grèves — dockers, gaz et électricité, chemins de fer — que Ramadier imputait à un chef d'orchestre invisible. J'appris quelles représailles l'armée avait exercées contre les Malgaches[1] : 80 000 morts. Et on se battait en Indochine[2]. Au moment de mon départ pour l'Amérique, les journaux étaient remplis par les récits de la rébellion d'Hanoï. A mon retour seulement je sus qu'elle avait été provoquée par le bombardement d'Haïphong : notre artillerie avait tué 6 000 personnes, hommes, femmes, enfants. Ho Chi Minh avait pris le maquis. Le gouvernement se refusait aux négociations. Coste-Floret affirmant : il n'y a plus de problèmes militaires en Indochine ; alors que Leclerc prévoyait des années de guérilla.

Le P.C. avait pris parti contre cette guerre ; il avait protesté contre l'arrestation de cinq parlementaires malgaches ; les ministres communistes appuyèrent la grève des usines Renault et sortirent du gouvernement. Cependant de Gaulle parlait à Bruneval, il annonçait à Strasbourg la formation du R.P.F. La lutte des classes se démasquait. Et les chances n'étaient plus du côté du prolétariat ; la bourgeoisie avait reconstitué ses structures et la conjoncture la favorisait.

La rupture de l'unité française, en effet, était en grande partie commandée par celle de la solidarité

1. En mars ils avaient massacré environ 200 colons. Le chiffre de 80 000 ne fut pas démenti par le gouvernement. Il fut divulgué — alors que celui des victimes de Sétif demeura caché — parce que les communistes étaient à présent dans l'opposition.
2. Le 6 mars 46 la France avait reconnu la République du Vietnam présidée par Ho Chi Minh. Mais les manœuvres de Saïgon, la « politique de fermeté » de Bidault avaient contrarié ces accords.

internationale. Deux ans seulement s'étaient passés depuis que j'avais vu au cinéma des G.I. et des soldats russes dansant ensemble de joie, à Torgau, sur les bords de l'Elbe. Aujourd'hui, dans un emportement de générosité, les U.S.A. projetaient de satelliser l'Europe, y compris les pays de l'Est ; Molotov les contrait en repoussant le plan Marshall. La guerre froide était ouverte. Même à gauche, très peu de gens approuvèrent le refus des communistes : parmi les intellectuels, Sartre et Merleau-Ponty furent presque les seuls à épouser le point de vue de Thorez sur le « piège occidental ».

Cependant, entre Sartre et les communistes, les ponts étaient rompus. Les intellectuels du parti s'acharnaient sur lui parce qu'ils craignaient qu'il ne leur volât leur clientèle : ils le jugeaient d'autant plus dangereux qu'il était plus proche d'eux. « Vous empêchez les gens de venir à nous », lui dit Garaudy ; et Elsa Triolet : « Vous êtes un philosophe, donc anticommuniste. » La *Pravda* avait craché sur l'existentialisme des injures risibles, mais tout de même affligeantes ; Lefebvre l'avait « exécuté » dans un livre qu'exaltèrent Desanti dans *Action*, Guy Leclerc dans *Les Lettres françaises*. Dans *La Pensée* avait paru *La Sainte Famille existentialiste* de Mougin, autre magistrale exécution au dire des connaisseurs du P.C. Garaudy tout en qualifiant Sartre de « fossoyeur de la littérature » gardait dans l'insulte une certaine décence, mais Kanapa dans *L'Existentialisme n'est pas un humanisme* nous traitait sur un ton ordurier de fascistes et d' « ennemis des hommes ». Sartre avait décidé de ne plus se contraindre à des ménagements. Il avait fait signer — entre autres par Pierre Bost, Fombeure, Schlumberger, Mauriac, Guéhenno — un texte protestant contre les calomnies déversées sur Nizan et la presse l'avait publié ; le C.N.E. avait répliqué et Sartre allait répondre dans *Les Temps modernes* de juillet. Cette rupture était inévitable

184

puisque, écrivait-il dans *Qu'est-ce que la littérature?* que publiaient alors *Les Temps modernes* : « *La politique du communisme stalinien est incompatible avec l'exercice honnête du métier littéraire.* » Il reprochait au P.C. son scientisme primaire, ses oscillations entre le conservatisme et l'opportunisme, un utilitarisme qui dégradait la littérature en propagande. Suspect aux bourgeois, coupé des masses, Sartre se condamnait à n'avoir pas de public mais seulement des lecteurs ; cette solitude, il l'assumait volontiers, car elle flattait son goût de l'aventure. Rien de plus désespéré que cet essai, rien de plus allègre. En le rejetant, les communistes le vouaient politiquement à l'impuissance ; mais puisque nommer c'est dévoiler et dévoiler, changer, approfondissant l'idée d'engagement il découvrait dans l'écriture une *praxis.* Réduit à sa singularité de petit-bourgeois, la refusant, il s'éprouvait comme « conscience malheureuse » ; mais il n'aimait pas les jérémiades, et ne doutait pas de parvenir à dépasser cet état.

J'assistai à une projection des *Jeux sont faits* tournés par Delannoy sur un scénario de Sartre déjà ancien. Avec Bost et Olga, revenue de Leysin et qui se portait mieux, nous soupâmes ensuite au Véfour. Micheline Presle débordait de beauté et de talent ; mais Pagliero que j'avais tant aimé dans *Rome, ville ouverte* — j'avais vu le film à New York — parlait français avec un tel accent qu'il avait fallu le doubler ; l'effet était regrettable. Et les héros paraissaient aussi morts après leur résurrection qu'avant.

En juin fut décerné — pour la dernière fois — le prix de la Pléiade. La séance, me raconta Sartre, fut orageuse ; il obtint qu'on couronnât le théâtre de Genet — *Les Bonnes* et *Haute Surveillance* — mais Lemarchand démissionna. Comme chaque année, j'étais invitée à prendre le café avec les membres du jury. Quand j'entrai dans la salle à manger, Malraux parlait et tout faisait silence ; il parlait de *La Peste*. « La question, disait-il, est de savoir si Richelieu aurait pu écrire *La Peste*. Je réponds oui. D'ailleurs le général de Gaulle l'a écrite : ça s'appelle *Au fil de l'épée*. » Il dit aussi, agressivement : « C'est pour qu'un Camus puisse écrire *La Peste* que des hommes comme moi ont cessé d'écrire. »

Malgré la saison avancée, un théâtre de Londres présentait *La Putain respectueuse* et *Morts sans sépulture*. Nagel transmit à Sartre une invitation du directeur ; j'en aurais été très satisfaite s'il ne nous avait pas accompagnés ; ayant peur des avions il nous imposa de faire en train le voyage, pendant lequel il n'arrêta pas de babiller. A Londres, il avait retenu un bizarre appartement meublé qu'il partagea avec nous, du côté de St. James Square. Nous allâmes revoir sans lui les musées et les rues. Bombardements, V1, V2 : partout des ruines ; envahies par de hautes roses trémières, elles ménageaient, au cœur de cette ville opaque, des espaces libres, des perspectives, des jardins. De nouveau, à quinze ans de distance, Londres nous conquit. Je regrettai de n'y passer que quatre jours.

Nagel avait organisé pour Sartre une conférence de presse ; il fut stupéfait quand je dis que je n'y assisterais pas ; puis son visage s'éclaira : « Ah ! dit-il, vous êtes très intelligente ! » Il n'imaginait pas que tout simplement j'avais envie de me promener ; il me prêtait un calcul : j'attendrais que les journalistes anglais se dérangent pour *moi*. Dans un décor d'un faste accablant — des meubles anciens, des tableaux de maîtres — nous vîmes le satrape Alexandre Korda. Nous rencontrâmes, dans des restaurants et des bars, des gens de théâtre. Et nous assistâmes à la générale. D'une voix rieuse le metteur en scène avait dit à Sartre : « Vous aurez une surprise... » Nous l'eûmes : il avait supprimé un tableau. Pendant la représentation, Rita Hayworth, vêtue d'une courte robe du soir en velours noir et flanquée d'une suivante, fit dans la salle une entrée remarquée. Nous soupâmes avec elle chez un Hollandais : il n'y avait que sept à huit personnes et la réunion fut morne. Les épaules dorées, la gorge pigeonnante, Rita Hayworth était magnifique ; mais une star sans mari, c'est plus désolant qu'un enfant orphelin. Elle parla gentiment de son passé. Le Hollandais tint des propos racistes, et elle protesta. « Tout de même, si vous aviez une fille, vous lui permettriez d'épouser un Noir ? dit-il. — Elle épouserait qui elle voudrait », répondit-elle. Elle n'était certainement pas moins intelligente que la moyenne des femmes qui ne font pas profession de leur beauté.

A peu de temps de là, Sartre accompagna M. au Havre. Elle partit en se plaignant qu'il lui fît violence. Elle écrivit qu'elle ne reviendrait jamais, ou pour toujours. Par 40 degrés de chaleur (jamais on n'avait vu un pareil été, disaient les journaux) nous traînâmes à Paris des journées accablantes. Pagniez, que nous ne voyions plus guère mais à qui nous gardions beaucoup d'affection, nous apprit que sa femme souffrait d'une maladie du sang qui tuait en un ou deux ans. Sartre remâchait des remords. Je montai avec soulagement dans l'avion qui nous emporta vers Copenhague. Il faisait frais dans cette belle ville rouge et verte. Mais notre première journée m'a rappelé les sombres heures où des langoustes suivaient Sartre ; c'était un dimanche, nous nous sommes mêlés aux familles qui traînaient les pieds au bord de la mer ; Sartre se taisait, moi aussi, et je me demandais avec terreur si nous étions devenus deux étrangers. Nos obsessions se sont peu à peu dissipées, les jours suivants, tandis que nous nous promenions parmi les attractions du Tivoli et dans les boîtes à matelots où nous buvions des alcools blancs, tard dans la nuit.

Nous avons débarqué en Suède à Helsinborg. Par des canaux et des lacs où naviguaient des flottilles de troncs d'arbres, nous avons, en trois jours de bateau, gagné Stockholm. J'aimai cette ville, tout en vitres et en eau, et la blanche lenteur des soirs hésitants au bord de la nuit.

Des Suédois, que Sartre connaissait, nous montrèrent de vieilles rues, de vieux restaurants, un charmant théâtre ancien parmi des bois et des lacs. Une nuit, dans la campagne où ils nous promenaient, nous vîmes une aurore boréale. Souvent ils m'importunaient : comment être sensible aux choses quand il faut sans trêve dire des politesses ? Ces contraintes aggravaient une tension qui ne s'était pas relâchée. Je faisais des cauchemars. Je me rappelle un œil jaune à l'arrière de ma tête que crevait une longue aiguille à tricoter. Et des angoisses me reprirent. J'ai essayé de conjurer ces crises avec des mots :

« Les oiseaux m'attaquent — les tenir à distance ; c'est un combat épuisant, jour, nuit, les écarter : la mort, nos morts, la solitude, la vanité ; la nuit, ils fondent sur moi ; ils mettent du temps le matin à s'envoler. Et si quelque chose dans mon corps flanche, les voilà à tire-d'aile. Dans le café de Stockholm, ces deux couleurs hurlaient : orange et vert, cette rencontre était une souffrance. Une main m'a prise par la peau du crâne ; elle tirait, elle tirait et la tête indéfiniment s'allongeait, c'était la mort qui voulait m'emporter. Ah ! finissons-en ! Je prendrai un revolver, je tirerai. Il faudrait s'exercer. Sur des lapins peut-être, pour commencer... »

Seule avec Sartre, je montai vers le Nord en train, puis en bateau, à travers un chapelet de lacs. Nous découvrîmes des paysages neufs : des forêts naines au sol couleur d'améthyste, plantées d'arbrisseaux rouge corail et jaune d'or ; elles me donnaient une impression

188

d'enfance et de mystère : un troll allait pointer au détour d'un sentier. En fait, nous eûmes une fois une apparition : un derrière très blanc de femme grasse ; deux couples se baignaient, tranquillement nus, au pied d'une cascade. Nous avons débarqué dans un village où vivotaient des Lapons ; tout petits, le visage plissé par un sourire immobile, ils portaient des vêtements bleu clair, brodés de jaune, et des mocassins en peau de phoque ; un hélicoptère se posait chaque jour sur la place : le médecin n'avait pas d'autre moyen de visiter cet endroit, que desservait à peine un bateau par semaine. Nous nous sommes arrêtés plusieurs jours à Abisko ; l'hôtel était en bois et il y avait une corde à nœuds dans chaque chambre, pour que le client pût s'échapper en cas d'incendie[1]. Tout autour s'étendait une vaste forêt et quand je m'y asseyais avec un livre, des rennes s'approchaient de moi.

Aucune route ne passait à Abisko mais seulement la voie ferrée : le facteur, le laitier l'empruntaient, utilisant de curieux véhicules à pédales, d'un rouge vif. Un soir cependant, dans cette solitude, le téléphone retentit ; un journaliste de Stockholm annonça à Sartre que, à la suite des plaintes des voisins, la police avait fermé le Tabou pour quinze jours : qu'en pensait-il ? Nous avons escaladé le Mont Njulja, étonnés de trouver à 1 400 mètres des neiges éternelles et confondus par l'évidence que nous n'y reviendrions jamais ; même Sartre, moins sensible que moi au délaissement des choses, en fut touché : ce paysage de pierres bigarrées et couronné de neige, où le crépuscule se fondait avec l'aube, il continuerait de s'offrir et notre regard l'aurait déserté pour toujours. Un matin nous avons pris le train pour Narvik : la ville était en morceaux ; sa misère contrastait avec

1. L'hôtel fut détruit par un incendie deux ans plus tard, en 1949.

l'opulence suédoise. L'histoire décidément se moquait de la morale.

Au retour, nous nous arrêtâmes chez un vieux prince suédois, ami des lettres et des arts, que Sartre avait déjà rencontré ; il était marié à une Française ; ils habitaient une jolie maison, parmi de calmes vallons, et ils s'émerveillaient de leur bonheur. « Nous aussi, nous aurons une vieillesse heureuse ! » me dis-je tout en dégustant un vieil akvavit, mûri dans des tonnelets de bois ; j'avais dû être encore plus ébranlée que je ne me le rappelle pour me réfugier dans un rêve si lointain et si sage ; mais le fait est qu'il acheva de me réconforter et que je rentrai en France rassérénée.

Je la quittai aussitôt ; j'avais décidé de retourner à Chicago au milieu de septembre. J'avais demandé à Algren par télégramme s'il était d'accord : il l'était. Je montai dans un avion de la T.W.A. qui amenait d'Athènes en Amérique des paysans et de petits commerçants grecs. C'était un vieil appareil poussif, qui plafonnait à 2 000 mètres et qui mettait douze heures pour aller de Shannon aux Açores. Je m'endormis pendant ce trajet et je m'éveillai en sursaut : l'avion virait ; un moteur venait de s'arrêter et nous retournions à Shannon. Pendant cinq heures, la peur ne me lâcha guère ; je lisais des récits de science-fiction ; je m'évadais dix minutes dans une autre planète ou dans la préhistoire et je me retrouvais au-dessus de l'océan : si un autre moteur s'arrêtait, j'allais m'y engloutir. Ah ! comme je souhaitai que la mort vînt à moi déguisée, sans m'infliger son imminence ni, surtout, sa solitude ! Autour de moi, personne ne bronchait. Mais quelle explosion babillarde, soudain, quand l'avion eut atterri ! Un car nous emmena très loin, au bord d'un fiord, dans un faux village qui dépendait de l'aéroport : chacun avait une petite maison à soi où brûlait un feu de tourbe. Je restai là deux jours. Je traînais sur des routes où les pancartes et les bornes portaient des signes indéchiffrables, je m'asseyais dans des prairies en pente douce, d'un vert cendreux, coupées de murettes très basses en pierres grises. Au bar je buvais du whisky irlandais tout en lisant le premier roman d'Algren, qui me racontait sa jeunesse. Je n'étais plus sûre qu'il existât, ni Chicago, ni Paris. Nous repartîmes ; quand l'avion se posa aux Açores, un pneu éclata et j'attendis encore près de dix-huit heures dans un hall. Ensuite nous traversâmes des orages : l'avion fit de nuage en nuage une chute de 1 500 mètres. A l'arrivée, j'étais moulue corps et âme. Les douaniers n'en finissaient pas d'évaluer les kilomètres de dentelles que les Grecs trimbalaient dans leurs valises : quand je sortis, Algren n'était pas dans le hall et je pensai que je ne le retrouverais jamais.

Il m'attendait, depuis quatre jours, dans la maison de Wabansia et je sus dès le premier regard que j'avais eu raison de revenir.

C'est pendant ces deux semaines que j'ai découvert Chicago[1] : Les prisons, les postes de police et les line-up, les hôpitaux, les abattoirs, les burlesques, les quartiers pauvres, avec leurs terrains vagues et leurs orties. Je vis peu de gens. Parmi les amis d'Algren, les uns travaillent à la radio et à la télévision ; ils avaient d'ailleurs beaucoup de mal à garder leurs postes ; à Hollywood, l'épuration anticommuniste semait la panique et partout aux U.S.A. les libéraux passaient pour rouges ; les autres, c'était des drogués, des joueurs, des putains, des voleurs, des repris de justice, des hors-la-loi ; ils échappaient au conformisme américain ; c'est

1. Dans *L'Amérique au jour le jour,* j'ai amalgamé ce second séjour avec le premier.

pourquoi Algren se plaisait avec eux ; mais ils étaient peu accueillants. Il parlait d'eux dans le roman qu'il était en train d'écrire. J'en lus une première version sur des feuillets jaunes, dactylographiés et couverts de ratures. Je lus aussi les auteurs qu'aimait Algren : Vachel Lindsay, Sandburg, Masters, Stephen Bennet, de vieux révoltés qui avaient défendu l'Amérique contre ce qu'elle était en train de devenir. Je relus des journaux, des revues, pour compléter mon reportage.

De nouveau Algren me demanda si je ne voulais pas rester définitivement avec lui et je lui expliquai que c'était impossible. Mais nous nous quittâmes moins tristement qu'en mai parce qu'au printemps je reviendrais et nous ferions ensemble un voyage de plusieurs mois, le long du Mississippi, au Guatemala, au Mexique.

*

En juillet, de Gaulle avait traité les communistes de « séparatistes » et le P.C. d' « ennemi public numéro un ». La bourgeoisie française rêvait de guerre préventive. Elle se régalait des livres de Kœstler, de Kravtchenko, et d'autres ouvrages de la même mouture, signés par des communistes repentis.

Je rencontrai un certain nombre de ces convertis et ils m'étonnèrent par le lyrisme délirant de leur haine. Ils ne proposaient pas d'analyse de l'U.R.S.S. ni de critiques constructives : ils racontaient des romans-feuilletons. Le communisme, c'était pour eux une Conjuration mondiale, une Conspiration, une Cinquième colonne, une espèce de Cagoule ou de Ku-Klux-Klan. L'égarement qu'on lisait dans leurs yeux accusait le régime capable de l'avoir suscité ; mais il était impossible de tracer une ligne entre leurs affabulations et les mensonges staliniens. Ils se défiaient farouchement les uns des autres et chacun tenait pour criminels ceux qui avaient quitté le parti après lui.

Il y avait une autre catégorie de gens qui ne nous plaisaient pas non plus : les sympathisants à tout prix. « Moi, disait fièrement l'un d'eux, les communistes peuvent bien me donner tous les coups de pied au cul qu'ils veulent : ils ne me décourageront pas. » Devant les faits les plus troublants — à ce moment-là, la pendaison de Petkov — ils fermaient les yeux : « Il faut bien croire à quelque chose. » Pour nous, l'U.R.S.S. était le pays où s'incarnait le socialisme mais aussi une des deux puissances où couvait une nouvelle guerre ; sans doute ne la voulait-elle pas : cependant, la tenant pour fatale elle s'y préparait et par là, elle mettait le monde en danger. Refuser de se ranger à son côté, ce n'était pas une attitude négative, avait affirmé Sartre dans *Qu'est-ce que la littérature ?* : en éludant l'alternative des deux blocs, il prenait la décision d'inventer une autre issue.

Un de ses anciens collègues, Bonafé, connaissait bien Ramadier et lui suggéra de nous confier une tribune à la radio. Sartre accepta. Nous ne voulions pas dépendre de la présidence du conseil ; l'émission *Temps modernes* fut rattachée au service des « émissions littéraires et dramatiques ». La première semaine, Sartre — assisté par un groupe d'amis dont je faisais partie — engagea ses auditeurs à refuser la politique des blocs : qu'on s'intégrât à l'un ou à l'autre, on ne faisait qu'exaspérer leur conflit ; il affirma que la paix était possible et prit à partie les rédacteurs de *France-Dimanche* qui, dans un des derniers numéros, avaient spectaculairement laissé en blanc l'espace réservé à la manchette, se refusant, expliquaient-ils, à imprimer les mots qui s'imposaient : « Nous aurons la guerre avant Noël. »

Le lendemain du triomphe remporté par le R.P.F. aux élections cantonales nous dirigeâmes notre émission contre de Gaulle. Selon un procédé utilisé par Pascal dans les *Provinciales,* nous démolissions — il y avait Sartre, Bonafé, Merleau-Ponty, Pontalis, moi-même — les arguments d'un pseudo-gaulliste dont le rôle était tenu par Chauffard ; tous les propos que nous lui prêtions étaient tirés de journaux R.P.F. et nous avions spécifié que le personnage était composé par un acteur : on ne nous en accusa pas moins de super-cherie. On reprocha à Bonafé une violence en effet maladroite ; mais de toute façon, on se fût indigné : jamais la presse ne nous couvrit si généreusement de boue. Bénouville et Torrès demandèrent à Sartre de reprendre la discussion avec eux, devant le micro : il accepta ; mais sans doute craignirent-ils qu'il ne leur réglât trop facilement leur compte ; plantant Sartre dans un des bureaux de la radio, ils se réunirent dans un autre pour se consulter et, quand ils revinrent, ils déclarèrent que, réflexion faite, Sartre ayant dépassé les bornes, ils se refusaient à un entretien public. Aron avait accompagné Bénouville avec qui il se solidarisa ; cette attitude consomma la brouille qui couvait entre Sartre et lui depuis qu'il écrivait au *Figaro* et sympathi-sait avec le R.P.F.

Notre entretien sur le P.C. fut diffusé deux semaines plus tard. Éjectés du gouvernement, attaqués par les socialistes, haïs par la bourgeoisie, l'isolement des communistes ne les incitait pas à la souplesse ; toute-fois, Hervé avait fait officieusement demander à Sartre de prendre l'initiative de « comités de vigilance » anti-fascistes. Nous mesurâmes nos critiques et nos réti-cences de manière à ne pas rendre impossible la lutte commune. En vain. La démarche inspirée par Hervé fut désavouée et il nous mit en pièces. Nous enregis-trâmes quelques autres conversations : une interview de Rousset qui revenait d'Allemagne ; une discussion sur ce que la droite appelait le « matérialisme sordide » des masses. Mais le 3 décembre, lorsque Schumann remplaça Ramadier, il supprima aussitôt notre tribune.

Tandis que Schumann s'occupait à susciter une « troisième force », les prix montaient de 51 p. 100 et les salaires seulement de 19 p. 100 ; Ramadier supprima les subventions du charbon : il y eut aussitôt une hausse de 40 p. 100 sur le charbon, le gaz, l'électricité, les transports. Dans les mines, à Paris, à Marseille des grèves éclatèrent, qui se transformèrent en émeutes quand Schumann prétendit faire voter une loi antigrève ; des voies ferrées furent sabotées ; les mineurs se battirent contre les C.R.S. envoyés par Moch pour garantir « la liberté du travail ». Cependant l'unité syndicale se brisa ; le nombre des grévistes tomba de trois millions à un million, F.O. se détacha de la C.G.T. ; la classe ouvrière se trouva trop affaiblie pour pouvoir empêcher la marshallisation de la France.

Quelques socialistes — Marceau-Pivert, Gazier — désireux de constituer une opposition au sein de la S.F.I.O., demandèrent leur appui à des hommes de gauche n'appartenant à aucun parti : ils rédigeraient ensemble un appel en faveur de la paix, par la création d'une Europe socialiste et neutre. Chaque semaine nous les retrouvions chez Izard avec Rousset, Merleau-Ponty, Camus, Breton, quelques autres. On discutait chaque mot, chaque virgule. En décembre enfin le texte fut signé par *Esprit, Les Temps modernes,* Camus, Bourdet, Rousset, et publié dans la presse. Camus et Breton mirent alors sur le tapis le problème de la peine de mort : ils réclamaient son abolition en matière politique. Beaucoup d'entre nous pensaient que c'est au contraire le seul domaine où elle se justifie. Nous nous dispersâmes.

Nous avions avec Camus d'autres dissensions ; politiquement, il restait tout de même entre nous des points communs ; il avait de l'aversion pour le R.P.F. ; il s'était brouillé (ou il se préparait à le faire) avec Ollivier, rallié au gaullisme et qui écrivait dans *Carrefour*. Moins intime, moins libre que naguère, notre amitié subsistait. En revanche, nous brisâmes avec Kœstler, cet hiver-là.

Au début il se montra très amical. Je travaillais au Flore, un matin d'automne ; il y entra, avec Mamaine et proposa : « On va boire un vin blanc ? » ; je les suivis dans un bistrot voisin ; au zinc, il demanda : « Nous allons au Jeu de Paume, vous venez avec nous ? — Pourquoi pas ? » Ils rirent : « On arrive, vous êtes libre ; vous êtes toujours libre, c'est merveilleux. » Ils étaient heureux de retrouver Paris et c'était agréable de regarder des tableaux avec eux. Kœstler a examiné les grandes photographies exposées au rez-de-chaussée et plissé malicieusement ses paupières : « Vous remarquez ; tous les peintres qui ont de grandes belles têtes, des têtes de génies, ce sont des médiocres. Tandis que Cézanne, Van Gogh, ils ont des petites têtes de rien du tout... comme Sartre et moi. » Une vanité si enfantine me semblait presque touchante. J'étais plus gênée quand il prenait un air compétent : « A combien a tiré *La Peste* ? 80 000. Ce n'est pas mal... », et il rappelait que *Le Zéro et l'Infini* était monté à 200 000.

Quand je le revis avec Sartre, nous le trouvâmes beaucoup plus sombre et plus agité que l'année passée. Il s'inquiétait du succès de son dernier livre qui venait de sortir à Londres. Il passait souvent au bureau de son hôtel, le Pont-Royal, pour voir si son éditeur lui avait envoyé des coupures de presse. Les troupes d'occupation avaient quitté l'Italie où commençaient à se préparer les premières élections. Il y fut envoyé en reportage par un journal anglais et en revint, convaincu qu'elles seraient un triomphe pour les communistes ; encouragé, le P.C. français prendrait le pouvoir et l'Europe entière tomberait rapidement aux mains de Staline. Exclu de cet avenir, il prétendait l'interdire à tous ses contemporains : les mécanismes mêmes de la pensée allaient être bouleversés ; il croyait à la télépathie : elle se développerait d'une manière qui défiait toutes les anticipations. Son catastrophisme se monnayait en maux de tête, en somnolences, en humeurs.

Il voulut répéter la nuit du Schéhérazade. Nous le suivîmes, Mamaine, Camus, Sartre, moi — Francine était absente — dans une autre boîte russe. Il tint à signaler au maître d'hôtel qu'il avait l'honneur de servir Camus, Sartre et Kœstler. Sur un ton plus hostile que l'année passée, il reprit le thème : « Pas d'amitié sans entente politique. » Pour se distraire, Sartre faisait à Mamaine une cour trop ouverte pour être indiscrète et que désarmait notre commune ébriété. Soudain, Kœstler jeta à la tête de Sartre un verre qui s'écrasa contre le mur. Nous levâmes la séance ; Kœstler ne voulait pas rentrer, et puis il avait perdu son portefeuille, il s'attarda dans le cabaret ; Sartre titubait sur le trottoir en riant aux anges quand enfin Kœstler se décida à remonter à quatre pattes l'escalier. Il voulut reprendre sa querelle avec Sartre. « Allons ! on rentre ! » dit amicalement Camus en le poussant par l'épaule ; il se dégagea avec violence et frappa Camus qui voulut se jeter sur lui : nous l'en empêchâmes. Laissant Kœstler aux mains de sa femme, nous sommes montés dans la voiture de Camus, convenablement imbibé lui aussi de vodka et de champagne, il avait les larmes aux yeux : « C'était mon ami ! et il m'a frappé ! » ; il s'écroulait sur le volant, abandonnant l'auto à de terrifiantes embardées ; nous le redressions, dégrisés par la peur. Souvent, les jours suivants, nous avons évoqué ensemble cette nuit ; Camus nous demandait avec perplexité : « Croyez-vous qu'on puisse continuer à boire comme ça et à travailler ? » Non. Et en fait, pour tous les trois ces excès étaient devenus très rares ; ils avaient eu un sens au moment où nous refusions encore que la victoire nous fût volée : maintenant, nous en avions pris notre parti.

Kœstler déclarait à présent que, réflexion faite, le gaullisme était pour la France la meilleure solution. Il se disputa plusieurs fois avec Sartre. Un jour, où je me trouvais avec Violette Leduc au bar du Pont-Royal, il s'approcha, flanqué d'un membre du R.P.F. qui, à brûle-pourpoint, m'agressa : publiquement, Sartre combattait de Gaulle ; mais le Rassemblement avait pris contact avec lui, on lui avait fait d'intéressantes promesses et il s'était engagé à soutenir le mouvement. Je haussai les épaules. Le gaulliste insista, je m'échauffai ; Kœstler nous écoutait, un sourire aux lèvres : « Eh bien, faites un pari, dit-il. J'en prends acte : celui qui sera trompé paiera une bouteille de champagne. » Je brisai là. Quand Sartre lui reprocha son attitude, Kœstler répondit en riant qu'on peut tout attendre, de tout le monde, et que j'avais pris cette affaire trop au sérieux : « C'est une histoire de femme ! », conclut-il en cherchant avec Sartre une complicité virile qu'il ne trouva pas. Il quitta Paris ; quand il y revint, peu après, il nous rencontra devant le Pont-Royal et il demanda : « Quand se voit-on ? » Sartre sortit son agenda, puis se ravisa : « Nous n'avons plus rien à nous dire. — On ne va tout de même pas se brouiller pour des raisons politiques ! » dit Kœstler avec une inconséquence qui nous ébahit. Sartre remit son carnet dans sa poche. « Quand on a des opinions si différentes, on ne peut même pas voir un film ensemble [1]. » Nos relations en restèrent là. Quelques semaines plus tard nous avons lu dans *Carrefour* deux articles — *Où va la France ?* — où Kœstler accusait le P.C. français de préparer clandesti-

---

1. Kœstler, racontant cet épisode, m'attribue inexactement l'initiative de la rupture.

nement la guerre civile ; il souhaitait et prédisait la victoire du gaullisme.

Les ennemis de Sartre entretenaient les équivoques qui s'étaient créées autour de l'existentialisme. Sous cette étiquette, on avait rangé tous nos livres — même ceux d'avant-guerre — et ceux de nos amis, de Mouloudji entre autres ; et aussi une certaine peinture, une certaine musique. Anne-Marie Cazalis eut l'idée de profiter de cette vogue. Elle appartenait, comme Vian et quelques autres, à la fois au Saint-Germain-des-Prés littéraire et au monde souterrain du jazz ; parlant avec des journalistes, elle baptisa existentialistes la clique qui l'entourait et la jeunesse qui rôdait entre le Tabou et la Pergola. La presse, en particulier *Samedi-Soir* financièrement intéressé à son succès, fit au Tabou une énorme publicité. En cet automne 47, il ne se passait pas de semaine sans qu'on parlât de ses bagarres, de ses festivités, de ses habitués, écrivains, journalistes, hommes politiques. Anne-Marie Cazalis se prêtait avec empressement aux photographies et aux interviews et on commençait à s'intéresser aussi à son amie, la ronde Toutoune, qui était devenue une belle fille aux longs cheveux noirs : Gréco. Dans *Victor ou les enfants au pouvoir,* elle avait joué à la Gaieté-Montparnasse, chez Agnès Capri, le rôle de la pétomane. Elle portait la nouvelle tenue « existentialiste ». Les musiciens des caves et leurs « fans » étaient descendus pendant l'été sur la Côte d'Azur ; ils en avaient ramené la mode importée de Capri — et elle-même inspirée par la tradition fasciste — des sweaters, chemises et pantalons noirs.

Anne-Marie Cazalis m'avait paru plaisante quand je l'avais entrevue au Flore au moment où elle avait reçu son prix ; elle était très liée avec Astruc ; Bost avait de l'amitié pour elle ; il la disait très intelligente et remarquablement cultivée ; d'éducation protestante, la réserve de ses manières et de ses conversations contrastait avec l'image que se faisaient d'elle les commerçants du quartier ; cependant je lui en voulais parce que c'était elle qui avait écrit, en grande partie, l'article de *France-Dimanche* sur « le scandale Sartre ». Comme nous sortions un soir avec Herbaud, il eut envie de descendre au Tabou. L'endroit était si bruyant, si bondé, si enfumé qu'on ne pouvait ni s'entendre ni respirer. Assis à un coin de table avec Cazalis, nous trouvâmes tout de même le moyen de causer ; elle se montra drôle et futée, maniant avec art l'ellipse, la litote, l'allusion. Elle se défendit, à propos du « scandale Sartre », et conclut : « En fait, c'est Astruc le responsable. » J'aimais bien Astruc et cette perfidie me fit sursauter. La conversation en resta là. Chaque fois que j'ai revu Anne-Marie Cazalis j'ai été sensible à son charme pointu, à sa malice, mais elle poussait le commérage jusqu'à l'indélicatesse.

Sartre qui aimait la jeunesse et le jazz était agacé par les attaques dirigées contre les « existentialistes » ; vagabonder, danser, écouter Vian jouer de la trompette, où était le crime ? Cependant, on se servait d'eux pour le discréditer. Quelle confiance accorder à un philosophe dont la doctrine inspire des orgies ? Comment croire à la sincérité politique d'un « maître à penser » dont les disciples ne vivent que pour s'amuser ? Il se faisait plus de bruit encore autour de son nom qu'en 44-45, mais de beaucoup plus mauvais aloi ; la presse de la résistance n'avait pas tenu le coup, on avait vu revenir le journalisme professionnel qu'aucune bassesse n'intimidait. Au cours du grand dîner qu'il donna à son retour d'Amérique, alors qu'il s'apprêtait à reprendre en main *France-Soir,* Lazareff avait déclaré : « J'aurai la peau de l'existentialisme. » Il n'était pas le seul à la vouloir. Mais pour démolir Sartre, il fallait parler de lui, si bien que la presse elle-même lui faisait la publicité qu'elle l'accusait de rechercher. Entre un compte rendu (venimeux) de son émission sur le gaullisme et un autre (malveillant) d'une conférence tenue sur lui par des théologiens, on décrivait les soirées du Tabou dont il était, soi-disant, un des piliers[1]. On donnait sur son compte mille détails déplaisants ou ridicules, toujours rigoureusement faux — comme par exemple ce chapeau gris perle, contrastant avec le négligé de ses costumes, qu'il aurait chaque mois renouvelé avec coquetterie, du temps où il était professeur : jamais il n'avait porté de chapeau. Les regards qui traînaient sur nous dans les lieux publics s'étaient salis à cette boue et je n'aimais plus beaucoup sortir.

Nous passâmes les vacances de Noël à La Pouèze. Mme Lemaire trouvait extravagantes les idées politiques de Sartre et nous la soupçonnions de voter M.R.P. Elle était contre la gratuité de l'enseignement (des boursiers, ça suffisait bien), contre la Sécurité sociale (à cause des abus), contre les tarifs syndicaux (au nom de la liberté du travail). Mais nous n'attachions pas plus d'importance à ses opinions qu'elle n'en accordait aux nôtres. Nous étions toujours heureux de la voir, d'abord pour elle-même, et parce qu'elle nous rattachait à un passé perdu. Pagniez, je l'ai dit, s'était beaucoup éloigné. Marco était sorti de notre vie : à la fin de la guerre, un amour malheureux, l'échec de ses ambitions, sa calvitie, son obésité, l'avaient rendu à demi fou. Il pleurait à gros bouillons dans les bras de Sartre qui, dévoué, le voyait presque chaque semaine. Un psychiatre le soumit à une série d'électrochocs. Il cessa de pleurer mais se mit à haïr son entourage. Il répandit le bruit que Mme Lemaire était une empoisonneuse et que je lui

1. Nous y avons été deux fois.

avais volé sa bibliothèque. Il lui rendait encore visite, de très loin en très loin [1]. Pendant ce séjour, je poursuivis mon essai sur la femme. Sartre rêva, puis travailla, à une nouvelle pièce, *Les Mains sales.*

En février, nous fûmes invités à Berlin pour y assister à la générale des *Mouches.* « Surtout, nous dit Sperber que nous rencontrâmes à ce moment-là, ne mettez pas les pieds dans la zone soviétique : une automobile rase le trottoir, la portière s'ouvre, on se saisit de vous ; personne ne vous revoit jamais. »

J'étais mal à l'aise quand je montai dans le train de Berlin : voir des Allemands, leur parler, cette idée me blessait. Enfin ! on m'avait enseigné, jadis, que se souvenir, c'est oublier ; le temps coulait pour tout le monde, il coulait aussi pour moi. Dès que j'eus mis le pied à Berlin, ma rancune fut désarmée : partout des ruines ; que d'éclopés et quelle misère ! Alexanderplatz, Unter den Linden, tout était en miettes. Des portes monumentales s'ouvraient à vide sur des jardins pota-gers, des balcons pendaient de guingois à des façades éventrées. Comme l'avait écrit Claudine Chonez dans *Les Temps modernes,* ici, un parapluie et une machine à coudre sur une table de dissection n'auraient pas semblé déplacés ; les lieux mêmes n'avaient plus lieu. Inutile de cultiver le dérèglement des sens ; les choses déliraient. Et moi je marchais, en chair et en os, à travers les décombres de ce légendaire cauchemar : la Chancelle-rie d'Hitler.

Nous habitions en zone française, dans des faubourgs où quelques villas tenaient encore debout ; nous pre-nions nos repas chez l'attaché culturel, chez des particu-liers ou dans des clubs ; une fois, munis de tickets, nous avons tenté de déjeuner dans un restaurant berlinois : nous n'avons obtenu qu'un bol de bouillon. Nous

1. Il mourut dans un accident d'auto en Algérie, en 1957.

causâmes avec des étudiants ; pas de livres, même dans les bibliothèques ; rien à manger, le froid, des trajets d'une ou deux heures chaque jour, et une question lancinante : nous n'avons rien fait ; est-il juste d'avoir à payer ?

Le problème du châtiment travaillait tous les Allemands ; certains pensaient — surtout à gauche — qu'ils devaient garder de leurs fautes un souvenir vigilant ; c'était le thème du film *Les Assassins sont parmi nous* tourné en zone russe. D'autres subissaient les malheurs présents dans la rancœur. La censure leur fermait la bouche ; les publications et les théâtres l'éludaient en jouant sur la pluralité des zones : les Américains acceptaient qu'on se moquât des Russes, les Russes des Américains. Nous assistâmes à une *Revue* d'un sombre humour qui était une satire de cette occupation.

La mise en scène des *Mouches* nous déconcerta ; la pièce était montée en style expressionniste, dans des décors infernaux : le temple d'Apollon ressemblait à l'intérieur d'un bunker ; je ne la trouvai pas bien jouée ; cependant, le public l'applaudit avec enthousiasme parce qu'elle l'invitait à se délivrer de ses remords. Dans ses conférences — auxquelles je n'allai pas, je préférais marcher dans les ruines —, Sartre répéta qu'il valait mieux construire l'avenir que déplorer le passé.

Nous nous étions promenés dans le secteur soviétique sans même nous apercevoir que nous y avions pénétré, et aucune voiture ne nous avait kidnappés ; mais les deux Russes que nous rencontrâmes chez l'attaché culturel se montrèrent de glace. Quand on projeta pour nous en séance privée *Les Assassins sont parmi nous,* personne n'était là pour nous accueillir : ni le metteur en scène, ni le directeur de la salle. Ce n'était pas une raison, au contraire, pensait Sartre, pour entrer dans le jeu des Américains qui voulaient l'accaparer ; il accepta seulement un dîner privé chez une Américaine qui voulait lui faire rencontrer quelques écrivains allemands. Quand la porte s'ouvrit, nous nous trouvâmes en présence de deux cents personnes ; c'était un traquenard : au lieu de dîner, Sartre dut répondre à des questions. Anna Seghers se trouvait là, si rayonnante avec ses cheveux blancs, ses yeux très bleus et son sourire qu'elle me réconcilia presque avec l'idée de vieillir ; elle n'était pas d'accord avec Sartre. « Nous autres, Allemands, nous avons aujourd'hui besoin de remords », affirmait-elle. Sartre fut pris à partie par un marxiste, Stainiger qui, dans un journal de la S.E.P. l'avait récemment présenté comme un agent du capitalisme américain ; il lui répondit et Stainiger se rendit plus ou moins à ses raisons. A la suite de cette soirée, nous fûmes invités à déjeuner dans un club soviétique et cette fois les Russes se dégelèrent un peu : peu. Sartre était assis entre une Russe et une Allemande qui lui demanda de lui dédicacer un livre ; il le fit et se tourna vers son autre voisine avec un peu de gêne : « Je suppose que vous, les dédicaces, vous trouvez ça idiot... — Pourquoi donc ? », dit-elle ; elle déchira un morceau de la nappe en papier ; mais son mari la regarda d'un certain air et elle roula le papier en boule. L'Allemagne, quand nous l'avons quittée, nous a laissé une impression lugubre. Nous étions loin de prévoir le « miracle » qui allait quelques mois plus tard la transformer.

*

Membre du groupe Stern, Misrahi avait été arrêté pour détention d'armes et d'explosifs, et écroué à la Santé. Le 15 février, Sartre témoigna en sa faveur ; Misrahi avait toute la sympathie du public et du tribunal. Comme Sartre déclarait qu'il avait été un bon élève, le juge l'arrêta : « Bon ? Vous voulez dire excellent ? — Certes », dit Sartre qui comprit qu'il devait renoncer à sa sobriété habituelle. Misrahi s'en tira avec une amende de 12 000 francs. Betty Knout assistait au procès.

C'est à ce moment-là qu'Altmann et Rousset eurent une longue conversation avec Sartre. De tous les gens que nous avions rencontrés chez Izard, David Rousset était, sinon le plus intéressant, du moins le plus volumineux. Merleau-Ponty avait été en contact avec lui, avant la guerre, au temps où Rousset était trotskyste ; il nous l'avait décrit à son retour de déportation : un frêle squelette, qui flottait dans un peignoir japonais ; il pesait quarante kilos ; quand Merleau-Ponty nous le fit connaître, Rousset avait retrouvé sa corpulence ; un carreau noir couvrait un de ses yeux, il lui manquait des dents : il avait l'air d'un corsaire et une voix énorme. Nous avions lu d'abord dans *La Revue internationale* son étude sur *L'Univers concentrationnaire,* puis *Les Jours de notre mort* ; j'admirais la volonté de vivre qui éclairait ses récits. S'inspirant de l' « appel » rédigé chez Izard, il travaillait avec Altmann, Jean Rous, Boutbien, Badiou, Rosenthal, quelques autres, à mettre sur pied un « Rassemblement démocratique et révolutionnaire ». Il s'agissait de grouper toutes les forces socialistes non ralliées au communisme et d'édifier avec elles une Europe indépendante des deux blocs. De nombreux mouvements militaient pour une Europe unie : des « États généraux de l'Europe » allaient se tenir en mai, à La Haye. Mais l'idée du R.D.R., c'était que l'union se fît à la base, dans une perspective socialiste et neutraliste. On souhaitait que Sartre entrât dans le bureau directeur. Je craignais qu'il ne gâchât beaucoup de temps dans cette aventure : on en avait tant perdu chez Izard ! Il m'objecta qu'il ne pouvait pas prêcher l'engagement et se dérober quand l'occasion s'en offrait. La création du Kominform puis, le 25 février, « le coup de Prague », exaspéraient l'anticommunisme et la psychose de guerre. Des Américains annulaient leurs voyages en Europe. En France, sans que personne songeât à plier bagage, on parlait abondamment d'une invasion russe. Sartre pensait qu'entre un P.C. qui s'alignait sur l'U.R.S.S. et une S.F.I.O. embourgeoisée, il y avait un rôle à jouer. Il signa donc un manifeste où il s'associait à Rousset et à ses camarades et, le 10 mars, dans une conférence de presse, ils développèrent le thème : « La guerre n'est pas inévitable. » Ils tinrent un meeting, le 19 mars, salle Wagram : il vint énormément de monde et le mouvement recueillit des adhésions. Bourdet n'y entra pas, mais il l'appuya par des articles ; de son côté il lança dans *Combat* une campagne pour la paix et l'unité européenne. Ce soutien n'empêchait pas **que** le R.D.R. eût besoin d'un journal à soi. Sartre aurait trouvé normal qu'Altmann, qui était avec Rousset un des fondateurs, fît de *Franc-Tireur* l'organe du mouvement : il s'y refusa ; il fallut se contenter d'un bimensuel, *La Gauche* R.D.R., dont le premier numéro parut en mai et qui ne brillait guère : les fonds manquaient. C'était aussi la raison, disait Rousset, pour laquelle le R.D.R. ne démarrait que lentement : mais il avait dans l'avenir une confiance contagieuse. Cependant, dans son discours de Compiègne, en mars, de Gaulle redoubla de violence contre les communistes ; un vaste congrès R.P.F. se tint à Marseille en avril. Les Américains réclamaient qu'on chassât Joliot-Curie de la Commission de contrôle atomique. Aux élections italiennes, Gasperi l'emporta. Lutter contre cette droite tout en gardant ses distances à l'égard du stalinisme, ce n'était pas simple. Sartre s'expliqua sur son attitude dans les « Entretiens » avec Rousset qui parurent d'abord dans *Les Temps modernes* puis en volume.

Il n'a donné de son adhésion au R.D.R. que des

raisons objectives : mais pourquoi avait-il éprouvé le besoin d'entrer dans un mouvement (du moins en principe) militant ? Il l'a indiqué quelques années plus tard dans des notes inédites :

« *Mon idée profonde à l'époque : on ne peut rien faire que témoigner d'un mode de vie qui est condamné à disparaître mais qui renaîtra ; et peut-être les meilleures œuvres témoigneront-elles à l'avenir de ce mode de vie et permettront-elles de le sauver. Donc, osciller entre la prise de position idéologique et l'action. Mais si je préconise une position idéologique, aussitôt des gens me poussent à l'action :* Qu'est-ce que la littérature ? *me conduit au R.D.R.* »

Il consentit à ce passage parce qu'il avait avec lui-même un rapport nouveau, né des haines qu'il provoquait : « *Bons effets de la haine. Se sentir haï ; élément de culture.* » D'abord il en avait été scandalisé ; au nom même de l'humanisme bourgeois et de l'idéal démocratique, il était avec les masses : et elles étaient contre lui ! Mais si Dieu n'existe pas, le jugement de l'autre est l'absolu : « *La haine des autres me révèle mon objectivité.* » Alors qu'auparavant il réagissait à la situation dans l'innocence, sans souci de soi, il savait maintenant qu'elle enveloppait sa réalité pour autrui : il lui fallait récupérer cette objectivité, c'est-à-dire la mettre en accord avec ses décisions intérieures. « *A partir de 47, j'ai eu un double principe de référence : je jugeais aussi mes principes à partir de ceux des autres — du marxisme.* » Cela implique qu'il ne pouvait se contenter de se donner subjectivement raison. Il ne supportait pas d'*être* un ennemi des opprimés : il fallait transformer son rapport avec eux en contribuant à modifier la situation intérieure et internationale. Il fallait participer à une action.

« *Supposons que cette contradiction dont je témoigne (à cheval entre bourgeoisie et prolétariat) et dont je sais présentement qu'elle est* d'époque, *au lieu de représenter une liberté, un contenu positif, ne soit que l'expression d'un mode de vie très particulier (l'intellectuel bourgeois socialisant), supposons que l'avenir l'engloutisse ? En somme j'oscille entre cette idée : ma position privilégiée me donne le moyen de faire la synthèse des libertés formelles et des libertés matérielles ; et cette autre idée : ma position contradictoire ne me donne aucune liberté ! Elle me donne la conscience malheureuse, un point c'est tout. Dans le second cas, ce qui disparaît, c'est ma transcendance. Je ne fais que refléter ma situation. Tous mes efforts politiques ont pour sens de trouver le groupement qui donnera un sens à ma transcendance, qui prouvera en existant (R.D.R. Européen) que ma position déchirée était la vraie.*

« *Si j'ai tort cependant, alors ma situation est de celles où la synthèse est impossible. Le dépassement même est faussé. Dans ce cas, renoncer à l'idée optimiste qu'on peut en toute situation être homme. Idée inspirée par la résistance : même sous la torture on pouvait être un homme. Mais le problème n'est pas là : il est en ceci que certaines situations sont parfaitement* vivables *mais insupportablement faussées par les contradictions objectives.*

« *Le R.D.R. pour moi :*

« *(1) Classes moyennes et prolétariat (je ne comprenais pas que le prolétariat non communiste ne choisît pas les bourgeois. Il a une autre structure).*

« *(2) Europe. Ni Amérique ni U.R.S.S. mais l'intermédiaire entre les deux (donc un peu des deux).*

« *(3) Libertés démocratiques et libertés matérielles. Dans le fond, je voulais résoudre le conflit sans* dépasser *ma situation...* »

Le malaise qui avait poussé Sartre à entrer au R.D.R. l'amena aussi à une révision idéologique. Il travailla pendant deux ans, assidûment, à confronter la dialectique et l'histoire, la morale et la *praxis,* dans l'espoir de parvenir à une synthèse du *faire* et de l'*être* où se maintiendraient des valeurs proprement éthiques.

Nous nous occupions moins que les années passées de la revue. C'était pratiquement Merleau-Ponty qui la dirigeait. Des gens prétendirent que j'étais l'auteur de la *Vie d'une prostituée* que nous y publiâmes : j'aurais été bien incapable de produire cet étonnant morceau de littérature brute. Marie-Thérèse existait, elle avait écrit elle-même, d'un seul jet, ses mémoires avant de revenir à son ancien métier d'infirmière.

Nous sortions un peu. Le jour de la présentation de *Paris 1900* c'était la grève des transports, nous y avons été en fiacre. Nicole Vedrès avait fait du bon travail, elle avait mis en pièces le mythe de « la belle époque ». Grâce à Gérard Philipe et à Micheline Presle, *Le Diable au corps* que nous vîmes en séance privée ne nous parut pas indigne du roman de Radiguet. Du cinéma italien nous connaissions déjà *Rome ville ouverte, Sciuscia, Quatre pas dans les nuages* : mais *Païsa,* surtout l'épisode des roseaux tourné par Rossellini, l'emportait sur tous les autres films. D'Amérique nous vinrent *Les Raisins de la colère.* Dullin monta *L'Archipel Lenoir* de Salacrou. Il avait été chassé du Sarah-Bernhardt, il n'avait plus de théâtre à lui, c'est au Théâtre Montparnasse qu'il créa le rôle du vieux grand-père satyre. Nous allâmes aussi au Marigny où Barrault présentait *Occupe-toi d'Amélie.* A l'Orangerie nous visitâmes l'exposition Turner. De temps en temps nous assistions à un concert. Sartre commençait à mordre à Schönberg et à Berg.

Il s'occupa de faire jouer *Les Mains sales.* Le sujet lui en avait été suggéré par l'assassinat de Trotsky. J'avais connu à New York un des anciens secrétaires de Trotsky ; il m'avait raconté que le meurtrier, ayant réussi à se faire engager comme secrétaire lui aussi, avait vécu assez longtemps aux côtés de sa victime, dans une maison farouchement gardée. Sartre avait rêvé sur cette situation à huis clos ; il avait imaginé un personnage de jeune communiste né dans la bourgeoisie, cherchant à effacer par un acte ses origines, mais incapable de s'arracher à sa subjectivité, même au prix d'un assassinat ; il lui avait opposé un militant entièrement donné à ses objectifs. (Encore une fois, la confrontation de la morale et de la *praxis*.) Ainsi qu'il le dit dans ses interviews, il n'avait pas voulu écrire une pièce politique. Elle le devint du fait qu'il prit pour protagonistes des membres du P.C. Elle ne me paraissait pas anticommuniste. Contre le Régent, contre la bourgeoisie fasciste, les communistes constituaient la seule force valable ; si un dirigeant, dans l'intérêt de la résistance, de la liberté, du socialisme, des masses, en faisait supprimer un autre, je pensais comme Sartre qu'il échappait à tout jugement d'ordre moral : c'était la guerre, il se battait ; cela ne signifiait pas que le parti communiste fût composé d'assassins. Et puis — de même que dans *Morts sans sépulture* Henri, égocentrique et orgueilleux, est moralement dominé par le communiste grec — ainsi dans *Les Mains sales* la sympathie de Sartre va à Hoederer. Hugo se décide à tuer pour se prouver qu'il en est capable, sans savoir si Louis a raison contre Hoederer. Il choisit ensuite de revendiquer cet acte étourdi alors que ses camarades lui demandent de se taire. Il a si radicalement tort que la pièce pourrait se jouer, en période de détente, dans un pays communiste : c'est d'ailleurs ce qui s'est passé récemment en Yougoslavie. Seulement en 1948, à Paris, les circonstances étaient différentes.

Sartre s'en rendait compte et il en avait pris son parti. Son adhésion au R.D.R. lui avait valu de nouvelles attaques. En février il y eut dans *Action,* à la page du *Pique-Feu,* des insinuations anonymes et écœurantes sur notre vie privée. Les *Lettres françaises* publiaient *Le Génie de six heures* où Magnane traçait de Sartre un portrait méconnaissable, lourdement reconnaissable et ignoble. Cependant Kanapa éreintait *Situations 1*. Elsa Triolet écrivait un livre et donnait des conférences pour réclamer qu'on boycottât la littérature boueuse de Sartre, de Camus, de Breton ; ma sœur l'avait entendue à Belgrade parler publiquement contre Sartre, avec de la haine plein les dents. La situation ne pouvait pas empirer.

Simone Berriau accepta tout de suite *Les Mains sales* ; les rôles d'Hoederer et de Jessica furent distribués à Luguet et à Marie Olivier ; mais qui pouvait jouer Hugo ? On avança, on rejeta des noms. Un après-midi, au Véfour, Simone Berriau lança : « Je vais dire une connerie : si on essayait Perrier ? » Nous imaginions Hugo maigre et tourmenté ; mais enfin, soit, on pouvait tenter le coup. Dès les premières répétitions, Perrier avait gagné : il était Hugo, comme Vitold dans *Huis clos* avait été Garcin. La mise en scène fut confiée à Valde et amicalement supervisée par Cocteau ; pour les décors, Bérard donna quelques conseils : autour de sa barbe flottait toujours une odeur d'éther. Le langage des gens de théâtre m'enchantait. Au début, Luguet donnait au militant communiste quelque chose de boulevardier : « Tu comprends, lui dit Cocteau. Tu as un charme fou, tu ruisselles de charme ; alors n'en *fais* pas, au contraire : essaie de ne pas être charmant ; sinon, bien que ta création soit tout à fait extraordinaire, ton personnage ne sortirait pas vraiment juste. » Luguet répondit avec humeur : « En somme, tu me trouves mauvais comme un cochon ? » Il y avait dans la pièce une réplique qui le vexait : « Il est vulgaire », dit Jessica à Hugo ; Sartre s'expliqua : elle ment pour dissimuler l'intérêt qu'Hoederer lui inspire. « Oh ! si vous pensez que le public me trouvera vulgaire, c'est votre droit », conclut Luguet.

Sartre était absent le soir de la générale. (Il donnait une conférence dans une loge maçonnique, certains maçons l'ayant assuré que leur organisation pouvait sérieusement épauler l'effort du R.D.R. : il vit, il entendit, il comprit.) Tous les acteurs jouèrent parfaitement : les journaux annoncèrent le lendemain qu'avec Perrier un nouveau Guitry venait d'apparaître. Je me trouvais dans une loge avec Bost et les gens nous serraient la main : « Magnifique ! Admirable ! » Cependant la presse bourgeoise ne se prononça pas tout de suite : elle attendait le verdict des communistes. Ceux-ci conspuèrent la pièce. « Pour 30 deniers et un plat de lentilles américaines, Jean-Paul Sartre a vendu ce qui lui restait d'honneur et de probité », écrivit un critique russe. Alors la bourgeoisie couvrit Sartre de fleurs. Un après-midi, à la terrasse de la Rhumerie martiniquaise, Claude Roy passa et me serra la main : jamais il ne s'était permis de coup bas contre Sartre. « Quel malheur, lui dis-je, que vous autres communistes vous n'ayez pas annexé *Les Mains sales* ! » En fait, cette récupération, à ce moment-là, n'était guère concevable. La pièce sortait anticommuniste parce que le public donnait raison à Hugo. On assimila le meurtre d'Hoederer aux crimes qu'on imputait au Kominform. Surtout, aux yeux de ses adversaires, le machiavélisme des dirigeants, leur retournement final, condamnaient le P.C. Politiquement, c'était le moment le plus vrai de la pièce : dans tous les P.C. du monde, quand une opposition tente de faire prévaloir une ligne nouvelle et juste, elle est liquidée (avec ou sans violence physique) : puis les dirigeants reprennent le changement à leur compte. Dans le cas de l'Illyrie — inspirée de la Hongrie — les hésitations du parti, sa décision finale se justifiaient par les circonstances ; seulement ses difficultés intérieures étaient étalées devant des gens qui le regardaient du dehors avec animosité. Ils donnèrent à la pièce le sens qu'elle avait en effet pour eux. C'est pourquoi Sartre fut amené plusieurs fois à refuser qu'on la jouât à l'étranger.

En octobre, un grand nombre de vichystes avaient rallié le R.P.F. et les collabos remontaient en flèche. Flandin écrivait dans *L'Aurore,* Montherlant faisait jouer *Le Maître de Santiago* et Sacha Guitry, *Le Diable boiteux,* une transparente apologie de la collaboration. Maurras intentait un procès à Stéphane et à Bourdet. *La Table Ronde,* cautionnée par Mauriac, s'ouvrait fraternellement aux ex-collaborateurs et à leurs amis. (Camus se fourvoya dans le premier numéro, mais il comprit et n'y revint plus.) Une profusion de livres parurent alors, excusant ou justifiant la politique de Pétain, ce qui eût été inconcevable, deux ans plus tôt ; dans sa *Lettre à Mauriac* Bardèche alla jusqu'à prendre la défense de *Je suis partout.* Boutang faisait des conférences à la gloire de Maurras. On acclamait Pétain dans des meetings et il se créa en avril un « Comité pour la libération de Pétain ». Dans certains milieux, on parlait avec ironie des « résistantialistes », assimilant la Résistance à un calcul et à une mode. La contre-épuration faisait rage : on accusait les résistants d'exécutions sommaires, on les poursuivait, souvent on les condamnait.

Fréquentant un peu, avec Sartre, les milieux de théâtre, j'eus souvent les oreilles blessées. On prétendait que Jean Rigaud, parcourant, avant d'entrer en scène la liste des gens connus qui se trouvaient dans l'assistance, et relevant des noms israélites, avait murmuré : « C'était pas des crématoires, c'était des couveuses. » On répétait ce bon mot en riant. Au Véfour, mon voisin de table, feignant de déchiffrer de travers le menu, demanda : « Qu'est-ce que c'est ? Des côtelettes à la Buchenwald ? » Je ne voulais pas faire d'esclandre et je me disais : « Ce ne sont que des mots » ; mais ça avait un sens qu'on osât les prononcer. Les profiteurs d'hier endossaient des robes de victimes et ils nous expliquaient combien il était bas de se ranger du côté des vainqueurs. On plaignait ce pauvre de Brinon ; on faisait de Brasillach un doux martyr. Je refusais ces chantages : j'avais mes martyrs à moi. Quand je me disais en pensant à eux que tant de malheur avait été vain, une détresse me prenait. Ce grand cadavre derrière nous, la guerre, achevait de se décomposer, l'air en était empuanti.

Les répétitions terminées, rien ne nous retenait à Paris et nous descendîmes dans le midi. Je choisis Ramatuelle où nous trouvâmes un hôtel campagnard, aux chambres pavées de tomettes rouges ; la salle à manger vitrée donnait sur un jardin et par-delà, au loin, sur la mer ; le soir, un feu de bois flambait dans la cheminée ; je travaillais au soleil, sous les arbres en fleur. Nous étions seuls, on se serait cru dans une maison à nous. Nous montions aux tours sarrasines, nous descendions à Saint-Tropez, boire un verre sur le port ou acheter chez Vachon des jupes provençales. Je travaillais ; je lisais les souvenirs sur Vichy d'Henry du Moulin de Labarthète et la correspondance de Gide avec Jammes.

Bost, qui avait loué avec Olga une petite maison à Cabris vint passer deux jours avec nous. Il se trouvait là quand, à l'heure du déjeuner, Simone Berriau, coiffée de sa capeline à jugulaire, suivie de son mari, Brandel, et d'Yves Mirande, descendit d'une voiture américaine : ils venaient de Mauvannes, sa propriété, proche d'Hyères. Elle entra dans la salle à manger et claironna en désignant son mari : « Vous ne savez pas ce qu'il m'a fait, ce monsieur, ce matin ? » et elle nous le dit. « Soit, dit Mirande, mais ce n'était pas la peine d'en informer les domestiques. » Nous passâmes vingt-quatre heures à Mauvannes ; seule avec moi sur la terrasse, le matin, elle me fit des confidences précises, avec des clins d'œil complices qui me donnaient envie de rentrer sous terre. Elle jouait volontiers les entremetteuses et elle trouvait inconcevable qu'une jeune actrice refusât d'entrer dans le lit du premier milliardaire venu. Elle avait de la vitalité et de l'acharnement mais qu'elle mettait exclusivement à son propre service. Elle semblait cependant sincèrement attachée à Mirande qui vivait sous son toit. Incarnation désuète de cet esprit boulevardier cher à mon père, Mirande malgré son âge restait un obsédé du beau sexe ; il était grivois mais drôle ; il avait le côté « fleur bleue » qui va bien avec le libertinage. Il nous raconta qu'à Hollywood il avait eu avec Greta Garbo une liaison passionnée ; il avait rompu dans la douleur : « Parce que je ne voulais pas me rendre ridicule », dit-il ; il ajouta, ce qui, dans sa bouche, me fut mystérieux : « Et puis elle était vicieuse. » Il était très gentil avec Sartre. Ses bons mots, ses rires, sa bienveillance allégeaient beaucoup des rencontres que la présence du mari de Simone Berriau n'égayait pas.

*

Les lettres de M. étaient sombres ; elle avait consenti de mauvaise grâce à passer quatre mois avec Sartre pendant que je voyagerais avec Algren. Peu de jours avant mon départ, elle écrivit à Sartre que décidément elle ne le reverrait pas, pas dans ces conditions. Je tombai dans une grande perplexité. J'avais une immense envie de me retrouver auprès d'Algren ; mais enfin je n'avais vécu que trois semaines avec lui ; je ne savais pas dans quelle mesure je tenais à lui : un peu, beaucoup ou davantage ? La question eût été oiseuse si les circonstances avaient décidé pour moi ; mais soudain j'avais le choix : sachant que j'aurais pu rester avec Sartre je m'exposais à des regrets qui se tourneraient, sinon en rancune à l'égard d'Algren, du moins en dépit contre moi-même. J'optai pour une demi-mesure : deux mois d'Amérique au lieu de quatre. Algren comptait me garder longtemps et je n'osai pas l'aviser noir sur blanc de mes nouvelles dispositions : j'arrangerais les choses de vive voix.

Cette fois, je pris un avion qui volait haut et vite. Il me déposa à deux heures du matin en Islande où je bus un café parmi des loups de mer barbus ; au décollage le paysage m'éblouit : une lumière argentée, de hautes montagnes blanches au bord d'une mer plate, sur un fond de ciel framboise. Je survolai le Labrador neigeux et j'atterris à La Guardia. Mon passeport indiquait comme motif du voyage : conférences. « Sur quoi ? » me demanda-t-on au service d'immigration ; le mot de philosophie fit tressaillir l'employé : « Quelle philosophie ? » Il me donna cinq minutes pour la lui exposer. Impossible, dis-je. « Est-ce que ça a un rapport avec la politique ? Êtes-vous communiste ? De toute façon vous ne le diriez pas. » J'eus l'impression qu'un Français était a priori un suspect. Après avoir consulté des fiches il me donna une autorisation de trois semaines.

Je passai la journée avec Fernand et Stépha ; il pleuvait à verse et j'étais dans des limbes. New York me parut moins luxueuse que l'année passée parce que Paris l'était davantage ; sauf dans les bars élégants, les trop longues jupes new look donnaient aux femmes des allures de souillons. Le lendemain, sous un soleil brûlant, New York au bord de l'East River avait l'air d'un grand port méridional. Je retrouvai plusieurs de mes amis et je vis *La Putain respectueuse* : un désastre ! On avait coupé la moitié des scènes entre Lizzie et le Noir ; ils se parlaient sans se regarder et sans une intonation. On en était tout de même à la centième et la salle était pleine.

Le lendemain, à minuit, j'atterris à Chicago et

pendant vingt-quatre heures je me demandai ce que je faisais là. Algren m'emmena l'après-midi chez une bande de voleurs morphinomanes que selon lui je *devais* voir ; je passai deux heures dans un taudis, entourée d'inconnus qui parlaient trop vite pour que je les comprenne, d'autres gens inconnus. Il y avait une quadragénaire, reprise de justice et droguée jusqu'aux os ; son ancien mari, à l'énorme face blafarde, encore plus drogué qu'elle, qui passait ses nuits à jouer du tambour pour gagner des dollars et les jours au volant d'un taxi, cherchant de la drogue à travers la ville ; son amant en titre, recherché par la police pour vol et escroqueries. Ils vivaient ensemble. La femme avait une fille ravissante et respectablement mariée depuis deux mois, qui était venue en visiteuse. Devant elle, le trio s'appliquait à la décence. L'ex-mari se rua tout de même dans la salle de bains où il se piqua, sous les yeux d'Algren qu'ils tentaient en vain de gagner à leurs rites. Ils ne se plaisaient qu'entre camés à parler de seringues, me dit Algren. Mon anxiété se dissipa vite quand je me retrouvai seule avec lui. Je l'accompagnai le jour suivant chez la femme d'un voleur qui se cachait lui aussi de la police et qui s'était mis à écrire depuis qu'il connaissait Algren ; elle attendait son mari dans les larmes, mais elle exhibait avec fierté le livre qu'il avait fait taper à la machine à ses frais ; elle élevait deux enfants sourds-muets. Cependant nous faisions, sous la pluie, des courses et des démarches. Le fonctionnaire guatémaltèque qui me donna mon passeport m'expliqua pendant une heure combien son pays aimait la France. Il fut très sec avec Algren, surtout quand celui-ci déclina sa nationalité : « Citoyen américain, je le suis comme vous. »

Après une journée d'agitation flegmatique mais forcenée, nous prîmes un matin le train pour Cincinnati : 700 000 habitants ; des squares, des collines vertes, des oiseaux, un calme provincial. Nous dînâmes, en regardant la télévision qui commençait à sévir dans tous les endroits publics. Le lendemain soir, nous nous embarquâmes sur un bateau à palettes. Cincinnati était en fête : des avions et des projecteurs tournoyaient dans le ciel, des feux brillaient sur les rives, les phares des autos illuminaient les grands ponts métalliques ; puis nous glissâmes à travers la nuit silencieuse des campagnes.

J'aimai la monotonie du voyage dans ce large paysage d'eau. Sur le pont, au soleil, je traduisais une nouvelle d'Algren, je lisais, nous causions en buvant du scotch ; Algren s'efforçait de prendre des photos avec un appareil allemand dont il ne connaissait pas le maniement ; il était satisfait parce qu'il avait réussi à lui faire produire un petit bruit en appuyant sur le déclic. Je vis dans la lumière du soir les eaux de l'Ohio se mélanger à celles du Mississippi : j'avais rêvé à ce fleuve en écoutant *Old man river* et aussi tandis que j'écrivais *Tous les hommes sont mortels*. Mais je n'avais pas su imaginer l'enchantement de ses crépuscules et de ses lunes.

Chaque jour, nous faisions une escale de quelques heures. Louisville, sinistre sous la pluie ; une petite ville du Kentucky, avec des bars minables pleins de fermiers en liesse ; Memphis : le long des docks, des ballots de coton, des manufactures de cotonnades, des maisons de commerce débitant du coton ; Natchez, une des plus vieilles villes du Sud avec ses 40 000 habitants. L'embarcadère se trouvait au pied de la ville. Un gros homme nous a proposé de nous conduire en auto jusqu'au centre. Malgré l'épaisse chaleur il portait comme la plupart des autres Blancs, un col dur, un complet strict. Il nous expliqua que les Noirs menaient à Natchez une vie des plus confortables ; et il prenait bien soin de ne pas les appeler *niggers* : une seule fois le mot lui échappa. Nous le quittâmes au bord du quartier noir. En taxi nous allâmes voir de vieilles plantations, entre

218

autres celle de Jefferson Davies. Nous fîmes halte devant une extravagante maison à colonnades, dont la guerre civile avait interrompu la construction et qui croupissait parmi des arbres géants drapés de mousses espagnoles. Une vieille dame grogna parce qu'Algren voulait prendre une photo. Le chauffeur haussa les épaules : « C'est la sœur de la propriétaire : *elle est de New York* », dit-il avec dégoût. Ici, Noirs et Blancs s'entendent, nous expliqua-t-il, parce que chacun reste à sa place, les Noirs sont polis. Mais en Californie, dit-il avec une brusque rage, ils n'ôtent pas leurs chapeaux, ils disent « Yes, No » tout court et ils parlent aux Blanches ! » Il était nerveux, furieux de servir de guide à des gens du Nord. Le soir nous passâmes devant Baton Rouge : derrière les lumières du port et les buildings illuminés, les hauts fourneaux crachaient des flammes. Le lendemain après-midi, nous débarquâmes à la Nouvelle-Orléans.

Nous trouvâmes, au cœur du Carré français, une chambre immense, avec un immense ventilateur et un balcon de bois qui donnait sur un patio. Des danseuses de burlesques et de jeunes putains traînaient en peignoir dans les couloirs de l'hôtel dont la patronne, une grosse Russe, à moitié folle, décréta obstinément que j'étais russe. Après un dîner créole et des glaces flambées au rhum, nous cherchâmes du Napoléon Bar à l'Absinthe house, de zombie en julep, du bon jazz : mais il semblait qu'il n'y eût plus du tout de jazz noir dans le quartier blanc. Le printemps était déjà passé ; plus d'azalées ni de pluie, un temps sec et lourd : nous passâmes la journée à nous baigner dans le lac Ponchartrain. Toutes les photos d'Algren étaient ratées.

Ensuite ce fut le Yucatan, sa jungle, ses champs d'agaves bleus, ses flamboyants d'un rouge ardent ; Mérida, ses églises espagnoles, dans la moiteur et la luxuriance subtropicales. J'ai raconté dans *Les Manda-*

rins notre voyage à Chitchen-Itza. Les ruines d'Uxmal étaient encore plus belles, mais pour les voir il a fallu prendre un autobus à six heures du matin et nous n'avons pas même trouvé un café à boire : Algren, saisi de désespoir devant ces pierres entêtées, refusa de leur accorder un regard ; je les explorai seule, sans gaieté. Ces bouderies étaient rares ; il s'arrangeait de tout, des fèves et des tortillas, des insectes, de la chaleur, épris comme moi des petites Indiennes aux longues jupes, aux tresses brillantes, dont on retrouvait les traits sur les bas-reliefs des temples mayas. J'ai décrit ce que nous avons aimé au Guatemala. Mais les rues étaient tristes : les femmes allaient pieds nus, sous des étoffes magnifiques et sordides ; les hommes trottinaient, écrasés par de pesants fardeaux. Devant les huttes en bois ou en pisé, coiffées de paille, qui formaient les hameaux, on voyait des enfants au ventre ballonné, aux yeux aveuglés par le trachome. Les Indiens, 67 p. 100 de la population, n'étaient libres que depuis douze ans ; avant 36, sous prétexte de dettes à rembourser, ils étaient astreints au travail forcé ; ils vivaient aujourd'hui comme hier dans une misère sans espoir et il me sembla qu'ils la subissaient avec une inertie hébétée.

Mexico était une vraie ville, où il se passait des choses ; nous avons flâné dans les faubourgs et dans les quartiers mal famés. Un soir nous nous sommes laissé convaincre d'assister à une séance de « danses natives », organisée, en fait, par un vieil Américain roublard : des touristes montés en graine, applaudissaient avec âme des jeunes filles en luxueux costumes qui imitaient des danses paysannes. Nous avons décampé au bout d'une demi-heure et pour nous venger nous avons échoué dans le plus minable boui-boui des mauvais quartiers ; d'énormes taxi-girls faisaient danser de petites gouapes indiennes, mexicaines, espagnoles ; on nous regardait avec surprise et on venait nous parler tandis que nous vidions nos verres de tequila. Pour beaucoup d'Américains, Mexico est une jungle où on assassine à tous les coins de rue. Mais Algren avait fréquenté dans sa vie mille coupe-gorges sans avoir jamais vu couper aucune gorge. D'ailleurs, disait-il, le pourcentage des crimes est bien moindre à Mexico qu'à New York ou à Chicago. Les dimanches nous allions voir dans les arènes géantes les courses de taureaux : sur une douzaine, il y en eut trois ou quatre excellentes. Ce qui gênait Algren, c'est que chaque corrida constituât un événement clos, alors que la victoire d'un boxeur ouvre un nouveau cycle de challenges et de combats. A la sortie, nous nous mêlions à la foule, nous la suivions jusqu'à des faubourgs lointains ; nous revenions vers le centre, manger de la dinde au chocolat, des tamales qui emportaient la bouche, du chili con carne meurtrier. Il pleuvait la nuit ; le matin, on marchait dans des mares, sous un ciel d'un bleu suave.

Je n'avais pas encore abordé la question de mon départ ; je n'avais pas eu le cœur de le faire dès mon arrivée : et les semaines qui suivirent, le cœur me manqua. Ça devenait chaque jour plus urgent et plus difficile. Pendant un long trajet en car, entre Mexico et Morélia, j'annonçai à Algren, avec une maladroite désinvolture, que je devais rentrer à Paris le 14 juillet. « Ah ! bon », dit-il. Je suis stupéfaite aujourd'hui d'avoir pu me laisser duper par cette indifférence. A Morélia, je trouvai naturel qu'il n'eût pas envie de se promener ; j'allai seule, gaiement à travers les rues et les places de la vieille ville espagnole. J'étais gaie sur le marché de Pazcuaro où des Indiens vêtus de bleu vendaient des étoffes bleues. Nous traversâmes le lac jusqu'à l'île de Janitzio, décorée du haut en bas avec des filets de pêcheurs ; je m'achetai des blouses brodées. Du débarcadère, nous revînmes à pied vers l'hôtel et je fis des projets pour le lendemain. Algren m'arrêta : il en avait assez des Indiens et des marchés, du Mexique et de voyager. Je pensai qu'il s'agissait, comme à Uxmal, d'une crise d'humeur sans conséquence. Tout de même, elle dura longtemps et je m'inquiétai. Il marchait devant moi, très vite ; quand je le rejoignais, il ne me répondait pas. A l'hôtel, je continuai de l'interroger : « Qu'y a-t-il ? Tout allait si bien : pourquoi gâchez-vous tout ? » Loin d'être touché par un désarroi qui me mena jusqu'aux larmes, il me planta là. A son retour nous nous réconciliâmes, sans nous expliquer : cela suffit à me tranquilliser. Je passai les jours qui suivirent dans l'insouciance. Nous vîmes Cholula aux trois cents églises ; à Puebla dont les rues bordelières me rappelaient la rue Bouterie, les petites putains épouillaient leurs enfants sur le seuil des chambres ouvertes aux passants. D'énormes arbres vert sombre ombrageaient les vieilles places coloniales de Cuernavaca. A Taxco, tout en collines, au cœur des mines d'argent, on vendait des bijoux en argent le long des rues ; nous bûmes des whisky-sour délectables sur la terrasse d'un hôtel, parmi des bougainvillées, en regardant une belle église baroque. « Au bout de deux jours, je tirerais des coups de revolver dans les rues pour qu'enfin quelque chose arrive », me dit Algren : ce pays décidément l'excédait. Soit. Nous prîmes un avion pour New York.

Dans les rues chauffées à blanc, les femmes se promenaient, sous de vastes chapeaux de cocktail, le buste découvert jusqu'à la pointe des seins, le nombril à l'air : la ville avait pris des couleurs de carnaval, tout en restant affairée et dure. Je commençai à payer ma lâcheté et mon inconscience. Algren ne me parlait plus tout à fait comme avant et même, par moments, son hostilité perçait. Un soir je lui demandai : « Vous ne tenez plus à moi comme avant ? — Non, dit-il, ce n'est plus pareil. » Je pleurai toute la nuit, accoudée à la fenêtre, entre le silence du ciel et les rumeurs indifférentes de la ville. Nous habitions au Brittany en bas de la 5ᵉ Avenue ; nous nous promenions dans Greenwich ; je me traînai sur l'asphalte torride ; nous achetions des blocs de glace au cassis que nous mangions dans notre chambre : ma gorge restait brûlante. Nous passâmes des heures pénibles dans les restaurants français de l'est où je l'entraînais, en quête d'un peu de fraîcheur, dans les restaurants étouffants de l'ouest, qu'il préférait parce qu'on ne l'y obligeait pas à porter cravate et veston. A mon tour, je lui en voulus de ses morosités. Un soir, nous dînâmes dans une taverne en plein air, au milieu de Central Park, nous descendîmes écouter du jazz à Café Society et il se montra particulièrement désagréable : « Je peux m'en aller dès demain », lui dis-je ; nous échangeâmes quelques répliques et il me dit avec élan : « Je suis prêt à vous épouser, sur l'heure. » Je compris que plus jamais je ne lui aurais rancune de rien : tous les torts étaient de mon côté. Je le quittai le 14 juillet, incertaine de le revoir jamais. Quel cauchemar, ce retour, au-dessus de l'océan, plongée dans une nuit sans commencement ni fin, me gavant de somnifères, incapable de dormir, perdue, éperdue !

Si j'avais eu l'honnêteté et l'intelligence d'avertir Algren, avant de le rejoindre, des limites de mon séjour, les choses se seraient mieux passées : il m'aurait sans doute accueillie avec moins d'élan, mais je n'aurais pas donné prise à sa rancune. Je me suis souvent demandé quelle importance avait eue pour notre histoire sa déconvenue. Elle n'a fait, je crois, que lui dévoiler une situation que de toute façon il n'aurait pas acceptée longtemps. A première vue, elle était identique à la mienne. Même si Sartre n'avait pas existé, je ne me serais pas fixée à Chicago : ou si j'avais essayé, je n'aurais certainement pas supporté plus d'un ou deux ans un exil qui ruinait mes raisons et mes possibilités d'écrire. De son côté, bien que je le lui aie souvent suggéré, Algren ne pouvait pas s'installer à Paris, pas même la moitié de l'année ; pour écrire, il lui fallait demeurer enraciné dans son pays, dans sa ville, dans le milieu qu'il s'était créé : nous avions nos vies faites, qu'il n'était pas question de transplanter ailleurs. Cependant nos sentiments étaient, pour tous les deux, bien autre chose qu'un divertissement ou même qu'une évasion ; chacun regrettait âprement que l'autre refusât de demeurer près de lui.

Mais il y avait entre nous une grande différence. Je parlais sa langue, je connaissais assez bien la littérature et l'histoire de son pays, je lisais les livres qu'il aimait, ceux qu'il écrivait ; près de lui je m'oubliais, j'entrais dans son univers. Il ignorait à peu près tout du mien ; il avait lu de moi quelques articles, de Sartre à peine davantage, les auteurs français en général le touchaient peu. D'autre part, j'étais infiniment mieux lotie à Paris que lui à Chicago ; il souffrait de la dure solitude américaine. Maintenant que j'existais, ce vide autour de lui se confondait avec mon absence, et il m'en voulait. Pour moi aussi, nos adieux étaient un déchirement ; mais surtout à cause de l'incertitude où me laissait Algren de le revoir jamais. S'il m'avait dit fermement : « A l'année prochaine », j'aurais été parfaitement contente, ou presque. Il fallait que je fusse restée « schizophrène » — au sens que nous donnions Sartre et moi à ce mot — pour imaginer qu'il s'accommoderait de cet état de chose. Je me suis souvent désolée qu'il ne fît pas l'effort d'y consentir : mais je sais bien aussi qu'il ne le pouvait pas.

Aurais-je dû alors refuser cette histoire et m'en tenir à la sympathie qu'Algren m'inspirait ? Qu'il ait été d'accord avec moi pour mépriser cette prudence ne suffirait pas à m'excuser ; ce que j'ai dit à propos de Sartre et de M. vaut ici. J'avais de mes liens avec Sartre une connaissance incommunicable ; au début les dés étaient pipés : les paroles les plus vraies trahissaient la vérité. Mais, en ce cas aussi, la distance acculait au tout ou rien ; on ne traverse pas l'océan, on ne se sépare pas de sa vie pendant des semaines par sympathie ; elle ne pouvait durer qu'en se transformant en un sentiment plus violent. Je ne regrette pas qu'il ait existé. Il nous a apporté beaucoup plus qu'il ne nous a déchirés.

*

Sartre m'avait tenue au courant de ce qui se passait en France ; à la fin de mai, il m'écrivait : « Des résistants de la Charbonnière, près de Lyon, ont kidnappé Sacha Guitry comme il sortait d'une de ses éternelles confé-rences d'autojustification (ou comme il allait la faire, je ne sais plus) et ils l'ont obligé à se découvrir devant un monument aux résistants morts en 44, et à foutre le camp. *Paris-Presse* a acheté un million de francs la photo (trouble, mais assez impressionnante) de Sacha, tête nue, avec des yeux effarés de lapin, se passant la main sur son crâne chauve. On ne parle que de ça. » C'était un épisode de la lutte entre anciens résistants et ex-collabos. Les vichystes remportèrent une sérieuse victoire : le 20 juin, à Verdun, de Gaulle rendit hommage au « vainqueur de Verdun », et il excusa presque la politique de Pétain, « emporté sous l'effet de l'âge par le torrent des abandons ».

Comme toute la gauche non communiste Sartre mettait des espoirs dans la rupture de Tito avec l'U.R.S.S. Si la Yougoslavie refusait l'alternative des deux blocs, le neutralisme en serait fortifié. Pour l'instant, les chances de la paix semblaient très incer-taines : la mise en circulation du *deutsche Mark* par les Américains préludait évidemment à l'installation d'un gouvernement en Allemagne de l'Ouest ; la riposte des Russes, le blocus de Berlin, avait porté à son paroxysme la tension internationale. En France, en Italie, cette crise exaspérait les dissensions. Je venais d'arriver à Paris quand le 14 juillet, vers onze heures, un étudiant, Ballante, fils d'un volontaire fasciste mort sur le front russe, tira trois coups de revolver sur Togliatti. Le prolétariat italien réagit avec une telle violence qu'on crut à une révolution.

L'Amérique au jour le jour venait de sortir chez Mohrien avec un bon succès d'estime. Je repris mon essai sur la condition féminine. Sartre lisait beaucoup d'économie politique et d'histoire ; il continuait à couvrir d'une minuscule écriture les cahiers où il élaborait sa morale. Il avait commencé une étude sur Mallarmé[1]. Et il travaillait à *La Mort dans l'âme*. Nous comptions partir ensemble en vacances vers la fin de juillet ; inopinément, M. lui téléphona de New York : elle ne supportait plus cette séparation ; elle réclamait de passer un mois avec lui ; elle sanglotait à travers l'océan ; c'était des larmes onéreuses, mais vraies tout de même : il céda. Mais pendant tout le mois où ils se promenèrent ensemble dans le Midi, il lui en voulut de ce capricieux coup de force : il avait échangé ses remords contre de la rancune ; c'était pour lui un troc avantageux.

Je regrettai d'avoir abrégé mon séjour aux U.S.A. Je proposai, par câble, à Algren, de revenir à Chicago. « Non. Trop de travail », me répondit-il. J'en fus peinée : le travail n'était qu'un prétexte ; mais je fus aussi soulagée : ces revoirs, ces départs, ces rebuffades, ces élans, me surmenaient. Pendant un mois à Paris, je travaillai, je lus, je vis mes amis.

Enfin, je m'embarquai avec Sartre pour l'Algérie ; nous souhaitions du soleil, nous aimions la Méditerra-

1. Il en écrivit des centaines de pages que plus tard il perdit.

née ; c'était des vacances, un voyage d'agrément : nous nous promènerions, nous écririons, nous causerions. Un jour, Camus nous avait dit : « Le bonheur, ça existe, ça compte ; pourquoi le refuser ? En l'acceptant, on n'aggrave pas le malheur des autres ; et même, ça aide à lutter pour eux. Oui, avait-il conclu, je trouve regrettable cette honte qu'on éprouve aujourd'hui à se sentir heureux. » J'étais bien d'accord, et de ma chambre de l'hôtel Saint-Georges, le premier matin, je regardai gaiement le bleu de la mer. Mais l'après-midi nous nous promenâmes dans la Casbah et je compris que le tourisme, tel qu'autrefois nous l'avions pratiqué, était enterré ; le pittoresque s'était décomposé : ce que nous rencontrions dans ces ruelles, c'était la misère et la rancœur.

Nous restâmes une quinzaine de jours à Alger et le patron de l'hôtel confia à des journalistes que la « simplicité » de Sartre l'étonnait : le premier jour, pour descendre en ville, nous avions pris un trolley-bus ! Bernstein, quand il travaillait, réclamait qu'on arrêtât toutes les pendules : l'hôtelier semblait déçu que Sartre n'exigeât rien. J'écrivais, devant ma fenêtre ; nous dînions dans le jardin sous les palmiers en buvant du lourd Mascara ; nous suivions en taxi les routes de la côte, nous marchions parmi les pins, sur les collines. Mais Camus, réflexion faite, avait mal posé la question ; nous ne refusions pas de nous sentir heureux, nous ne le pouvions pas.

Algren ne m'écrivait pas ; je lui envoyai une dépêche à laquelle il ne répondit pas. Je décidai provisoirement de l'oublier : cette tristesse-là, je n'en voulais plus. Un matin, je me promenais à Tipaza, au bord de la mer, froissant des feuilles de menthe, respirant une ancienne odeur de soleil et de maquis et soudain j'eus vingt ans : ni regrets, ni attente, seulement la terre et l'eau, et ma vie. Mais dans les villes, je me glaçais : comme Cher-

chell était lugubre ! La curiosité nous poussa à poursuivre ce voyage : nous n'en escomptions plus aucun
plaisir.

« N'allez pas en Kabylie : moi quand je suis obligé de
m'y rendre, j'emporte un revolver », nous avait dit un
client du Saint-Georges ; d'autres colons avaient fait
chorus. Nous nous installâmes pour quelques jours à
Michelet, à l'hôtel Transatlantique. Nous nous promenâmes dans des villages : des gourbis en terre battue,
collés les uns aux autres, et des sentines si étroites qu'on
avait l'impression de marcher dans des corridors. Pas de
fontaines. Les hommes travaillaient au loin, dans la
vallée ; on ne voyait sur le seuil des maisons que des
enfants et des femmes aux yeux frottés de khôl.
Impossible de déchiffrer leurs sentiments. Il y eut une
foire à Michelet. Rien que des hommes et du bétail ;
l'air sentait le suint. J'eus une bizarre impression le soir
en rentrant dans ma chambre : un paquet de cigarettes
laissé sur ma table manquait ; je m'aperçus qu'on
m'avait pris des lainages et de l'argent enfermés dans
ma valise ; et on avait vomi sur mon balcon. Il fallut
aviser le patron que quelqu'un était entré chez moi :
« On vous a volée ? » Je niai mais j'eus du mal à le
convaincre. La nuit, je me verrouillai et bien m'en prit
car la poignée de la porte tourna bruyamment. On
retrouva au matin dans une chambre inoccupée,
endormi, ivre mort, un boucher d'un village voisin. Le
patron hésita un peu mais renonça à porter plainte. Il y
avait dans ce vol minable et maladroit quelque chose de
sinistre qui me resta sur le cœur.

Bost nous rejoignit à Bougie. Nous passâmes quelques jours ensemble dans un palace désert, sur la plage
de Djidjelli ; on n'apercevait autour de soi que le sable
et la mer et nous nous baignions jour et nuit. J'aurais
voulu voir Ghardaïa que j'avais manqué deux ans plus
tôt. Je descendis avec Sartre en car jusqu'à Bou Saada ;

un taxi nous mena à Djelfa où les gens vivaient non pas même dans des cavernes mais dans des trous. La chaleur était encore peu supportable, les cars ne circulaient que de nuit. Cette fois encore, je dus renoncer à Ghardaïa.

Chapitre IV

J'en avais assez de vivre à l'hôtel ; j'y étais mal protégée contre les journalistes et les indiscrétions. Mouloudji et Lola me parlèrent d'une chambre meublée où ils avaient habité, rue de la Bûcherie : la locataire qui leur avait succédé voulait la quitter. Je m'y installai en octobre ; je mis des rideaux rouges aux fenêtres, j'achetai des lampadaires en bronze vert, exécutés d'après des idées de Giacometti, par son frère ; je suspendis aux murs et à la grosse poutre du plafond des objets que j'avais rapportés de mes voyages. Une de mes fenêtres donnait sur la rue de l'Hôtel-Colbert qui débouchait sur les quais ; je voyais la Seine, du lierre, des arbres et Notre-Dame ; en face de l'autre fenêtre se trouvait un hôtel rempli de Nord-Africains, avec au rez-de-chaussée un café, le Café des Amis : on s'y battait beaucoup. « Vous ne vous ennuierez jamais, m'avait dit Lola. On n'a qu'à se mettre à la fenêtre et à regarder. » En effet, le matin, des chiffonniers apportaient au revendeur du coin des kilos de vieux journaux amoncelés sur des voitures d'enfants ; clochards, clochardes assis sur le trottoir en escalier buvaient des litres de vin rouge, ils chantaient, dansaient, monologuaient, se querellaient. Des nuées de chats se promenaient sur les gouttières. Il y avait deux vétérinaires dans ma rue : des femmes leur amenaient des bêtes. La maison, un vieil hôtel particulier qui commençait à se déglinguer, reten- tissait d'aboiements qui se répondaient de la clinique « patronnée par le duc de Windsor » à la loge de la concierge qui possédait un grand chien noir, et jusqu'à mon palier : la fille de l'impresario Betty Stern qui habitait en face de moi avait quatre chiens. Tout le monde se connaissait. Mme D., la concierge, une petite femme vive et mince, qui vivait flanquée d'un mari, d'un grand fils et d'un grand neveu, m'aidait à tenir mon logis. Betty qui avait été très belle, qui avait intimement connu Marlène Dietrich et très bien Max Reinhart, me faisait souvent la conversation : elle avait passé une année cachée dans le maquis pendant l'occupation. En dessous d'elle habitait une monteuse de cinéma qui un peu plus tard céda son appartement aux Bost. Enfin il y avait au-dessus de ma tête une couturière à qui j'avais quelquefois recours. Ni la façade, ni l'escalier ne payaient de mine, mais je me plaisais dans mon nouveau logis. Nous y passions la plupart de nos soirées car dans les cafés trop de gens nous importunaient.

Chaque semaine, je trouvais dans mon casier une enveloppe timbrée de Chicago ; je sus pourquoi en Algérie, j'avais si rarement reçu des nouvelles d'Algren : il m'avait écrit à Tunis au lieu de Ténès. La lettre lui revint ; il me la renvoya. C'était une chance qu'elle se fût perdue car, sur le moment, elle m'aurait beaucoup peinée. Parlant dans des meetings en faveur de Wallace, il était tombé amoureux d'une jeune femme, m'écrivait-il ; elle était en instance de divorce et il avait envisagé de l'épouser ; elle se faisait psychanaly- ser, elle n'avait pas voulu s'engager dans une histoire avant la fin de sa cure ; quand la lettre m'atteignit, en décembre, ils ne se voyaient presque plus. Mais il précisait : « Je n'aurai pas d'affaire avec cette femme, elle ne représente plus grand-chose pour moi. Mais ce qui ne change pas c'est mon désir de posséder, un jour, ce que pendant trois ou quatre semaines elle a représenté : un endroit à moi pour y vivre, avec une femme à moi et même un enfant à moi. Ce n'est pas extraordinaire de souhaiter ces choses, c'est même un désir très commun, sauf que je ne l'avais jamais éprouvé. C'est peut-être parce que je vais avoir quarante ans. Vous, c'est différent. Vous avez Sartre et aussi un certain genre de vie : des gens, un intérêt vivant dans les idées. Vous êtes plongée dans la vie culturelle française et chaque jour vous tirez une satisfaction de votre travail et de votre vie. Tandis que Chicago est presque aussi loin de tout qu'Uxmal. Je mène une existence stérile, centrée exclusivement sur moi-même : je ne m'en accommode pas du tout. Je suis rivé ici, parce que, comme je vous l'ai dit et comme vous l'avez compris, c'est mon travail d'écrire sur cette ville et je ne peux le faire qu'ici. Inutile de revenir sur tout ça. Mais ça ne me laisse à peu près personne avec qui parler. En d'autres termes, je me suis pris à mon propre piège. Sans le vouloir clairement, je me suis choisi la vie qui convenait le mieux au genre de littérature que je suis capable de faire. Les gens qui s'occupent de politique, les intellectuels, m'ennuient, ils me paraissent sans réalité ; les gens que je fréquente à présent me semblent plus vrais : putains, voleurs, drogués, etc. Cependant ma vie personnelle s'en trouve sacrifiée. Cette histoire m'a aidé à mieux voir les choses entre nous ; l'an dernier, j'aurais eu peur de gâcher quelque chose en ne vous étant pas fidèle. Maintenant je sais que c'était idiot, parce que des bras n'ont aucune chaleur, quand ils se trouvent de l'autre côté de l'océan, et que la vie est trop courte et trop froide pour qu'on renonce à toute chaleur pendant tant de mois. »

Dans une autre lettre, il reprenait le même thème : « Après ce malheureux dimanche où j'ai commencé à tout gâcher, dans le restaurant de Central Park, j'ai gardé ce sentiment dont je vous ai parlé dans ma dernière lettre, de vouloir quelque chose *à moi*. C'était en grande partie à cause de cette femme qui pendant quelques semaines m'a paru si proche et si chère (ce n'est plus ainsi ; mais ça n'y change rien). Si ce n'avait pas été elle, ç'aurait été une autre ; ça ne signifie pas que j'avais cessé de vous aimer, mais vous étiez si loin, ça me semblait si long avant de vous revoir... Ça semble un peu absurde de parler de ces choses qui sont dépassées. Mais ça vaut autant, puisque vous ne pouvez pas vivre exilée à Chicago ni moi en exilé à Paris, et que je devrai toujours revenir ici, à ma machine à écrire et à ma solitude, et sentir le besoin de quelqu'un de proche, parce que vous êtes si loin... »

Il n'y avait rien à répondre ; il avait raison, absolument : ce n'en était pas plus consolant ; j'aurais eu un poignant regret si cette histoire s'était alors brisée. Le bonheur des jours et des nuits de Chicago, du Mississippi, du Guatemala, cette fin hâtive l'eût réduit en mirage. Heureusement, peu à peu, les lettres d'Algren se réchauffèrent. Il me racontait sa vie au jour le jour. Il m'envoyait des coupures de journaux, des tracts édifiants contre l'alcool et le tabac, des livres, du chocolat, deux bouteilles de vieux whisky, camouflées dans d'énormes sacs de farine. Il me dit aussi qu'il viendrait à Paris en juin, il retenait sa place sur un bateau. Je me rassérénai, mais par moments je réalisais avec angoisse que notre histoire était vouée à finir, et bientôt. Quarante ans. Quarante et un. Ma vieillesse couvait. Elle me guettait au fond du miroir. Cela me stupéfiait qu'elle marchât vers moi d'un pas si sûr alors qu'en moi rien ne s'accordait avec elle.

*

Dès le mois de mai avait commencé à paraître dans *Les Temps modernes* mon étude sur *La Femme et les mythes*. Leiris me dit que Lévi-Strauss me reprochait, touchant les sociétés primitives, certaines inexactitudes. Il était en train de terminer sa thèse sur *Les Structures de la parenté* et je lui demandai de me la communiquer. Plusieurs matins de suite j'allai chez lui ; je m'installais devant une table, je lisais une copie dactylographiée de son livre ; il confirmait mon idée de la femme comme *autre ;* il montrait que le mâle demeure l'être essentiel, jusqu'au sein de ces sociétés matrilinéaires qu'on dit matriarcales. Je continuais à fréquenter la Nationale ; c'est un plaisir et un repos de se remplir les yeux avec des mots qui existent déjà, au lieu d'arracher des phrases au vide. A d'autres moments j'écrivais, dans ma chambre le matin et l'après-midi chez Sartre : de ma table, entre deux ratures, je regardais la terrasse des Deux Magots et la place Saint-Germain-des-Prés. Le premier volume fut achevé au cours de l'automne et je décidai de le porter tout de suite à Gallimard. Comment l'appeler ? J'y rêvai longtemps avec Sartre. *Ariane, Mélusine* : ce genre de titre ne convenait pas puisque je refusais les mythes. Je pensais à *L'Autre, La Seconde* : ça avait déjà servi. Un soir, dans ma chambre, nous avons passé des heures à jeter des mots, Sartre, Bost et moi. Je suggérai : *L'Autre sexe* ? non. Bost proposa : *Le Deuxième Sexe* et réflexion faite, cela convenait tout à fait. Je me mis alors à travailler d'arrache-pied au tome deux.

Deux fois par semaine, dans le bureau de Sartre, je retrouvais les collaborateurs habituels des *Temps modernes* : Merleau-Ponty, Colette Audry, Bost, Cau, Erval, Guyonnet, Jeanson, Lefort, Pontalis, Pouillon, J.-H. Roy, Renée Saurel, Stéphane, Todd ; beaucoup de monde pour cette petite pièce qui se remplissait de fumée ; nous buvions des alcools blancs, que Sartre recevait de sa famille d'Alsace, nous passions le monde en revue et nous faisions des projets.

En octobre ou novembre, Gaston Gallimard demanda à Sartre un entretien. Malraux avait été mis en cause dans le numéro de juillet des *Temps modernes* d'une manière qui l'avait désobligé. Merleau-Ponty citait un article du *New York Times* qui félicitait Malraux de s'être rallié au gaullisme, restant ainsi fidèle à son ancienne position trotskyste ; il reproduisait ensuite la réponse indignée de la veuve de Trotsky. « *Malraux n'a jamais été un sympathisant du trotskysme, au contraire... Malraux qui a en apparence rompu avec le stalinisme ne fait que servir ses anciens maîtres en essayant d'établir un lien entre le trotskysme et la réaction.* » Le dossier était complété par la lettre d'un Américain révélant que Malraux, sollicité en deux circonstances par Trotsky de porter un témoignage en sa faveur, s'était chaque fois dérobé. Merleau-Ponty rappelait qu'avant 39 Malraux avait effectivement choisi Staline contre Trotsky ; il lui reprochait de prétendre le contraire et d'assimiler le gaullisme au trotskysme. Aussitôt Malraux avait été trouver Gallimard, le mena-çant de représailles s'il ne nous vidait pas. Sartre prit la chose gaiement, au grand soulagement de Gaston Gallimard qui déclara d'un ton pénétré à ses collabora-teurs : « Celui-là, c'est un vrai démocrate ! » Julliard nous offrit l'hospitalité. Malraux tenta d'intimider son associé, Laffont, chez qui devaient paraître les *Mémoires* de De Gaulle : il ne plairait sans doute pas au général d'être édité par la même maison que *Les Temps modernes,* il se pourrait qu'il reprît son manuscrit... Néanmoins nous nous transportâmes en décembre de l'autre côté de la rue de l'Université.

Sartre eut une autre contrariété. La production des *Mains sales* à New York fut un four. Le texte avait été saboté. Boyer qui tenait le rôle d'Hoederer avait tiqué lui aussi sur la réplique : « Il est vulgaire. » Il avait fait dire à Jessica : « He looks like a king. » On avait ajouté un couplet sur l'assassinat de Lincoln et tout chamboulé. La pièce était devenue un incroyable mélo ; Sartre essaya de faire interrompre les représentations et il intenta un procès à Nagel qui les avait autorisées sans son accord.

Les choses allaient toujours aussi mal. Le R.P.F. s'était effondré : c'est que la bourgeoisie n'en avait plus besoin ; à nouveau unie et forte, elle avait remporté, contre un prolétariat divisé, une sombre victoire : il avait perdu la bataille des salaires. Malgré l'aide Marshall, malgré l'accroissement de la production et une excellente récolte, les prix avaient doublé entre l'été 47 et cet automne 48 : jamais le pouvoir d'achat des ouvriers n'avait été aussi bas. Le 4 octobre, 300 000 mineurs commencèrent une grève qui dura huit semaines. Jules Moch envoya de nouveau contre eux les C.R.S. qui en tuèrent deux. 2 000 furent mis en prison, 6 000 licenciés. Les dockers, les cheminots cessèrent aussi le travail. En vain. Les espoirs socialistes de 44 étaient bien morts. Sur tous les points le programme du C.N.R. avait fait long feu. La classe au pouvoir était résolument colonialiste. Le verdict de Tananarive fut rendu le 5 octobre : six condamnés à mort, parmi lesquels deux députés. En Indochine, les dirigeants montaient contre le Viet-Minh l'opération Bao-Dai[1], dont l'inefficacité sautait aux yeux. Depuis 1947, *Les Temps modernes* dénonçaient l'imbécillité et les horreurs de cette guerre. Nous rencontrions souvent Van Chi, attaché culturel à la délégation du Viet-Nam — qui paradoxalement existait encore — dont il nous fit connaître le président. Bourdet prenait part à ces entretiens.

Le blocus de Berlin se prolongeait. En Chine, Mao Tsé-toung remportait de foudroyantes victoires, Nankin

---

1. Il signa le 8 mars les accords Auriol-Bao-Daï.

s'effondrait : on se demandait si les U.S.A. n'allaient pas intervenir. En ce cas, pensait-on, ils concentreraient leurs forces en Extrême-Orient, abandonnant provisoirement l'Europe aux Russes qui l'envahiraient ; ensuite les deux grandes puissances s'affronteraient en Allemagne et en France. Un des bellicistes américains les plus forcenés, Forrestal, eut des visions si horribles de l'Armée Rouge envahissant toute la terre et New York, il poussa de tels hurlements qu'on dut l'enfermer : il se jeta du seizième étage de la clinique. En France, la droite propageait sciemment l'épouvante ; elle claironnait à deux voix, simultanées ou alternées : 1º le régime soviétique est atroce, il entraîne nécessairement misère, famine, dictature, meurtre. 2º sans l'aide de l'Amérique nous ne serons pas défendus : l'Armée Rouge atteindra Brest en moins d'une semaine et nous subirons les horreurs de l'occupation. C'est dans cet esprit de panique dirigée que *Carrefour* — dans le même numéro où il annonçait triomphalement : *Thomas Dewey, 33ᵉ président des États-Unis entre à la Maison Blanche un balai à la main* — lançait une enquête : « *Que feriez-vous si l'Armée Rouge occupait la France ?* » Le véritable danger, c'était en fait le Pacte atlantique que Robert Schumann, partisan de la « petite Europe », se préparait à signer : il couperait définitivement le monde en deux et jetterait la France dans la guerre si jamais l'Amérique la déclenchait.

Un grand nombre de mouvements pacifistes naquirent ou se développèrent à ce moment-là. Le plus bruyant fut celui de Gary Davis. Ce « petit homme », comme on l'appelait alors, s'installa le 14 septembre sous le péristyle de l'O.N.U., considéré comme terrain international ; il déclara dans des interviews qu'il renonçait à la nationalité américaine pour devenir « citoyen du monde ». Le 22 octobre se constitua autour de lui un « conseil de solidarité » qui réunissait Breton, Camus,

Mounier, Richard Wright, récemment installé à Paris ; le jour où, en novembre, Davis fit un esclandre à l'O.N.U., Camus donna dans un café voisin une conférence de presse où il prit son parti ; Bourdet l'appuya par un éditorial et désormais *Combat* consacra chaque mois une page au mouvement *Pour un gouvernement mondial*. Le 3 décembre, il y eut salle Pleyel une séance où Camus, Breton, Vercors, Paulhan défendirent cette idée. Camus fut blessé que Sartre refusât d'y participer, et il triomphait en nous annonçant que le meeting du 9 décembre avait rassemblé au Vel' d'Hiv' vingt mille personnes. Sartre s'accordait entièrement avec les communistes pour penser que l'affaire Gary Davis n'était que du vent. Cela nous faisait rire lorsque la droite accusait Davis d'être « payé par Moscou ». Son idée n'était pas neuve ; on avait beaucoup parlé depuis un an de « fédération mondiale ». Sa démarche n'avait non plus rien d'étonnant : l'Amérique fourmille d'excentriques inspirés qui lancent avec pompe des slogans simplistes. Ce qui est significatif c'est qu'il ait été pris au sérieux en Europe par des intellectuels « de gauche ».

Quelques jours après le meeting du 9 décembre où Camus avait parlé pour la paix, Van Chi lui présenta une pétition que faisaient circuler Sartre et Bourdet contre la guerre en Indochine. Il ne la signa pas : « Je ne veux pas faire le jeu des communistes. » Il descendait rarement des grands principes aux cas particuliers. Sartre pensait que c'est en luttant contre toutes les guerres une à une qu'on travaille à la paix du monde.

Le R.D.R. voulait rallier les forces socialistes de l'Europe à une politique définie, le neutralisme. Sartre l'envisageait comme un groupe restreint, mais assez dynamique pour peser sur l'opinion et par elle sur les événements. Rousset prétendait à une action de masse : « Nous sommes cinquante mille, disait-il en février (cinq mille eût été un chiffre plus exact). Nous serons

trois cent mille en octobre, ou nous aurons perdu. »
Nous avions beaucoup moins de sympathie pour lui
qu'au départ. Il était possédé par une ambition d'autant
plus inquiétante qu'elle était vide ; son assurance recouvrait des abîmes d'incertitude et d'ignorance ; sa complaisance à lui-même était vertigineuse. Le son de sa
propre voix le grisait : il lui suffisait de parler pour se
croire. Il évoquait l'immensité de « l'audience » à
laquelle le mouvement avait déjà accédé, sans s'inquiéter des lamentables défaillances du travail d'organisation : souvent quand des gens venaient pour une
réunion de quartier, ils trouvaient fermée la porte du
local, et personne n'avait la clé. Il n'aimait que les
meetings : il y déclamait et s'exaltait. Le R.D.R. en
organisa un salle Pleyel au début de décembre : on
invita des intellectuels de différents pays à parler de la
paix. Camus intervint, ainsi que Rousset, Sartre, Plievier, l'auteur de *Stalingrad,* Carlo Levi, Richard Wright
dont je traduisis le discours. Il y eut beaucoup de monde
et d'applaudissements. Rousset fit une diatribe anticommuniste. Un clivage était en train de s'opérer au
sein du R.D.R. ; la majorité voulait s'aligner sur l'action
sociale du P.C. ; une minorité — qui comprenait la
plupart des responsables — sous prétexte que les
communistes traitaient le Rassemblement avec hostilité, glissait à droite.

Rousset nous annonça qu'il avait trouvé le moyen de
se procurer l'argent dont le R.D.R. avait besoin : il
partait pour les U.S.A. avec Altmann au début de
février ; ils allaient contacter le C.I.O.[1]. Nous ignorions
encore à quel point le C.I.O. épaulait le gouvernement
dans sa lutte contre le communisme, mais nous savions
qu'il faisait de la collaboration de classe et Sartre

---

1. C'était le syndicat américain qui se situait le plus à gauche et
Rousset jouait sur cette équivoque.

n'approuva pas cette démarche. Le R.D.R. était un mouvement européen : des Américains pouvaient, comme Richard Wright, sympathiser avec lui, mais non le financer.

L'étiquette « Américain de gauche » ne représentait d'ailleurs qu'une très incertaine garantie ; nous nous en rendîmes compte l'après-midi où Wright réunit dans les salons d'un grand hôtel des intellectuels français et américains. Je fis la connaissance de Daniel Guérin avec qui je discutai sur les aspects économiques du problème noir américain ; celle d'Antonina Vallentin, auteur d'excellentes biographies de Heine et de Mirabeau. Sartre, d'autres, prononcèrent quelques mots. L'Américain Louis Fischer, qui pendant plusieurs années avait été journaliste à Moscou et sympathisant envers les Soviets, prit la parole pour attaquer l'U.R.S.S. Il entraîna Sartre dans un coin et lui exposa les horreurs du régime soviétique. Il continua pendant que nous dînions chez Lipp avec les Wright. Les yeux brillants d'un fanatisme égaré, il racontait à perdre haleine des histoires de disparition, de trahison, de liquidation, vraies sans doute, mais dont on ne comprenait ni le sens ni la portée. Il nous vanta en contrepartie les vertus de l'Amérique : « Nous détestons la guerre : c'est pour ça que nous envisageons de lâcher des bombes avant. »

Sartre concevait le R.D.R. comme une médiation entre l'aile avancée de la petite bourgeoisie réformiste et le prolétariat révolutionnaire : c'est dans ces milieux que recrutaient les communistes. Plus nettement que jamais, Sartre était donc pour eux un adversaire. Au congrès de Wroclaw, qui devait sceller l'alliance des intellectuels du monde entier en faveur de la paix, Fadéev l'avait traité de « chacal à stylographe » et accusé de « mettre l'homme à quatre pattes ». Avec l'affaire Lyssenko, le dogmatisme stalinien s'immisçait dans la science même ; Aragon, qui n'y connaissait rien, démontra dans *Europe* que Lyssenko avait raison ; l'art n'était pas plus libre : tous les communistes durent admirer les *Marchandes de poisson* de Fougeron exposées au Salon d'Automne. Lukacs, de passage à Paris, en janvier, s'attaqua au « cogito décadent de l'existentialisme ». Dans une interview qu'il donna dans *Combat,* Sartre rétorqua que Lukacs n'entendait rien au marxisme. La réplique de Lukacs, la seconde réponse de Sartre, parurent ensemble dans un numéro ultérieur. A Paris, en février, Ehrenbourg expliqua que Sartre lui avait naguère inspiré de la pitié : depuis *Les Mains sales* il n'éprouvait plus à son égard que du mépris. Enfin Kanapa avait été mis à la tête de *La Nouvelle Critique* dont chaque numéro ou presque contenait un éreintement de l'existentialisme en général, de Sartre en particulier.

Il ne se faisait pas moins étriller par la revue qui se créa en février, sous la direction de Claude Mauriac, *Liberté de l'Esprit,* et qui se vouait à défendre les « valeurs occidentales ». L'équipe réunissait des R.P.F. et d'anciens collabos. Un nouveau venu, Roger Nimier, auteur d'un mauvais petit roman *Les Épées* se fit remarquer dans le premier numéro en écrivant à propos de la guerre : « *Nous ne la ferons pas avec les épaules de M. Sartre ni avec les poumons de M. Camus (et encore moins avec la belle âme de M. Breton).* » L'allusion aux « poumons de Camus » écœura tant de gens qu'il dut s'en excuser. Dans les numéros qui suivirent, les « valeurs occidentales » brillaient par leur absence mais la croisade anticommuniste était menée avec entrain.

L'antisoviétisme faisait feu de tout bois. En novembre, une Russe blanche, la Kosenkina, sauta à New York par la fenêtre du consulat soviétique. On mena grand tapage autour de ce mélo.

En janvier s'ouvrit le procès Kravtchenko ; il poursuivit en diffamation *Les Lettres françaises* : elles avaient révélé que son livre, *J'ai choisi la liberté,* avait été fabriqué par les services américains. J'allai avec Sartre à une des audiences qui fut languissante ; pourtant cette affaire, qui remplit les journaux pendant des semaines, avait un très grand intérêt : c'était le procès de l'U.R.S.S. Les anticommunistes, appuyés par M. Queuille et par Washington, mobilisèrent des nuées de témoins ; les Russes de leur côté en envoyèrent de Moscou. Personne ne gagna. Kravtchenko obtint un dédommagement, mais très inférieur à ce qu'il avait réclamé, et il sortit de là bien défraîchi. Cependant, quels que fussent ses mensonges et sa vénalité, et bien que la plupart de ses témoins fussent aussi suspects que lui, une vérité ressortait de leurs dépositions : l'existence des camps de travail. Logique, intelligent, confirmé d'ailleurs par de nombreux faits, le récit de Mme Beuber Newmann emportait la conviction : au lendemain du pacte germano-soviétique, les Russes avaient livré à Hitler des déportés d'origine allemande. Ils n'exécutaient pas massivement les détenus, mais l'exploitation et les mauvais traitements allaient si loin que beaucoup mouraient. Le nombre des victimes, on en ignorait l'ordre de grandeur. Mais nous commençâmes à nous demander si l'U.R.S.S. et les démocraties populaires méritaient d'être appelées des pays socialistes. Certainement le cardinal Mindzenty était coupable : comment l'avait-on persuadé de l'avouer ? Il confessait tout ce qu'on voulait. Que se passait-il en Bulgarie ? Que signifiait le « limogeage » de Dimitrov ? Les communistes déclenchaient dans tous les pays une offensive de paix ; c'était, pensions-nous, parce qu'ils avaient intérêt à prolonger la trêve qui leur permettait de préparer la guerre.

Sartre continuait à réfléchir sur sa situation divisée et sur le moyen de la dépasser ; il lisait, il amoncelait des notes. Il écrivait aussi la suite de *La Mort dans l'âme* qui devait s'appeler *La Dernière Chance.* Pour travailler tranquillement, nous allâmes dans le Midi. Je choisis sur la côte de l'Esterel un hôtel isolé, en forme de navire et directement posé sur l'eau ; la nuit le bruit des vagues entrait dans ma chambre et je me croyais en pleine mer. Mais la solennité des repas dans la vaste salle à manger déserte nous coupait l'appétit. Il y avait peu de promenades possibles, la montagne s'élevant abruptement derrière nous. Nous émigrâmes dans un endroit plus clément : *le Cagnard,* dans le haut de Cagnes. Nous avions, au dernier étage, des chambres plaisantes : la mienne était flanquée d'une terrasse où nous nous asseyions pour causer. De légères fumées, qui sentaient bon le bois brûlé, montaient des toits de tuile et on apercevait la mer au loin. Nous marchions parmi les arbres en fleurs, nous allions à Saint-Paul-de-Vence, moins sophistiqué qu'aujourd'hui ; quelquefois nous faisions une promenade en taxi. Sartre était très gai, mais inquiet parce que M. se disposait à s'installer en France ; il essayait de l'en dissuader.

Le premier volume du *Deuxième Sexe* allait paraître ; je terminais le second dont je voulais donner des extraits aux *Temps modernes.* Lesquels ? Les derniers chapitres convenaient, mais ils n'étaient pas tout à fait au point. Nous optâmes pour ceux que je venais d'achever, sur la sexualité féminine.

Depuis quelque temps, je pensais à un roman. J'y rêvais souvent tandis que nous roulions à travers des bois de pins, que nous marchions dans des champs de lavande. Je commençai à prendre quelques notes.

Quand nous revînmes à Paris au bout de trois semaines, la date prévue pour la signature du Pacte atlantique — le 4 avril — approchait. Gilson, appuyé par Beuve-Méry, l'attaquait dans *Le Monde.* Dans *Combat,* Bourdet suggéra la création d'un « bloc neutre » doté d'armements, décidé à défendre non des bases américaines, mais l'indépendance de l'Europe. D'autre part, le Mouvement de la Paix, créé par les communistes, rassembla le 20 avril ses « partisans » salle Pleyel, sous la présidence de Joliot-Curie. Le congrès, dont Picasso dessina l'emblème, sa célèbre colombe, s'acheva par une manifestation de masse à Buffalo.

Rousset était rentré en France, rapportant d'Amérique un projet de « journées d'études » consacrées à la paix et qui devaient s'ouvrir dix jours après le congrès de Pleyel. Nous comprîmes tout de suite qu'il les concevait comme une riposte au Mouvement de la Paix. Altmann publiait dans *Franc-Tireur* un reportage sur les U.S.A. Quelle idylle ! Le régime n'était pas socialiste, non, mais pas capitaliste non plus : c'était une civilisation syndicaliste. L'égalité n'y régnait pas, non, il y avait même des taudis : mais quel confort ! On avait ouvert un procès contre des communistes, soit : mais ils parlaient librement dans les rues. Noirs et Blancs fraternisaient. Et en somme c'étaient les ouvriers qui gouvernaient [1]. Quant à Rousset, il me fit la plus déplaisante impression. Il raconta combien sa tournée avait été triomphale, quels repas on lui avait offerts, quelle « audience » il avait obtenue. Il fit l'apologie des dirigeants syndicalistes, de Mme Roosevelt, du libéralisme américain. Il avait recueilli des flatteries, quelques subventions, et il avait retourné sa veste. (Ou peut-être la portait-il déjà de ce côté-là, avant...) Je protestai contre son tableau des U.S.A. Il pointa vers moi un doigt accusateur et fit rouler sa voix dans sa bouche : « C'est facile, Simone de Beauvoir, en France, aujourd'hui, de dire du mal de l'Amérique ! » Parmi les gens dont il envisageait la participation aux débats, il cita

1. « La dignité et la défense ouvrière pèsent de tout leur poids sur les affaires publiques. »

245

Sydney Hook : je l'avais rencontré à New York ; cet ancien marxiste était devenu un anticommuniste forcené. Sartre demanda qu'au lieu de discuter en public avec des étrangers on convoquât un congrès intérieur, qui réunirait le plus grand nombre possible de militants de province. L'argent manquait, objecta Rousset. Qui donc finançait la « Journée de la résistance à la dictature et à la guerre » ? Et d'ailleurs, de quelle « dictature » s'agissait-il ? Richard Wright, pressé par l'ambassade américaine de participer à la manifestation, dit à Sartre qu'il trouvait cette insistance suspecte. Sartre se demandait s'il allait y paraître pour défendre contre Rousset ses propres points de vue, ou s'abstenir ; pour une fois je lui donnai un conseil politique : sa présence serait plus remarquée que ses paroles ; il ne devait pas y aller. Le 30 avril, Merleau-Ponty, Wright et Sartre envoyèrent au Vel' d'Hiv. un message collectif dirigé contre la politique du State Department. On lut des messages nuageux de Gary Davis, de Mme Roosevelt. Sydney Hook et un député socialiste hollandais nommé Kadt exaltèrent, contre la dictature stalinienne, les vertus du plan Marshall ; quelqu'un fit l'apologie de la bombe atomique ; il y eut des rumeurs dans la salle et des trotskystes s'emparèrent de la tribune. Sartre réunit à ses frais le Congrès R.D.R. et l'assemblée se prononça contre Rousset. Le mouvement cessa d'exister. Sur le moment, nous crûmes que le seul tort de Sartre avait été de faire confiance à Rousset et à Altmann qui, plus ambitieux, plus agités, l'emportèrent sur des hommes honnêtes ; le groupement était si restreint qu'à ce niveau les petites causes jouent et surtout les questions de personnes ; son éclatement ne prouvait pas qu'il fût d'avance voué à l'échec. Bientôt, Sartre pensa le contraire. « *Éclatement du R.D.R. Coup dur. Nouvel et définitif apprentissage du réalisme. On ne crée pas un mouvement* [1]. » Attirer les masses, il n'avait pas eu cette ambition ; mais se contenter d'un petit mouvement, c'était de l'idéalisme : si quatre ouvriers du R.D.R. participaient à une grève organisée par les communistes, ils n'en modifieraient pas le contenu. « *Les circonstances ne favorisaient le rassemblement qu'en apparence. Il répondait bien à un besoin abstrait, défini par la situation objective : mais non à un besoin réel chez les gens. Aussi n'y sont-ils pas venus* [1]. »

*

Je pris beaucoup de plaisir au *Saint-Glinglin* de Queneau : à son langage, son sauvage humour, sa vision tranquillement horrible de l'existence. J'admirai — un peu moins tout de même que ses premières œuvres — *Pompes funèbres* de Genet. Le *Stalingrad* de Plievier était un documentaire terrifiant. En Amérique venait de paraître l'enquête du Dr Kinsey sur « le comportement du mâle américain » : beaucoup de bruit pour peu de chose.

Après avoir vécu à Vienne, puis à Belgrade, ma sœur et Lionel étaient venus à Paris. Ils louèrent à Louveciennes un joli hôtel du XVIIIᵉ siècle, un peu délabré, flanqué d'un grand jardin plein de fleurs folles. Nous nous vîmes souvent. Avec Olga j'allai un soir écouter du jazz à la Rose Rouge que dirigeaient rue de la Harpe Mireille Trépel — une ancienne du Flore — et Nico ; ils émigrèrent rue de Rennes, face à l'immeuble où j'avais passé mon adolescence. J'y entendis les frères Jacques : leur vogue était énorme et méritée. Au théâtre des Champs-Élysées, Boris Kochno montait un nouveau ballet, *La Rencontre* ; Cocteau et Bérard demandèrent à Sartre un texte de présentation ; nous assistâmes à une

1. Notes inédites.

répétition ; gracieuse et appliquée, Leslie Caron en collant noir, prêtait au Sphinx le mystère de ses quinze ans. Elle conquit le public empanaché de la générale. Nous trouvâmes peu d'intérêt aux ballets de Katherine Dunham qui firent courir Paris. Pour *L'État de siège* de Camus, nous nous abstînmes, non par manque d'amitié. Nous vîmes au Marigny *Les Fourberies de Scapin* : Barrault avait choisi de n'être qu'un commerçant.

Très proche politiquement de Bourdet — qui un peu plus tard écrivit des chroniques politiques pour *Les Temps modernes* — Sartre me demanda un après-midi d'aller au cocktail que donnait Ida. Elle recevait très bien, et il y avait énormément de monde : trop. Tous ces gens, que tant de choses séparaient et qui se frappaient sur l'épaule, cela me jeta dans un profond malaise. Altmann, qu'à l'époque je croyais de gauche, tomba dans les bras de Louis Vallon ; et moi-même, quelles mains n'ai-je pas serrées ! Van Chi errait dans la cohue, l'air aussi malheureux que moi. Sourire aussi cordialement à des adversaires qu'à ses amis, c'est ramener les engagements à des opinions, et tous les intellectuels, droite ou gauche, à leur commune condition bourgeoise. C'est elle qu'on m'imposait ici comme ma vérité et c'est pourquoi j'eus cette cuisante impression de défaite.

*

Au début de juin, j'endossai le manteau blanc que j'avais porté, deux aux plus tôt, à Chicago et j'allai chercher Algren gare Saint-Lazare, à l'arrivée du train transatlantique. Comment allions-nous nous retrouver ? Nous nous étions mal quittés ; mais il venait. Je guettai les rails, le train, le flot des voyageurs : je ne l'aperçus pas ; les derniers wagons se vidaient, ils étaient vides : Algren n'était pas là. J'attendis encore un long moment ; il n'y avait plus personne sur le quai quand je me décidai à tourner les talons ; je m'éloignai, lentement, jetant encore quelques coups d'œil par-dessus mon épaule : en vain. « J'irai le chercher au train suivant », me dis-je et je rentrai chez moi en taxi. Je m'assis sur mon divan, j'allumai une cigarette, trop désemparée pour lire. Soudain, une voix américaine monta de la rue ; un homme, chargé d'un lourd barda entrait au Café des Amis, il en ressortait, il s'approchait de la porte. C'était Algren. De son compartiment il avait reconnu mon manteau, mais il était si empêtré dans ses bagages qu'il n'était descendu que longtemps après tous les autres voyageurs.

Il m'apportait du chocolat, du whisky, des livres, des photos, une robe d'intérieur fleurie. Au temps où il était G.I. il avait passé deux jours à Paris, au *Grand Hôtel de Chicago,* du côté des Batignolles. Il n'avait à peu près rien vu. C'était étrange de me dire, marchant à côté de lui rue Mouffetard : « C'est son premier regard sur Paris ; comment lui apparaissent ces maisons, ces boutiques ? » J'étais anxieuse ; je ne voulais pas retrouver ce visage maussade qu'à New York il avait parfois tourné vers moi. L'excès de ma sollicitude le gêna pendant ces premiers jours, m'avoua-t-il plus tard. Mais je me rassurai vite ; il avait l'air rayonnant.

A pied, en taxi, en fiacre une fois, je l'ai promené partout et il aimait tout : les rues, les foules, les marchés. Certains détails le scandalisaient : pas d'escaliers de secours, contre les façades ; pas de garde-fou le long du canal Saint-Martin : « Alors, s'il y a un incendie, on brûle vif ? Je commence à comprendre les Français : si on brûle, on brûle ! si un enfant se noie, il se noie : on ne contrarie pas le destin ! » Il trouvait les automobilistes fous. La cuisine française et le beaujolais le réjouirent, bien qu'il préférât au foie gras la saucisse. Il aimait beaucoup faire son marché dans les magasins du quartier ; le cérémonial des conversations le ravissait : « Bonjour monsieur, comment ça va, merci beaucoup, très bien et vous, beau temps, vilain temps aujourd'hui, au revoir monsieur, merci monsieur » ; à Chicago, on achète en silence, me disait-il.

Je lui ai fait rencontrer mes amis. Avec Sartre la conversation fut un peu difficile parce que Sartre ne sait pas l'anglais et, pour traduire, je manque de patience ; mais ils se plurent. Nous parlâmes un peu de Tito et beaucoup de Mao Tsé-toung : la Chine était si mal connue qu'elle prêtait à toutes les divagations. On s'émerveillait que Mao Tsé-toung écrivît des vers, car on ignorait que tout général, là-bas, taquine le pinceau ; on prêtait à ces révolutionnaires, qui étaient aussi des lettrés, une antique sagesse, composant avec le marxisme un mystérieux et séduisant alliage ; on racontait de belles histoires, d'ailleurs vraies, sur l'alphabet aux champs, le théâtre aux armées, la libération des femmes. On pensait que « la voie chinoise vers le communisme » serait plus souple et plus libérale que la voie russe, et que la face entière du monde socialiste allait s'en trouver changée.

A la Rose Rouge, Bost et Algren confrontèrent leurs souvenirs de G.I. et de deuxième classe. Olga séduisit Algren en écoutant, avec des yeux écarquillés, toutes les histoires qu'il racontait : il en savait des tas et, quand il était à court, il en inventait. Dînant tous les quatre au restaurant de la tour Eiffel — bourré d'Américains, où on mangeait et buvait mal, mais d'où on avait une très belle vue — il a parlé pendant deux heures de ses amis, drogués et voleurs, et je n'arrivais plus à démêler la vérité de la fable ; Bost ne croyait rien, Olga avalait tout. J'ai organisé une soirée chez les Vian : on avait invité Cazalis, Gréco, Scipion. J'amenai Algren à un cocktail donné par Gallimard en l'honneur de Caldwell. Nous allions souvent boire des verres au Montana avec les uns, les autres. Au début, les « gauchistes » de notre groupe, Scipion entre autres, considéraient avec soupçon cet Américain. Agacé par cet antagonisme, il se complaisait à des paradoxes et à des vérités incongrues. Mais quand on sut qu'il avait voté pour Wallace, que ses amis se faisaient tous expulser de la radio et de la télévision pour antiaméricanisme, surtout quand on le connut mieux, il fut adopté. Il avait une grande affection pour Michelle Vian, qu'il appelait Zazou et qui lui servait consciencieusement d'interprète, même quand le feu de la conversation nous emportait. Le 14 juillet, après avoir couru en bande les bals du quartier, nous échouâmes dans un tabac qui ne fermait qu'à l'aube. Queneau était en pleine forme et de temps en temps je me tournais vers Algren : « Il vient de dire quelque chose de très drôle ! » Algren esquissait un sourire un peu contraint. Michelle s'assit à côté de lui et traduisit tout. Il aimait aussi beaucoup Scipion à cause de son rire et il lui trouvait le plus joli nez du monde. Il rencontrait à la bibliothèque, au-dessus du Club Saint-Germain, Guyonnet qui essayait de traduire son dernier roman et qui peinait sur l'argot de Chicago. Guyonnet l'invita à venir un matin boxer avec lui et Jean Cau. Quand il me retrouva pour déjeuner, à la terrasse de la Bouteille d'Or, sur les quais, il se laissa tomber sur sa chaise : « Ces Français ! dit-il, tous cinglés. » Obéissant aux instructions de Guyonnet, il était entré dans une chambre à un sixième étage et il avait été accueilli par une clameur : « Voilà le brave Américain ! » ; par la fenêtre il avait vu Cau et Guyonnet qui lui faisaient signe de les rejoindre sur une terrasse à laquelle on accédait par la gouttière. Pour Algren qui souffre du vertige, c'était une aventure effrayante. La terrasse était un mouchoir de poche et sans garde-fou : on boxait au bord d'un précipice. « Tous cinglés ! » répéta Algren encore légèrement égaré.

Pour lui montrer la foule parisienne, je le conduisis à la fête du 18 juin : l'avenue d'Orléans était rebaptisée « Avenue du Général-Leclerc » au cours d'une cérémonie présidée par la Générale. Comme nous marchions dans la cohue, sous un soleil brûlant, un homme me reconnut : « Votre place n'est pas ici ! » Son œil gaulliste m'assassinait. Nous vîmes ensemble les Van Gogh et les Toulouse-Lautrec du Jeu de Paume. Je lui fis visiter le musée Grévin ; il fut si émerveillé par « le palais des mirages », par l'infini de ses forêts, de ses colonnades, de ses astres et de ses girandoles, par les ruses de ses lumières — de sa « lumière noire » surtout — qu'il y envoya par la suite tous ses compatriotes qui vinrent à Paris. Un après-midi, Sartre loua une Slota ; avec Bost, Michelle, Scipion, nous fîmes un grand tour dans les banlieues ; nous nous promenâmes à Clichy dans le cimetière des chiens : une petite île qu'entoure la Seine ; on y est accueilli par la statue d'un saint-bernard qui a sauvé, je crois, quatre-vingt-dix-neuf personnes. Sur les tombes, des inscriptions affirment la supériorité de la bête sur l'homme ; elles sont gardées par des épagneuls, des fox, des dogues en plâtre. Soudain, Algren donna un coup de pied rageur dans un caniche dont la tête roula sur le sol. « Mais pourquoi ? » lui avons-nous demandé en riant. « Il me regardait d'un air qui ne m'a pas plu », répondit-il. Ce culte rendu à des bêtes l'irritait.

Je crus le divertir en le conduisant aux courses d'Auteuil, mais il ne comprit rien au système français des paris et des annonces. En revanche il fut intéressé par les matches de boxe du Central. Il me remplissait de confusion parce que j'avais gagné un peu de respect humain depuis ma jeunesse et il n'en avait pas une broque. En plein combat, il prenait des photos en utilisant flashes et réflecteur.

Je suis descendue avec lui au Club Saint-Germain

lancé un an plus tôt par Boubal, où s'étaient transportés Vian et Cazalis. Le style Nouvelle-Orléans, encore en vogue au Tabou, y avait cédé la place au be-bop. La cave était bondée; une femme à barbe souriait dans un cadre. A la Rose Rouge, j'ai de nouveau entendu les frères Jacques dans les *Exercices de style*. Algren les aima, mais davantage encore Montand, qui chantait à l'A.B.C. et Mouloudji. Pour la première fois de ma vie je bus du champagne au Lido, à cause d'une attraction que Sartre m'avait recommandée; un ventriloque nommé Winces utilisait comme mannequin sa main gauche; deux boutons de bottines figuraient les yeux, deux doigts maquillés de rouge, les lèvres; là-dessus il flanquait une perruque et en dessous il ajustait un corps; la poupée remuait sa bouche, elle la distendait jusqu'à engloutir une queue de billard, elle fumait, elle tirait la langue — un troisième doigt. Elle était si vivante qu'on croyait vraiment l'entendre parler et quand elle se défit, ce fut comme si un petit être insolent et charmant venait de mourir.

Algren désirait connaître le vieux monde. L'Espagne nous était interdite : pas question de mettre les pieds chez Franco. Nous prîmes l'avion pour Rome : je m'étonnai d'embrasser en un coup d'œil la ville, la mer et une vaste campagne brûlée. Et quel ébahissement, partie de Paris le matin, de déjeuner place Navona! Nous avons beaucoup marché et regardé. Dans une guinguette du Janicule nous avons dîné et joué aux boules avec Carlo Levi ; nous avons déjeuné avec les Silone ; nous avons vu jouer Aïda dans les thermes de Caracalla : j'aimai entendre vrombir un avion au-dessus d'un grand air de Verdi. Une nuit, un fiacre nous a emportés sous l'orage, à travers des rues liquides et noires. Mais il y avait trop de ruines et la ville était trop sage pour le goût d'Algren. Nous partîmes en car pour Naples. Nous

nous arrêtâmes à Cassino : les ruines brûlantes de soleil semblaient aussi lointaines que celles de Pompéi.

Algren aima Naples ; il avait connu la misère, il la coudoyait quotidiennement, il n'éprouvait aucune gêne à se promener dans les quartiers populeux. Je fus plus embarrassée encore qu'au Central quand il se mit à prendre des photos : en fait, les gens souriaient à ses flashes et les enfants se disputaient les ampoules toutes chaudes. On l'accueillit comme un ami quand il revint distribuer les épreuves.

Les Italiens le charmaient. Arrivés à Porto d'Ischia où nous voulions passer quelques jours, nous allâmes au restaurant ; il demanda un verre de lait ; il n'y en avait pas ; le garçon, qui arrivait à la ceinture d'Algren le morigéna : « Mais il ne faut pas boire de lait ! Il faut boire du vin, monsieur : c'est comme ça qu'on devient grand et fort ! » Ce petit port sec, aux lauriers-roses poussiéreux, aux chevaux emplumés ne nous plut pas. Nous poussâmes jusqu'à Forio ; le petit hôtel, à pic au-dessus de la mer, était désert ; il y avait une salle à manger ombreuse, une terrasse ; la patronne nous gavait de lasagnes au four. Sur la place où nous buvions des cafés, on nous montra la veuve de Mussolini. Nous fîmes des excursions en fiacre. Nous restions des heures sur la plage. Dans nos souvenirs, Ischia demeura notre paradis. Mais nous fûmes heureux aussi à Sorrente, à Amalfi, à Ravello et il fut tout de même saisi par les restes de Pompéi.

Un avion nous transporta de Rome à Tunis : les souks, la Mellah fascinèrent Algren. Je ne sais plus comment nous rencontrâmes Amour Hassine, un chauffeur qui conduisait sa famille à Djerba fêter la fin du Ramadan : pour un prix modeste, il nous emmena. L'île était en folie, le soir où nous y arrivâmes ; chez les Musulmans du monde entier, des observateurs guettaient la lune ; si elle se montrait au cours de la nuit, ils en aviseraient par télégrammes tous leurs coreligion-naires, le jeûne prendrait fin ; sinon il durerait encore jusqu'au lendemain soir ; mangeant, buvant, dansant, fumant, scrutant le ciel, les gens tuaient les heures avec une nervosité qu'un délai d'une journée ne me semblait pas justifier. Assis à une table de café, au milieu de musiques déchaînées, Algren fuma le narguilé avec Amour Hassine ; celui-ci nous confessa que dans l'an-née il buvait parfois du vin, qu'il désobéissait souvent au Coran : mais pendant le Ramadan il n'avalait pas une miette, il ne fumait pas une cigarette entre l'aube et le crépuscule : « Ça, Dieu ne le pardonnerait pas ! » dit-il. La tension, la fatigue de ces journées d'abstinence expliquaient la frénésie impatiente de la foule. La lune demeura cachée. La nuit suivante fut calme car il n'y avait plus d'incertitude : le Ramadan était clos.

Nous restâmes trois jours dans l'île. Dans le village juif, Algren regarda avec étonnement les belles femmes aux yeux sombres, coiffées du châle noir traditionnel : « J'en connais d'exactement pareilles à Chicago », me dit-il. Nous visitâmes la synagogue où viennent en pèlerinage des Juifs du monde entier. Nous passions de longs moments dans une grotte, aménagée en taverne ; les bouteilles de bière gisaient dans l'eau d'un petit bassin où le patron, pour les rafraîchir, pataugeait pieds nus. Il fit fumer du kiff à Algren : « Vous verrez : vous allez vous envoler ! » Tous les clients guettaient. Algren sentit comme une légère secousse qui le détacha du sol : mais il retomba tout de suite.

Chez des cousins d'Amour Hassine nous mangeâmes des ragoûts vermillons et nous bûmes des sirops à la violette. Nous remontâmes avec lui sur Tunis par Médénine et Kairouan. Devant les gorfa, Algren écar-quillait les yeux : « Je ne sais vraiment plus où je suis ! » Amour Hassine nous montra une photo qui le représen-tait, un écouteur à l'oreille : « Je téléphonais à Paris ! »

nous dit-il glorieusement. Il était fier de conduire un Américain, mais il ne comprenait pas que celui-ci ne possédât pas de voiture. « Tout le monde n'est pas riche, là-bas », dit Algren. Hassine réfléchit ; comme nous achetions souvent des beignets et des « briques » il demanda : « Il y a des œufs en Amérique ? Il y a du lait ? — ... — Alors emmenez-moi : nous nous installons à un carrefour, nous faisons des crêpes et des beignets et nous sommes riches. » Il avait deux haines : la France, et Israël ; la première, il ne l'exprima qu'à mots couverts, à cause de moi ; mais sur les Juifs, Algren ne bronchant pas, il vidait son cœur : « Ils n'ont jamais eu de drapeau : et maintenant ils veulent un pays à eux ! »

Après Tunis, ce fut Alger, puis Fez, Marrakech ; tant de lumière, de couleurs, de beautés, tant de plaies : les yeux d'Algren s'écarquillaient de plus en plus. Il souhaita revoir Marseille où il avait attendu, après la guerre, son bateau pour les U.S.A. Ensuite Olga et Bost nous accueillirent dans leur maison de Cabris : les fenêtres donnaient sur des terrasses d'oliviers et sur la mer lointaine. Le village n'avait guère changé depuis 41. Un soir nous louâmes une auto pour aller perdre un peu — très peu — d'argent au casino de Monte Carlo. Dans un grenier d'Antibes où avait émigré le Club du Vieux-Colombier, nous écoutâmes Luter ; Gréco chanta : « Si tu t'imagines » et « La rue des Blancs-Manteaux ». Algren but beaucoup ; il dansa avec Olga et puis très gracieusement avec une chaise.

Le mois de septembre, à Paris, fut magnifique. Jamais nous ne nous étions mieux entendus. L'année suivante, j'irais à Chicago : j'étais sûre, en quittant Algren, de le retrouver. Pourtant j'avais le cœur dans un étau quand je l'accompagnai à Orly. Il passa le portillon de la douane, il disparut : ça semblait si impossible que tout devenait possible même et surtout de ne plus le revoir jamais. Je regagnai Paris en taxi : les lumières rouges, au sommet des pylônes, me présageaient un affreux malheur.

J'avais dû me tromper. La première lettre d'Algren débordait de gaieté. A l'escale de Gander, un magazine lui avait appris qu'il avait reçu le prix Pulitzer. Cocktails, interviews, radio, télévision : New York l'avait fêté. Un ami l'avait ramené en auto à Chicago. Il était heureux de son voyage en Europe, heureux de se retrouver chez lui. Il m'écrivait : « Nous avons roulé tout le samedi et tout le dimanche, et c'était merveilleux de revoir des arbres américains, et le grand ciel américain, les grandes rivières et les plaines. Ce n'est pas un pays aussi coloré que la France ; ça ne vous prend pas le cœur comme les petits toits rouges quand on vient à Paris par le train transatlantique ou qu'on les survole dans l'avion Marseille-Paris. Ce n'est pas non plus terrible comme la lumière gris-vert de Marrakech. C'est seulement vaste, chaud et facile, sûr et somnolent et ça prend son temps. J'ai été content de lui appartenir, et comme soulagé à l'idée que, où que j'aille, c'était ça, le pays où je pourrai toujours revenir. »

Il me répétait qu'il m'attendait, et la confiance me revint.

*

Le premier tome du *Deuxième Sexe* fut publié en juin ; en mai avait paru dans *Les Temps modernes* le chapitre sur « l'initiation sexuelle de la femme », que suivirent en juin et juillet ceux qui traitaient de « la lesbienne » et de « la maternité ». En novembre le second volume sortit chez Gallimard.

J'ai dit comment ce livre fut conçu : presque fortuitement ; voulant parler de moi, je m'avisai qu'il me fallait décrire la condition féminine ; je considérai d'abord les

257

mythes que les hommes en ont forgés à travers les cosmologies, les religions, les superstitions, les idéologies, les littératures. Je tentai de mettre de l'ordre dans le tableau, à première vue incohérent, qui s'offrit à moi : en tout cas l'homme se posait comme le Sujet et considérait la femme comme un objet, comme l'Autre. Cette prétention s'expliquait évidemment par des circonstances historiques ; et Sartre me dit que je devais aussi en indiquer les bases physiologiques. C'était à Ramatuelle ; nous en parlâmes longtemps et j'hésitai : je n'avais pas envisagé d'écrire un ouvrage aussi vaste. Mais en effet, mon étude sur les mythes restait en l'air si on ne savait pas quelle réalité ils recouvraient. Je me plongeai donc dans des livres de physiologie et d'histoire. Je ne me bornai pas à compiler ; les savants mêmes, et des deux sexes, sont imbus de préjugés virils et j'essayai de retrouver, derrière leurs interprétations, les faits exacts. En histoire je dégageai quelques idées que je n'avais rencontrées nulle part : je liai l'histoire de la femme à celle de l'héritage, c'est-à-dire qu'elle m'apparut comme un contrecoup de l'évolution économique du monde masculin.

Je m'étais mise à regarder les femmes d'un œil neuf et j'allai de surprise en surprise. C'est étrange et c'est stimulant de découvrir soudain, à quarante ans, un aspect du monde qui crève les yeux et qu'on ne voyait pas. Un des malentendus qu'a suscité mon livre, c'est qu'on a cru que j'y niais entre hommes et femmes toute différence : au contraire j'ai mesuré en l'écrivant ce qui les sépare ; ce que j'ai soutenu, c'est que ces dissemblances sont d'ordre culturel et non pas naturel. J'entrepris de raconter systématiquement, de l'enfance à la vieillesse, comment elles se créent ; j'examinai les possibilités que ce monde offre aux femmes, celles qu'il leur refuse, leurs limites, leurs malchances et leurs chances, leurs évasions, leurs accomplissements. Je composai ainsi le second volume : *L'Expérience vécue.*

Je ne passai que deux ans[1] sur cet ouvrage. J'avais des connaissances en sociologie et en psychologie. Je devais à ma formation universitaire des méthodes de travail efficaces : je savais classer et dépouiller rapidement les livres, éliminer ceux qui n'étaient que des démarquages ou des fantaisies ; je fis un inventaire à peu près exhaustif de tout ce qui avait paru en français et en anglais sur la question ; elle a suscité une énorme littérature mais, comme en beaucoup d'autres cas, un petit nombre seulement de ces études comptent. Je profitai aussi, surtout pour le second volume, de cet intérêt que pendant des années nous avions, Sartre et moi, porté aux gens : ma mémoire me fournit d'abondants matériaux.

Le premier volume fut bien reçu : on en vendit vingt-deux mille exemplaires dans la première semaine. On acheta aussi beaucoup le second, mais il scandalisa. Je fus stupéfaite du bruit que suscitèrent les chapitres imprimés dans *Les Temps modernes.* J'avais radicalement méconnu cette « chiennerie française » dont parla Julien Gracq dans un article où — bien qu'il me comparât à Poincaré discourant dans les cimetières — il me félicitait de mon « courage ». Ce mot m'étonna, la première fois que je l'entendis. « Que vous avez été courageuse ! me dit Claudine Chonez avec une admiration apitoyée. — Courageuse ? — Vous allez perdre beaucoup d'amis ! » Si je les perds, pensais-je, ce ne sont pas des amis. De toute façon, j'aurais écrit ce livre comme j'avais envie de l'écrire ; mais pas un instant l'héroïsme ne m'avait effleurée. Les hommes de mon

1. Commencé en octobre 46, je l'achevai en juin 49 ; mais je passai, en 47, quatre mois en Amérique et *L'Amérique au jour le jour* m'occupa six mois.

entourage — Sartre, Bost, Merleau-Ponty, Leiris, Giacometti et l'équipe des *Temps modernes* — étaient, sur ce point aussi de vrais démocrates : j'aurais plutôt craint, si je n'avais songé qu'à eux, d'avoir enfoncé des portes ouvertes. On me le reprocha d'ailleurs : mais aussi d'inventer, de travestir, de divaguer, de délirer. On me reprocha tant de choses : tout ! D'abord, mon indécence. Les numéros juin-juillet-août des *Temps modernes* s'enlevèrent comme des petits pains : mais on les lisait, si j'ose dire, en se voilant la face. A croire que Freud et la psychanalyse n'avaient jamais existé. Quel festival d'obscénité, sous prétexte de fustiger la mienne ! Le bon vieil esprit gaulois coula à flots. Je reçus, signés ou anonymes, des épigrammes, épîtres, satires, admonestations, exhortations que m'adressaient, par exemple, des « membres très actifs du premier sexe ». Insatisfaite, glacée, priapique, nymphomane, lesbienne, cent fois avortée, je fus tout, et même mère clandestine. On m'offrait de me guérir de ma frigidité, d'assouvir mes appétits de goule, on me promettait des révélations, en termes orduriers, mais au nom du vrai, du beau, du bien, de la santé et même de la poésie, indignement saccagés par moi. Bon. C'est monotone de tracer des graffiti dans les lavabos ; que des maniaques sexuels préfèrent m'envoyer leurs élucubrations, je pouvais le comprendre. Mais Mauriac, tout de même ! Il écrivit à un des collaborateurs des *Temps modernes* : « J'ai tout appris sur le vagin de votre patronne » : ce qui montre que, dans le privé, il n'avait pas peur des mots. A les voir imprimés, il souffrait tant qu'il ouvrit une enquête dans *Le Figaro littéraire* : il pressait la jeunesse de condamner la pornographie en général et mes articles en particulier. Le succès fut maigre. Bien qu'on eût étouffé les réponses de Pouillon, de Cau, qui avaient volé à mon secours — et sans doute de bien d'autres — j'eus des défenseurs : entre autres,

Domenach ; les chrétiens ne s'indignaient que molle-
ment et dans l'ensemble la jeunesse ne semblait guère
outrée par mes débordements verbaux. Mauriac s'en
affligea. Juste à point pour clore l'enquête, une angéli-
que jeune fille lui envoya une lettre qui comblait si
exactement ses vœux que nous fûmes nombreux à nous
ébaudir de cette chance ! Cependant, dans les restaurants, les cafés — qu'avec Algren je fréquentais plus
qu'à mon habitude — il arriva souvent qu'on ricanât en
me désignant du regard ou même du doigt. Pendant
tout un dîner à *Nos Provinces,* boulevard Montparnasse, une tablée voisine me dévisagea et s'esclaffa ;
cela m'ennuyait d'entraîner Algren dans un esclandre ;
mais en sortant, je dis quelques mots à ces gens de bien.
   La violence de ces réactions et leur bassesse m'ont
laissée perplexe. Chez les peuples latins, le catholicisme
a encouragé la tyrannie masculine et l'a même inclinée
vers le sadisme ; mais si elle s'allie chez les Italiens à de
la muflerie, chez les Espagnols à de l'arrogance, la
chiennerie est proprement française. Pourquoi ? Sans
doute, avant tout, parce que les hommes en France se
sentent économiquement menacés par la concurrence
des femmes ; pour maintenir contre elles l'affirmation
d'une supériorité que les mœurs ne garantissent plus, le
moyen le plus simple est de les avilir. Une tradition
polissonne fournit tout un arsenal qui permet de les
réduire à leur fonction d'objets sexuels : dictons,
images, anecdotes et le vocabulaire même ; d'autre
part, sur le terrain de l'érotisme, le mythe ancestral
de la suprématie française est en danger ; l'amant
idéal, dans les représentations collectives, est aujour-
d'hui italien plutôt que français ; enfin l'attitude
critique des femmes libérées blesse ou fatigue leurs
partenaires ; elle suscite chez eux du ressentiment.
La chiennerie, c'est la vieille grivoiserie française,

reprise par des mâles vulnérables et rancuneux[1].

En novembre, il y eut une nouvelle levée de boucliers. Les critiques tombaient des nues ; il n'y avait pas de problème : les femmes étaient de tout temps les égales des hommes, elles leur étaient à jamais inférieures, tout ce que je disais, on le savait déjà, il n'y avait pas un mot de vrai dans ce que je disais. Dans *Liberté de l'Esprit,* Boisdeffre et Nimier rivalisèrent de dédain. J'étais une « pauvre fille » névrosée, une refoulée, une frustrée, une déshéritée, une virago, une mal baisée, une envieuse, une aigrie bourrée de complexes d'infériorité à l'égard des hommes, à l'égard des femmes, le ressentiment me rongeait[2]. Jean Guitton écrivit, avec beaucoup de compassion chrétienne, qu'il avait été péniblement affecté par *Le Deuxième sexe* parce qu'on y déchiffrait en filigrane « ma triste vie » ; Armand Hoog se surpassa : « Humiliée d'être femme, douloureusement consciente d'être enfermée par les regards des hommes dans sa condition, elle refuse à la fois ce regard et cette condition. »

Ce thème de l'humiliation a été repris par un nombre considérable de commentateurs si naïvement imbus de leur supériorité virile qu'ils ne pouvaient imaginer qu'elle ne m'ait jamais pesé. L'homme que je plaçais au-dessus de tous les autres ne me jugeait pas inférieure à eux. J'avais beaucoup d'amis masculins dont le regard, loin de m'enfermer dans des limites, me reconnaissait comme être humain à part entière ; ces chances m'avaient défendue, contre tout dépit et toute ran-

---

1. Il y a chez les Américains une haine de la femme. Mais les pamphlets les plus venimeux, tels que *Une génération de vipères* de Philippe Willie, ne sombrent pas dans l'obscénité ; ils ne s'attachent pas à dégrader sexuellement la femme.
2. Quand parut dix ans plus tard *Le Repos du guerrier* de Christiane Rochefort, qui fit non moins scandale, il y eut de nouveau des critiques mâles pour entonner le refrain : « C'est une laide frustrée ! »

cœur : on a vu que ni mon enfance ni ma jeunesse ne m'en avaient non plus infectée[1]. Des lecteurs plus subtils ont considéré que j'étais misogyne et que, prétendant prendre le parti des femmes, je les exécutais ; c'est faux : je ne les exalte pas et j'ai décrit les défauts qu'engendre leur condition, mais j'ai montré aussi leurs qualités et leurs mérites. J'ai donné à trop de femmes trop d'affection et d'estime pour les trahir en me considérant comme un « mâle d'honneur » ; je n'ai jamais été blessée non plus par leurs regards. En fait je n'ai été en butte aux sarcasmes qu'après *Le Deuxième Sexe* ; avant on me témoignait de l'indifférence ou de la bienveillance. Ensuite, c'est souvent en tant que femme qu'on m'a attaquée parce qu'on pensait m'atteindre en un point vulnérable : mais je savais fort bien que cette hargne visait en vérité mes positions morales et sociales. Non ; loin de souffrir de ma féminité, j'ai plutôt cumulé, à partir de vingt ans, les avantages des deux sexes ; après *L'Invitée* mon entourage me traita à la fois comme *un* écrivain et comme *une* femme ; ce fut particulièrement frappant en Amérique : dans les « parties », les épouses se réunissaient et parlaient entre elles tandis que je causais avec les hommes, qui me manifestaient cependant plus de courtoisie qu'à leurs congénères. Je fus encouragée à écrire *Le Deuxième Sexe* précisément par cette situation privilégiée. Elle m'a permis de m'exprimer en toute sérénité. Et, contrairement à ce qu'ils ont prétendu, c'est cette placidité qui a exaspéré beaucoup de mes lecteurs masculins : un grand cri rageur, la révolte d'une âme blessée, ils l'auraient accueilli avec une condescendance émue ; ne me par-

---

1. Je suis bien loin de mépriser le dépit, la rancœur, ni aucun de ces sentiments négatifs : souvent les circonstances les justifient et on peut considérer qu'il manque à mon expérience de les avoir connus. Si je les répudie ici, c'est que je souhaite que *Le Deuxième Sexe* soit compris tel que je l'ai écrit.

donnant pas mon objectivité, ils feignaient de ne pas y croire. Par exemple, je m'en pris à une phrase de Claude Mauriac parce qu'elle illustrait l'arrogance du premier sexe : « De quoi m'en veut-elle ? » s'est-il demandé. De rien : je n'en voulais qu'aux mots que je citais. Il est étrange que tant d'intellectuels refusent de croire aux passions intellectuelles [1].

Je suscitai des colères même parmi mes amis. L'un d'eux, un universitaire progressiste, s'arrêta de lire mon livre et le lança à l'autre bout de la pièce. Camus m'accusa, en quelques phrases moroses, d'avoir ridiculisé le mâle français. Méditerranéen, cultivant un orgueil espagnol, il ne concédait à la femme que l'égalité dans la différence et évidemment, comme eût dit George Orwell, c'était lui le plus égal des deux. Il nous avait avoué gaiement autrefois qu'il supportait mal l'idée d'être jaugé, jugé par une femme : elle était l'objet, lui, la conscience et le regard ; il en riait : mais il est vrai qu'il n'admettait pas la réciprocité. Il conclut avec une soudaine chaleur : « Il y avait un argument, que vous auriez dû mettre en avant : l'homme lui-même souffre de ne pas trouver dans la femme une vraie compagne ; il aspire à l'égalité. » Lui aussi préférait aux raisons un cri du cœur ; et pour comble, poussé au nom des hommes. La plupart d'entre eux considérèrent comme une injure personnelle ce que j'avais rapporté sur la frigidité féminine ; ils tenaient à s'imaginer qu'ils dispensaient le plaisir selon leur bon plaisir ; en douter, c'était les châtrer.

La droite ne pouvait que détester mon livre, que d'ailleurs Rome mit à l'index. J'espérais qu'il serait bien accueilli à l'extrême gauche. Nous étions au plus mal avec les communistes ; tout de même, mon essai devait

1. Un romancier-pamphlétaire de droite, vivement attaqué par Bost dans *Les Temps modernes,* s'exclama, navré : « Mais pourquoi tant de haine ? *il ne me connaît même pas !* »

tant au marxisme et lui faisait la part si belle que je m'attendais de leur part à quelque impartialité ! Marie-Louise Barron, dans *Les Lettres françaises* se borna à déclarer que *Le Deuxième Sexe* ferait bien rigoler les ouvrières de Billancourt : c'est estimer bien peu les ouvrières de Billancourt, répondait Colette Audry dans une « revue des critiques » qu'elle publia dans *Combat*. *Action* me consacra un article anonyme et inintelligible, agrémenté d'une photo qui représentait les étreintes d'une femme et d'un singe.

Les marxistes non staliniens ne furent guère plus réconfortants. Je fis une conférence à *L'École émancipée* et on me répondit qu'une fois la Révolution accomplie le problème de la femme ne se poserait plus. Soit, dis-je ; mais en attendant ? Les temps présents ne semblaient pas les intéresser.

Mes adversaires créèrent et entretinrent autour du *Deuxième Sexe* de nombreux malentendus. On m'attaqua surtout sur le chapitre de la maternité. Beaucoup d'hommes ont déclaré que je n'avais pas le droit de parler des femmes parce que je n'avais pas enfanté : et eux [1] ? Ils ne m'en opposaient pas moins des idées bien arrêtées. J'aurais refusé toute valeur au sentiment maternel et à l'amour : non. J'ai demandé que la femme les vécût en vérité et librement, alors que souvent ils lui servent d'alibi et qu'elle s'y aliène, au point que l'aliénation demeure, le cœur s'étant tari. J'aurais prêché la licence sexuelle ; mais je n'ai jamais conseillé à personne de coucher avec n'importe qui, n'importe quand ; ce que je pense c'est que, dans ce domaine, les choix, les consentements, les refus ne doivent pas obéir à des institutions, des conventions, des intérêts ; si les rai-

---

1. Ils ont interrogé des mères : mais moi aussi.

sons ne sont pas du même ordre que l'acte qu'elles motivent, on aboutit à des mensonges, à des distorsions, à des mutilations.

J'avais consacré un chapitre au problème de l'avortement ; Sartre en avait parlé dans *L'Age de raison,* moi dans *Le Sang des autres* ; des gens se précipitèrent au bureau des *Temps modernes* en demandant des adresses à Mme Sorbets, la secrétaire. Elle fut si agacée qu'un jour elle désigna un placard : « Nous faisons ça ici, nous-mêmes. » Un matin, je dormais encore quand on cogna à ma porte. « Ma femme est enceinte, me dit un jeune homme à l'air égaré. Indiquez-moi une adresse... — Mais je n'en connais pas », lui dis-je. Il est parti en me maudissant. « Personne n'aide personne ! » Je ne connaissais pas d'adresse ; et quelle confiance faire à un étranger qui se contrôlait si mal ? On accule les femmes et les couples à la clandestinité ; si je peux les aider, je le fais sans hésiter. Mais il ne m'était pas agréable qu'on parût me prendre pour une entremetteuse professionnelle.

Le Deuxième Sexe eut des défenseurs : Francis Jeanson, Nadeau, Mounier. Il suscita des débats publics et des conférences, il me valut un considérable courrier. Mal lu, mal compris, il agitait les esprits. Tout compte fait c'est peut-être de tous mes livres celui qui m'a apporté les plus solides satisfactions. Si on me demande comment je le juge aujourd'hui, je n'hésite pas à répondre : je suis pour.

Oh ! j'admets qu'on en critique le style, la composition. Je retaillerais facilement dedans un ouvrage plus élégant : découvrant mes idées en même temps que je les exposais, je n'ai pas pu faire mieux. Sur le fond, je prendrais dans le premier volume une position plus matérialiste. Je fonderais la notion d'*autre* et le manichéisme qu'elle entraîne non sur une lutte a priori et idéaliste des consciences, mais sur la rareté et le besoin : je l'ai fait dans *La Longue Marche*, quand j'ai parlé de l'antique asservissement des Chinoises. Cette modification ne changerait rien aux développements qui suivent. En gros, je demeure d'accord avec ce que j'ai dit. Je n'ai jamais nourri l'illusion de transformer la condition féminine ; elle dépend de l'avenir du travail dans le monde, elle ne changera sérieusement qu'au prix d'un bouleversement de la production. C'est pourquoi j'ai évité de m'enfermer dans ce qu'on appelle « le féminisme ». Je n'ai pas non plus apporté de remède à chaque trouble particulier. Du moins ai-je aidé mes contemporaines à prendre conscience d'elles-mêmes et de leur situation.

Beaucoup d'entre elles, certes, ont désapprouvé mon livre : je les dérangeais, je les contestais, je les exaspérais ou je les effrayais. Mais à d'autres j'ai rendu service, je le sais par de nombreux témoignages et d'abord par une correspondance qui dure depuis douze ans. Elles ont trouvé dans mes exposés un secours contre les images d'elles-mêmes qui les révoltaient, contre des mythes qui les écrasaient ; elles ont réalisé que leurs difficultés ne reflétaient pas une disgrâce singulière, mais une condition générale ; cette découverte leur a évité de se mépriser, certaines y ont puisé la force de lutter. La lucidité ne fait pas le bonheur, mais elle le favorise et elle donne du courage. Des psychiatres m'ont dit qu'ils faisaient lire *Le Deuxième Sexe* à leurs patientes, et non seulement à des intellectuelles, mais à des petites bourgeoises, des employées, des ouvrières. « Votre livre m'a été d'un grand secours. Votre livre m'a sauvée », m'ont écrit des femmes de tous les âges et de diverses conditions.

Si mon livre a aidé les femmes, c'est qu'il les exprimait, et réciproquement elles lui ont conféré sa vérité. Grâce à elles, il ne scandalise plus. Les mythes masculins se sont écaillés pendant ces dix dernières années. Et bien des femmes-écrivains m'ont dépassée en hardiesse. Trop d'entre elles, à mon goût, ont pour unique thème la sexualité ; du moins se posent-elles, pour en parler, comme regard, sujet, conscience, liberté.

On m'aurait surprise et même irritée, à trente ans, si on m'avait dit que je m'occuperais des problèmes féminins et que mon public le plus sérieux, ce serait des femmes. Je ne le regrette pas. Divisées, déchirées, désavantagées, pour elles plus que pour les hommes il existe des enjeux, des victoires, des défaites. Elles m'intéressent ; et j'aime mieux, à travers elles, avoir sur le monde une prise limitée, mais solide, que de flotter dans l'universel.

*

Il faisait encore très beau, très chaud, quand je retournai à Cagnes, avec Sartre, au milieu d'octobre. Je retrouvai ma chambre, nos petits déjeuners sur mon balcon, ma table en bois luisant, au-dessous d'une petite fenêtre aux rideaux rouges. La thèse de Lévi-Strauss venait de paraître et j'en fis un compte rendu pour *Les Temps modernes*. Et puis j'abordai le roman auquel depuis longtemps déjà je réfléchissais ; je voulais y mettre tout de moi : mes rapports avec la vie, la mort, le temps, la littérature, l'amour, l'amitié, les voyages ; je voulais aussi peindre d'autres gens et surtout raconter cette fiévreuse et décevante histoire : l'après-guerre. Je jetai des mots — le début du premier monologue d'Anne — mais le vide des feuilles me donnait le vertige. Des choses à dire, je n'en manquais pas : mais comment m'y prendre ? Ce n'était pas un travail de marmotte, oh non ! J'étais exaltée, mais effrayée. Combien de temps durerait cette aventure ? trois ans ? quatre ans ? en tout cas, très long-temps. Et où aboutirais-je ?

Pour me reposer et pour me stimuler, je lisais le *Journal du voleur* de Genet, un de ses plus beaux livres. Je me promenais avec Sartre. Pagniez qui séjournait à Juan-les-Pins chez Mme Lemaire vint nous voir avec ses enfants. La mort de sa femme nous avait rapprochés. Les médecins ne s'étaient pas trompés. Elle avait langui deux ans. Alitée, de plus en plus faible et émaciée, ça fendait l'âme de l'entendre faire des projets. Elle se croyait sur le chemin de la guérison quand, pendant l'hiver, elle était morte.

Nous allâmes en taxi à Sospel et à Peira-Cava, et nous prîmes le thé sur la terrasse. Nous eûmes la surprise, quelques jours plus tard, en ouvrant *France-Dimanche,* d'y trouver un compte rendu de cet après-midi. Le dessinateur Soro qui potinait dans les colonnes du journal villégiaturait au Cagnard : il lui avait paru saugrenu que nous recevions la visite d'un père de famille. Il parlait d'un ton sarcastique de mes conversations avec Sartre sans décider s'il leur reprochait leur hermétisme ou leur simplicité. Dans le détail tous ces commérages, je m'en foutais ; mais il me déplaisait de me sentir traquée jusque dans mes retraites.

Le troisième tome des *Chemins de la liberté, La Mort dans l'âme,* parut peu après notre retour à Paris. Je le préfère aux deux autres ; dans la transparence de chaque vision singulière le monde garde son opacité ; tout est dehors, tout est dedans ; on saisit le réel sous son double visage, la lourdeur des choses et ce qu'il faut tout de même appeler liberté. Le roman eut pourtant moins de succès que les précédents. « C'est une suite sans être une fin, alors le public hésite à l'acheter », dit Gaston Gallimard qui aurait voulu le faire paraître en même temps que le dernier volume. Sans doute aussi les critiques influencèrent-ils les lecteurs. Sartre choqua la droite en montrant des officiers qui décampaient, abandonnant leurs hommes. Il indigna les communistes parce que, civils et soldats, le peuple français apparaissait comme passif et apolitique.

La Mort dans l'âme s'achevait sur des points d'interrogation : Mathieu[1] était-il mort ou non ? Qui était ce Schneider qui intriguait Brunet ? Que devenaient les autres personnages ? *La Dernière Chance* devait répondre à ces questions. Le premier épisode parut, fin 49, dans *Les Temps modernes,* sous le titre *Drôle d'amitié.* Un prisonnier nouvellement arrivé au Stalag, Chalais, un communiste, reconnaissait en Schneider le journaliste Vicarios qui avait quitté le parti au moment du pacte germano-soviétique : il avait fait l'objet d'une mise en garde du P.C. qui le tenait pour un indicateur. Chalais affirmait que jamais l'U.R.S.S. n'entrerait en guerre et que *L'Humanité* donnait comme consigne la collaboration. Inquiet, indigné, déchiré, quand Brunet apprenait de Vicarios qu'il allait s'évader afin d'affronter ses calomniateurs, il décidait de partir avec lui. Cette fuite en commun scellait l'amitié que Brunet gardait contre tous à Vicarios. Celui-ci était tué, Brunet repris. La suite resta à l'état de brouillon. Brunet décidait de faire une nouvelle tentative. On lui avait parlé d'un prisonnier qui dirigeait un réseau d'évasions, il le cherchait ; c'était Mathieu qui, au moment où il le retrouvait, participait à l'exécution d'un « mouton ». Rescapé, Mathieu, fatigué d'être depuis sa naissance libre « pour rien », s'était enfin et allègrement décidé à l'action. Grâce à son aide Brunet s'échappait et gagnait Paris ; il constatait, stupéfait, que — par un retournement analogue à celui qui à la fin des *Mains sales* pousse Hugo au suicide — l'U.R.S.S. étant entrée en guerre, le

---

1. Dans la prière d'insérer, Sartre indiquait qu'il survivait, mais cela ne ressortait pas du récit.

P.C. condamnait la collaboration. Ayant réussi à réhabiliter Schneider, il reprenait, dans la résistance, ses tâches de militant ; mais le doute, le scandale, la solitude lui avaient découvert sa subjectivité : il avait reconquis au sein de l'engagement sa liberté. Mathieu faisait le chemin inverse. Daniel, qui collaborait, lui avait joué le tour de le faire rappeler à Paris comme rédacteur d'un journal contrôlé par les Allemands. Mathieu se dérobait et entrait dans la clandestinité. Au Stalag, son entreprise avait encore été celle d'un aventurier individualiste ; maintenant, se soumettant à une discipline collective, il avait abouti au véritable engagement ; partis, l'un de l'aliénation à la Cause, l'autre de la liberté abstraite, Brunet et Mathieu incarnaient tous deux l'authentique homme d'action, tel que Sartre le concevait. Mathieu et Odette s'aimaient, elle quittait Jacques, ils connaissaient la plénitude d'une passion consentie. Arrêté, Mathieu mourait sous les tortures, héroïque non par essence mais parce qu'il *s'était fait* héros. Philippe aussi résistait, pour se prouver qu'il n'était pas un lâche et par ressentiment contre Daniel. Il était abattu, au cours d'une descente dans un café du Quartier latin. Fou de douleur et de colère, Daniel dissimulait dans sa serviette une des grenades que Philippe cachait dans l'appartement ; il se rendait à une réunion d'importantes personnalités allemandes et se faisait sauter avec elles. Sarah, réfugiée à Marseille, le jour où les Allemands l'arrêtaient se jetait avec son gosse par une fenêtre. Boris était parachuté dans le maquis. Tout le monde mort, ou presque, il n'y avait plus personne pour se poser les problèmes de l'après-guerre.

Mais c'était ceux qui à présent intéressaient Sartre ; la résistance, il n'avait rien à en dire parce qu'il envisageait le roman comme une mise en question et que, sous l'occupation, on avait su sans équivoque comment se conduire. Pour ses héros, à la fin de *Drôle d'amitié* les jeux étaient faits : le moment critique de leur histoire, c'est celui où Daniel embrasse avec emportement le mal, où Mathieu en vient à ne plus supporter le vide de sa liberté, où Brunet brise des os dans sa tête ; il ne restait à Sartre qu'à cueillir des fruits délicatement mûris ; il préfère défricher, labourer, planter. Sans qu'il eût abandonné l'idée du quatrième livre, il se trouva toujours un travail qui le sollicitait davantage. Sauter dix ans et précipiter ses personnages dans les angoisses de l'époque actuelle, cela n'aurait pas eu de sens : le dernier volume eût démenti toutes les attentes de l'avant-dernier. Il y était préfiguré d'une manière trop impérieuse pour que Sartre pût en modifier le projet et pour qu'il eût le goût de s'y conformer.

Je fus contente que *Week-end à Zuydcoote* de Merle, publié dans *Les Temps modernes,* obtînt le prix Goncourt. Je vis quelques films ; sur *Le Voleur de bicyclette,* je partageai l'avis de Cocteau : c'était Rome et un chef-d'œuvre. Avec *Fastes d'enfer* Paris découvrit Guelde-rohde. On jouait chez Agnès Capri *Les Limites de la forêt* de Queneau où le principal rôle était tenu par un chien ; il y avait d'autres numéros. Je remarquai, délicieuse, Barbara Laage qui devait un peu plus tard tourner *La Putain respectueuse.* L'assistance était en grande partie composée de membres du quatrième sexe : des quinquagénaires endiamantées et flanquées de jeunes filles que, visiblement, elles entretenaient.

Camus revenait d'Amérique du Sud, il s'était sur-mené, il avait l'air très fatigué la nuit de la générale des *Justes* ; mais la chaleur de son accueil ressuscita les meilleurs jours de notre amitié. Parfaitement jouée, la pièce nous parut académique. Il accueillit avec une simplicité souriante et sceptique les serrements de main et les compliments. Rosemonde Gérard, bossue, fripée, fanfreluchée s'est précipitée vers lui : « J'aime mieux ça que *Les Mains sales* », dit-elle, n'ayant pas aperçu Sartre à qui Camus adressa un sourire complice en disant : « D'une pierre deux coups ! » car il n'aimait pas qu'on le prît pour un émule de Sartre.

Nous visitâmes l'atelier de Léger ; il donna un tableau à Sartre, et à moi une aquarelle, très jolie. Ses toiles, depuis l'Amérique, avaient beaucoup plus de chaleur et de couleur qu'autrefois. Le musée d'Art Moderne en présenta une vaste collection ; un peu plus tard, j'y vis les sculptures d'Henri Moore.

Depuis qu'il n'avait plus de théâtre à lui, Dullin faisait à travers la France et l'Europe des tournées qui l'exténuaient. Camille ne lui allégeait pas la vie, car elle était en difficulté avec la sienne et buvait exagérément. Perclus, fourbu, il fut saisi de douleurs si violentes qu'on le transporta à l'hôpital Saint-Antoine ; on lui ouvrit le ventre, on le referma aussitôt, c'était un cancer. Pendant qu'il agonisait, deux journalistes de *Samedi-Soir* se firent passer pour ses élèves et forcèrent sa porte : « Foutez le camp ! » hurla Dullin ; mais déjà ils avaient pris une photo. Ce procédé indigna ; *Samedi-Soir* se défendit en pleurnichant. Après s'être débattu deux ou trois jours, Dullin mourut. Je ne l'avais pas revu depuis longtemps ; âgé, souffrant, sa fin n'était pas tragique comme celle de Bourla, mais j'avais de lui des souvenirs émus. Tout un pan de mon passé s'effondrait et j'eus l'impression que ma propre mort commençait.

Pendant notre traditionnelle retraite à La Pouèze, Sartre travailla à une préface pour les œuvres de Genet que lui avait demandée Gallimard. Je révisai la traduction du roman d'Algren et m'occupai du mien. Même à Paris peu d'incidents me distrayaient de mon travail. Une émission radiophonique lui ayant appris que dans *Le Deuxième Sexe* je l'avais traitée d'hétaïre, Cléo de Mérode m'intenta un procès ; on en parla dans les journaux ; je remis l'affaire aux mains de Suzanne Blum et ne m'en souciai pas.

En février, ses amis et ses élèves organisèrent à l'Atelier un « hommage à Dullin ». Nous allâmes chercher Camille chez elle ; la ravissante Ariane Borg nous ouvrit la porte, consternée. Camille, pour se donner du cœur, avait bu du vin rouge ; décomposée, décoiffée, en larmes, nous l'avons presque portée du taxi à la loge où elle se cacha, sanglotant pendant toute la cérémonie. Salacrou, Jules Romains, firent de brefs discours : un acteur lut celui de Sartre. Olga joua, en costume, une scène des *Mouches,* très bien. On entendit la voix de Dullin enregistrée dans le monologue de *L'Avare.*

En mars j'assistai au Théâtre de Poche à quelques répétitions et à la générale de deux petites pièces de Chauffard : *Le Dernier des Sioux* et *Un collier d'une reine.* Claude Martin mettait en scène. Cette jeune équipe travaillait dans l'entente et la bonne humeur : je regrettai qu'avec les pièces de Sartre ça ne se passât jamais comme ça ! Denner [1] tenait le rôle du roi, Loleh Bellon était une reine charmante et Olga, qui revenait enfin sur scène, fit des étincelles ; les critiques la complimentèrent. Sartre comptait, quand elle irait tout à fait bien, faire reprendre *Les Mouches.*

Il y avait, à côté de chez moi, un petit marchand de journaux avec qui je causais, souvent. « Moi, m'avait-il dit un jour, je suis Martin Eden. » Il lisait, il suivait des cours de Bachelard. Il avait décidé de venir en aide à tous les autodidactes du quartier : « Parce que moi, j'ai trop souffert pour arriver. » Il s'était débrouillé pour organiser dans une salle de la rue Mouffetard, une espèce de club et il demandait à des intellectuels d'y donner des conférences. Sartre en fit une sur le théâtre,

1. Que sa création de Landru vient de rendre célèbre.

Clouzot sur le cinéma. J'y parlai de la condition de la femme : c'était la première fois que j'entrais en contact avec un public populaire et je me rendis compte que, contrairement à ce que disait Mme Barron, il se sentait tout à fait concerné par les problèmes que je traitais.

*

Les tentatives neutralistes avaient tourné court. Sous prétexte de se solidariser avec un objecteur de conscience, Moreau, Gary Davis déchirait ses papiers et menait à son propre profit une campagne publicitaire qui dégoûta ses partisans. Le R.D.R. avait achevé de s'effondrer. Entre les deux blocs, il n'y avait définitivement pas de troisième voie. Et le choix restait impossible. Contre la république populaire chinoise proclamée le 1er novembre, le State Department continuait à soutenir Tchang Kaï-chek, réfugié à Formose. Il avait accordé un appui financier à Franco : c'était pour l'Espagne *La Fin de l'espoir,* selon le titre d'un essai que publièrent *Les Temps modernes.* En Grèce, de connivence avec l'Angleterre, il avait fait triompher la réaction : les communistes et tous les opposants agonisaient dans le camp de Makronissos. Mais on ne pouvait pas opter sans réserve pour l'U.R.S.S. alors que tant de drames publics et ténébreux se succédaient dans les pays staliniens. On avait encore les oreilles assourdies par les aveux du cardinal Mindzenty quand Rajk se mit aussi à tout confesser — trahison, conspiration — avant d'être pendu le 15 octobre à Budapest. Kostov n'avoua rien et fut pendu à Sofia en décembre. A travers ces deux « criminels », qui en fait payaient pour Tito, Staline dénonçait le « cosmopolitisme » et les « cosmopolites ».

Sartre avait adhéré à un comité pour la révision du

procès de Tananarive, mais il avait pratiquement renoncé à toute activité politique. Il s'occupait avec Merleau-Ponty de la revue, d'ailleurs en perte de vitesse : quatre ans plus tôt, nous étions amis de tout le monde, et maintenant tenus par tous pour des ennemis. Il entreprit deux ouvrages sans aucun rapport avec les circonstances : *La Reine Albemarle et le dernier touriste* devait être en quelque sorte *La Nausée* de son âge mûr ; il y décrivait capricieusement l'Italie, à la fois dans ses structures actuelles, son histoire, ses paysages et il rêvait sur la condition de touriste [1]. D'autre part sa préface aux œuvres de Genet devint un gros livre où il essayait, beaucoup plus profondément que dans son *Baudelaire,* de cerner un homme. Il s'était rapproché à la fois de la psychanalyse et du marxisme et il lui apparaissait à présent que les situations limitaient étroitement les possibilités de l'individu ; sa liberté consistait en ce qu'il ne les subissait pas passivement mais, par le mouvement même de son existence, les intériorisait et les dépassait vers des significations. En certains cas, la marge de choix qui lui était laissée tendait vers zéro. En d'autres, le choix s'étalait sur des années ; Sartre racontait celui de Genet ; il examinait les valeurs que ses options mettaient en jeu — la sainteté, le démoniaque, le bien, le mal — dans leur liaison avec le contexte social.

Sa morale proprement dite, Sartre l'abandonna cette année-là parce qu'il se convainquit que « *l'attitude morale apparaît quand les conditions techniques et sociales rendent impossibles les conduites positives. La morale, c'est un ensemble de trucs idéalistes pour vous aider à vivre ce que la pénurie des ressources et la carence des techniques vous imposent* [2] ». Il fit surtout de

1. Il écrivit des centaines de pages, mais il n'eut pas le goût ni le temps de les revoir et il n'en publia que de menus fragments.
2. Notes inédites.

l'histoire et de l'économie. Le jeune philosophe marxiste Tran Duc Thao lui proposa d'avoir avec lui des entretiens qu'on réunirait en volume : il accepta.

Au mois de novembre, Roger Stéphane vint trouver Sartre ; il avait en main le « code soviétique du travail correctif » qui venait d'être republié en Angleterre [1] et qui avait fait, au début d'août, l'objet d'une discussion à l'O.N.U. ; il demeurait ignoré en France. Il confirmait les révélations faites au cours du procès Kravtchenko sur l'existence des camps de travail. Sartre voulait-il le publier dans *Les Temps modernes* ? Oui. Sartre, je l'ai dit, croyait au socialisme. Il pensait ce qu'il a exprimé quelques années plus tard dans *Le Fantôme de Staline* : pris dans son ensemble, le mouvement socialiste « *est le juge absolu de tous les autres parce que les exploités rencontrent l'exploitation et la lutte des classes comme leur réalité et comme la vérité des sociétés bourgeoises... il est le mouvement de l'homme en train de se faire ; les autres partis croient que l'homme est déjà fait. Pour apprécier une entreprise politique, le socialisme est la référence absolue* ». Or, l'U.R.S.S., malgré tout, était et demeurait la patrie du socialisme : la prise de pouvoir révolutionnaire était accomplie. Même si la bureaucratie s'y était stratifiée, si la police y accaparait d'énormes pouvoirs, si des crimes y avaient été commis, jamais l'U.R.S.S. n'avait remis en question l'appropriation des moyens de production ; son régime différait radicalement de ceux qui visent à établir ou à maintenir la domination d'une classe. Sans nier les fautes de ses dirigeants, Sartre pensait que, s'ils donnaient tant de prise aux critiques, c'était en partie parce

1. Il y avait été publié dès 1936 ; on connaissait déjà l'existence des camps ; mais le P.C. français était un trop petit parti, l'U.R.S.S. trop lointaine pour que l'opinion s'en fût occupée. Nous étions si indifférents alors, Sartre et moi à la politique, que nous ne nous en étions absolument pas souciés.

qu'ils refusaient l'alibi que fournissent aux politiciens bourgeois les prétendues « lois économiques » ; ils assumaient la responsabilité de tout ce qui advenait au pays.

La Révolution, disait-on, avait été tout entière trahie et défigurée. Non, répondait Sartre : elle s'est incarnée, c'est-à-dire que l'universel est descendu dans le particulier. Réalisée, elle tombait aussitôt dans des contradictions qui l'éloignaient de sa pureté conceptuelle : mais le socialisme russe avait sur le rêve d'un socialisme sans tache l'avantage immense d'exister. Sartre pensait déjà sur l'époque stalinienne ce qu'il a écrit récemment, dans un chapitre encore inédit de la *Critique de la raison dialectique* : « *C'était bien le socialisme en U.R.S.S., mais caractérisé par la nécessité pratique de disparaître ou de devenir ce qu'il est au moyen d'un effort désespéré et sanglant... En certaines circonstances, cette médiation entre des contradictions peut être synonyme d'enfer.* » Dans *Le Fantôme de Staline* aussi il a écrit : « *Faut-il appeler socialisme ce monstre sanglant qui se déchire lui-même ? Je réponds franchement oui.* »

Cependant, malgré cet essentiel privilège qu'il reconnaissait à l'U.R.S.S., il refusait le *ou bien — ou bien* où Kanapa comme Aron prétendaient l'enfermer ; il invitait les Français à sauvegarder leur liberté : elle implique qu'on affronte en tout cas la vérité. Il était résolu à ne jamais la farder non par un principe abstrait mais parce qu'elle avait à ses yeux une valeur pratique. Eût-il été plus proche encore de l'U.R.S.S. qu'il eût aussi choisi de la dire car l'intellectuel n'a pas à ses yeux le même rôle que le politique : il doit, non certes juger l'entreprise d'après des règles morales qui lui sont extérieures, mais veiller à ce qu'elle ne contredise pas dans son développement ses principes et sa fin. Si les méthodes policières d'un pays socialiste compromettaient le socialisme, il fallait les dénoncer. Sartre convint avec Stéphane que dans le numéro de décembre des *Temps modernes* il publierait et commenterait le code soviétique.

Mais le 12 novembre, *Le Figaro littéraire* affichait en lettres énormes : « *Appel aux déportés des camps nazis. Au secours des déportés dans les camps soviétiques.* » C'était Rousset qui jetait ce cri. Il citait les articles du code qui autorisaient « l'internement administratif », c'est-à-dire les arrestations et les déportations arbitraires. Avec la collaboration du *Figaro,* il montait une admirable machine antisoviétique. Les numéros suivants du *Littéraire* et toute la presse de droite l'exploitèrent intensément. Quelle fanfare ! Des centaines de récits, mémoires, témoignages sortirent des tiroirs et furent imprimés partout. On vit aussi de terribles photos de trains blindés et de « musulmans », ressemblant traits pour traits à des photos de trains et de camps nazis : c'en était ; on avait camouflé de vieux clichés. La mystification fut éventée mais personne n'en était à un mensonge ou à une vérité près. Parfaitement indifférents aux 40 000 morts de Sétif, aux 80 000 Malgaches assassinés, aux famines et à la misère de l'Algérie, aux villages d'Indochine incendiés, aux Grecs agonisants dans des camps, aux Espagnols fusillés par Franco, les cœurs bourgeois soudain se brisèrent devant les malheurs des détenus soviétiques. En vérité ils soupiraient d'aise, comme si les crimes colonialistes et l'exploitation capitaliste étaient annulés par les camps sibériens. Quant à Rousset, il s'était trouvé un job.

N'empêche, le fait était là : l'administration avait un pouvoir discrétionnaire, rien ne défendait les individus contre l'arbitraire de ses décisions. En janvier *Les Temps modernes* publièrent le compte rendu des débats de l'O.N.U sur le travail forcé et un éditorial, rédigé par Merleau-Ponty, signé par lui et par Sartre, où ils faisaient le point[1]. D'après des recoupements et des calculs sérieux, le nombre des déportés était évalué à dix millions[2] : « Il n'y a pas de socialisme quand un citoyen sur vingt est au camp », déclaraient-ils. Ils reprochaient aux communistes leur mauvaise foi. On avait vu successivement et presque simultanément Wurmser affirmer dans *Les Lettres françaises* : il n'y a pas de camps ! et Daix proclamer : les camps sont le plus beau titre de gloire de l'U.R.S.S. Merleau-Ponty s'en prenait ensuite à Rousset : en réclamant l'ouverture d'une commission d'enquête, celui-ci ne faisait que poursuivre ses manœuvres anticommunistes. Il relevait ce qui lui paraissait valable dans les réponses faites à l'O.N.U. par le délégué russe qui opposait aux camps les millions de sans-travail du monde occidental ; quand il disait : « Les colonies sont les camps de travail des démocraties », le Russe ne trichait pas ; les systèmes : socialisme russe, capitalisme occidental, devaient être considérés dans leur totalité ; ce n'était pas par accident que celui-ci impliquait le chômage et la surexploitation colonialiste.

Cet article déplut à tout le monde ou presque. Il n'arrangea pas nos rapports avec le P.C. De toute façon les intellectuels communistes nous avaient eus à l'écœurement. Leur attitude à l'égard du *Deuxième Sexe,* les attaques réitérées de Kanapa, nous irritaient moins que la haine dont Aragon poursuivait Nizan. Dans son

---

1. *Les Mandarins* présentent de cette affaire une version romanesque, très éloignée des faits : j'ai été jusqu'à supposer que dès 1946 des intellectuels français avaient découvert l'ampleur du phénomène concentrationnaire en U.R.S.S. C'était licite, puisque des documents existaient. Mais c'était un jeu de l'imagination.
2. Le chiffre est douteux ; douteux aussi le nombre des années que passaient au camp les déportés (c'était souvent cinq ans) ; douteux le nombre des morts et même le sens et la portée du phénomène. Aujourd'hui les Russes le considèrent comme un des « crimes sanglants » de Staline et ne le minimisent pas ; mais leurs appréciations varient.

roman, *Les Communistes,* il l'avait peint sous la figure d'un traître. Orfilat était chargé comme Nizan de la politique extérieure de *L'Humanité* ; comme lui philosophe, il avait, comme lui, réglé leur compte à Brunschvig et aux idéologues bourgeois, comme lui écrit une étude sur un philosophe grec (sur Héraclite ; Nizan c'était sur Epicure) ; de lui, comme de Nizan les non-communistes disaient : « C'est le seul marxiste intelligent, le seul avec qui on puisse causer. » L'ayant ainsi campé, sans équivoque, Aragon montrait Orfilat-Nizan, après le pacte germano-soviétique, sanglotant d'épouvante à l'idée de partir pour le front, puis s'en allant quémander un emploi au ministère des Affaires étrangères où un honnête libéral lui faisait honte de sa trahison. La nullité littéraire de ce portrait n'en atténuait pas la perfidie. De son côté, Elsa Triolet lança « la bataille du livre » ; à Marseille, puis dans les banlieues parisiennes, les écrivains communistes donnèrent des conférences où ils vantaient leur marchandise et couvraient de merde la littérature « bourgeoise » ; Breton, Camus, Sartre.

Le scandale des devises qui éclata au début de 50 découvrit le vrai visage de la « sale guerre », comme l'appelait Beuve-Méry. C'était une affaire qui, pour un petit nombre de gens, rapportait gros. La guerre n'en continua pas moins. La victoire de Mao Tsé-toung avait changé la situation. Reconnu par la Chine et par l'U.R.S.S. Ho Chi Minh sortit de la semi-neutralité où, par rapport aux deux blocs, il s'était jusqu'alors cantonné. La guerre d'Indochine fut désormais présentée par la propagande française comme un moment de la « croisade anticommuniste ». L'Occident crevait de peur depuis que, le 12 octobre 49, le général Bradley avait annoncé que le jour de « l'atome rouge » était arrivé ; l'U.R.S.S. possédait des bombes atomiques. On commença à parler d'une arme beaucoup plus puissante, dont en janvier 50 Truman ordonna la fabrication, la bombe H. On en décrivit en long et en large les effets : *Match* indiqua complaisamment, sur une photographie, ce qui arriverait si elle tombait sur Paris : 80 km^2 anéantis. La peur qu'elle suscita devint cosmique : en Amérique, en France, des soucoupes volantes furent signalées, dans le ciel, et parfois dans des champs ; certaines personnes avaient même aperçu des Martiens. Les journaux entretenaient cette panique. Nous ne lisions avec sympathie que *Combat,* mais Bourdet le quitta parce que Smadja qui le finançait prétendait intervenir dans sa rédaction. Désormais, Rousset, Sérant s'y étalèrent. Bourdet, appuyé par Stéphane, créa *L'Observateur* : ce n'était alors qu'un hebdomadaire exigu, très ennuyeux qui rallia peu de lecteurs.

*

L'été précédent, je n'avais pas fait de voyage avec Sartre. Nous en organisâmes un au printemps. Leiris, ethnographe spécialisé dans l'Afrique Noire, suggéra à Sartre d'aller voir sur place ce qui s'y passait. Les colons avaient tenté, en vain, de faire abroger la loi Houphouet qu'avait votée en 47 la Constituante et qui supprimait le travail forcé ; vaincus sur le plan légal, ils s'arrangeaient pour susciter à chaque période de traite des incidents qui désorganisaient le système[1]. Le R.D.A. s'efforçait, à travers les syndicats, de protéger les petits producteurs africains ; mais les grandes compagnies exigèrent de l'administration qu'elle sévît contre lui. Depuis décembre 49, la terreur régnait en Côte-d'Ivoire : on avait arrêté, torturé, abattu, de

---

1. Le colonel Lacheroy joua un grand rôle dans les provocations et les « répressions » de janvier 49.

nombreux dirigeants R.D.A. ; des membres du rassemblement, des sympathisants, des suspects avaient été massacrés ou jetés en prison ; en février, il y eut de nouveau des troubles dont la répression fit — officiellement — douze morts, soixante blessés. Prendre contact avec le R.D.A., se renseigner et ébruiter les faits, ce serait un utile travail. Ce projet déplut — Leiris l'apprit tandis qu'il essayait de le faire aboutir — au parti communiste, auquel appartenaient de nombreux dirigeants R.D.A. : mais nous pensâmes que ceux-ci seraient moins intraitables que leurs camarades français. Comme je désirais voir le Sahara, nous établîmes un plan qui nous conduisait d'Alger au Hoggar, puis à Gao, Tombouctou, Bobo-Dioulasso, Bamako, où des membres du R.D.A. rencontreraient Sartre et l'inviteraient en Côte-d'Ivoire. Je courus les agences de tourisme. Les camions qui vont de Ghardaïa à Tamanrasset transportaient dans leurs cabines quelques voyageurs : je retins deux places.

Cette fois — c'était ma troisième tentative — j'arrivai sans encombre d'Alger à Ghardaïa ; la ville méritait ma persévérance ; c'était un tableau cubiste magnifiquement construit : des rectangles blancs et ocres, bleutés par la lumière, s'étageaient en pyramide ; à la pointe de la colline était fichée de guingois une terre cuite jaune qu'on aurait crue sortie, géante, extravagante et superbe, des mains de Picasso : la mosquée. Les rues grouillaient de marchands et de marchandises : des carottes, des poireaux, des choux à la peau si brillante et si lisse qu'ils semblaient non des légumes mais des fruits. Gras, la face reposée, les Mozabites avaient l'air bien nourris : la plupart des épiciers d'Algérie étaient originaires du M'Zab où ils retournaient après fortune faite. En haut, sur la grande place, des hommes maigres et tannés qui venaient du désert s'affairaient parmi des chameaux agenouillés.

L'hôtel nous plut et nous y restâmes quelques jours ; il y avait un grand patio et tout autour une galerie sur laquelle donnaient les chambres ; je travaillais sur la terrasse, le matin ; vers onze heures, le ciel flambait et je me réfugiais à l'ombre. L'après-midi, nous nous promenions dans d'autres villes mozabites proches de Ghardaïa, plus provinciales, mais aussi belles : Benis-Isguen, Melika. Nous aurions voulu savoir peindre, pour avoir un prétexte à rester plantés devant elles pendant des heures. Des officiers demandèrent à Sartre une conférence et il accepta. Nous étions opposés au système colonialiste mais nous n'avions pas a priori de prévention contre les hommes qui administraient les affaires indigènes ou qui dirigeaient la construction des routes.

J'étais émue lorsque je m'installai, à l'aube, dans la cabine de notre premier camion : c'est rare, même en voyage, un vrai commencement. Je n'avais jamais oublié cette grosse lune orange, derrière Égine, au moment où notre rafiot quittait Le Pirée pour les îles. Ce matin-ci, quand le camion eut escaladé la falaise qui barre la vallée, une énorme groseille est montée de la terre ; un soleil ingénu comme un souvenir d'enfance. Sartre le regardait avec la même jubilation que moi. Au ciel rayonnaient, merveilleusement fraîches, encore intactes, toutes les joies que nous allions cueillir ensemble. Ce soleil aussi est resté incrusté dans ma mémoire comme un blason des bonheurs d'antan.

Dix kilomètres plus loin, nous avons dépassé deux jeunes Allemands, coiffés de casques blancs, assis à côté de leur lourd barda, sous un soleil bientôt meurtrier : ils faisaient de l'auto-stop. « Des fous ! » dit le chauffeur. Le camion était chargé de marchandises et d'hommes, on n'y aurait pas logé un colibri ; la route risquait de demeurer déserte toute la journée ; si par hasard une voiture y passait, elle serait certainement pleine à ras bord : au Sahara, l'imprévu est si soigneusement mesuré qu'il ne reste pas de marge pour l'aventure ; mais les fous abondent, nous dit le conducteur.

Nous déjeunâmes dans un bordj et nous eûmes deux crevaisons ; ce furent des haltes plaisantes. Les Arabes sautaient à terre, ils dénichaient des broussailles entre les cailloux, en un tournemain ils avaient allumé un feu et posé dessus une bouilloire ; l'eau qu'ils tiraient d'une outre, accrochée au flanc du camion sentait le suint, mais le thé qu'ils nous offrirent dans des verres peints était excellent. Aussitôt la roue changée, ils piétinaient les feux et escamotaient leur attirail.

Lentement la journée s'étira sur trois cent vingt kilomètres. Il y en eut trois autres, toutes pareilles, jusqu'à Tamanrasset, et deux haltes de vingt-quatre heures, à El Goléa, à In Salah. Jamais le temps ne nous parut long : nous apprenions un monde. D'abord, la route : nous découvrîmes avec surprise qu'elle n'était que l'axe idéal autour duquel serpentait la piste carrossable ; des terrassiers y travaillaient, des rouleaux compresseurs l'écrasaient, mais on ne roulait jamais dessus : ou bien, sur quelques kilomètres, elle avait été fraîchement refaite et il ne fallait pas l'abîmer ; ou bien — ce qui était plus habituel — elle ne l'avait pas été : alors elle était si crevassée, bosselée, tavelée, ondulée, cabossée, trouée, qu'en cinq minutes le plus robuste véhicule s'y fût disloqué. Cela n'empêchait pas le Génie militaire de s'activer avec grand zèle sur ces mille kilomètres ; ni « la route » d'être un objet de fierté. « La route, c'est moi », nous dirent successivement le commandant d'El Goléa qui dirigeait le gros des opérations, des officiers, ici et là, qui en gouvernaient les détails, des ingénieurs qui avaient fait les calculs, des entrepreneurs et même un ou deux contremaîtres ; seuls se turent les manœuvres : nous en vîmes de près une équipe — l'un d'eux venait d'être mordu par un serpent — mais ils ne se vantèrent de rien.

Sauf pendant la traversée d'une hammada couleur d'anthracite, où il n'y avait littéralement rien à voir — au sortir d'El Goléa — le Sahara était un spectacle aussi vivant que la mer. La teinte des dunes changeait au cours des heures et selon l'inclinaison de la lumière : dorées de loin comme des abricots, quand nous les frôlions elles tournaient au beurre frais ; derrière nous, elles rosissaient ; du sable au roc, les matières variaient autant que les nuances ; sinueuses ou tranchantes, leurs formes modulaient à l'infini la fausse monotonie de l'erg. De loin en loin palpitait un mirage, aux reflets métalliques, il se figeait, il se volatilisait ; des simouns s'élevaient, solitaires, ils tournaient furieusement sur eux-mêmes sans ébranler l'immobilité du monde.

Nous croisâmes deux ou trois caravanes : le désert devenait plus immense, mesuré au pas balancé des chameaux ; du moins le nombre des hommes, des bêtes, des bagages s'accordait à sa taille. Mais d'où venait, où allait cet homme qui surgissait de nulle part et qui marchait à grands pas ? Nous le suivions des yeux jusqu'à ce qu'il se fût résorbé dans la grande absence qui nous enveloppait.

Les derniers jours, nous avons roulé dans des gorges, au pied de citadelles géantes, de créneaux, de murs cyclopéens, noirs comme des laves ; nous avons traversé des plateaux de sable blanc hérissés d'aiguilles et de dentelles noires : l'atmosphère avait été soufflée, la terre s'était changée en lune. « Incroyable ! » disions-nous ; pourtant une peinture ou même une photographie de ce paysage nous aurait davantage étonnés : nous étions dedans, donc il devenait naturel ; il n'y a de fantastique qu'en image : en s'incarnant, il

286

se détruit. C'est pourquoi il est difficile de raconter un voyage : on transporte le lecteur ou trop loin, ou trop près.

Assoiffés, poussiéreux, étourdis, un peu fourbus, c'était agréable d'arriver le soir, où que ce fût. A El Goléa, quand j'y entrai, l'hôtel, avec sa profusion de tapis diaprés, ses lanternes de cuivre, tout son bric-à-brac saharien, me parut un palais des Mille et Une Nuits. Sur la pelouse, des Américains avaient organisé un grand méchoui en l'honneur de la Shell. Je revins à mon siècle. Au matin nous nous sommes promenés dans la ville ; nous avons vu le marché et l'ancien quartier des esclaves où habitaient encore les Noirs. Nous avons déjeuné chez le commandant du Génie : sa femme, qui nous lisait, était venue nous inviter avec beaucoup de grâce ; elle nous offrit un déjeuner à la française, avec des primeurs, et son mari nous parla de « sa route ».

A In Salah, aussitôt débarqué, Sartre s'enferma dans sa chambre pour travailler ; je partis, à travers les dunes qu'ourlait un étroit liséré de roseaux (ou, peut-être, de palmes déchiquetées) ; le soir tombait ; le sable où je me couchai était tendre comme une tendre chair : je m'attendais presque à le sentir se soulever sous ma joue. Dans un sentier passèrent, en file indienne, de grandes négresses drapées de bleu, aux visages décou-verts : des anneaux d'or se balançaient à leurs oreilles ; elles venaient des champs, elles se taisaient et leurs pieds nus ne faisaient aucun bruit ; dans la paix du crépuscule, ce cortège avait quelque chose de poignant. Je m'émus aussi, le lendemain matin, en me penchant à ma fenêtre ; elle donnait sur une vaste place — un terrain vague plutôt — que des hommes, des femmes traversaient à pas vifs, à pas lents, chacun absorbé dans son propre chemin ; je connaissais des tableaux où s'exprimait ce maléfice de l'espace qui en réunissant sépare : mais là il me sembla le saisir sur le vif. Les maisons d'In Salah étaient en terre, rouges et crénelées ; le sable les avait à demi englouties malgré les barrières et les chicanes élevées en travers des rues. Au marché, je retrouvai de belles femmes noires drapées de bleu.

La dernière halte n'a duré qu'une nuit ; nous l'avons passée au fond des gorges d'Arak, au pied d'une forteresse de granit noir ; il y avait là un relais où on trouvait des lits, mais rien à manger ; deux jeunes gens campaient sur la terrasse et leur radio jouait des musiques d'un autre monde. Ils voyageaient en jeep, sans escorte, alors qu'en principe aucun véhicule n'a le droit de se risquer seul sur les pistes. « C'est dangereux », nous dit le chauffeur. Comme nous avions interrompu deux fois ce voyage, c'était notre troisième conducteur ; il était plus loquace que les précédents et convaincu comme eux que les touristes sont des fous. Il nous montra sur la route la carcasse d'une conduite intérieure. « Faire le Sahara avec ça ! La voiture a pris feu ! » L'ardeur du soleil avait suffi, selon lui, à l'embraser. Il nous conta d'autres histoires, tandis que nous déjeunions, à l'ombre d'un arbrisseau épineux : le seul du parcours ; l'ombre ne couvrait pas la moitié de nos têtes, mais il y avait de l'eau dans les parages et quelques herbes poussaient là, fraîches comme une prairie normande. « Dès qu'il pleut, ça se couvre d'herbes et de fleurs », nous dit le chauffeur ; il ajouta que les pluies étaient rares mais en général diluviennes. Une Dodge avait été immobilisée, un ou deux ans plus tôt, par une de ces tornades ; le délai réglementaire écoulé, on l'avait envoyé en camion à la rescousse ; il avait aperçu la voiture, perdue comme une arche au milieu des flots : avant de l'atteindre, il s'était embourbé ; on ne s'était pas inquiété tout de suite de son retard : les touristes avaient ainsi passé une semaine, et lui cinq jours, sans rien à manger, rien à boire qu'une eau chargée de boue. Pendant qu'il parlait, un soldat, à l'air égaré, tirait sur des boîtes de conserve qu'il lançait en l'air ; a son tour il nous relata de sombres drames ; nos compagnons de voyage, les gens qu'on rencontrait au hasard des arrêts abondaient tous en récits extraordinaires et terribles ; ceux que nous avions entendus auparavant, ils les démentaient : « Je connais le type qui vous a raconté ça, c'est un cinglé », disaient-ils ; et ils nous garantissaient que leurs histoires à eux étaient garanties. Sûrement sur le nombre, il y en avait de vraies : mais lesquelles ?

Le soir, nous arrivâmes au terme de ce premier voyage : Tamanrasset et le petit hôtel de la S.A.T.T. Impossible d'en choisir un autre : S.A.T.T. monopolisait le transport des touristes et leur hébergement ; en outre, sous prétexte d'assurer, le cas échéant, leur sauvetage, elle exigeait des voyageurs indépendants de lourdes cautions. J'avais entendu souvent protester contre ces privilèges ; à Tamanrasset, on murmurait que l'absence de toute concurrence encourageait le patron de l'hôtel à se conduire en potentat. Rieur, l'œil égrillard, il semblait en effet ne pas douter de ses droits ; mais il menait bien sa baraque que ravitaillaient camions et avions. « A Noël, nous avons eu des huîtres : un pilote les a apportées tout droit de la mer ! » nous dit-il fièrement. Somme toute, c'était un lieu de villégiature idéal. A quinze cents mètres d'altitude, les matins étaient assez tempérés pour que je travaille dans le jardin, face au massif noir et déchiqueté du Hoggar ; des lambeaux de chameau séchaient, suspendus aux branches des arbres et je me félicitais qu'on n'en servît pas aux clients. Nous n'eûmes pas envie de grimper dans la montagne : c'eût été toute une expédition, avec des guides et des chameaux. Nous nous contentâmes de quelques promenades en auto et de couchers de soleil, magnifiques, baignant les pitons couleur d'encre.

La société de Tamanrasset était très fermée ; les

femmes des officiers et des fonctionnaires vivaient comme à Romorantin ; elles portaient des chapeaux, s'épiaient, clabaudaient. Nous sûmes qu'on ne nous voyait pas d'un bon œil. Un capitaine nous gratifia d'une brève visite et s'en tint là. Mais nous eûmes la chance d'être pris en main par les instituteurs, Mme et M. B., et par l'explorateur Henri Lhote. Mme et M. B. avaient pour élèves des Français et des Touaregs ; ceux-ci, nous dirent-ils, étaient intelligents, mais nerveux et instables, et leurs parents ne les envoyaient en classe qu'irrégulièrement. Dans certains villages de la montagne, à deux ou trois jours de marche, les enfants ne recevaient aucune instruction ; on avait créé une école ambulante : en ce moment même, un instituteur campait sur les hauteurs.

Henri Lhote courait le Hoggar à la recherche de gravures et de peintures rupestres ; il avait rapporté une vaste collection de photos et de croquis, dont l'authenticité était alors quelque peu contestée. Ses récits inspiraient aussi certains doutes : il avait manqué périr cent fois, à travers des péripéties dramatiques et extravagantes ; un jour, par exemple, agonisant de soif, il était arrivé au bord d'un puits où miroitait un peu d'eau : la corde qui attachait le seau était trop courte ! Il en avait fabriqué une avec ses vêtements et, désaltéré, il était reparti, nu, à travers l'erg : on se demandait comment le soleil ne l'avait pas brûlé à mort. Mais peu importait : il y avait dans ses inventions un lyrisme qui nous charmait.

Quand nous allions chez les B., nous y rencontrions toujours de grands garçons voilés qui jouaient aux cartes, bavardaient, somnolaient : les fils de l'Aménokal, leurs cousins, leurs amis ; ils venaient là comme à un club ; à part un ou deux bordels où, le soir, ils se désennuyaient, Tamanrasset ne leur offrait aucune autre distraction. Maintenant que les grandes bagarres et les razzias lui étaient interdites et qu'on l'empêchait d'exploiter des esclaves, ce peuple de guerriers traînait une existence désœuvrée, vide et presque misérable. Leur principale ressource, c'était l'élevage des moutons et surtout la mine de sel d'Amadror, non loin de Tamanrasset. De juillet à septembre, venus d'un grand nombre de villages, ils extrayaient le sel à coups de hache. D'octobre à février, ils montaient en caravane au Soudan où ils échangeaient leur marchandise contre du mil et des objets manufacturés. Mais ces trafics étaient indignes des grands chefs et de leurs familles. J'achetai à Mᵐᵉ B. des chameaux tressés avec des ficelles : « C'est l'aîné des fils de l'Aménokal qui les fabrique, me dit-elle. Ça lui rapporte un peu d'argent de poche, mais surtout il ne veut pas qu'on le sache. » Autrefois les chefs gavaient leurs épouses au point que, pour forniquer ces blocs graisseux, il leur fallait le secours de plusieurs serviteurs. Ces temps étaient loin. « Apportez une livre de thé », nous dirent les B., le soir où ils nous emmenèrent en auto voir l'Aménokal : ces visites représentaient pour lui une source de revenus pas du tout négligeable. Sa tente se dressait, entourée de quelques autres, à une quinzaine de kilomètres du bourg ; tendue de tapis, meublée de coffres, elle était assez luxueuse mais trop petite pour nous abriter tous ; nous nous assîmes dehors, autour d'un feu qui nous réchauffait mal : des couvertures jetées sur nos épaules, nous frissonnions en buvant notre thé ; mais je goûtai l'insolite de ma présence, sous ces étoiles neuves, dans ce campement que séparaient de moi tant d'espace et de temps. Affranchie des servitudes de l'opulence, mince, nerveuse, le visage dur et fier, la femme de l'Aménokal dirigeait la réception avec courtoisie et autorité : c'était elle, nous dit-on, le véritable chef. En partant, Mᵐᵉ B. balaya de la main l'infini du désert : « Vous vous rendez compte, ces garçons, la vie qu'ils mènent ! » En effet, peu de gens m'ont paru plus mal adaptés au monde d'aujourd'hui que ces jeunes princes orgueilleux et fauchés. Ils avaient belle allure dans leurs robes indigo ; au-dessus du litham, des yeux sombres brillaient. Un après-midi, Mme B. demanda au fils de l'Aménokal de découvrir son visage : « Sois gentil, rien qu'une minute, écarte ton voile, Chéri. » (Il s'appelait Chéri, et c'était drôle d'entendre cette femme posée qui l'admonestait : Chéri, Chéri...) Il minauda, pouffa, souleva l'étoffe : un grand nez en bec d'aigle le défigurait ; chaque fois que j'ai surpris le visage d'un Targui, j'ai retrouvé ce nez, cette décevante laideur sous les yeux d'un noir éclat. Les femmes avaient un peu plus de bonheur. Il n'était pas facile d'en rencontrer d'ailleurs : Henri Lhote ne vit d'autre moyen que d'inviter un soir les putains de l'endroit ; la plupart soignaient des syphilis à l'hôpital ; il obtint qu'on les laissât sortir quelques heures et, assis sur un tapis, dans le jardin de l'école, nous bûmes du thé côte à côte.

Nous passâmes plus d'une semaine à Tamanrasset ; on nous mit au courant de tous les potins qui circulaient entre Laghouat et le Hoggar. Les Européens égaillés sur plus de mille kilomètres, au sein d'espaces vertigineux, se connaissaient, s'épiaient, se détestaient, se calomniaient et cancanaient avec autant de minutie et d'entrain que s'ils avaient habité un chef-lieu de canton. Ces papotages « longue-distance » avaient pour nous beaucoup de saveur. La nuit qui précéda notre départ, ils me tinrent éveillée très tard. Après le dîner, nous montâmes sur une terrasse pour voir la Croix du Sud. Ensuite Sartre alla se coucher. Je restai, debout au comptoir du bar, à boire et deviser avec le patron et avec deux camionneurs dont l'un était blond et beau comme Jean Marais à vingt ans. Ils parlèrent des gens que j'avais croisés depuis Ghardaïa, et en particulier d'un taulier qui, moyennant « le reste », offrait gratuitement aux chauffeurs bon souper, bon gîte ; chacun accusait gaiement l'autre d'avoir profité de l'aubaine. Et puis ils se sont mis à me raconter leur vie. Je m'y intéressai et la verdeur de leurs propos ne me gênait pas : à l'occasion, je pouvais parler le même langage qu'eux. Chacun de nous, le patron compris, offrit plusieurs tournées et j'allai me coucher, hilare, vers trois heures du matin. Avec stupeur, j'entendis qu'on ouvrait ma porte : c'était le patron qui murmurait des offres. Je fus d'autant plus stupéfaite que sa femme avait l'air fort peu tolérante. Le lendemain matin, il se précipita vers moi avec un grand sourire et un panier d'oranges : c'était à Tamanrasset, un fruit rare et je compris qu'il achetait mon silence. Marché conclu : je n'avais jamais eu l'intention de faire un esclandre. Lui, il parla, non de sa tentative de séduction, mais de mes débauches alcooliques et verbales : ouvrant *Samedi-Soir,* quelques jours plus tard, j'y trouvai une relation de cette beuverie. On disait que par mes propos de corps de garde j'avais fait rougir les camionneurs ; il y avait d'autres gentillesses que j'ai oubliées [1], mais dont, sur l'instant, je m'inquiétai. Étant donné ma solidarité avec Sartre, quand on m'arrosait de purin, c'était lui autant que moi qu'on visait : je m'en voulus d'avoir donné prise. Mais alors, devais-je sans cesse vivre sur la défensive, surveiller mes propos et les verres que je buvais ? « L'avantage de notre position, me dit Sartre, c'est que nous pouvons faire tout ce que nous voulons : ce ne sera jamais pire que ce qu'on raconte. »

Trois heures d'avion ; d'en haut, la diversité du Sahara s'estompait, il semblait monotone ; mais l'uniformité, si fade quand elle indique la répétition d'un effort humain, me fascine quand j'y découvre un des

---

1. L'article ne parut pas dans l'édition de Paris. Il dépassait encore en ignominie le plafond que *Samedi-Soir* s'était fixé.

visages originels de notre planète : ainsi les neiges éternelles, un ciel d'un bleu sans péché, un champ de nuages sous la carlingue d'un avion, un désert. Pendant toute la traversée je rivai mon regard sur la rousseur du sol. Je n'étais pas blasée : survoler le Niger me parut miraculeux ; c'était une vaste chaussée d'eau grise mais, comme l'avion descendait et virait, j'aperçus un îlot couleur de corail pâle, en face d'une plage sablée d'or : à cet endroit, le fleuve était un émail bleu. « Quelle chance, me dis-je, de vivre justement aujourd'hui et de voir ces choses avec mes yeux ! » La terre cependant me déçut ; elle n'était plus un pur minéral : des herbes étiques et des arbrisseaux rechignés la salissaient. Je posai le pied sur l'aérodrome et d'un seul coup le soleil m'assomma ; nous nous réfugiâmes sous un hangar. Pourtant, le ciel était gris comme le fleuve. On nous avait prévenus : « Là-bas, plus de bleu : c'est la cloche. » Une calotte de vapeur, sans atténuer la violence du soleil, en étouffait la lumière. Quand nous descendîmes du car, la patronne de l'hôtel se récria : « Il vous faut des casques ou ce soir vous serez morts ! » Malgré notre répugnance aux déguisements touristiques, nous marchâmes vers le bazar qu'elle nous indiquait : en franchissant ces quelques mètres, il nous sembla que nous allions nous écrouler. A l'ombre, le thermomètre marquait 40 degrés. « C'est supportable parce qu'ici il fait sec », nous dirent des gens ; il faisait sec, mais ça semblait pas tellement facile à supporter. D'après nos plans, nous aurions dû arriver trois semaines plus tôt à Gao, mais Sartre avait été retenu et nous avions pensé : « A trois semaines près ! » ; en fait, en cet endroit, ces trois semaines comptaient : le trafic sur le Niger venait d'être interrompu pour plusieurs mois.

Dûment casqués, nous fîmes un tour à travers le marché qui se tenait sur la grande place, juste devant l'hôtel. Soudain, enfin, au lieu des fantômes voilés qui hantent les villes arabes, des femmes : de belles négresses, drapées dans des cotonnades éclatantes, coiffées d'un échafaudage de nattes, découvraient leurs visages, leurs épaules, leurs seins, leurs rires ; peau bistrée, dents blanches, les jeunes resplendissaient ; patinée, sèche, la nudité des vieilles n'avait rien d'offusquant ; elles jacassaient entre elles, elles discutaient avec les hommes. Et quelle variété de silhouettes, de types, de vêtements ! Il y avait des Peuhls, si beaux, si belles, avec leur fin profil, leur port de tête, leur taille élancée ; les femmes décoraient leur cou, leurs poignets, leurs cheveux avec ces petits coquillages, les cauris, qui servaient aussi de monnaie. Certains Noirs portaient des boubous aux couleurs violentes, d'autres des shorts, des feutres, et des lunettes de soleil. Quelques Touaregs, bleus et voilés, traversaient la foule. Une quantité de tribus se coudoyaient à Gao, le jour du marché, et la population même était extrêmement mêlée : une telle variété paraissait luxuriante. Cette impression s'effaça quand nous constatâmes la tristesse des marchandises qui s'échangeaient : du pain de mauvaise qualité, des étoffes piteuses, du fer-blanc. Dans cette région, nous apprit-on un peu plus tard, les indigènes manquaient de tout : on leur distribuait des céréales, sinon ils n'auraient eu rien à manger.

La ville était bâtie en pisé, dans le style soudanais ; des maisons cubiques, collées les unes aux autres, des sentines étroites. La grande attraction, c'était le Niger. Nous allâmes le voir, vers 5 heures du soir : plat comme un lac, blême, il baignait dans un faux crépuscule qui me rappelait la lumière d'Abisko, vers minuit : nous le suivîmes en pirogue : on aurait dit un paysage nordique, mais chargé d'une angoisse qui ne se rencontre que dans les pays chauds. Tout un peuple campait sur ses bords : ils allumaient des feux, ils cuisinaient, ils se préparaient à dormir. Nous revînmes tôt le matin et nous les vîmes s'éveiller : des Touaregs, un miroir en main, dévoilés, vérifiaient coquettement leur visage ; à notre approche, ils se hâtaient de replacer leur litham. Combien de temps allaient-ils rester sur ces berges ? De quoi vivaient-ils ?

Gao nous déconcerta par ses tristesses et ses gaietés. Rôdant dans les rues, l'après-midi, nous entendîmes un tam-tam ; nous le cherchâmes ; nous arrivâmes près d'une maison dont la cour était pleine de rires et de chansons : une noce ; un groupe de Noirs, devant la porte, regardaient la fête et pendant un long moment nous regardâmes avec eux, captivés par l'exubérance des danses et des voix.

Il aurait fallu connaître des gens pour comprendre un peu ce pays. Nous ne vîmes presque personne. Nous fûmes invités par un jeune géologue que la géologie ennuyait ; il nous reçut sur sa terrasse et nous prîmes le thé avec les Musulmans qui lui louaient sa chambre ; tout en parlant, je contemplai la ville au-dessous de moi, et un paysage incertain, qui n'était plus le désert et pas encore la savane. Il demanda à Sartre de regarder ses tableaux : son père était un peintre connu et il aurait voulu peindre. Il nous montra des toiles, encore très indécises, mais Sartre hésita à peine : « Si vous avez vraiment envie de peindre, allez-y », lui dit-il. Le jeune homme a suivi son conseil.

Nous dînâmes chez l'administrateur ; jeune, céliba-taire, aimable, il venait de perdre une lionne qu'il avait élevée avec amour. Sur les indigènes, il nous renseigna peu. Il nous dit cependant que la religion aggravait encore leur misère : à ceux qui habitaient sur les bords du fleuve, elle interdisait le poisson ; sous-alimentés, ils ne pêchaient pas. Il mit une auto à notre disposition, le lendemain. Le long du Niger, nous vîmes quelques misérables villages. La campagne me parut décidément ingrate ; la seule curiosité, c'était les termitières qui la hérissaient ; si on s'endormait à leur ombre, on se retrouvait sans un fil sur le corps, affirma le chauffeur.

Un des endroits que je désirais connaître entre tous, c'était Tombouctou, à quatre cents kilomètres de Gao : de Paris, la distance semblait bénigne ; à défaut de bateau, il se trouverait sûrement des camions pour la couvrir. Je m'informai et on me rit au nez : par cette chaleur, la piste — en toutes saisons à peine fréquentée — était impraticable. Je me résignai avec une aisance qui me surprit. Par la suite, le cas s'est plus d'une fois reproduit : un site qui m'avait paru, au départ, le principal attrait d'un voyage, quand je l'approchais perdait son importance ; son nom symbolisait de loin un pays tout entier : sur place, le pays se donnait de beaucoup d'autres manières. Sur le marché de Gao, sur les berges du Niger, j'avais vu s'incarner les images que je m'étais forgées de Tombouctou.

Peut-être aussi la fatigue brisa-t-elle mes regrets : douze heures de camion, sous ce soleil, je n'avais pas la force de les souhaiter. Tout le jour la chaleur faisait rage ; à l'heure de la sieste le ventilateur, dans notre chambre, brassait un air brûlant et on ne pouvait pas fermer l'œil. La douche, c'était un seau qu'on faisait basculer : l'eau vous tombait d'un seul coup sur le corps et elle n'était guère plus fraîche que l'air. Vers le soir, de gros oiseaux qu'on appelait des gendarmes commençaient à s'ébrouer dans les arbres : ils voletaient et chantaient. Mais c'est à peine si la chaleur fléchissait. Tout le monde dormait dehors ; on installait nos lits, qu'abritaient des moustiquaires, sur un coin isolé de la terrasse ; j'aimais m'endormir sous les étoiles, mais la nuit était si lourde qu'on ne supportait même pas le poids d'un drap. Vers quatre heures du matin, une légère brise se prenait dans les mousselines : « Enfin, on a le vent en poupe », pensais-je à travers des brumes ; pendant quelques minutes, je voguais sur un lac de fraîcheur ; une douce lumière perlait au ciel, c'était un instant délicieux : le seul de la journée ; le soleil devenait très vite brutal. Nous descendions vers notre chambre ; des couples gisaient, yeux clos dans la cour intérieure, plus unis dans leur sommeil que pendant leur vie diurne ; hier soir, à dîner, l'adjudant et sa femme s'étaient âprement disputés : à présent la tête de l'épouse reposait sur l'épaule nue du mari.

Deux jours après notre arrivée, Sartre fut terrassé. J'appelai le médecin : « Quarante de fièvre. » Il prescrivit de la quinine ; Sartre s'en bourra au point de perdre le sens de l'équilibre, l'ouïe et la vue. Il resta alité deux jours. La patronne haussait les épaules : « Quarante de fièvre ! Je les ai chaque semaine ; ça ne m'empêche pas de cirer mes parquets. » Moi je tenais le coup mais je souffrais d'un mal aussi déplaisant que son nom : la bourbouille ; au creux des genoux, des coudes, entre les orteils, la sueur fait éclore une espèce de lichen rougeâtre ; malgré les démangeaisons, il ne faut surtout pas y toucher : une écorchure, la moindre infection, c'est assez pour qu'apparaissent les « cro-cro » qui sont de véritables plaies, facilement purulentes. Je passai deux rudes après-midi dans cette chambre où Sartre gisait, à peu près inconscient ; à trois heures, assise à ma table, je travaillais : que faire d'autre ? Les volets étaient clos ; dehors un sirocco furieux bousculait les arbres ; l'ombre, le bruit du vent évoquaient la fraîcheur : mais le vent était une flamme et le thermomètre contre mon mur marquait 43 degrés.

Aussitôt que Sartre tiendrait debout, nous partirions, avions-nous décidé. Mais je sortis du bureau de tourisme désappointée : les avions n'arrivaient et ne décollaient que très irrégulièrement ; impossible de me fixer une date. Je détestais me sentir clouée dans cette fournaise.

Enfin on m'annonça qu'un avion partait le lendemain pour Bobo-Dioulasso, la fièvre de Sartre était tombée et nous le prîmes. Je regardai avec nostalgie la forêt au-dessous de nous et les routes rouges que nous ne parcourions pas. Il y eut escale à Ouagadougou : dans le hall de l'aérodrome, un Noir vendait des figurines en plomb, un tam-tam, des sorciers, des biches. J'en achetai un assortiment.

« Bobo, c'est malsain, c'est humide », m'avait-on dit à Gao. Cependant, à l'atterrissage la moiteur de l'air me parut reposante. Un homme, blafard et bouffi, nous attendait ; à Gao, les gens avaient encore une peau hâlée de Saharien ; ici, tous les visages ressemblaient à du poisson bouilli, on cuisait à l'étouffée. « Je vais vous conduire à l'hôtel », dit l'inconnu en nous faisant monter dans son auto. C'était un fonctionnaire qui était venu nous accueillir au nom de l'administration. Nous descendîmes vers la ville : « Bobo-Dioulasso, m'avait dit un ami, c'est la Normandie. » En effet le pays était onduleux et vert : mais d'un vert suspect, et son odeur de terre décomposée ne ressemblait pas à celle des prairies françaises ; basses, longues, recouvertes de paille sombre, les maisons se situaient avec évidence aux tropiques ; quelques fleurs éclataient dans les jardins. Notre guide nous déposa devant un hôtel. La chambre n'était pas encore libre et nous nous assîmes sous la véranda, dans de confortables fauteuils, en face d'un petit dancing à ciel ouvert. Le sous-administrateur, B., nous a trouvés là et nous a transmis une invitation à dîner de son supérieur. Puis il nous a amenés sur un champ de foire autour duquel s'étageaient les différents quartiers indigènes ; il en a désigné un : « De ce côté-ci, c'est mauvais : c'est un fief R.D.A. N'allez surtout pas vous y promener ! » Il ne nous a pas montré grand-chose : « Allons prendre l'apéritif », a-t-il proposé. Nous avons regagné l'aérodrome dont le bar servait de rendez-vous à l'élite européenne parce qu'on dominait la ville de quelques mètres et que, soi-disant, la température était moins torride : elle me parut aussi accablante qu'en bas ; l'impression de détente ressentie pendant la première heure s'était tout à fait dissipée. Avant le déjeuner, nous posâmes nos valises dans notre chambre : même système de douche qu'à Gao ; elle sentait le désinfectant et c'était une étuve ; nous laissâmes ouverte la porte qui donnait sur la cour et nous allâmes déjeuner. Un inconnu nous aborda cordialement : un planteur de Guinée ; il nous offrit l'apéritif ; nous l'avions déjà pris mais il insista : « Ici il faut boire, beaucoup boire ! » et il nous raconta l'histoire d'une jeune femme coquette qui pour conserver sa ligne buvait très peu : en quelques semaines, elle était morte, déshydratée ; les nourrissons, il fallait les abreuver du matin au soir ou bien ils se desséchaient et mouraient ; nous avalâmes donc un ou deux cassis à l'eau. Pendant le déjeuner un orage éclata, bref, mais vigoureux. Quand nous rentrâmes dans notre chambre pour la sieste les lits étaient trempés ; du tuyau d'évacuation de la douche sortaient des cancrelats qui se répandaient sur le plancher et au plafond. Nous avons fui et erré dans la ville indigène. Des marigots abrupts, presque à sec, fendaient les collines de haut en bas : les femmes y lavaient du linge au creux des flaques d'eau, des enfants jouaient parmi les rochers jaunes. Mais, hormis ces entailles, chaque quartier formait un bloc compact qui nous parut hostile ; les maisons tournaient vers nous des murs sans fenêtre et dans les ruelles on ne croisait presque personne. Impossible de s'y infiltrer sans connaître des habitants. Notre arrivée avait été signalée par la presse locale et Sartre espérait trouver à l'hôtel un message du R.D.A. : il n'y en avait pas.

Nous dînâmes chez l'administrateur, avec B. et sa femme, une créole martiniquaise, très jolie, qui se plaignait que son mari voulût la conduire cet été à Paris qu'elle ne connaissait pas. « Il y fait si froid ! » disait-elle d'une voix peureuse. « Au mois d'août, il fait chaud », lui assurai-je. « Mais août, c'est presque septembre ; en septembre j'attraperai une fluxion de poitrine, et je n'y survivrai pas. » Assis sur la terrasse, après le repas, je cherchai au ciel la Croix du Sud : « A Gao, on me l'a montrée. — Sûrement, c'était la fausse : c'est toujours la fausse qu'on montre. » B. nous parla des dernières élections. « J'ai eu les votes qu'il fallait », nous dit-il avec un clin d'œil qui ne mettait pas en doute notre complicité. Nous les quittâmes de bonne heure et nous bûmes un verre avec le planteur dans le dancing illuminé ; devant la porte, un singe déguisé cabriolait au bout d'une chaîne. Nous tombions de sommeil ; mais nous eûmes du mal à nous endormir ; Sartre ne ferma presque pas l'œil : son lit était encore mouillé, le jazz l'assourdissait, et surtout il avait peur des cancrelats qui se baladaient au plafond. Il passa la nuit à lire une vie de Mme Roland.

Le matin, une auto fournie par l'administrateur nous transporta dans la forêt. Nous vîmes sous un arbre le fétiche d'un village : une grosse boule hérissée de plumes très sales ; les femmes, vêtues d'un pagne, portaient en guise d'ornements des osselets d'ivoire incrustés dans leur menton (cela me rappela cette dent que j'avais extirpée un jour de mon menton) ; grandes, robustes, les cheveux enduits de beurre de cacao à l'odeur écœurante, deux d'entre elles pilaient des grains dans un mortier ; sur les marches d'un escalier (certaines des huttes, misérables, avaient deux étages) parmi d'autres enfants tout nus était assis un petit albinos ; sa peau décolorée ne paraissait pas naturelle ; on aurait dit qu'un acide l'avait décapée, et qu'elle ne suffisait plus à le protéger. Nous étions tout près de la ville, et pourtant cette population semblait perdue au fond de brousses où le temps n'avait pas coulé. En repartant, nous avons croisé sur la route de jeunes garçons à bicyclette, vêtus à l'européenne, l'air vif, qui habitaient eux aussi ce hameau : en quelques années les enfants nus deviendraient des adolescents adaptés à ce siècle. Nous aurions bien voulu savoir comment les jeunes cyclistes vivaient cette double appartenance.

Mais au grand désappointement de Sartre, ce jour-là non plus le R.D.A. ne se manifesta pas. Nous dûmes nous contenter d'interroger les Blancs, au cours d'un cocktail qui nous fut offert ; Sartre parla avec deux futurs administrateurs qui affichaient beaucoup de bonne volonté : en poussant un peu, on s'apercevait qu'ils se préparaient déjà à modeler leurs idées sur leur situation. Ce voyage devenait burlesque et déplaisant. Nous étions partis pour voir les Noirs qui se battaient contre l'administration : nous n'en rencontrions pas, et nous étions très honorablement reçus par les administrateurs. A Bamako peut-être aurions-nous plus de chance ? Nous prîmes un avion le soir même.

Sartre avait piqué de nouveau une grosse fièvre, il frissonnait quand nous atterrîmes assez tard dans la nuit. L'hôtel principal était plein ; on nous renvoya à l'hôtel de la gare ; un garçon s'empara des bagages de Sartre et l'entraîna avec autorité tandis qu'un autre m'emmenait aussi impérieusement dans la direction opposée. Je me retrouvai seule, dans une espèce de cage, meublée d'une chaise et d'un grabat, qui donnait sur les quais de la gare : heureusement il passait peu de trains mais de l'autre côté du treillis métallique qui barrait ma fenêtre, sous la verrière qui protégeait les voies ferrées, l'air était chargé de fumée de suie ; j'ignorais le numéro de la chambre de Sartre et à l'imaginer malade dans une prison semblable à la mienne, l'angoisse me prit ; je passai une nuit détestable.

Le lendemain, Sartre allait mieux et l'hôtel central nous avait réservé une chambre ; là aussi on étouffait, en dépit des énormes ventilateurs, mais au moins pouvait-on dormir sur le balcon : c'était un spectacle étonnant, le matin, ce balcon jonché de corps demi-nus. On mangeait bien : on nous servit même des fraises. Ce qui nous rendit le séjour vraiment agréable, ce fut la cordialité du commandant d'aviation C. Il avait appartenu à l'escadrille Normandie-Niémen et passé quelque temps à Moscou si bien qu'il n'avait aucune prévention contre des écrivains de gauche ; nous ne lui inspirions pas non plus beaucoup de curiosité. « Je me suis trouvé à Gao en même temps que vous, dit-il à Sartre. On m'a dit : il y a Simone de Beauvoir qui vient d'arriver avec Pierre Dac ; après j'ai su que c'était vous... » Il n'avait pas eu envie de nous voir. Mais il éprouvait de chaleureux sentiments pour une jeune femme qui lisait beaucoup, et elle l'avait poussé à venir nous parler. Il l'appelait Juju : c'était une belle fille, à l'esprit vif, dont il admirait éperdument l'intelligence, la culture et l'intrépidité. Elle était mariée à un officier d'aviation, absent en ce moment de Bamako. C. avait une femme et des enfants qui passaient l'été sur une plage de Guinée. Mais il nous parut bientôt évident qu'ils étaient tous deux décidés à divorcer et à s'épouser — ce qu'ils firent un peu plus tard. Chez les gens qui n'ont pas le cœur décharné, l'amour dispose à aimer tout le monde : nous profitâmes de cette bienveillance et aussi de leur étonnement, car ils s'étaient attendus, nous avouèrent-ils plus tard, à rencontrer des monstres et non des êtres humains ; on les blâma de se compromettre avec nous : cette réprobation créait entre eux une complicité de plus.

Juju et C. habitaient, à la lisière de la ville, des maisons presque identiques, vastes, entourées d'une véranda, dotées de salles de bains dernier cri : le dallage, les meubles légers donnaient une impression de fraîcheur. Sur une table, Juju avait disposé un tam-tam, semblable à celui que j'avais acheté, mais plus grand ; elle possédait d'autres bibelots indigènes, bien choisis. Tous les soirs, nous prenions l'apéritif sur sa terrasse et elle nous montrait au loin l'emplacement du grand hôtel ultra-moderne qui allait bientôt se construire. Souvent, un de leurs amis, V. — aviateur lui aussi — buvait avec nous ; sa vitalité nous revigorait. « Le climat on s'y habitue vite ; quand je fais du 40 degrés, je fonce dans ma jeep, je vais chasser le buffle, ça tue la fièvre. » La bourbouille, c'est désagréable, admettait-il : « Quand on se couche, il faut plonger sous le drap, d'un élan », et il imitait le mouvement du nageur héroïque qui se jette dans l'eau glacée. La chasse au gros gibier — au buffle et même au lion — tenait une grande place dans leur vie ; Juju tirait aussi bien qu'un homme ; elle accompagnait souvent ses amis en avion ou dans leurs expéditions en jeep.

Le premier matin nous nous étions promenés seuls, en fiacre, à travers la ville européenne — assez jolie avec ses maisons coloniales de style ancien — et à travers la ville indigène que nous avions mal vue parce que le cocher refusait de s'arrêter. Mais ensuite nous ne quittâmes plus nos nouveaux amis. Ils nous emmenèrent au marché ; la population était moins variée qu'à Gao ; mais les marchandises nous parurent plus abondantes et plus gaies ; on y vendait à profusion les étoffes dont les femmes étaient parées : des percales, qui se fabriquaient en Alsace, mais dont les impressions hardies étaient alors une exclusivité africaine ; j'en achetai plusieurs rouleaux. Un soir, le commandant C. nous conduisit en jeep jusqu'au barrage du Niger, à travers une nature médiocrement boisée et sans beauté ; sur la route en latérite rouge, j'ai réalisé ce que j'avais entendu dire, sans trop y croire : une auto ne résiste à la

tôle ondulée que si elle dépasse quatre-vingts kilomètres à l'heure, sinon les trépidations la brisent. Des
prisonniers noirs travaillaient au bord de la chaussée,
sous la surveillance de gardiens armés ; on nous en a
indiqué deux, condamnés pour anthropophagie. Tous
les visages semblaient pétris de désespoir et de haine.

A Bamako et dans la région sévissaient des maladies
affreuses ; il y a de longs vers qui s'insinuent sous la
peau par la plante des pieds et qui se creusent des
cavernes ; pour les extirper, il faut en saisir une extré-
mité qu'on enroule sur une allumette ; chaque jour, on
donne un tour à l'allumette : si on essayait d'arracher le
parasite d'un seul coup, il se casserait et on n'arriverait
plus à s'en débarrasser. On nous décrivit aussi les
horreurs de l'éléphantiasis, celles de la maladie du
sommeil. Un des fléaux les plus communs, c'était la
lèpre et il y avait à Bamako un très vaste hôpital de
lépreux.

Le médecin qui le dirigeait nous a reçus cordialement : il m'a parlé du *Deuxième Sexe* qu'il approuvait.
Nous avons traversé avec lui un grand village : des
huttes, des marchés, où des colporteurs offraient divers
produits ; des lépreux y vivaient avec leur famille car on
ne considérait plus leur mal comme fatalement contagieux ; en outre, pris dans ses tout premiers commence-
ments, on pouvait facilement l'enrayer. Le médecin
nous montra le dispensaire où se traitaient les cas
bénins : seule une légère décoloration sur son bras droit
indiquait l'état de la jeune Noire à qui un infirmier
faisait une piqûre : « Elle peut vivre jusqu'à quatre-
vingts ans sans que la maladie gagne », nous dit le
médecin. On employait encore, pour arrêter le mal,
l'*huile de cholmoogra,* un vieux remède hindou ; mais
on venait de découvrir l'*asiaticoside* qui permettrait,
espérait-on, de faire régresser la maladie et même de la
guérir tout à fait. Cependant un certain nombre

d'hommes et de femmes, tardivement hospitalisés, étaient dans un état de dégradation avancée ; nous visitâmes le dortoir où ils gisaient et je crus que j'allais tourner de l'œil ; d'abord à cause de l'odeur, et puis des visages « léonins » où la bouche est devenue un mufle, des nez rongés, des mains mutilées. « Même ceux-là, ils ne mourront pas directement de la lèpre, nous dit le médecin. Elle progresse très lentement, seulement elle affaiblit l'organisme : il suffit d'une grippe, le lépreux est emporté. » Il y avait d'énormes quantités de lépreux dans la brousse, et nombreux étaient ceux qui se promenaient à Bamako : au marché, nous en avions sûrement croisé. Mais on ne s'exposait à être contaminés que si on marchait pieds nus.

Le commandant C. nous a fait connaître un Noir de ses amis : un médecin très âgé, qui a communiqué à Sartre un volumineux travail sur la pharmacopée indigène. Il ne nous a pas parlé de politique. Chaque jour Sartre attendait impatiemment que le R.D.A. se mît en rapport avec lui ; chaque jour il était déçu. Ce silence était évidemment systématique et il s'en affectait d'autant plus. Après une dernière soirée, avec Juju et C. dans un dancing en plein air, nous partîmes pour Dakar.

Dakar faisait partie de mes mythes ; c'était *la* colonie : des hommes casqués de blanc, le teint jaune, sous une chaleur écrasante, avalaient à longueur de jour du whisky qui leur minait le foie et la raison. Les gens de Bamako y voyaient un havre de fraîcheur. « A Dakar, on dort sous un drap », m'avaient-ils dit avec nostalgie. Avant l'atterrissage, le pilote nous a invités à venir dans sa cabine, et il a tourné longuement autour de la ville pour nous montrer le port, la mer, l'île de Gorée. Nous nous posâmes et, pour la première fois depuis Tamanrasset, je me sentis à l'aise dans ma peau : 25 degrés. A l'hôtel, nous abandonnâmes nos casques et nous partîmes dans les rues.

On ne voyait pas de Noirs aux terrasses des cafés, pas de Noirs dans le luxueux restaurant air-conditionné où nous avons déjeuné ; officiellement, la ségrégation n'existait pas ; le clivage économique de la société en tenait lieu ; aucun Noir ou presque n'avait les moyens de fréquenter les endroits où se retrouvaient les Blancs. La ville européenne était banale et la côte que nous avons suivie en taxi sur quelques kilomètres, miteuse, malgré la splendeur de l'océan : des palmiers grêles, des huttes sans gaieté, un sol sali de détritus végétaux. Nous avons trouvé du charme à l'île de Gorée, à sa vieille forteresse portugaise, roussâtre et démantelée. Mais notre intérêt ne s'est vraiment éveillé que le soir, quand nous avons fait une promenade dans les faubourgs ; c'était notre premier contact avec des indigènes prolétarisés ; les rues boueuses, bordées de paillotes avaient une rusticité villageoise, mais elles étaient larges, longues et rectilignes ; la foule noire qui s'y pressait était composée d'ouvriers, elle évoquait — d'une manière pour nous paradoxale — à la fois la brousse et Aubervilliers. Nous n'arrivions pas à imaginer ce qui se passait derrière ces visages pour la plupart beaux, calmes, mais fermés ; comme les adolescents qui revenaient à bicyclette dans un hameau fétichiste, ces hommes appartenaient à deux civilisations : comment se conciliaient-elles en eux ? Nous quittâmes Dakar sans en rien savoir. Cette brève traversée de l'Afrique Noire avait été un échec. A Paris, ce que nous soupçonnions se confirma : les consignes communistes avaient pesé sur tous les membres du R.D.A. et ils avaient délibérément évité de rencontrer Sartre.

Pour nous remettre de nos fatigues et pour travailler en paix, nous passâmes deux semaines au Maroc. Nous nous arrêtâmes un peu à Meknès et longuement à Fez. Cette fois, c'était le printemps, les arbres étaient en fleur, le ciel léger, et le palais Djalnaï avait ouvert ses portes. On m'installa dans la chambre de la sultane, décorée de tapis et de mosaïques, qui donnait sur un ravissant patio ; je laissais ma porte ouverte, quand je travaillais, et souvent les visiteurs entraient et faisaient le tour de ma table, comme si j'avais été une pièce de musée. De la salle à manger vitrée, on dominait la blancheur de la ville : nous y rencontrâmes Rousset et nous nous saluâmes sans enthousiasme.

Depuis le mois de juin, ma sœur et son mari habitaient Casablanca ; j'y passai quelques jours avec eux ; nous fîmes un tour en auto à travers le Moyen Atlas et jusqu'à Marrakech d'où je vis scintiller, par-delà les remparts rouges, la neige des hautes crêtes.

*

Boris Vian fut condamné à 100 000 francs d'amende pour avoir écrit *J'irai cracher sur vos tombes*. On attribuait à ses livres et à ceux de Sartre la responsabilité d'un bon nombre de suicides, de délits, d'assassinats, du « crime des J3 » en particulier. Quand Michel Mourre monta dans la chaire de Notre-Dame, on imputa aussi ce « sacrilège » à l'existentialisme.

La pensée de Sartre, je l'ai dit, se nettoyait de l'idéalisme ; mais il ne renonçait pas aux évidences existentielles et continuait à réclamer, au sein de la *praxis,* une synthèse des deux points de vue. Dans une préface, au *Portrait de l'aventurier* de Stéphane, il souhaitait que le militant héritât des vertus de ces hommes que Stéphane appelait des aventuriers. « *Un acte a deux faces : la négativité qui est aventurière et la construction qui est discipline. Il faut rétablir la négativité, l'inquiétude et l'autocritique dans la discipline.* » Un même souci inspire l'étude où il présentait le livre de Dalmas sur la Yougoslavie. L'objectivisme stalinien, disait-il, annule le subjectivisme des opposants en les faisant passer, souvent avec leur aveu, pour des traîtres objectifs. Le cas de Tito était unique : il avait réussi, et rendait donc impossible cette récupération. Son opposition rétablissait au sein de la Révolution la présence du subjectivisme. Contre le stalinisme, la tâche d'une idéologie vraiment révolutionnaire aurait dû être de rendre sa place à la subjectivité.

Tito était la bête noire des communistes. Ils avaient insulté Bourdet, Mounier, Cassou, Domenach qui avaient pris parti pour lui et les deux derniers avaient même été exclus du Mouvement de la Paix. La préface de Sartre leur fournit contre lui un nouveau grief. Il n'avait pas de chance avec eux. Il jugea ses entretiens avec Thao si faibles qu'il s'opposa à leur publication ; Thao, recourant sans aucune gêne à la justice bourgeoise, lui intenta un procès et Domarchi, qui avait assisté aux conversations sans ouvrir la bouche, sauf pour approuver Thao, se joignit à lui pour réclamer un million de dommages-intérêts. Les récents procès, les camps de travail nous avaient braqués contre le stalinisme au point que — ce fut un tort — nous boudâmes l'appel de Stockholm qui réunissait en France, fin juin, huit millions de signatures. Pourtant nous vomissions « L'Occident » : nous apprîmes avec regret que Silone participait, à côté de Kœstler, au congrès « pour la défense de la culture » que réunit à Berlin le mouvement *Liberté de l'esprit*.

Sartre avait des soucis privés. En 49 il avait voyagé avec M. au Mexique et au Guatemala et vu aussi Cuba, Panama, Haïti, Curaçao. Ils ne s'entendaient plus bien. Malgré les résistances de Sartre, elle s'était fixée à Paris. Ils se querellèrent et finirent par rompre.

J'avais correspondu toute l'année avec Algren. Il avait bien déchanté depuis son retour en Amérique ; elle changeait, très vite. La chasse aux sorcières atteignait un grand nombre de ses amis. A Hollywood, où l'avait conduit le prix Pulitzer, tous les cinéastes de gauche étaient sur le pavé ; beaucoup émigraient en Europe ; John Garfield n'avait pas pu tourner *L'Homme au bras d'or*. A son retour de Californie, Algren avait acheté une maison sur le lac Michigan : nous y passerions deux mois. Je me réjouis à l'idée d'avoir avec lui une vraie vie commune.

Juste au moment où j'allais m'envoler, les Coréens du Nord pénétrèrent en Corée du Sud ; aussitôt, l'aviation, puis l'infanterie américaines intervinrent. Si la Chine attaquait Formose, la guerre mondiale éclatait ; l'appel de Stockholm recueillit en quelques jours trois millions de signatures supplémentaires. Tout le monde parlait de l'occupation de la France par l'Armée Rouge. *Samedi-Soir* titrait : « Faut-il avoir peur ? » et concluait que oui. Malgré l'envie que j'avais de revoir Algren et ma répugnance à le décevoir encore une fois, j'hésitai beaucoup à quitter la France : « Partez, me dit Sartre, vous pourrez toujours revenir. Moi je ne crois pas à la guerre. » Il me donnait les arguments qu'il me répéta dans une lettre du mois d'août ; à Paris, c'était alors la panique, l'or était monté de 3 500 à 4 200, on faisait la queue devant des épiceries pour stocker des conserves et du sucre, les gens attendaient d'un jour à l'autre l'Armée Rouge, puis les bombes. Mais Sartre continuait de me rassurer : « De toute façon, voici mon avis : la guerre *sanglante* est impossible. Les Russes n'ont pas de bombes atomiques, les Américains pas de soldats. Donc elle ne peut avoir lieu, mathématiquement, que dans plusieurs années. Reste qu'on va, aussi mathématiquement, la préparer. Alors de deux choses l'une : ou, par un geste maladroit de l'un ou de l'autre, l'état de guerre est déclaré sans guerre réelle ; alors les troupes soviétiques viennent jusqu'à Brest et c'est trois ou cinq ans d'occupation russe avant le coup de tabac ; ou on attend en s'armant : alors c'est l'état d'esprit mythologique de guerre qui s'installe partout, la censure, l'espionnite, le manichéisme et, si vous voulez, l'occupation américaine déguisée. Au choix. Je crois à la seconde hypothèse... »

Je partis mais avec au cœur une anxiété qui alourdit encore les tristesses de l'arrivée. Mes premiers jours à Chicago ressemblèrent beaucoup à ceux que, dans *Les Mandarins,* Anne passe avec Lewis quand ils se retrouvent pour la dernière fois. Toute l'année Algren m'avait écrit des lettres gaies et tendres ; et soudain il me disait qu'il ne m'aimait plus. Il n'en aimait aucune autre, rien n'était arrivé ; il ne m'aimait plus. « Nous passerons tout de même un très bon été », m'assura-t-il avec une étourderie concertée. Et le lendemain, il m'emmena aux courses, avec des inconnus. J'errai, avalant godet sur godet, au milieu de cette foule étrangère. Rentrer en France, à moins d'un danger précis, je ne l'envisageai pas : il fallait d'abord comprendre avec mon cœur et mon corps des mots que je n'avais pas même encore réussi à faire entrer dans ma tête ; quelle fatigue en perspective ! C'était déjà tout un travail que de coudre ensemble les morceaux du temps. Dans la petite maison de Wabansia, l'étouffante chaleur et la présence d'Algren m'écrasaient. Je sortais : les rues m'étaient hostiles. Chez un petit coiffeur du quartier polonais, l'employée qui lavait mes cheveux me demanda d'une voix raide : « Pourquoi êtes-vous tous communistes en France ? » Une Française : ça signifiait une suspecte, une ingrate, presque une ennemie. D'ailleurs, dehors, je fondais comme le bitume ; dans les bars on ne peut ni lire, ni pleurer. Je ne savais littéralement pas que faire de moi.

Enfin un ami nous emmena en auto à Miller et le temps se remit peu à peu à couler : une bienfaisante routine meublait les jours. Je dormais dans une chambre à moi, j'y travaillais, à côté de la fenêtre protégée par un treillis métallique ; ou bien, m'étant aspergée de

311

« repellent » pour écarter les moustiques, je me couchais dans l'herbe avec le *Lincoln* de Sandburg ; je lisais beaucoup d'ouvrages sur la littérature et l'histoire américaines ; et le déchirant *Crack-up* de Fitzgerald ; et aussi des nouvelles de science-fiction, décevantes souvent, mais qui parfois jetaient d'inquiétantes lumières sur ce siècle. Le jardin descendait vers un étang et, sur les côtés, d'épaisses futaies m'abritaient des regards ; autour de moi couraient de gros écureuils gris et des oiseaux chantaient. Vers midi nous traversions l'étang en barque ; nous escaladions, nous dévalions les dunes qui nous brûlaient les pieds ; nous arrivions au bord du lac Michigan, vaste et mouvementé comme la mer : personne sur la plage sableuse et sans limite où picoraient des oiseaux blancs, haut perchés sur leurs pattes. Je me baignais, je me rôtissais. Dans l'eau, j'avais grand soin de ne pas perdre pied car je savais à peine nager. Un jour pourtant, après quelques brasses, cherchant le fond du bout de l'orteil, je ne le trouvai pas ; je m'affolai, je coulai ; j'appelai Algren, il me sourit de très loin ; j'appelai plus franchement : « Au secours ! » ; il sourit encore ; tout de même, mes barbotements l'inquiétèrent ; quand il m'empoigna, j'avais déjà la tête sous l'eau et aux lèvres, me dit-il, un sourire tout à fait idiot ; il ajouta qu'il avait eu grand-peur car il nageait très mal. Nous rentrâmes en courant, nous bûmes des rasades de whisky et, dans l'euphorie de ce sauvetage, l'amitié flamba entre nous, aussi vivace que si elle eût été nettoyée des scories d'un amour perdu.

Elle avait ses douceurs ; la nuit nous nous promenions sur la plage ; au loin les hauts fourneaux de Gary crachaient leurs flammes ; une grosse lune roussâtre se reflétait dans le lac et nous divaguions sur les débuts ou sur la fin du monde ; ou bien nous regardions la télévision : d'anciens et célèbres combats de boxe qu'Algren commentait pour moi, de vieux films et le samedi soir un excellent spectacle de variétés. Mais bien souvent, sans raison apparente — peut-être parce qu'il craignait que l'un de nous se laissât prendre à cette illusoire harmonie — le visage d'Algren se fermait; il s'éloignait, il se taisait. Un jour, nous avions été de nouveau aux courses avec un ami, je m'étais ennuyée : dans l'auto, pendant le retour, la radio annonça à grand bruit que la guerre était imminente. M'être coupée de la France pour vivre ce désastre privé, ça me parut si odieusement absurde que je me mis à sangloter. « C'est de la propagande, ça ne signifie rien », me disait Algren qui ne croyait pas à la guerre. Mais j'étais tombée au fond d'un abîme d'où il me fallut des heures pour sortir. Un autre soir, Algren était à Chicago : j'aimais et je redoutais l'implacable silence de ces journées solitaires; j'avais remâché depuis le matin bien des pensées désolées quand je m'assis devant l'écran de la télévision. On jouait *Brief encounter* et j'arrosai les coussins de mes larmes.

Au bout d'un mois Lise vint à Miller. Je l'avais revue en 47 : comme autrefois, nous nous étions beaucoup disputées, mais aussi très bien entendues. Nous tombâmes joyeusement dans les bras l'une de l'autre. Elle avait gardé toute sa beauté et son acidité baroque; dans le milieu conventionnel où elle vivait, ses conduites, qu'elle avait refusé de châtier, lui attiraient un tas d'histoires qu'elle racontait avec drôlerie; cependant des ombres traversèrent notre rencontre. Algren s'était rebiffé à l'idée de loger chez lui une étrangère et d'ailleurs la maison était trop petite : il avait trouvé à Lise une chambre à cinq cents mètres de là, ce qui la fâcha. Elle avait décidé de rester deux semaines : j'allais rentrer en France dans un mois et, à cause de la difficulté même de mes rapports avec Algren, je sentais le besoin d'être seule avec lui. Contre la franchise de Lise, je n'avais jamais eu qu'une arme : une franchise égale ; j'en usai et elle me traita encore une fois « d'horloge dans un Frigidaire ». Malgré ses manières expansives et câlines, Algren trouva Lise glacée ; et puis, me disait-il, elle a toujours l'air d'attendre que je marche sur la tête ; en effet, l'attitude naturelle de Lise c'était une défiance ironique ; pour la vaincre, il fallait se distinguer par des prouesses. Algren alla jusqu'à m'annoncer, un matin, qu'il partait pour Chicago. Nous décidâmes finalement que c'était moi qui m'y installe-rais avec Lise pour deux ou trois jours.

Les sentiments qu'elle me portait étaient ambiva-lents ; à son avis, je m'étais occupée d'elle moins que je n'aurais dû, pendant les années de guerre ; elle m'en voulait encore de l'avoir sacrifiée à mon travail et cette rancune se retournait contre ce que j'écrivais ; elle me répétait, de manière indirecte mais transparente : « C'est tellement triste d'être un écrivain de second ordre ! » Cette morosité reflétait aussi ses propres rapports avec la littérature : elle voulait et ne voulait pas écrire : « A quoi bon, quand on va recevoir une bombe sur le nez ? » me disait-elle. En vérité elle était tiraillée parce qu'elle avait des dons, mais pas de vocation ; son talent se marquait dans des nouvelles et des contes qui avaient paru dans des magazines, et surtout dans ses lettres ; elle avait l'art des raccourcis et elle choisissait ses mots avec d'heureuses méprises ; mais, seule devant une liasse de feuillets blancs, le cœur lui manquait ; je pense qu'elle ne s'intéressait pas assez aux autres pour avoir la longue patience de leur parler, page après page.

Sa vie boitait ; elle était venue aux U.S.A. parce qu'elle aimait un homme et pour manger ; l'amour s'était usé, elle allait divorcer ; manger, elle en avait pris l'habitude. Elle avait espéré compenser par la maternité les tristesses de son premier âge, mais ces tristesses l'avaient mal préparée à choyer une petite fille avec qui elle s'identifiait trop et trop peu. Elle était reconnaissante à l'Amérique de l'avoir adoptée, mais elle n'y trouvait pas le genre de relations humaines et intellectuelles qu'elle avait connues à Paris. Elle préparait le professorat et elle brillait, mais elle indisposait beaucoup de ses maîtres par son agressivité. A la fois dédaigneuse et facilement fascinée, séparée des gens par ce givre qu'Algren avait aperçu, elle se jetait dans des aventures compliquées ou impossibles. Elle était à ce moment-là obsédée par un couple d'homosexuels et très attachée au plus âgé, Willy ; elle essayait de le convaincre au nom de l'existentialisme qu'on n'*est* pas pédéraste : il s'agissait d'un choix toujours révocable. Il avait beaucoup d'affection pour elle mais elle ne s'en contentait pas. Je me rappelle une pénible promenade, à Chicago. Je lui montrai la maison d'Algren, j'avais de lourds souvenirs au cœur ; elle me répétait, avec la passion scolastique d'un docteur du Moyen Age, que Willy pouvait manifester sa liberté en l'aimant ; moi silencieusement, elle à voix haute, nous monologuions à travers une chaleur opaque, les rues s'allongeaient indéfiniment sous nos pieds et nous n'avancions pas d'un pas.

Elle m'avait précédée à Chicago où Willy et son ami Bernard, qui voyageaient en auto, lui avaient donné rendez-vous. Le matin où j'allai les rejoindre, l'autobus qui devait me transporter à la gare de Gary n'arrivant pas, Algren arrêta une voiture et me confia au conducteur. Celui-ci, dès qu'il sut que j'étais française, attaqua : « C'est vrai que vous êtes tous communistes ? et que chez vous les Blanches couchent avec des Noirs ? » Je feignis de ne pas comprendre l'anglais. J'eus de la sympathie pour Willy et Bernard, mais le trio qu'ils formaient avec Lise me gêna. Ils voulurent aller dans des bars minables où des femmes se déshabillaient, et ils détaillaient leurs nudités avec des ricanements où perçait je ne sais quel ressentiment contre l'humanité entière.

Je revins seule à Miller. Algren, qui avait revu quelques mois plus tôt à Hollywood son ancienne femme, me dit qu'il pensait à se remarier avec elle. Soit. A la longue, le désespoir m'avait vidée et je ne réagissais plus. C'était l'*Indian summer* ; je marchais autour de l'étang, aveuglée par la beauté des frondaisons couleur d'or rouge, d'or vert, d'or jaune, de cuivre et de feu, le cœur engourdi, ne croyant ni au passé, ni à l'avenir. Soudain, je me réveillais, je m'abattais dans l'herbe : « C'est fini, pourquoi ? » C'était une détresse enfantine parce que, comme les enfants, je butais contre l'inexplicable.

Nous revînmes, brièvement, à Chicago. Par contenance nous passâmes notre dernier après-midi aux courses : Algren perdit tout son argent liquide. Pour dîner il téléphona à un ami qui resta avec nous jusqu'au moment où nous prîmes un taxi pour l'aérodrome. Algren n'en paraissait pas importuné. Chicago scintillait sous de fines mousselines grises, jamais elle ne m'avait paru si belle. Je marchais en somnambule entre les deux hommes, pensant : « Jamais je ne la reverrai. jamais... » A nouveau dans l'avion je me bourrai de belladénal sans trouver le sommeil, la gorge déchirée par le cri que je ne poussai pas.

*

Sartre continuait de se faire copieusement insulter. Un certain Robichon, dans *Liberté de l'esprit*, déclara qu'il fallait arracher à sa pernicieuse influence une jeunesse que d'ailleurs — disait-il d'un même souffle — il n'influençait plus du tout. « Faut-il brûler Sartre ? » demanda ironiquement *Combat* où nous avions gardé quelques amis. Sartre avait fait paraître dans *Les Temps modernes* de grands morceaux de son étude sur Genet ; ils intéressèrent. Mais quel scandale aussi ! Bien qu'un an plus tôt, à propos de *Haute Surveillance,* Mauriac eût reconnu le talent de Genet il écrivit dans *le Figaro* un article écumant sur « l'excrémentialisme ». D'autre part, des amis s'étonnaient que la revue n'eût encore consacré aucun article à la guerre de Corée. *L'Observateur.* déplora qu'elle ne mordît plus sur l'actualité. Merleau-Ponty, qui en pratique la dirigeait, avait été converti à l'apolitisme par la guerre de Corée : « Les canons parlent, nous n'avons plus qu'à nous taire », nous dit-il en substance.

La seconde des hypothèses de Sartre se vérifiait : les Américains occupaient en douce la France. Ils aidaient de Lattre, qui avait essuyé en Indochine de sérieux revers, à stabiliser la situation. En échange Pleven admit publiquement le principe du réarmement de l'Allemagne et consentit à l'établissement de bases américaines en France ; en vain les communistes manifestèrent-ils quand Eisenhower s'installa à Paris, en janvier. La France acceptait l'idée d'une Europe soutenue par les U.S.A. et prête à se battre pour eux. Beuve-Méry se fit traiter d' « asexué » par Brisson pour avoir encore une fois défendu le neutralisme. « La question est-elle donc d' « en avoir ou pas » ? demanda Beuve-Méry. La dispute fit du bruit mais inutilement. Gilson ayant accepté une chaire à Toronto, on l'accusa d'abandonner son pays à l'invasion rouge, on s'indigna de ce « départ préventif[1] ».

On parlait beaucoup en effet d'une occupation russe. Après le passage du 36e parallèle par les troupes américaines, après l'entrée d'une armée de « volontaires » chinois en Corée du Nord et le pilonnage de Pyong-Yang par l'aviation américaine, les U.S.A.

---

1. Gabriel Marcel fit une pièce sur son cas !

annoncèrent que la mobilisation était imminente. Mac Arthur voulait lâcher des bombes sur la Chine ; alors l'U.R.S.S. interviendrait : on distribua en Amérique 50 millions de plaques, résistant aux radiations, qui permettraient d'identifier les victimes. Truman décréta l'état d'urgence. En cas de guerre, l'Armée Rouge aurait vite fait d'envahir l'Europe jusqu'à Brest : et alors ? « Moi, nous dit Francine Camus — comme nous sortions ensemble d'un concert organisé par des communistes, où nous avions entendu des danses folkloriques de Bartok — le jour où les Russes entrent dans Paris, je me tue avec mes deux enfants. » Dans une des classes d'un lycée, des adolescentes épouvantées par les prophéties des adultes conclurent un pacte de suicide collectif, au cas d'une occupation rouge.

Je ne me posai pas de question avant la conversation que nous eûmes au Balzar avec camus : « Avez-vous réfléchi à ce qui vous arrivera quand les Russes seront ici ? » demanda-t-il à Sartre ; il ajouta d'une voix passionnée : « Ne restez pas ! — Et vous, vous comptez partir ? dit Sartre. — Moi, je ferai ce que j'ai fait pendant l'occupation allemande. » C'était Loustaunau-Lacau, un cagoulard, qui avait lancé l'idée de « résistance armée et clandestine » ; mais nous ne discutions plus librement avec Camus, la colère ou du moins la véhémence l'emportait trop vite. Sartre objecta seulement qu'il n'accepterait jamais de lutter contre le prolétariat. « Le prolétariat, il ne faut pas que ça devienne une mystique », dit vivement Camus ; et il reprocha aux ouvriers français leur indifférence à l'égard des camps soviétiques. « Ils sont déjà assez emmerdés sans s'occuper de ce qui se passe en Sibérie », dit Sartre. « Soit, dit Camus, mais tout de même : je ne leur donnerais pas la Légion d'honneur ! » Étranges mots : Camus comme Sartre avait refusé la Légion d'honneur qu'en 45 des amis au pouvoir avaient voulu leur donner. Nous nous sentions très loin de lui. Pourtant il admonestait Sartre avec une vraie chaleur : « Partez. Si vous restez, ils ne vous prendront pas seulement la vie mais aussi l'honneur. Vous mourrez en déportation ; ils diront que vous vivez, ils vous feront prêcher la démission, la soumission, la trahison et on les croira. » Je fus secouée et les jours suivants je repris à mon compte les arguments de Camus. Peut-être ne toucherait-on pas à Sartre : à condition qu'il se taise ; il se passerait des choses — on n'avait plus le droit d'en douter — qu'il n'accepterait pas en silence, et on savait quel sort Staline réservait aux intellectuels indociles. A un déjeuner chez Lipp je demandai à Merleau-Ponty ce qu'il comptait faire : il ne pensait pas à s'en aller. Suzou se tourna vers Sartre : « Vous décevriez beaucoup de gens si vous partiez », dit-elle avec un mélange d'innocence et de provocation. « Ce qu'on attend de vous, c'est un suicide. » Un autre jour, Stéphane supplia Sartre : « En tout cas, Sartre, promettez-moi que vous n'avouerez jamais ! » Ces perspectives héroïques ne me plaisaient pas du tout ; je revenais à la charge. L'alliance avec les fascistes contre les ouvriers français, pas question ; dire oui à tout, pas question non plus ; et l'opposition ouverte équivaudrait à un suicide. Sartre m'écoutait d'un air buté ; jusque dans la moelle de ses os il refusait l'idée d'un exil. Algren, convaincu maintenant qu'un coup de tête de Mac Arthur pouvait déclencher la guerre, nous invitait à Miller. Mais jamais nous n'avions plus violemment détesté l'Amérique. En août, Sartre avait été gêné — moins que Merleau-Ponty, mais un peu tout de même — par le fait que les Coréens du Nord avaient les premiers franchi la frontière et que la presse communiste le niait. Nous savions maintenant qu'ils étaient tombés dans un piège ; Mac Arthur avait voulu ce conflit, espérant en profiter pour rendre la Chine au lobby chinois, et d'autre part les féodaux du Sud avaient des visées sur l'industrie du Nord. Chasse à l'homme, pilonnages, ratissages, les G.I. menaient une guerre aussi atrocement raciste que nos troupes en Indochine. Si nous partions, seul nous conviendrait un pays neutre. « Finir au Brésil, comme Stéphane Zweig, vous vous rendez compte ! » disait Sartre. Il était convaincu que, s'exilât-on pour les meilleures raisons, on perdait sa place sur terre et qu'on ne la retrouvait jamais tout à fait. Et nous envisagions de fuir un régime où, en dépit de tout, s'incarnait le socialisme ! Nous nous trouvions embarqués dans la même galère que les gens de droite : eux, ils ne se contentaient pas de palabres ; ils usaient de leur fortune et de leurs relations pour s'assurer des bateaux, des avions. Nous avons déjeuné chez les Clouzot ; Véra était vêtue avec une nonchalance étudiée : en pantalon, tout en noir, une gourmette d'or à la cheville, ses superbes cheveux moussant et cascadant sur ses épaules ; il y avait André Gillois et sa femme : pendant tout le repas la conversation a roulé sur les possibilités pratiques d'un départ. Sartre n'acceptait pas d'être soudain jeté dans ce camp : « Entre l'ignominie américaine et le fanatisme du P.C., on ne sait pas quelle place nous reste dans le monde », écrivais-je à ma sœur. Sartre réalisa avec évidence et révolte que les communistes, en le traitant en ennemi, l'acculaient à se comporter comme s'il en était un. Il ne crut jamais beaucoup à une occupation russe [1] ; mais en l'imaginant, il ressentit avec acuité le paradoxe de notre situation ; le scandale qu'il en éprouva joua un grand rôle dans la suite de son évolution.

---

1. « Ces prévisions ne m'effrayaient guère parce que je ne croyais pas à l'invasion : c'était à mes yeux des jeux de l'esprit qui poussaient les choses à l'extrême, révélant à chacun la nécessité de choisir et les conséquences de son choix... A travers ces fantasmes moroses, je me sentis au pied du mur. » *Merleau-Ponty vivant*.

Chapitre V

Ma manière de vivre avait changé. Je restais beaucoup chez moi. Ce mot s'était chargé d'un sens nouveau. Pendant longtemps, je n'avais rien possédé, ni
mobilier, ni garde-robe. Maintenant il y avait dans ma
penderie des vestes et des jupes guatémaltèques, des
blouses mexicaines, un tailleur et des manteaux américains. Ma chambre était décorée d'objets sans valeur
mais pour moi précieux : des œufs d'autruche sahariens,
des tam-tams en plomb, des tambours que Sartre
m'avait rapportés de Haïti, des épées en verre et des
miroirs vénitiens qu'il m'avait achetés rue Bonaparte,
un moulage en plâtre de ses mains, les lampadaires de
Giacometti. J'aimais travailler face à la fenêtre : le ciel
bleu encadré par des rideaux rouges ressemblait à un
décor de Bérard. Je passai là avec Sartre beaucoup de
soirées ; je l'abreuvais de jus de fruits car il avait
provisoirement renoncé à l'alcool. Et nous écoutions de
la musique. Depuis 45, j'avais écouté *L'Ode à Napoléon,* dirigée par Leibovitz, et quelques autres concerts,
mais peu et au hasard des occasions. Cet hiver, j'entendis avec Sartre le *Messie* et à la radio, chez lui avec sa
mère, le *Wozzeck* de Berg. Je voulus avoir un phono ;
pour m'acheter un appareil je demandai conseil à Vian
et Sartre m'aida à me composer une discothèque. Il
s'intéressait à Schœnberg, à Berg, à Webern ; il m'avait

expliqué leurs principes, mais en France il n'existait pas d'enregistrement de leurs œuvres. J'achetai quelques classiques, quelques anciens, *Les Quatre Saisons* de Vivaldi dont Paris soudain raffolait, beaucoup de Franck, de Debussy, de Ravel, de Stravinsky, de Bartok : en Amérique où il jouissait d'une grande vogue nous l'avions découvert chacun de notre côté et c'était, à ce moment-là — avec les derniers quatuors et la sonate pour violon seul — le compositeur qui nous touchait le plus. J'achetai aussi, conseillée par Vian, beaucoup de jazz : Charlie Parker, Ellington, Gillespie. Changer de disque toutes les cinq minutes, et d'aiguille souvent, quelle patience ! Et la musique en conserve n'avait pas du tout alors le même goût que la fraîche. Mais c'était agréable de pouvoir s'organiser un concert à domicile, à son heure, à son goût.

Le soir du réveillon, qui réunit chez moi Olga, Wanda, Bost, Michelle, Scipion, Sartre, il y eut une autre attraction : un magnétophone que M. avait entreposé chez Sartre. J'enregistrai plusieurs conversations, sans prévenir. Les paroles sont faites pour s'envoler : c'est consternant de réentendre, figées, définitives et comme promues à la dignité du poème, des phrases inconsistantes qu'on a jetées à l'étourdie. Scipion qui avait tenu sur les charmes de Colette Darfeuil (qu'il ne connaissait pas) des propos enflammés ne s'écouta pas sans stupeur.

J'allai un peu au cinéma. J'aimai le dépouillement du *Journal d'un curé de campagne* de Bresson et, malgré un abus de réminiscences surréalistes, la cruauté des *Olvidados* de Bunuel. *Casque d'or* rendait enfin justice à la beauté de Simone Signoret et nous découvrait son talent.

Un restaurant s'était ouvert, quelque temps plus tôt, à la place de l'ancien Procope dont il avait repris le nom : des tables de marbre, des banquettes de cuir ; je m'y plaisais. Au premier étage il y avait un club où le beau monde soupait aux chandelles. En bas, on apercevait des anciens du quartier, entre autres Louis Vallon, bourré. Il grommelait de loin des insultes à mon adresse. Mais quand il s'était achevé, il m'abordait, pour me parler, les yeux ruisselants, de Colette Audry qu'il avait aimée avant-guerre, au temps où il était socialiste. C'est au Procope que je rencontrais de loin en loin Antonina Vallentin pour déjeuner, à moins que je n'aille l'après-midi chez elle. Mal habillée, mal chapeautée ou drapée dans des peignoirs disgracieux, je m'étonnai quand sur une photo je la vis jeune et belle ; mais son talent de biographe se retrouvait dans sa conversation : elle parlait très bien des gens. Amie de Stresemann, elle avait connu beaucoup d'hommes politiques et intimement Einstein sur qui elle écrivait un livre. Elle était aussi l'auteur d'ouvrages sur Goya et sur Vinci qui avaient eu un gros succès. Elle collabora aux *Temps modernes,* surtout à titre de critique d'art. Nos relations se poursuivirent jusqu'en août 57, où une crise cardiaque l'emporta.

Julliard, depuis qu'il avait repris à Gallimard *Les Temps modernes,* nous invitait quelquefois à déjeuner. Sa femme, l'élégante Gisèle d'Assailly, se plaisait à réunir des gens connus qui n'avaient pas toujours grand-chose à se dire ; nous rencontrâmes chez elle Poulenc, Brianchon, Lucie et Edgar Faure, Maurice Chevalier et Jean Massin, un prêtre barbu qui avait encore la foi mais qui s'était séparé de l'Église ; il disait la messe dans sa chambre ; il nous expliqua ses raisons et ses problèmes. De temps en temps Merleau-Ponty l'arrêtait : « Vous devriez écrire ça dans *Les Temps modernes.* » Et chaque fois il répondait doucement : « Je me fous des *Temps modernes.* » Plus tard, il cessa de croire, il se maria, il découvrit avec sa femme des livres d'inspiration marxiste, dont certains sont excellents, sur Mozart, Beethoven, Robespierre, Marat.

Simone Berriau m'emmena chez Colette qu'elle connaissait très bien. Jeune fille, Colette m'avait fascinée. Comme tout le monde, je prenais plaisir à son langage, et j'aimais beaucoup trois ou quatre de ses livres. « C'est dommage qu'elle n'aime pas les bêtes », nous avait dit Cocteau un jour ; il est vrai que parlant de chiens ou de chats, elle ne parlait que d'elle et je la préférais quand elle le faisait franchement ; l'amour, les coulisses de music-hall, la Provence lui convenaient bien mieux que les animaux. Sa complaisance à soi-même, son mépris des autres femmes, son respect des valeurs sûres ne m'étaient pas sympathiques. Mais elle avait vécu, elle avait travaillé, et sa tête me revenait. On m'avait dit qu'elle était peu aimable avec les femmes de mon âge et elle me reçut froidement. « Aimez-vous les bêtes ? — Non », dis-je. Elle me toisa d'un œil olympien. Ça m'était égal. Je ne m'étais attendue à aucun contact entre nous. Il me suffisait de la contempler. Percluse, les cheveux fous, violemment maquillée, l'âge donnait à son visage aigu, à ses yeux bleus, un foudroyant éclat : entre sa collection de presse-papiers et les jardins encadrés dans sa fenêtre, elle m'apparut, paralysée et souveraine, comme une formidable Déesse-Mère. Quand nous dînâmes avec elle et Cocteau chez Simone Berriau, Sartre aussi eut l'impression d'aborder un « monstre sacré ». Elle s'était dérangée, en grande partie par curiosité, pour le voir, et en sachant qu'elle était pour lui l'attraction de la soirée : elle assuma ce rôle avec une impériale bonhomie. Elle raconta des anecdotes sur sa vie, sur des gens ; la rondeur bourguignonne de sa voix n'émoussait pas l'acuité de ses mots. Chez elle, la parole coulait de source et, comparés à ce naturel de grande classe, les brillants de Cocteau semblaient travaillés.

Nous dînâmes avec Genet chez Léonor Fini ; elle avait fait son portrait ; ensemble ils fréquentaient des milliardaires qu'ils incitaient, avec plus ou moins de succès, au mécénat. Je m'intéressai à ses dessins, beaucoup moins à sa collection de chats ; moins encore aux souris empaillées qui jouaient la comédie sous un verre.

Quelqu'un que je croisais souvent à Saint-Germain-des-Prés, c'était le peintre Wols. Il avait illustré un texte de Sartre, *Visages ;* Paulhan lui achetait de temps en temps un dessin, une aquarelle ; nous aimions beaucoup ce qu'il faisait. Allemand exilé depuis longtemps en France, il buvait un litre de marc par jour et paraissait âgé, malgré ses trente-six ans, ses cheveux blonds, son teint rose ; ses yeux étaient ensanglantés et je ne crois pas l'avoir jamais vu à jeun. Quelques amis l'aidaient ; Sartre lui louait une chambre à l'hôtel des Saints-Pères : le patron se plaignait qu'on le trouvât couché la nuit en travers des couloirs et qu'il hébergeât des amis à cinq heures du matin. Un jour, à la terrasse de la Rhumerie martiniquaise, je buvais un verre avec lui : débraillé, pas rasé, l'air d'un clochard. Un monsieur très bien vêtu, au visage sévère, et respirant l'opulence, s'est approché et lui a dit quelques mots. Quand il fut parti, Wols se tourna vers moi : « Je m'excuse ; cet individu, c'est mon frère : un banquier ! » me dit-il, sur le ton d'un banquier avouant qu'un clochard est son frère.

Barrault avait un jour raconté à Sartre *el rufio dichoso* de Cervantès où un forban décide, sur un coup de dés, de se convertir au bien. A La Pouèze, Sartre entreprit une pièce inspirée par cet épisode, mais qu'il modifia : le héros trichait pour perdre. Influencé par son étude sur Genet et par ses lectures sur la Révolution française, il voulut d'abord présenter une image exhaustive de la société : la noblesse s'incarnait dans une certaine Dosia qui lui fit bien des ennuis et qu'il évinça au profit de Catherine et d'Hilda. Il avait fini le premier acte quand nous rentrâmes à Paris. Simone Berriau lui demanda de le lire à Jouvet à qui elle souhaitait confier la mise en scène. D'abord on déjeuna, comme d'habitude admirablement ; Brandel raconta que souvent, pendant les spectacles de Barrault, il dormait dans sa loge, caché derrière une colonne. En sortant de table, Sartre se mit à lire et Brandel à ronfler : sa femme le pinçait pour le réveiller ; Mirande somnolait ; le visage de Jouvet était mort. Quand Sartre se tut, il y eut un silence de plomb ; Jouvet ne desserra pas les lèvres ; Mirande, puisant dans sa vieille mémoire un éloge à la mode de sa jeunesse, s'écria avec allant : « Tu as des répliques au vitriol ! » Mais personne ne semblait vitriolé. On discuta sur le choix des interprètes. Pour Gœtz, Brasseur s'imposait. Pour Heinrich, Sartre avait pensé à Vitold mais il n'était pas libre ; Vilar, que nous avions trouvé sensationnel dans le *Henri IV* de Pirandello, fut pressenti et accepta. Les rôles de femmes furent confiés à Casarès et à Marie Olivier. Mais d'abord il fallait achever la pièce et Sartre s'attela au second acte.

Olga était à peu près guérie, elle avait refait sur la scène des apparitions réussies ; malgré les conseils du médecin elle souhaita reprendre au plus vite le rôle d'Electre. Hermantier qui avait monté *Les Mouches* à Nîmes voulait les présenter au Vieux-Colombier ; les choses semblaient donc s'arranger. En fait, non. Hermantier croyait réincarner Dullin, mais il ne savait pas diriger les acteurs, il ne sentait pas le texte, il choisit des décors et des costumes affreux : un massacre. Olga n'avait pas retrouvé ses moyens : sa voix, son souffle la trahissaient. Sartre, absorbé par *Le Diable et le bon Dieu,* assista trop rarement aux répétitions. J'étais inquiète le soir de la générale et avec raison : le public trouva le spectacle exécrable. Le souper chez Lipp, avec Olga et quelques amis, manqua de gaieté. Par la suite, Hermantier taillada le texte et n'en laissa qu'un squelette, bientôt enterré. Ça n'aurait pas eu d'importance si cet échec n'avait décidé Olga à renoncer au théâtre, alors qu'elle n'avait eu que le tort d'y revenir trop tôt.

Pour achever sa pièce, il fallait à Sartre de la tranquillité. J'eus envie de refaire du ski et Bost nous accompagna à Auron. Allongée sur un transatlantique, les yeux aveuglés de blancheur, la peau brûlée par le soleil, je retrouvai le goût d'un très ancien bonheur. Les moniteurs étaient plus tolérants qu'en 46, ils autorisaient le stem ; je m'amusai beaucoup. Sartre avait à régler le sort de Dosia, et puis il n'avait pas skié depuis longtemps, il eût donné trop de prise aux malveillances ; il ne mit pas le nez dehors : dans la station, il passait pour fou. *A Montroc, nous culbutions ensemble sur les pistes, personne ne nous connaissait, et quels loisirs !* Quand j'entrais à cinq heures dans sa chambre, étourdie par l'air et par l'odeur de la montagne, il écrivait, enroulé dans des cocons de fumée. Il s'en arrachait à grand-peine pour dîner dans la vaste salle à manger où une jeune femme solitaire lisait *Caroline Chérie*.

Nous avions demandé à Michelle Vian qui avait une maison à Saint-Tropez de nous y trouver un appartement ; il donnait sur une rue étroite, il était glacial, la cheminée ne tirait pas. Nous émigrâmes à l'Aïoli ; sur le sol des tomettes rouges, de vieilles cretonnes aux murs : les chambres, meublées par un antiquaire pédéraste à qui l'hôtel appartenait, avaient beaucoup de grâce. Je m'achetai de nouveau des jupes chez Mme Vachon, alors presque inconnue. Nous revîmes Ramatuelle, Gassin, je travaillais, je lisais. Sartre cependant restait incrusté dans l'Allemagne du XVIe siècle ; j'avais du mal à l'entraîner dans les rues et sur les petits chemins.

Pierre Brasseur, désireux de parler avec Sartre de son

rôle, vint passer quelques jours dans les environs ; il ne ressemblait plus au jeune homme qui, dans *Quai des brumes,* recevait des gifles avec tant de talent ; barbu, il avait la carrure d'un reître et la drôlerie de Gœtz. Les yeux brillants d'une malice un peu inquiète, il racontait des histoires sur les gens célèbres qu'il avait connus ; il les imitait à ravir. A la terrasse de Sennequier, dans le jardin de « l'auberge des Maures » où les abeilles bourdonnaient autour d'un gratin dauphinois piqué de fenouil et de thym, où le soleil dorait les carafes de vin rosé, il nous donna d'inoubliables récitals. Sa femme, Lina, je l'avais souvent aperçue au bar du Pont-Royal, au temps où elle était pianiste, solitaire, et où ses cheveux noirs ruisselaient sur ses épaules ; elle avait renoncé au piano et coupé ses cheveux mais elle était toujours aussi belle. Ils séjournèrent à Mauvannes et nous y passâmes deux jours avec eux ; il y avait aussi, accompagné de sa femme, Henri Jeanson, très amical, mais que je ne trouvai pas gai du tout, et le metteur en scène de *Tire au flanc,* qu'on appelait Rivers cadet et qui voulait tourner *Les Mains sales* : il avait la réputation de ne jamais faire recommencer une prise de vues. Simone Berriau qui comptait monter en mai *Le Diable et le bon Dieu* s'affolait : « Mais qu'est-ce qu'il a ? Il ne peut plus écrire ? » Sa voix clandestine insinuait que Sartre était atteint d'un mal honteux ; elle s'imaginait que l'écriture est une sécrétion naturelle ; si l'écrivain tarit, c'est comme les vaches laitières : il y a quelque chose d'organique qui ne va pas. Elle était d'ailleurs en droit de s'inquiéter. Sartre rentré à Paris, on mit en train les répétitions, et les derniers tableaux restaient encore en blanc.

La pièce durait déjà plus longtemps qu'un spectacle normal. Simone Berriau, de plus en plus égarée, suppliait Sartre de la boucler en vingt répliques et réclamait d'énormes coupures : Sartre prétendait que, lorsqu'elle errait à travers le théâtre, ses doigts imitaient machinalement le mouvement d'une paire de ciseaux : elle demandait à tous les intimes de Sartre de faire pression sur lui ; seul Cau lui céda : son intervention fut très mal accueillie. Brasseur l'appuyait parce que le rôle débordait sa mémoire. A chaque mot que Sartre traçait, il savait que le premier souci de la directrice et du principal acteur serait de le lui faire biffer. Le dixième tableau lui donna beaucoup de mal, bien qu'il l'eût imaginé avant tous les autres, ou presque ; quelle que fût la violence du réquisitoire d'Heinrich contre Gœtz, la scène semblait didactique ; elle s'enfiévra d'un seul coup lorsque, devant Heinrich interdit, ce fut Gœtz lui-même qui se mit en accusation. Sartre apporta le manuscrit au théâtre : « Je vais le faire taper tout de suite », dit Simone Berriau. Cau qui passait devant sa loge aperçut Henri Jeanson qu'elle y avait caché et à qui elle remit le texte de Sartre : elle se méfiait de Sartre et de son propre jugement. Jeanson la rassura.

Dans ces débats, Jouvet ne prenait pas parti : pratiquement, il était mort ; le cœur malade, se sachant plus ou moins condamné, il s'était fait photographier, le mercredi saint, en train de recevoir les Cendres. Il détestait les blasphèmes de Sartre. Le pouce droit rivé sur son pouls gauche, le regard sur sa montre, sous prétexte de minuter les scènes il les laissait filer sans une observation. Une fois, je dînai avec lui et Sartre chez Lapérouse. Il s'anima un peu. On peut, nous dit-il, remplacer un alexandrin de Racine sur quatre par un ronron quelconque ou même par des obscénités, le public n'y entend que du feu. Ce dédain du texte nous inquiéta.

Les acteurs nous consolaient. Au premier acte, Brasseur campait un Gœtz étourdissant ; malheureusement il jouait la deuxième partie en faux jeton alors que, dans sa folie d'orgueil, Gœtz s'aliène sincèrement à un Bien mensonger ; je regrettai aussi qu'il refusât d'apprendre le monologue où Sartre s'était inspiré de saint Jean de la Croix. Il se retrouvait dans les derniers tableaux. Vilar *était* Heinrich : nous le vîmes une fois, ayant arrêté un taxi, s'effacer pour laisser son diable monter le premier. Casarès, Marie Olivier, Chauffard, presque tous les interprètes étaient excellents. Je trouvai les décors de Labisse trop réalistes. Et Sartre ne put pas obtenir qu'on salît et déchirât les trop beaux costumes exécutés par Schiaparelli.

On voyait toujours beaucoup de monde pendant les périodes de répétitions. Nous rencontrions fréquemment Brasseur et Lina. Nous dînâmes avec Lazareff qui aidait Simone Berriau à financer la pièce ; en dépit de tout ce qui le séparait de Sartre, le repas fut cordial. Souvent Camus venait chercher Casarès, ils prenaient un verre avec Sartre : il y eut un bref renouveau de leur amitié.

Enfin le spectacle fut prêt ; mais au prix de tant d'intrigues et de disputes que le soir de la générale nous étions brouillés avec Simone Berriau et avec les Brasseur ; Jouvet était parti en province. J'attendis le lever du rideau, debout au fond de la salle, à côté de Lina en somptueux manteau du soir ; la même émotion serrait nos gorges mais nous n'échangeâmes pas un mot. Je savais ce que signifiaient les trois coups : la soudaine apparition, au lieu d'un texte familier, d'une œuvre publique ; je la souhaitais, je l'appréhendais plus anxieusement que jamais. Bientôt, je fus rassurée ; il y eut un coup de sifflet, quelques frissons, mais la salle était empoignée. J'errai, détendue, dans les couloirs, m'asseyant de temps en temps dans l'avant-scène de Simone Berriau sans lui parler.

Ni l'auteur ni ses amis n'étaient invités au souper qu'elle donnait chez Maxim's : de toute façon nous ne l'y aurions pas suivie. Nous soupâmes avec Camus,

Casarès, Wanda, Olga, Bost, dans une boîte tenue par une Antillaise, Moune. Ce fut assez morne : entre Camus et nous, le feu reprenait mal. Nous passâmes — après la générale ou la couturière — une soirée beaucoup plus gaie ; nous allâmes en bande, avec entre autres Merleau-Ponty et Scipion, à la Plantation que tenait Mireille Trépel, boulevard Edgar-Quinet ; il y avait un jazz noir, très bon.

Pour ou contre, l'accueil fait à la pièce fut passionné. Elle irrita les chrétiens. Daniel-Rops, qui voulait donner le ton, avait obtenu de Simone Berriau d'y assister, caché dans une baignoire, quatre jours avant la générale : dans *L'Aurore,* il la mit en charpie. Mauriac et d'autres prétendirent que pour s'en prendre si violemment à Dieu, il fallait que Sartre crût en lui. On lui reprocha des blasphèmes empruntés à des textes de l'époque. Mais il eut aussi des partisans. Dans l'ensemble, les critiques préférèrent le premier acte aux autres [1] et le sens de la pièce leur échappa. Kemp seul en signala la parenté avec l'essai sur Genet ; on y trouve les mêmes thèmes : le Bien, le Mal, la sainteté, l'aliénation, le démoniaque ; et Gœtz comme Genet est un bâtard, la bâtardise symbolisant la contradiction vécue par Sartre entre sa naissance bourgeoise et son choix intellectuel. Ils firent l'énorme erreur de croire que Gœtz, par le meurtre qu'il commettait à la fin du dernier tableau, retournait au Mal. En vérité, Sartre opposait de nouveau à la vanité de la morale l'efficacité de la *praxis.* Cette confrontation va beaucoup plus loin que dans ses pièces antérieures ; dans *Le Diable et le bon Dieu* se reflète toute son évolution idéologique. Le contraste entre le départ d'Oreste à la fin des *Mouches* et le ralliement de Gœtz illustre le chemin parcouru par

---

1. Dix ans plus tard, Messemer jouant la seconde partie mieux que la première, les critiques inversèrent ce jugement.

Sartre de l'attitude anarchiste à l'engagement. Il a noté aussi : « *La phrase :* Nous n'avons jamais été plus libres que sous l'occupation, *s'oppose au personnage d'Heinrich, traître objectif qui devient traître subjectif, puis fou. Entre les deux, sept ans, et le divorce de la résistance*[1]. » En 44, il pensait que toute situation pouvait être transcendée par un mouvement subjectif ; il savait en 51 que les circonstances parfois nous volent notre transcendance ; contre elles il n'y a pas alors de salut individuel possible, mais seulement une lutte collective. Cependant, à la différence de ses pièces antérieures, le militant, Nasty, ne l'emporte pas sur l'aventurier ; c'est celui-ci qui opère entre les deux figures la synthèse dont Sartre rêvait dans sa préface à Stéphane : il accepte la discipline de la guerre paysanne sans renier sa subjectivité, il conserve dans l'entreprise le moment du négatif ; il est l'incarnation parfaite de l'homme d'action, tel que Sartre le concevait.

« *J'ai fait faire à Gœtz ce que je ne pouvais pas faire*[1]. » Gœtz surmontait une contradiction que Sartre ressentait d'une manière aiguë depuis l'échec du R.D.R. et surtout depuis la guerre de Corée, mais sans réussir à la dépasser : « *La contradiction n'était pas dans les idées. Elle était dans mon être. Car cette liberté que j'étais impliquait celle de tous. Et tous n'étaient pas libres. Je ne pouvais pas sans craquer me mettre sous la discipline de tous. Et je ne pouvais pas être libre seul*[1]. » Il éprouvait ce déchirement d'une manière particulièrement précise dans le domaine qui lui tenait le plus à cœur : la communication. « *Parler à celui qu'on ne peut convaincre (l'Hindou qui meurt de faim) sinon toute la communication est compromise. C'est très certainement le sens de mon évolution et de ma contradiction*[1]. »

---

1. Notes inédites.

Avoir donné à son problème une solution esthétique ne lui suffisait pas. Il cherchait le moyen de faire ce que Gœtz avait fait.

Vers juin, j'eus achevé une première version de mon roman ; contrairement à mon habitude, je n'en avais rien montré à Sartre ; j'avais peine à me l'arracher et je n'aurais pas supporté qu'aucun regard, même le sien, se posât sur les pages encore chaudes. Il le lirait pendant les vacances. En attendant, les circonstances et mon plaisir m'amenèrent à écrire sur Sade. Deux ou trois ans plus tôt, l'éditeur Pauvert m'avait demandé une préface pour *Justine*. Je connaissais mal Sade. J'avais trouvé ridicule *Le Philosophe dans le boudoir,* ennuyeux le style des *Infortunes de la vertu,* systématique et abstrait *Les Journées de Sodome. Justine,* épique, échevelée, fut une révélation. Sade posait en termes extrêmes le problème de *l'autre ;* à travers ses outrances, l'homme comme transcendance et l'homme comme objet s'affrontaient dramatiquement. Mais il m'aurait fallu du temps pour l'étudier ; je retournai les épreuves à l'éditeur. En 51, Queneau me proposa pour un ouvrage en préparation, *Les Écrivains célèbres,* de me charger d'un auteur. Je choisis Sade. Même pour une brève notice, je voulus tout lire et je commençai un essai que je destinai aux *Temps modernes.* A l'Enfer de la Nationale on me prêta une charmante édition du XVIIIᵉ siècle ornée de gravures : des personnages en perruque et en vêtements de cérémonie se livraient d'un air absent à des exercices compliqués. Souvent les récits de Sade étaient aussi glacés que ces images ; et puis un cri, une lumière jaillissait qui sauvait tout.

Depuis des années, je faisais taper mes textes par Lucienne Baudin, une femme de mon âge, agréable ;

elle avait une petite fille, d'une dizaine d'années. En dépit de quelques aventures masculines, ses goûts la portaient vers les femmes ; elle vivait avec une quinquagénaire ; elles élevaient l'enfant ensemble. Elle me parlait de ses problèmes, de ses ennuis d'argent, de ses amitiés, de ses amours, et de ce monde moins connu que celui des pédérastes : les lesbiennes. Je la voyais peu mais avec sympathie. Au bout d'un certain temps elle se mit à faire son travail très mal et sans ponctualité ; elle devint nerveuse : « Je crois que j'ai quelque chose au sein », me dit-elle. Je la pressai de voir un médecin : « Je ne peux pas m'arrêter de travailler. » Un an plus tard elle me dit : « J'ai un cancer : c'est déjà gros comme une noix. » On l'envoya à l'Institut du cancer à Villejuif ; j'allai la voir et à mon arrivée elle fondit en larmes ; elle partageait sa chambre avec trois autres malades, l'une, à qui on venait d'ôter un sein, hurlait de douleur entre les piqûres de morphine ; une autre, le sein droit enlevé quelques années plus tôt, avait maintenant le sein gauche pris. Lucienne était terrorisée. Il était trop tard pour l'opérer, on la soignait avec des rayons. Les rayons ne réussirent pas. On la renvoya chez elle et on lui injecta des hormones mâles. Quand je retournai la voir, je la reconnus à peine : son visage était gonflé, une moustache ombrageait ses lèvres, elle parlait avec une voix d'homme ; seul restait intact l'éclat de ses dents blanches. De temps en temps, elle portait la main à sa poitrine enveloppée de bandelettes et elle gémissait : on devinait fragile et douloureux, ce paquet de glandes où la pourriture s'était mise et j'aurais voulu fuir. Elle pleurait. Elle écrivait à des guérisseurs, elle essayait des drogues miracle, elle rêvait d'aller en Amérique consulter des spécialistes. Et elle pleurait. On la conduisit à l'hôpital : dans les lits voisins de vieilles femmes se mouraient du cancer. On continua les injections d'hormones. Boursouflée, barbue, ridicu-

334

lement hideuse, elle souffrait et elle ne se résignait pas à sa mort. Quand je rentrai de Saint-Tropez, son amie me dit qu'elle agonisait ; le lendemain elle était morte, après s'être débattue vingt-quatre heures. « Elle a l'air d'une vieillarde de quatre-vingts ans », me dit son amie. Je n'eus pas le courage d'aller regarder son cadavre.

Cette histoire attrista encore une année qui, malgré mes travaux, des plaisirs et l'émotion que me donna la pièce de Sartre, fut pour moi mélancolique. Les gens étaient moroses : MacArthur limogé, on continuait tout de même à se battre en Corée et l'économie française en pâtissait. Aux funérailles de Pétain, vichystes et anciens collabos s'étaient manifestés avec éclat et les élections de juin, grâce au système des apparentements, firent triompher la démocratie bourgeoise. Sartre considérait sans gaieté les événements et sa situation, cela m'attristait. L'échec d'Olga me peina. Et j'avais du mal à liquider mon histoire avec Algren. Il ne s'était pas remarié, mais ça ne faisait pas de différence. Il était inutile de m'interroger sur ses sentiments : même s'il lui en coûtait de m'écarter, il le ferait s'il le jugeait nécessaire. Cette affaire était close. J'en étais moins bouleversée que je ne l'aurais été deux ans plus tôt : impossible à présent de changer mes souvenirs en feuilles mortes, c'était des écus d'or sonnants. Et puis en deux mois, à Miller, j'avais passé de la stupeur à la résignation. Je ne souffrais pas. Mais de temps en temps, un vide se creusait en moi, il me semblait que ma vie s'arrêtait. Je regardais la place Saint-Germain-des-Prés : par-derrière, il n'y avait rien. Autrefois mon cœur battait aussi ailleurs ; maintenant, j'étais où j'étais, ni plus ni moins. Quelle austérité !

Nous nous écrivions peu et sans nous dire grand-chose. Dans une lettre que je reçus à Saint-Tropez, il me proposa de passer le mois d'octobre à Miller. Il offrait sans équivoque cette amitié qu'il est si facile d'entretenir quand une rupture s'est faite sans rancune et qu'on habite la même ville. Je consultai Sartre : « Pourquoi pas ? » dit-il. J'acceptai.

A la fin de juin, Lise vint à Paris avec Willy et Bernard. Ses amis se réjouissaient de la revoir et, en arrivant, elle rayonnait ; des deux côtés la déception fut vive : elle ne nous comprenait plus et elle nous parut très loin de nous. Elle stupéfia Scipion en lui reprochant de ne pas établir chaque mois son budget. Les U.S.A. étaient devenus sa patrie ; elle en admirait ou en acceptait presque tout. Le 14 juillet, avec elle et toute une bande, je courus les bals du quartier : nous fîmes une halte au « bal des timides » en face de la Closerie des Lilas. Mais en lui disant adieu je compris qu'elle n'avait aucune envie de revenir, fût-ce passagèrement. Nous nous écrivîmes pendant quelques années ; peu à peu, dans les sentiments mêlés que je lui inspirais, l'animosité l'emporta. Je cessai cette correspondance ; à présent nous échangeons des cartes de Noël. Elle est remariée, elle a des enfants, elle prospère, semble-t-il, malgré de sérieux troubles physiques et quelques insatisfactions.

A la mi-juillet nous nous envolâmes pour Oslo et je laissai derrière moi mes mélancolies. L'éditeur norvégien de Sartre mit une auto et un chauffeur à notre disposition pour traverser le Télémark : des sapins, des lacs, de vieilles églises de bois posées solitairement au milieu des prairies ; puis ce fut Bergen, ses entrepôts anciens, ses antiques maisons en bois multicolores, entourant son port tranquille, l'animation du marché au poisson. Le soir nous sommes montés sur un bateau ; à chaque escale, des cars nous emmenaient dans les terres. Sartre avait vu ces lieux, jadis, avec ses parents. Dans les villes du nord, en bois elles aussi, il y avait des pardins où des rocailles tenaient lieu de pelouses et de massifs. Dans la journée, je lisais, assise sur le pont, *La Vie du Dr Johnson* et le *Journal* de Boswell. Le soir je regardais longtemps le soleil immobile au bord de l'horizon et le ciel en délire. Une boule de feu au milieu des ténèbres : c'est ainsi que dans la première nouvelle qu'écrivit Sartre une petite fille se représentait le soleil de minuit ; la vérité l'avait déçue : simplement il était minuit et il faisait jour. Je ne fus pas déçue ; l'insolite clarté nocturne me retenait sur le pont jusqu'à l'heure qui est ailleurs celle de l'aube. Nous doublâmes des falaises enneigées dont la blancheur tombait à pic dans la mer. De Kirkenes un car nous amena jusqu'à la frontière russe : à travers des broussailles et des barbelés, on apercevait des sentinelles étoilées de rouge. J'étais émue de voir de mes yeux ce pays interdit qui signifiait tant pour nous. Nous revînmes, mouillant dans d'autres ports. Le Bergesbne qui est une des fiertés de la Norvège nous reconduisit à Oslo : c'est la seule voie ferrée du monde qui traverse des glaciers ; elle ne s'élève qu'à 1300 mètres et pourtant nous roulâmes pendant des heures dans les neiges éternelles.

Sartre avait fait, comme moi, un atterrissage en Islande et nous nous étions promis de la voir. Nous y passâmes dix jours étonnés. Ce jeune volcan, peuplé seulement depuis le Xe siècle, ne possédait ni préhistoire, ni même un fossile ; les ruisseaux fumaient, le chauffage central utilisait des eaux souterraines : le plus difficile, dans les chambres d'hôtel, c'était d'obtenir de l'eau froide ; en pleins champs se dressaient des cabines qui étaient des « bains de vapeur ». Presque pas d'arbres : on appelait forêt un maquis ; mais des déserts de lave, des montagnes couleur d'œuf pourri, crachant des vapeurs de soufre, trouées de « marmites du diable » où la boue bouillonnait ; des scories, dessinant dans les lointains des villes fantastiques. Des champs de neige et des glaciers coiffaient ces volcans et leur blancheur s'avançait jusque dans la mer. Il n'y avait pas de chemin de fer et très peu de routes ; non seulement on coudoyait dans les avions des paysans chargés de cages à poules, mais même la transhumance des moutons se faisait par air. Les paysans ressemblaient beaucoup plus à des cow-boys américains qu'à des cul-terreux de la vieille Europe : bien vêtus, bottés, ils habitaient des maisons dotées de tout le confort moderne et circulaient à cheval.

Si les paysages avaient une beauté planétaire les villes, avec leurs maisons de bois aux toits de tôle ondulée, étaient très tristes. Sans répit un énorme vent s'engouffrait dans les rues rectilignes de Reykjavik. Nous y logeâmes, comme tous les étrangers, à l'hôtel Borg. Sur les tables de la salle à manger, des drapeaux indiquaient la nationalité des clients. Nous fûmes aimablement accueillis par les Français de l'endroit parmi lesquels se trouvait Paul-Émile Victor. Plusieurs fois par semaine il parachutait des vivres, des médicaments, des ustensiles, à des stations du Groenland. Le soir, il disait : « Je reviens du Groenland », comme s'il avait été passer la journée de Paris à Meudon. Il nous parlait des Esquimaux, de ses expéditions, de ses expériences de parachutiste. Il y avait aussi deux cinéastes — l'un que j'avais rencontré à Hollywood, l'autre, un habitué du Flore — qui tournaient un documentaire. Ils nous emmenèrent en voiture au lac de Thinguellir dont les eaux bleues sont jonchées de petits volcans et d'espèces d'atolls, faits de scories, semblables à d'énormes taupinières. Nous avons rencontré aussi le fils de Scott, l'explorateur, qui capturait des animaux sauvages et un géologue islandais qui faisait la chasse aux cailloux ; ils nous promenèrent en jeep dans des paysages de pierre plus colorés que des parterres de fleurs. Nous avons été en avion à Akureyri, sinistre, d'où j'ai suivi en hydravion l'admirable côte septentrionale jusqu'au petit port situé à l'extrême nord de l'île. J'avais pour seuls compagnons deux garçons barbus : « Nous faisons l'Islande en auto-stop », m'ont-ils dit.

Les Islandais buvaient dur : ils étaient capables de fabriquer de l'eau-de-vie avec du cirage. Le principal travail de la police consistait à ramasser les ivrognes, dans les ruisseaux, la nuit. Le samedi soir, il y avait bal à l'hôtel Borg et c'était des hommes en smoking, aux plastrons souillés, que les flics embarquaient dans les paniers à salade.

Il y eut une réception chez le ministre de France : un des seuls endroits du monde où, à l'époque, des officiels russes et américains trinquaient ensemble. Je parlai, en anglais, à la femme d'un diplomate soviétique, qui portait sur sa tête blonde une jardinière de fleurs. « J'aimerais connaître Paris, me dit-elle — J'aimerais connaître Moscou. » Nous en restâmes là.

Ensuite nous allâmes à Edimbourg. Moins extraordinaire que l'Islande, l'Écosse que nous parcourûmes en bateau, de lac en lac, d'île en île, était belle. Nous vîmes, plate et blême, l'île d'Iona et ses vestiges celtiques, les falaises de Fingal dont ce jour-là d'énormes lames défendaient les grottes ; à travers les Hébrides, je lus le récit du voyage qu'y firent Johnson et Boswell. Nous parcourûmes une vaste région de collines et de bruyères ; sur les cartes, les sites célèbres étaient marqués soit de deux épées : bataille ; soit d'une seule : massacre. Nous nous promenâmes dans les paysages de Walter Scott, nous vîmes l'Abbaye de Melrose. Mais l'austérité écossaise nous excéda. On avait grand-peine à trouver des chambres et on ne pouvait pas y travailler : ni table, ni lampe de bureau. « Si vous voulez écrire, allez dans la salle d'écriture », disait-on à Sartre. Il disposait ses papiers sur sa table de nuit ou sur ses genoux. Les heures de repas n'étaient pas moins strictes ; comme nous attendions un bateau sous la pluie à dix heures du matin, aucun hôtel ne consentit à nous servir un café au lait ni un morceau de pain : c'était trop tard pour le breakfast, trop tôt pour le lunch. Les villes étaient d'une tristesse décourageante.

A Londres nous nous arrêtâmes quinze jours. Par hasard nous rencontrâmes dans un restaurant Mamaine Kœstler ; elle était divorcée, aussi gracieuse et plus fragile encore que naguère. Elle nous emmena, avec son amie Sonia, la veuve de George Orwell, dans un de ces clubs privés qui sont à Londres l'unique refuge des noctambules : la Gargoyle, à un sixième étage. Nous y rencontrâmes des gens — entre autres un neveu de Freud, qui peignait — et nous bûmes. Le matin, au moment de prendre l'avion pour Paris, j'étais décomposée. « Celle-là, elle est malade avant ! » murmura, à ma grande honte, un steward.

Pendant notre croisière en Norvège je montrai à Sartre la première version de mon roman. Ce serait mon meilleur livre, me dit-il, mais je devais encore beaucoup travailler. Les intrigues trop bien bâties m'agaçaient par leur artifice ; j'avais voulu imiter le désordre, l'indécision, la contingence de la vie ; j'avais laissé filer dans tous les sens les personnages et les événements ; les scènes à faire, je ne les faisais pas ; toutes les choses importantes se passaient en coulisse. Il aurait fallu ou adopter une technique entièrement différente, me dit Sartre, ou, puisque celle-ci convenait à mon sujet, l'appliquer avec rigueur ; tel que, le livre était mal construit et décourageait l'intérêt. Il me convainquit d'en mieux nouer les épisodes, d'introduire des enjeux, des attentes. Les dialogues, j'en avais compris les difficultés, mais sans les surmonter ; les intellectuels, par moments, parlent de leurs idées, discutent et ratiocinent : même réduites et transposées, ces conversations risquent d'ennuyer ; elles ennuyaient

340

en effet. Autre chose gênait Sartre ; pour croire pleinement à mes personnages, il eût été nécessaire que le lecteur connût leurs œuvres ; je ne pouvais pas les écrire pour eux ; alors leur réalité objective échappait ; leur travail, qui était l'essentiel de leur vie, ne s'indiquait qu'indirectement, en marge. Ce dernier défaut était inhérent à mon entreprise. Mais pour le reste, je décidai de tout reprendre. Dans ces cas-là, les échotiers racontent qu'on a « tout brûlé et recommencé » : personne ne fait ça. On s'appuie sur le travail déjà exécuté.

Je passai le mois d'octobre chez Algren. Avion, train, taxi : j'étais calme en arrivant à la maison de Forrest Avenue ; il ne me restait rien à gagner, rien à perdre. C'était de nouveau la splendeur de l' « été indien ». De nouveau je me baignai dans le lac, je lus au soleil, je regardai la télévision ; j'achevai mon essai sur Sade. C'est à peine si je mis les pieds à Chicago. Une nuit, je bus des martinis avec Algren au Tip-top-tap, à quelque vingt étages au-dessus des lumières de la ville ; puis nous vîmes *Le Fleuve* de Renoir : un mensonge indécent qui endormit Algren. Une autre fois, Algren donna une conférence dans un club israélite ; l'antisémitisme étant très prononcé à Chicago, j'imaginais que ceux qui en pâtissaient inclinaient à contester l'ordre établi. Mais quand Algren prit la défense des drogués, s'attaquant à la société qui acculait la jeunesse à de tristes évasions, je n'aperçus que des visages renfrognés. « Il parle moins bien qu'il n'écrit », murmura-t-on. Il dénonça aussi la corruption [1] de la police. Un juge lui répondit en célébrant les vertus des « boys in blue » : les flics. On l'acclama.

---

1. Dix ans plus tard, elle fut officiellement reconnue : on poursuivit un grand nombre de policiers pour cambriolages, chantages, complicités, etc. Il fallut tout ce temps pour que le scandale éclatât mais en 1951 déjà les choses se passaient comme en 1960 et quantité de gens le savaient.

Algren allait se remarier avec son ex-femme. Me promenant sur la plage pendant les derniers jours d'octobre, entre les dunes poudrées d'or et les eaux d'un bleu changeant, je pensais que plus jamais je ne le reverrais, ni la maison, ni le lac, ni ce sable où picoraient les petits échassiers blancs ; et je ne savais pas ce que je regrettais le plus fort : un homme, un paysage ou moi-même. Nous désirions tous deux abréger les adieux : Algren me mettrait vers midi dans le train à Gary, j'irais seule à l'aérodrome. Le dernier matin, le temps nous parut long ; nous refusions de nous parler et nous étions gênés de nous taire. Je dis enfin que j'étais contente de mon séjour et que du moins il restât entre nous une vraie amitié. « Ce n'est pas de l'amitié, me dit-il brutalement. Jamais je ne pourrai vous donner moins que de l'amour. » Ces mots, soudain, après ces paisibles semaines, remettaient tout en question : si l'amour existait encore, pourquoi ces définitifs adieux ? Tout le passé me revint au cœur et ma défaite me fut intolérable ; dans le taxi, le train, l'avion, et le soir à New York, pendant un film de Walt Disney où des bêtes se dévoraient les unes les autres à l'infini, je n'arrêtai pas de pleurer. De ma chambre de l'hôtel Lincoln les yeux brouillés de larmes, j'écrivis une courte lettre à Algren : était-ce ou non fini ? J'arrivai à Paris le jour des morts, il y avait partout des chrysanthèmes et des gens en noir. Et je connaissais la réponse à ma question.

« On peut garder des sentiments à quelqu'un, m'écrivit Algren, mais ne plus accepter qu'ils commandent et dérangent toute votre vie. Aimer une femme qui ne vous appartient pas, qui fait passer d'autres choses et d'autres gens avant vous, sans qu'il soit question de jamais passer le premier, ce n'est pas acceptable. Je ne regrette aucun des moments que nous avons eus ensemble. Mais je souhaite maintenant un autre genre de vie, avec une femme et une maison à moi... La déception que j'ai éprouvée il y a trois ans, quand j'ai commencé à réaliser que votre vie appartenait à Paris et à Sartre, est vieille maintenant, et s'est émoussée. Ce que j'ai essayé de faire depuis, ç'a été de vous reprendre ma vie. Je tiens beaucoup à ma vie, ça ne me plaît pas qu'elle appartienne à quelqu'un de si lointain, quelqu'un que je vois seulement quelques semaines par an... »

Il n'y avait qu'à tirer un trait. Je le tirai.

*

Pendant l'occupation, quand nous peinions, Sartre et moi, à bicyclette dans les côtes, nous rêvions d'un vélomoteur. En 1951, il était devenu facile de réaliser un projet plus ambitieux que je caressais avant la guerre : acheter une auto. Je choisis, sur les conseils de Genet, une conduite intérieure Simca d'un modèle nouveau, une Aronde. Je pris des leçons, place Montparnasse, avec un professeur au nom prédestiné : M. Voiturin. Bost, qui venait tout juste d'obtenir son permis, m'emmenait le dimanche matin aux environs de Paris et je m'exerçais : que de douleurs ! Traversant un village, heureusement à moins de cinq à l'heure, je montai sur un trottoir : je fis peur et j'eus grand-peur. Tout de même, moi qui n'avais jamais commandé la moindre machine, cela m'émerveillait que celle-ci m'obéît à peu près. Quand j'eus mon permis, nos promenades, auxquelles Olga prenait souvent part, s'allongèrent : elles duraient un jour entier ou même deux. J'aimais les routes forestières, quand en hiver leur pelage roux s'ourle de fourrure blanche ; j'aimais le printemps normand, les étangs de la Sologne, les villages de Touraine ; je découvris des églises, des abbayes, des châteaux. J'allai à Auvers ; je vis le café de Van Gogh, l'église, le plateau et dans le cimetière les dalles jumelles cachées sous le lierre.

Pour la centième du *Diable et le bon Dieu,* Simone Berriau convia le tout-Paris au Carlton : ni l'auteur ni ses amis n'y parurent. Nous nous retrouvâmes de nouveau à la Plantation où s'exhibaient à présent des travestis. Depuis quelque temps, la contrepèterie était en vogue ; Scipion se signala par une contrepèterie double et engagée : « Il faut dire : ce cas de Corée me turlupine, et non... » Cau qui avait fait un saut aux Champs-Élysées nous raconta la fête officielle. La nuit de Noël, j'organisai un réveillon chez moi, comme l'année précédente.

Les collaborateurs des *Temps modernes* continuaient de se rencontrer chez Sartre, le dimanche après-midi, au son du biniou : des Bretons dansaient entre eux dans un édifice voisin et des musiciens en costume jouaient sur le seuil des airs folkloriques. Il y avait quelques nouveaux venus : Péju, Claude Lanzmann, Chambure ; on avait acheté des pliants pour que tout le monde pût s'asseoir. Lanzmann et Péju étaient « rewriters » dans des journaux, travail qui leur permettait de bien gagner leur vie et leur laissait le temps de faire autre chose. Ils avaient une solide formation philosophique ; cependant, pour tous les deux, la politique comptait d'abord. Ils aidèrent Sartre à repolitiser la revue et ce furent eux surtout qui l'orientèrent vers « ce compagnonnage critique »[1] avec les communistes que Merleau-Ponty avait abandonné. J'avais beaucoup de sympathie pour Lanzmann. Beaucoup de femmes le trouvaient attirant : moi aussi. Il tenait d'un ton détendu les propos les plus extrêmes et sa tournure d'esprit ressemblait à celle de Sartre. Son humour faussement naïf égayait beaucoup ces séances. Tout en buvant de la framboise, on discutait ferme ; on proposait, on divaguait, on se communiquait les perles cueillies dans *Aspects de la*

1. *Merleau-Ponty vivant.*

344

France et dans *Rivarol*. A partir de novembre, Sartre réclama un volontaire pour rendre compte de *L'Homme révolté* de Camus. Il refusait, par amitié, qu'on en dît du mal ; cependant chez nous personne n'en pensait de bien. Nous nous demandions comment sortir de cette impasse.

Ces réunions comptent parmi les rares moments fastes d'une période qui fut une des plus sombres de ma vie. En France comme au-dehors, les choses allaient de mal en pis. « Le patronat le plus arriéré du monde » s'entêtait dans le malthusianisme ; la production atteignait tout juste le même niveau qu'en 1929, les prix ne cessaient pas d'enfler tandis que les salaires avaient à peine bougé. Indifférente à ce marasme, la bourgeoisie s'acharnait contre le communisme. La haute finance et le gouvernement payaient Jean-Paul David pour qu'il intensifiât sa propagande contre la « cinquième colonne » : il avait une tribune à la radio, il inondait Paris d'affiches et de tracts. La gauche divisée échouait à arrêter la guerre d'Indochine, comme à infléchir, malgré les bouillonnements de l'Afrique Noire, la politique colonialiste[1] : à part des graffiti — U.S. go home — elle n'avait rien à opposer à cette occupation larvée que Sartre m'avait prédite un an plus tôt. Aux U.S.A. Mac Carthy avait été jusqu'à attaquer au mois de juin le général Marshall, puis Dean Acheson ; on commençait à enquêter sur les fonctionnaires américains de l'O.N.U. Ces persécutions se donnaient sans ambages comme les préliminaires d'une guerre préventive qu'Eisenhower annonça lui-même dans l'interview qu'il donna à *Match* en octobre : les armées de l'Ouest devaient se préparer à se battre bientôt dans les faubourgs de Leningrad. Un numéro du *Collier's Weekly*

---

1. En décembre eut lieu le procès des 460 Noirs de la Côte-d'Ivoire arrêtés dans les circonstances que j'ai indiquées.

présenta un reportage sur l'état du monde, cinq ans après la fin de la guerre atomique, en 1960. Mon imagination se refusait aux catastrophes ; mais je ne croyais pas non plus à la paix : comme en 1940, l'avenir se dérobait et je végétais sans vivre ; presque aussi douloureusement qu'alors, j'étais blessée par l'asservissement de la France. Au soir d'une randonnée en auto, je dînai avec Olga et Bost dans un hôtel de Chinon ; la salle à manger était plaisante, nous buvions du bon vin, nous étions gais ; deux militaires américains entrèrent et j'ai senti un serrement de cœur que je reconnaissais. Bost a dit tout haut : « Ça me fait le même effet que les Chleuhs. » Nous les avions aimés, sept ans plus tôt, ces grands soldats kakis qui avaient l'air si pacifiques : ils étaient notre liberté. Maintenant ils défendaient un pays qui d'un bout à l'autre de la terre soutenait la dictature et la corruption : Syngman Rhee, Tchang Kaï-chek, Franco, Salazar, Batista... Ce que signifiaient leurs uniformes, c'était notre dépendance et une menace mortelle.

Le temps se raccourcit à mesure qu'on vieillit : sept ans, c'était hier. Ce bel été où tout avait recommencé, il demeurait encore la vérité de ma vie, au point que je voulais appeler le roman que j'étais en train d'écrire : *Les Survivants*. Mais cette vérité avait été bafouée et, bien que ma déception eût commencé dès 1948, je ne l'avais pas consommée. Ma révolte aggravait cet abattement que je partageais avec la plupart de mes compatriotes.

Ils avaient bien déchanté, les jeunes de 45. Le cinéma français s'étiolait ; à part les journaux communistes, il n'y avait plus de presse de gauche ; cinéastes, reporters en herbe n'avaient donné qu'une maigre récolte. La littérature, ils doutaient trop de leur époque, donc d'eux-mêmes, pour s'y acharner. Vian, le plus mordu, y avait pratiquement renoncé ; il composait des chansons et les chantait, il tenait une chronique de jazz. Ils s'intéressaient assez à la politique pour en discuter dans les bars de Saint-Germain-des-Prés, non pour y trouver une manière ni des raisons de vivre. Ce n'était pas leur faute. Que pouvaient-ils ? Que pouvait-on à ce moment, en France ? L'espoir nous avait unis : à présent nous ne les voyions presque plus. Avec nos amis plus âgés nous restions liés par le passé mais — sauf Genet, Giacometti, Leiris — sur le présent et l'avenir nous n'étions entièrement d'accord avec aucun. Ceux qui peuplaient notre vie avant-guerre en étaient tous — sauf Olga et Bost — plus ou moins sortis. Mme Lemaire habitait à la campagne, Herbaud à l'étranger. Pagniez avait de nouveau pris de l'humeur contre Sartre, ils étaient pratiquement brouillés. Depuis la mort de Dullin, Camille s'était séquestrée.

J'avais une seconde fois enterré mes souvenirs de Chicago, je ne m'y blessais plus : mais quelle tristesse dans cet apaisement ! « Voilà, c'est fini », me disais-je ; et je ne pensais pas seulement à mon bonheur avec Algren. Moins encline que jamais à ce qu'on appelle des aventures, mon âge, les circonstances ne me laissaient pas, pensais-je, la chance d'un amour neuf. Mon corps, peut-être par l'effet d'un très ancien orgueil, s'adapte aisément : il ne demandait rien. Mais quelque chose en moi ne se soumettait pas à cette indifférence. « Plus jamais je ne dormirai dans la chaleur d'un corps. » Jamais : quel glas ! Quand cette évidence me saisissait, je basculais dans la mort. Le néant m'avait toujours épouvantée ; mais jusqu'ici je mourais au jour le jour sans y prendre garde : soudain, d'un coup, tout un grand morceau de moi-même s'engloutissait ; c'était brutal comme une mutilation et inexplicable car il ne m'était rien arrivé. Mon image dans la glace n'avait pas changé ; derrière moi, un passé brûlant était encore tout proche : cependant, dans les longues années qui s'étendaient devant moi, il ne refleurirait pas ; jamais. Je me retrouvais de l'autre côté d'une ligne qu'à aucun moment je n'avais franchie : je restais confondue d'étonnement et de regret.

Cet avenir, que me fermaient la grande et ma petite histoire, mon travail ne m'aidait pas à le forcer. Je n'étais pas sûre de pouvoir remédier aux faiblesses que Sartre m'avait signalées ; en tout cas j'en avais encore pour un ou deux ans avant d'aboutir : l'horizon était si noir que pour persévérer il me fallait presque autant de courage que pour reprendre *L'Invitée* en 1941. J'y tenais, à ce livre. En 43, en 45, mes succès m'avaient satisfaite ; à présent je l'étais beaucoup moins. *L'Invitée*, c'était loin ; *Le Sang des autres* avait pâli ; *Tous les hommes sont mortels* n'avait pas réussi. *Le Deuxième Sexe* tenait le coup, mais il m'avait valu en France une réputation des plus équivoques. Je souhaitais autre chose. Malheureusement, ce livre aurait peu d'échos, j'en étais convaincue. J'écrivais, je biffais, je recommençais, je me tourmentais, je me fatiguais, sans espoir. L'histoire ne me portait plus, loin de là. Il ne restait pas de place pour ceux qui refusaient de s'agréger à aucun des deux blocs. Sartre pensait, comme moi, que je déplairais à gauche comme à droite : si j'avais trois mille lecteurs, ce serait bien beau ! Cet échec, dont nous ne doutions pas, nous attristait en soi et parce qu'il manifestait notre exil : toute action politique nous était devenue impossible et notre littérature même allait se perdre dans les déserts.

Sartre m'était comme toujours d'un grand secours. Cependant il me paraissait plus lointain qu'il ne l'avait jamais été, et qu'il ne devait jamais l'être. Ses succès ne l'avaient en rien changé ; mais ils avaient créé une situation qui en le coupant plus ou moins du monde brisait certains de nos liens ; il ne mettait plus les pieds dans les cafés qu'autrefois nous aimions tant ; il ne m'avait pas suivie sur les pistes d'Auron ; le partenaire inconnu de notre vie à deux était devenu, par la force des choses, un personnage public : j'avais l'impression qu'on me l'avait volé : « Ah ! que n'êtes-vous un poète obscur ! » lui disais-je souvent. Révisant ses positions politiques, il menait de front un travail intérieur qui lui coûtait et des études qui dévoraient ses journées. Je regrettais son ancienne insouciance et les loisirs de notre âge d'or : les promenades, les flâneries, les soirées au cinéma où nous n'allions plus jamais. Il m'invitait à le suivre : « Vous devriez lire ça ! » me disait-il en désignant les ouvrages empilés sur son bureau ; il insistait : « C'est passionnant. » Je ne pouvais pas : il me fallait finir mon roman. Et puis j'avais certes envie moi aussi de mieux connaître mon siècle et ma place, mais cela ne m'était pas nécessaire comme à lui. Il avait été acculé, l'an dernier, à choisir hypothétiquement, au cas d'une occupation russe, entre deux solutions, l'une impraticable — rester, sans s'asservir — l'autre odieuse : partir ; il en avait conclu à l'impossibilité d'être ce qu'il était et il n'y avait pas moyen pour lui de continuer à vivre sans la dépasser ; ainsi rejoignait-il dans l'urgence le projet qu'il avait toujours poursuivi : bâtir une idéologie qui tout en éclairant l'homme sur sa situation lui proposât une pratique. Une telle ambition m'était étrangère : je n'avais pas assez d'importance objective pour que l'éventualité d'une occupation russe m'eût personnellement posé de problèmes ; je ne pouvais pas escompter, et du coup je ne souhaitais pas, jouer le moindre rôle politique. Alors, lire les mêmes livres que Sartre, réfléchir sur les mêmes thèmes, ç'aurait été pour moi une occupation gratuite ; son entreprise le concernait trop intimement pour que quiconque, même moi, y coopérât. Je le savais ; mais il me semblait que sa solitude m'isolait de lui. « Ce n'est plus comme avant », me disais-je ; fidèle à mon passé, ces mots suffisaient à me navrer. J'ai prêté à l'héroïne des *Mandarins* des mots que je me disais à moi-même : « Ça me rend malheureuse de ne pas me sentir heureuse. » Je me disais aussi : « Il y a des gens plus malheureux que moi », mais je ne trouvais pas cette vérité consolante, au contraire ; cette frêle tristesse en moi, c'était comme un résonateur qui captait un concert de plaintes ; un désespoir universel s'insinuait dans mon cœur jusqu'à me faire souhaiter la fin du monde.

Ces circonstances expliquent la panique à laquelle je fus en proie vers le début du printemps. Jusqu'alors, jamais je n'avais été menacée dans mon corps : en 1935, je n'avais pas connu la gravité de mon état. Pour la première fois je me crus en danger.

« Ce n'est rien », me dis-je d'abord ; puis je me demandai : « Est-ce quelque chose ? » Je sentais un léger élancement dans le sein droit et en un certain point, une grosseur. « Ce n'est rien », me répétais-je de plus en plus souvent ; et de plus en plus souvent je tâtais avec perplexité la noisette insolite. Je me rappelais le visage poilu de Lucienne Baudin, son agonie ; pendant un instant, la peur me poignait : « Si c'était un cancer ? » J'écartais cette idée : je me portais bien. Et puis les élancements revenaient et mon inquiétude. Mon corps ne me semblait plus invulnérable ; d'année en année il se détériorait, insidieusement ; pourquoi ne se serait-il pas décomposé d'un seul coup ? Avec un feint détachement, j'en dis quelques mots à Sartre : « Allez donc voir un médecin, il vous tranquillisera », me dit-il. On m'indiqua un spécialiste. Je me rendis chez lui par un de ces jours d'avril où l'été tombe prématurément du ciel ; j'avais mis, comme la veille, mon manteau de fourrure, et je crevais de chaleur tandis que je remontais une des tristes avenues qui partent de l'Alma. Le chirurgien fut d'abord assez rassurant : étant donné mon âge, il était prudent de m'opérer et de procéder sur place à une biopsie ; mais je n'avais pas la mine d'une cancéreuse et la grosseur suspecte roulait sous les doigts, ce qui prouvait sa bénignité. Cependant, pour donner à la consultation un sérieux digne de son tarif, il laissa planer un doute ; il me demanda si je consentais, au cas où il s'agirait d'une tumeur maligne, à l'ablation du sein. « Oui, bien sûr », dis-je. Et je le quittai, secouée. Je n'en étais pas à une mutilation près : mais je me rappelais les compagnes de chambre de Lucienne : dix ans après, l'autre sein se prend[1], on meurt dans d'affreuses douleurs. Écrasée sous mon manteau trop lourd, en sueur, la bouche tapissée d'angoisse, je regardais le ciel bleu et je pensais : « Si vraiment j'avais un cancer, ça serait juste ainsi, il n'y aurait pas de signe... » Je rapportai à Sartre, d'une voix étranglée, ce qu'avait dit le médecin. Les consolations qu'il me proposa montrent bien quelles nuées pesaient sur l'avenir : dans le plus mauvais cas je pouvais compter sur environ douze ans de vie ; d'ici douze ans, la bombe atomique nous aurait tous liquidés.

Je devais être opérée le lundi ; le dimanche j'allai en auto avec Bost voir la belle abbaye de Larchant ; je conduisis comme un sabot, je calais tout le temps. Bost s'impatienta : au lieu d'apprendre, je régressais ; il ne voyait pas le rapport entre une opération qu'il pensait bénigne et ma nervosité. « Vous savez, lui dis-je comme nous revenions à Paris, j'ai peut-être un cancer ! » Il me regarda avec stupeur : « Voyons ! ça ne peut pas *vous* arriver ! » J'admirai qu'il eût conservé intact mon vieil optimisme. J'entrai en clinique le soir. Je dînai, je lus, je me couchai de très bonne heure. Une sœur m'a rasé l'aisselle : « Au cas où il faudrait tout vous ôter », m'a-t-elle dit avec un sourire. On m'a fait une piqûre et j'ai dormi. J'étais résignée : non par curiosité, comme au

---

1. Ce n'est pas toujours vrai, loin de là ; mais c'est ce que je croyais.

temps où la menace du sanatorium m'avait effleurée ; plutôt par une indifférence amère. Le matin, après une autre piqûre, on m'a emmenée sur un chariot, couverte seulement d'un drap. A la porte de la salle d'opération, on m'a chaussée de petites bottes blanches, ce qui m'a beaucoup intriguée ; puis une aiguille s'est enfoncée dans une veine de mon bras gauche, j'ai dit : « Je sens un goût d'ail » et je n'ai plus rien senti. Quand je suis revenue au monde, j'ai entendu une voix : « Vous n'avez absolument rien », et j'ai refermé les yeux : des anges me berçaient. Je suis sortie au bout de deux jours la poitrine empaquetée dans des bandages, mais émerveillée de me retrouver intacte et sauvée de la peur.

C'était le printemps, sa gaieté me gagna. Nous descendîmes en auto dans le Midi, Sartre, Bost, Michelle, moi. Michelle s'était séparée de Boris et Sartre, qui l'avait toujours trouvée très attirante, s'était lié intimement avec elle. Je l'aimais beaucoup, on l'aimait toujours parce qu'elle ne se préférait jamais. Gaie et un peu mystérieuse, très discrète et très présente, c'était un charmant compagnon. Nous fîmes un plaisant voyage, visitant à Tournus l'abbaye Saint-Philibert, à Hauterive la maison du facteur Cheval. Je disputais âprement le volant à Bost : ça nous amusait tous deux de conduire sur de longues distances. Bost resta peu à Saint-Tropez ; je l'accompagnai un soir à la gare de Saint-Raphaël et, au retour, j'étais tout émue de rouler seule pour la première fois. Je pris de l'audace. Je quittai à l'aube l'hôtel de l'Aïoli, je retrouvai dans la ville aux volets clos l'émotion de mes anciennes promenades. En ce temps-là, je pratiquais l'auto-stop : quel plaisir quand une voiture s'arrêtait, m'emportait ! ça me paraissait un prodige d'abattre en dix minutes deux heures de marche. Maintenant, à la fois chauffeur et passagère, j'avais tout le temps envie de me dire merci. La marche m'avait offert des plaisirs différents ; mais par leur nouveauté ceux d'aujourd'hui me les faisaient presque oublier. Je reconnaissais la Provence telle que je l'avais aimée, vingt ans plus tôt, et cependant je la voyais sous d'autres lumières : le passé, le présent s'alliaient dans mon cœur. Je m'enhardis au point de promener sur les petites routes des Maures Merleau-Ponty et sa femme fraîchement arrivés à Saint-Tropez : ils montrèrent beaucoup de courage ; il est vrai qu'ils étaient venus de Paris avec un ménage qui n'avait pas de permis ; dans les passages dangereux, le mari et la femme s'arrachaient le volant à coups de poing. Beaucoup de gens dans mon entourage apprenaient à conduire : après la disette de l'après-guerre on commençait à pouvoir se procurer des voitures.

Je travaillais un peu ; Sartre écrivait sur Mallarmé ; à la terrasse de Sennequier, au bar de la Ponche, il m'en parlait et m'expliquait certains poèmes. Pressé par des rendez-vous, il regagna Paris en train. Je roulai seule jusqu'à Avignon, fière de mon pouvoir, légèrement hantée par la crainte de crever et de ne pas savoir réparer. A Avignon, au train du petit matin, je retrouvai Bost venu de Paris pour m'aider à rentrer.

Je repartis peu après ; Sartre passant trois semaines en Italie avec Michelle, je m'y promenai en voiture avec Olga et Bost, découvrant de petites routes et des sites difficilement accessibles sans auto : Volterra par exemple. C'était agréable de pouvoir disposer, selon notre seul caprice, des lieux et des temps. Je rentrai à Paris où je vis la magnifique exposition mexicaine.

Deux faits marquèrent le début de cet été : Sartre se brouilla avec Camus et il se rapprocha des communistes.

Je vis Camus, pour la dernière fois, avec Sartre dans un petit café de la place Saint-Sulpice, en avril. Il tourna en ridicule certains des reproches adressés à son livre : il prenait pour accordé que nous l'aimions et Sartre

353

éprouvait beaucoup de gêne à lui donner la réplique. Un peu plus tard, Sartre le rencontra au Pont-Royal et le prévint que le compte rendu des *Temps modernes* serait réservé, peut-être même sévère ; Camus parut désagréablement surpris. Francis Jeanson avait fini par accepter de parler de *L'Homme révolté* ; il avait promis de le faire avec ménagement : et puis il se laissa emporter. Sartre obtint qu'il atténuât quelques duretés mais il n'y avait pas de censure à la revue. Camus, affectant d'ignorer Jeanson, adressa à Sartre une lettre à publier où il l'appelait « Monsieur le directeur ». Sartre riposta dans le même numéro. Et tout fut fini entre eux.

En vérité, si cette amitié a éclaté brutalement, c'est que depuis longtemps il n'en subsistait pas grand-chose. L'opposition idéologique et politique qui déjà existait entre Sartre et Camus en 1945, d'année en année s'était accusée. Camus était idéaliste, moraliste, anticommuniste ; obligé de céder un moment à l'Histoire, il prétendit, le plus vite possible, s'en retirer ; sensible au malheur des hommes, c'est à la Nature qu'il l'imputait ; Sartre depuis 1940 avait travaillé à répudier l'idéalisme, à s'arracher à son individualisme originel, à vivre l'Histoire ; proche du marxisme, il souhaitait une alliance avec les communistes. Camus luttait pour de grands principes et c'est ainsi qu'il s'était laissé prendre aux fumées de Gary Davis ; il refusait en général de participer aux démarches précises dans lesquelles Sartre s'engageait. Alors que Sartre croyait à la vérité du socialisme, Camus défendait de plus en plus résolument les valeurs bourgeoises : il s'y ralliait dans *L'Homme révolté*. Entre les deux blocs le neutralisme étant finalement impossible, Sartre se rapprocha de l'U.R.S.S. : Camus la détestait et bien qu'il n'aimât pas les U.S.A. il se rangeait pratiquement de leur côté. Je lui racontai l'épisode de Chinon : « Je me suis crue revenue au temps de l'occupation », lui dis-je. Il m'a regardée avec un étonnement à la fois sincère et joué. « Vraiment ? » Il a souri : « Attendez un peu. Vous en verrez, des occupants : vous en verrez d'autres. »

Ces dissensions étaient trop sérieuses pour qu'une amitié n'en fût pas ébranlée. En outre, le caractère de Camus ne facilitait pas les compromis. Je suppose qu'il pressentait la fragilité de ses positions : il n'admettait pas la contestation ; dès qu'il s'en ébauchait une, il prenait une de ses colères abstraites qui ressemblaient à des fuites. Il y avait eu un rapprochement entre Sartre et lui au moment du *Diable et le bon Dieu* et nous avions publié dans *Les Temps modernes* son essai sur Nietzsche, bien qu'il ne nous satisfît pas du tout. Mais ce timide regain n'avait pas duré. Camus était prêt, à la première occasion, à reprocher à Sartre sa complaisance à l'égard du « socialisme autoritaire ». Sartre depuis longtemps trouvait que Camus se trompait sur toute la ligne et qu'en outre il était devenu, comme il le lui dit dans sa lettre, « parfaitement insupportable ». Personnellement, cette rupture ne me toucha pas. Le Camus qui m'avait été cher depuis longtemps n'existait plus.

Au cours de l'année, des communistes avaient demandé à Sartre de faire partie du Comité pour la libération d'Henri Martin et de collaborer à un livre où ils divulgueraient l'affaire ; il accepta ; il jugeait cette détention scandaleuse et il fut heureux qu'un rapprochement s'ébauchât. Les circonstances l'avaient convaincu qu'il n'y avait pas d'autre issue pour la gauche que de retrouver l'unité d'action avec le P.C. Et la contradiction où il se débattait lui était devenue intolérable. « *J'étais victime et complice de la lutte des classes : victime puisque j'étais haï d'une classe entière Complice puisque je me sentais responsable et impuis-*

sant[1] » « *J'ai découvert la lutte des classes dans ce lent déchirement qui nous éloigna d'eux (les ouvriers) chaque jour davantage... J'y croyais, mais je n'imaginais pas qu'elle était totale... Je l'ai découverte contre moi*[1]. » Sartre m'a dit un jour : « J'ai toujours pensé contre moi. » Mais jamais il ne s'y acharna autant qu'en 1950-1952. Le travail amorcé en 45 avec son article sur l'engagement littéraire, il l'avait achevé : il avait pulvérisé toutes ses illusions sur la possibilité d'un salut personnel. Il était arrivé au même point que Gœtz : il était mûr pour accepter une discipline collective sans renier sa liberté. « *Après dix ans de rumination, j'avais atteint le point de rupture et n'avais besoin que d'une chiquenaude*[1]. » Un livre d'abord le frappa : *Le Coup du 2 décembre* de Guillemin. Dans sa jeunesse, contre Politzer pour qui les bourgeois se définissaient tout entiers par leur situation d'exploiteurs, il avait soutenu qu'ils pouvaient, dans leurs rapports entre eux, exercer certaines vertus : il respectait son beau-père, un ingénieur, dur pour les autres et pour lui-même, grand travailleur et qui menait une vie austère. La collaboration[2] avait fait pressentir à Sartre que toutes les vertus bourgeoises sont perverties par l'aliénation. *Le Coup du 2 décembre* lui montra ce qu'étaient capables de penser et d'écrire des hommes aussi honnêtes que le mari de sa mère. Par la bouche des capitalistes, c'est le capital qui parle ; mais les bourgeois n'en sont pas moins des individus de chair et d'os qui, pour défendre leurs intérêts, usent d'une violence à peine masquée. Guillemin arrachait les voiles qui déguisent cette pratique en processus. Désormais la lutte des classes apparut à Sartre en pleine lumière : hommes contre hommes ; du

1. Notes inédites.
2. La plupart des amis de son beau-père collaborèrent, bien que celui-ci fût gaulliste.

coup, amitiés et refus eurent un caractère passionné. Il fut submergé de colère quand il apprit en Italie l'arrestation de Duclos, au soir de la manifestation contre Ridgway[1], puis la grève manquée du 4 juin, la réaction triomphante de la droite, les arrestations, les saisies, les mensonges dont le plus grotesque fut l'histoire des pigeons voyageurs. « *Au nom des principes qu'elle m'avait inculqués, au nom de son humanisme et de ses « humanités », au nom de la liberté, de l'égalité, de la fraternité, je vouai à la bourgeoisie une haine qui ne finira qu'avec moi. Quand je revins à Paris précipitamment, il fallait que j'écrive ou que j'étouffe*[2]. » Il écrivit la première partie des *Communistes et la paix* avec une furie qui m'effraya : « En deux semaines, il a passé cinq nuits blanches, et il ne dort que quatre ou cinq heures les autres nuits », écrivis-je à ma sœur.

L'article parut dans *Les Temps modernes* un mois avant la *Réponse à Camus*. Ces deux écrits avaient un même sens : l'après-guerre avait fini de finir. Plus d'atermoiements ni de conciliations possibles. On était acculé à des options tranchées. Malgré la difficulté de sa position, Sartre s'approuva toujours de l'avoir adoptée. Son erreur jusque-là avait été, pensa-t-il, de vouloir résoudre le conflit sans *dépasser* sa situation. « *Il fallait accomplir une démarche qui me fît autre. Il fallait accepter totalement le point de vue de l'U.R.S.S., et ne compter que sur moi pour maintenir le mien. Finalement, j'étais seul pour ne pas vouloir l'être assez*[3]. »

Cette époque que nous venions de vivre, j'ai essayé de l'évoquer dans *Les Mandarins*. Le livre devait me

---

1. Ridgway venait prendre à la tête de la S.H.A.P.E. la relève d'Eisenhower. Trois jours plus tôt André Stil avait été arrêté pour l'avoir traité dans *L'Humanité* de « Général de la guerre bactériologique. »
2. *Merleau-Ponty vivant.*
3. Notes inédites

demander encore des mois de travail. Mais déjà tout en était décidé. C'est le moment de m'en expliquer.

*

A partir de 1943, mon bonheur avait été porté par les événements ; je collais si allégrement à mon temps que je n'avais rien à en dire. Dans *Tous les hommes sont mortels* se reflétait le souci nouveau que j'avais de l'Histoire : mais à travers une fabulation qui m'éloignait du siècle ; quand en 1946 je me demandai : « A présent, qu'écrire ? », je songeai à parler de moi et non de mon époque : je ne la mettais pas en question. Et puis, tandis que je travaillais au *Deuxième Sexe,* les choses autour de moi changèrent. Le triomphe du Bien sur le Mal cessa d'aller de soi : il paraissait même rudement compromis. De l'azur collectif, j'avais chu avec beaucoup d'autres dans la poussière terrestre : le sol était jonché d'illusions brisées. Comme autrefois, dérangeant ma vie privée, l'échec avait suscité *L'Invitée,* il me donna du recul par rapport à ma récente expérience et le désir de la sauver avec des mots : il me devint possible et nécessaire de la couler dans un livre.

Une expérience, ce n'est pas une série de faits et je n'envisageai pas de composer une chronique [1]. J'ai dit déjà quel est pour moi un des rôles essentiels de la littérature : manifester des vérités ambiguës, séparées, contradictoires, qu'aucun moment ne totalise ni hors de moi, ni en moi ; en certains cas on ne réussit à les rassembler qu'en les inscrivant dans l'unité d'un objet imaginaire. Seul un roman pouvait à mes yeux dégager les multiples et tournoyantes significations de ce monde

---

1. Si aujourd'hui je raconte mon passé sur un mode historique, c'est à partir d'un projet — sur lequel je m'interrogerai plus loin — tout à fait différent de celui que je formai en 1949, à la lumière d'une déconvenue que je n'avais pas dépassée ni même comprise et qui me brûlait encore.

changé dans lequel je m'étais réveillée en août 1944 : un monde changeant et qui n'avait plus cessé de bouger.

Il m'emportait dans son mouvement et avec moi les choses auxquelles j'avais cru : le bonheur, la littérature. Que vaut le bonheur si, loin de me donner la vérité, il me la masque ? Pourquoi écrit-on si on ne se sent plus chargé de mission ? Non seulement ma vie, ce n'était pas moi qui la tissais, mais sa figure, la figure de mon époque et de tout ce que j'aimais, dépendait de l'avenir. Si je pensais que l'humanité s'acheminait vers la paix, la justice, l'abondance, mes jours n'avaient pas la même couleur que si elle courait vers la guerre ou piétinait dans la douleur. Comme autrefois, la pratique politique — comités, meetings, confections de manifestes, discussions — m'ennuyait ; mais je m'intéressais à tout ce qui remuait la terre. J'avais ressenti comme une défaite personnelle ce qu'on appelait alors « l'échec de la Résistance » : le retour triomphant de la domination bourgeoise. Mon existence privée en avait été profondément entamée. A travers de bruyants conflits ou en silence, les amitiés qui flambaient autour de moi à la fin de l'occupation s'étaient plus ou moins éteintes : leur agonie s'était confondue avec celles de nos communs espoirs et c'est autour d'elle que mon livre s'organisa. Pour parler de moi, il fallait parler de *nous,* au sens qu'avait eu ce mot en 1944.

L'écueil sautait aux yeux : nous étions des intellectuels, une espèce à part, à laquelle on conseille aux romanciers de ne pas se frotter ; décrire une faune singulière dont les aventures n'auraient eu qu'un intérêt anecdotique, un tel projet ne m'aurait pas retenue ; mais après tout, nous étions des êtres humains, juste un peu plus soucieux que d'autres d'habiller notre vie en mots. Si la volonté d'écrire un roman s'imposa à moi, c'est que je me sentis alors située en un point de l'espace et du temps d'où chacun des sons que je tirerais de moi-même avait chance de se répercuter en quantité d'autres cœurs.

Pour nous représenter, je forgeai un grand nombre de personnages et j'en pris deux comme « sujets ». Bien que l'intrigue centrale fût une brisure et un retour d'amitié entre deux hommes, j'attribuai un des rôles privilégiés à une femme, car un grand nombre des choses que je voulais dire étaient liées à ma condition féminine. Beaucoup de raisons m'incitèrent à placer auprès d'Anne un héros masculin. D'abord, pour indiquer l'épaisseur du monde il est commode d'utiliser plusieurs regards ; puis je souhaitais que les relations d'Henri et de Dubreuilh fussent vécues de l'intérieur par l'un d'eux ; surtout, si j'avais chargé Anne de la totalité de mon expérience mon livre aurait été, contrairement à mon intention, l'étude d'un cas particulier. Peignant un écrivain, je désirais que le lecteur vît en lui un semblable et non une bête curieuse ; mais beaucoup plus qu'un homme, une femme qui a pour vocation et pour métier d'écrire est une exception. (Ce mot n'est synonyme ni de monstre, ni de merveille ; je le prends dans un sens statistique.) Je n'ai donc pas confié mon stylo à Anne, mais à Henri ; elle, je l'ai dotée d'un métier qu'elle exerce avec discrétion ; le pivot de sa vie, c'est la vie des autres : son mari, sa fille ; cette dépendance, qui l'apparente à la majorité des femmes, m'intéressait en soi et elle avait un grand avantage : profondément engagée dans les conflits que je racontais tout en leur restant extérieure, Anne les situait dans une tout autre perspective que Dubreuilh et Henri. Je souhaitais présenter de mon après-guerre des images à la fois déchiffrables et brouillées, claires, mais jamais arrêtées : elle me fournissait le négatif des objets qui se découvraient à travers Henri sous une figure positive. Mon attitude à l'égard de la littérature était ambiguë :

plus question de mandat, ni de salut ; confrontés à la bombe H et à la faim des hommes, les mots me semblaient futiles ; et pourtant je travaillais aux *Mandarins* avec acharnement. Anne n'écrivait pas mais elle avait besoin que Dubreuilh continuât d'écrire ; Henri tantôt voulait se taire et tantôt non : en combinant leurs contradictions, j'obtenais une diversité d'éclairages. De même quand j'affrontais l'action et ses scandales, le malheur des autres, leur mort, la mienne, la fuite du temps. Ressuscitant l'opposition sur laquelle j'avais bâti *Tous les hommes sont mortels,* je donnai à Anne le sens de la mort et le goût de l'absolu — qui convenaient à sa passivité — tandis qu'Henri se contentait d'exister. Ainsi les deux témoignages qui alternent dans le roman ne sont pas symétriques ; plutôt, je m'appliquai à établir entre eux une sorte de contrepoint, tour à tour les renforçant, les nuançant, les détruisant l'un par l'autre.

Décrivant Henri, tel qu'il s'éprouvait lui-même, dans sa familiarité, je voulus aussi montrer un écrivain dans sa démesure et sa manie ; célèbre, déjà âgé, beaucoup plus fanatiquement voué qu'Henri à la politique et à la littérature, Dubreuilh occupe dans le livre une position clef puisque c'est par rapport à lui qu'Anne, sa femme, et Henri, son ami, se définissent. Tout en l'approchant d'assez près grâce à l'intime connaissance qu'Anne a de lui, je lui ai gardé son opacité ; par l'acuité de son expérience et la force de sa pensée, il l'emporte sur les deux autres ; cependant, du fait que son monologue reste secret, j'en ai dit beaucoup moins long à travers lui qu'à travers eux.

J'ai apporté beaucoup de soin à deux portraits : Nadine, Paule. Au départ, je comptais me venger sur Nadine de certains traits qui m'avaient heurtée chez Lise et chez plusieurs de mes cadettes, entre autres, une brutalité sexuelle qui révélait déplaisamment leur frigidité, une agressivité qui compensait mal leur sentiment d'infériorité ; revendiquant leur indépendance sans avoir le courage de la payer son prix, elles convertissaient en rancune le malaise auquel elles se condamnaient. J'avais remarqué d'autre part que les enfants de parents célèbres ont souvent de la difficulté à mûrir ; le caractère que j'ébauchai me parut convenir, par son ingratitude, à la fille de Dubreuilh. Peu à peu, dans les circonstances qui expliquaient ses disgrâces, je me mis à voir des excuses ; Nadine me parut plutôt victime que blâmable ; son égoïsme s'écailla ; elle devint sous sa rudesse sensible, généreuse et capable d'attachement. Sans décider si elle s'en saisirait je lui offris, à la fin du livre, des chances de bonheur.

De toutes mes créatures celle qui eut le plus de peine à prendre corps, ce fut Paule, parce que je l'abordai par des chemins divers qui ne se recoupaient pas. Chez Anne la dépendance était palliée par l'intérêt direct et chaleureux qu'elle portait aux choses et aux gens ; je conçus Paule comme une femme radicalement aliénée à un homme et le tyrannisant au nom de cet esclavage : une amoureuse. Mieux qu'au temps du *Sang des autres,* où j'avais esquissé sous le nom de Denise une de ces malchanceuses, je savais combien il est dangereux pour une femme d'engager tout de soi dans sa liaison avec un écrivain ou un artiste, buté sur ses projets : renonçant à ses goûts, à ses occupations, elle s'exténue à l'imiter sans pouvoir le rejoindre et s'il se détourne d'elle, elle se retrouve dépouillée de tout ; j'avais vu quantité d'exemples de cette déchéance et j'avais envie d'en parler. Je rêvais aussi à des femmes, belles et brillantes avec extravagance au temps de leur jeunesse et qui s'épuisent ensuite à arrêter le temps ; beaucoup de visages me hantaient. Et puis je gardais en mémoire les délires de Louise Perron. Il me fallut du temps pour arriver à composer avec des intentions précises, des images en lambeaux, des souvenirs brûlants, un personnage et une histoire adaptés à l'ensemble du livre.

On m'a reproché parfois de n'avoir élu, pour représenter mon sexe, aucune femme assumant, à égalité avec des hommes, des responsabilités professionnelles et politiques ; dans ce roman je fuyais les exceptions ; j'ai décrit les femmes telles que, en général, je les voyais, telles que je les vois encore : divisées. Paule s'agrippe aux valeurs traditionnellement féminines : elles ne lui suffisent pas, elle est déchirée jusqu'à la folie : Nadine n'arrive ni à accepter sa féminité ni à la dépasser ; Anne se rapproche plus que les autres d'une vraie liberté ; elle ne réussit tout de même pas à trouver dans ses propres entreprises un accomplissement. Aucune, d'un point de vue féministe, ne peut être considérée comme une « héroïne positive ». J'en conviens, mais sans m'en repentir.

Entre tous ces personnages, j'ai dit que je souhaitais d'abord n'établir que des liens très lâches ; le côté trop construit qu'ont souvent les romans m'ennuyait ; ce fut un des reproches que Sartre me fit quand il lut ma première version ; étant donné la forme que j'avais choisie, l'indécision de l'intrigue était une faiblesse et non une malice : je la resserrai. Mais je ne trouvai pas gênant qu'un épisode, long et important, demeurât marginal : l'amour d'Anne et de Lewis. Je l'ai raconté, pour le plaisir de transposer sur le mode romanesque un événement qui me tenait à cœur ; et puis, cantonnée dans son rôle de témoin, Anne eût manqué de présence, je tenais à la doter d'une vie personnelle ; et puis encore, un de mes émerveillements, dans les années 45, c'est que brusquement l'espace se fût ouvert : je traduisais cet élargissement en prêtant à mon héroïne une aventure transatlantique. Dans la mesure où le récit que j'en ai fait est convaincant, il le doit à son caractère adventice ; car, quand elle rencontre Lewis, Anne a déjà longuement existé pour le lecteur, il connaît le monde où elle se meut, il a eu le temps de s'attacher à elle. J'ai pu la lui rendre familière, avant qu'il ne lui arrive rien d'éclatant, parce que le roman avait d'autres foyers. C'est ce que n'ont pas compris les gens qui, tout en approuvant cette histoire d'amour, auraient préféré que, par souci d'unité, je la traite à part ; en la détachant de l'ensemble, je l'aurais vidée de son contenu puisque, imaginaire ou réel, ce qu'on appelle la richesse d'un individu, c'est l'intériorisation de ses entours. Lewis, il est vrai, ne bénéficie d'aucun contexte ; mais il est vu par les yeux d'Anne ; il me convient qu'il n'existe que du moment où il existe pour elle et qu'on ne réussisse à se glisser dans sa peau que dans la mesure où elle-même y parvient ; si on croit en elle, on est enclin à croire en lui. De tous mes personnages, Lewis est celui qui se rapproche le plus d'un modèle vivant ; étranger à l'intrigue, il échappait à ses nécessités, j'étais tout à fait libre de le peindre à ma guise ; il se trouvait que — rare conjoncture — Algren était, dans la réalité, très représentatif de ce que je voulais représenter ; mais je ne me suis pas arrêtée à une fidélité anecdotique : j'ai utilisé Algren pour inventer un personnage qui doit exister sans référence au monde des vivants.

Car, contrairement à ce qu'on a prétendu, il est faux que *Les Mandarins* soit un roman à clef ; autant que les vies romancées, je déteste les romans à clef : impossible de dormir et rêver si mes sens restent en éveil ; impossible de se prendre à un conte tout en demeurant ancré dans le monde. S'il vise à la fois l'imaginaire et le réel, le regard du lecteur se brouille, et il faut être un bien méchant auteur pour lui infliger ce cumul. Peut importe dans quelle mesure et de quelle manière la fiction s'inspire au donné : elle ne s'édifie qu'en le pulvérisant pour le faire renaître à une autre existence[1]. Les commères qui se penchent sur cette cendre laissent tout échapper de l'œuvre qu'on leur propose et ce qu'elles atteignent n'est rien : aucun fait n'a de vérité s'il n'est placé dans son contexte vrai.

Anne ne serait donc pas moi ? Je l'ai tirée de moi, d'accord, mais on a vu pour quelles raisons j'en ai fait une femme en qui je ne me reconnais pas. Je lui ai prêté des goûts, des sentiments, des réactions, des souvenirs qui étaient miens ; souvent je parle par sa bouche. Cependant elle n'a ni mes appétits, ni mes entêtements, ni surtout l'autonomie que me donne un métier qui me tient à cœur. Ses relations avec un homme de vingt ans plus âgé qu'elle sont presque filiales et, malgré leur entente, la laissent solitaire ; elle n'est que timidement engagée dans sa profession. Faute d'avoir des buts et des projets à soi, elle mène la vie « relative » d'un être « secondaire ». Ce sont surtout les aspects négatifs de mon expérience que j'ai exprimés à travers elle : la peur de mourir et le vertige du néant, la vanité du divertissement terrestre, la honte d'oublier, le scandale de vivre. La joie d'exister, la gaieté d'entreprendre, le plaisir d'écrire, j'en ai doté Henri. Il me ressemble autant qu'Anne au moins, et peut-être davantage.

Car Henri, quoi qu'on en ait dit, n'est pas Camus ; pas du tout. Il est jeune, il est brun, il dirige un journal : la ressemblance s'arrête là ; sans doute Camus, comme lui, écrivait, aimait se sentir vivre et se préoccupait de politique ; mais ces traits lui étaient communs avec un grand nombre de gens, et avec Sartre, et avec moi. Ni par son langage, ses attitudes, son caractère, ses rapports à autrui, sa vision du monde, ni par les détails de son existence privée, ni par ses idées Henri ne ressem-

---

1. Un roman historique réussi satisfait à cette exigence. Alexandre Dumas projette l'Histoire dans la dimension de l'imaginaire ; son Richelieu est sans équivoque un personnage imaginaire.

ble à son pseudo-modèle ; la profonde hostilité de Camus à l'égard du communisme suffirait — en soi et par ses implications — à creuser un abîme entre eux ; mon héros, dans ses relations avec le P.C., dans son attitude à l'égard du socialisme, se rapproche de Sartre et de Merleau-Ponty, pas du tout de Camus ; et la plupart du temps, ce sont mes propres émotions, mes propres pensées qui l'habitent.

L'identification de Sartre avec Dubreuilh n'est pas moins aberrante ; leurs seules analogies ce sont la curiosité, l'attention du monde, l'acharnement au travail ; mais Dubreuilh a vingt ans de plus que Sartre, il est marqué par son passé, craintif devant l'avenir, il donne l'avantage à la politique sur la littérature ; autoritaire, tenace, fermé, peu émotif et peu sociable, sombre jusque dans ses gaietés, il diffère radicalement de Sartre. Et leurs histoires ne se recoupent pas ; alors que Dubreuilh crée d'enthousiasme le S.R.L., Sartre s'est lié sans aucune frénésie à des groupes qui l'en sollicitaient ; il n'a pas un instant renoncé à écrire ; il a publié sans hésiter le « code du travail soviétique » dès qu'il en a eu connaissance. L'intrigue que j'ai forgée s'écarte aussi, délibérément des faits : d'abord par un décalage des temps ; j'ai transporté en 1945-1947 des événements, des problèmes, des crises qui se situaient plus tard. Le R.D.R. est né à l'époque du neutralisme ; on a parlé des camps russes seulement en 1949, etc. L'intimité qui existe entre Henri et les Dubreuilh ressemble à celle que nous avions avec Bost plutôt qu'à l'amitié distante qui nous liait à Camus ; on a vu en quelles circonstances Camus et Sartre se sont brouillés, mettant un point final à un long désaccord : la rupture entre Henri et Dubreuilh est si étrangère à la leur que j'en avais écrit dès 1950 une première version ; et elle est suivie d'une réconciliation qui n'advint pas entre Sartre et Camus. Tout de suite après la libération, leurs attitudes politiques divergeaient déjà. Camus n'a appartenu ni à l'équipe des *Temps modernes,* ni au R.D.R. ; il n'y a jamais eu de collusion entre le R.D.R. et *Combat* auquel *L'Espoir* s'apparente d'ailleurs beaucoup moins qu'à *Franc-Tireur* ; Camus a quitté son journal pour des raisons qui ne concernaient pas Sartre, il n'y était plus quand on a commencé à parler des « camps soviétiques » et la question ne s'est pas posée à lui d'en divulguer ou non l'existence. Il en va de même pour les personnages et les épisodes secondaires : tous les matériaux que j'ai puisés dans ma mémoire, je les ai concassés, altérés, martelés, distendus, combinés, transposés, tordus, parfois même renversés, et toujours recréés. J'aurais souhaité qu'on prenne ce livre pour ce qu'il est ; ni une autobiographie, ni un reportage : une évocation.

Je n'estime pas non plus que *Les Mandarins* soit un roman à thèse. Le roman à thèse impose une vérité qui éclipse toutes les autres et qui arrête la ronde indéfinie des contestations : moi, j'ai décrit certaines manières de vivre l'après-guerre sans proposer de solution aux problèmes qui inquiètent mes héros. Un des principaux thèmes qui se dégage de mon récit, c'est celui de la *répétition,* au sens que Kierkegaard donne à ce mot : pour posséder vraiment un bien, il faut l'avoir perdu et retrouvé. Au terme du roman, Henri et Dubreuilh reprennent le fil de leur amitié, de leur travail littéraire et politique ; ils retournent à leur point de départ ; mais entre-temps toutes leurs espérances étaient mortes. Désormais, au lieu de se bercer d'un optimisme facile ils assument les difficultés, les échecs, le scandale, qu'implique toute entreprise. A l'enthousiasme des adhésions se substitue pour eux l'austérité des préférences. En décrivant cet apprentissage, je n'ai rien prouvé. La décision finale des deux hommes n'a pas la valeur d'une leçon ; tels qu'ils sont, dans les circonstances où ils se trouvent, on comprend qu'ils l'adoptent ; mais on peut préjuger que dans l'avenir leurs hésitations renaîtront. Plus radicalement, leur point de vue qui est celui de l'action, de la finitude, de la vie, est mis en question par Anne en qui j'ai incarné celui de l'être, de l'absolu, de la mort. Son passé l'inclinait à cette contestation, que lui impose au présent l'horreur où baigne la terre. C'est là un autre thème important du roman, qui lui est commun avec *Le Sang des autres* ; mais quand j'écrivis *Le Sang des autres,* je venais de découvrir l'horreur. J'essayai de m'en défendre et j'affirmai, à travers mon héros, qu'il fallait l'assumer : ainsi tombai-je dans le didactisme. En 1950, elle était devenue pour moi une dimension familière du monde, je ne songeais plus à l'éluder. Si Dubreuilh prétend la dépasser, Anne s'y arrête et elle médite d'en affirmer l'intolérable vérité par un suicide : entre ces deux attitudes, je ne choisis pas. Anne, finalement, ne se tue pas ; c'est que je n'ai pas voulu répéter l'erreur de *L'Invitée* en attribuant à mon héroïne un acte motivé par des raisons purement métaphysiques ; Anne n'a pas l'étoffe d'une suicidée ; mais son retour au consentement quotidien ressemble plutôt à une défaite qu'à un triomphe. Dans une nouvelle que j'écrivis à dix-huit ans, l'héroïne à la dernière page, descendait l'escalier qui menait de sa chambre au salon : elle allait retrouver les autres, se soumettre à leurs conventions et à leurs mensonges, trahissant la « vraie vie » entrevue dans la solitude. Ce n'est pas un hasard si Anne, sortant de sa chambre pour rejoindre Dubreuilh, descend un escalier : elle aussi trahit quelque chose. Et d'ailleurs, pour elle comme pour Henri, demain est incertain. La confrontation — existence, néant — ébauchée à vingt ans dans mon journal intime, poursuivie à travers tous mes livres et jamais achevée, n'aboutit ici non plus à aucune réponse sûre. J'ai montré des gens en proie à des espoirs et à des doutes, cherchant à tâtons leur chemin : je me demande bien ce que j'ai démontré.

Dans *Les Mandarins* je suis restée fidèle à la technique de *L'Invitée,* en l'assouplissant : le récit d'Anne est sous-tendu par un monologue qui se déroule au présent, ce qui m'a permis de le briser, de le raccourcir, de le commenter librement. Je connais les inconvénients de cette forme à laquelle je me suis tenue ; mais pour me dérober aux conventions qu'elle m'imposait, j'aurais été contrainte d'en adopter d'autres qui me satisfaisaient encore moins. Juste après la publication des *Mandarins,* Nathalie Sarraute a écrit un article pour condamner ce traditionalisme. Sa critique est à mes yeux non avenue parce qu'elle présuppose une métaphysique qui ne tient pas debout. D'après elle, la réalité s'est « aujourd'hui » réfugiée dans « des frémissements à peine perceptibles » ; un romancier qui ne se fascine pas sur les « endroits obscurs de la psychologie » ne peut être qu'un fabricant de trompe-l'œil. C'est qu'elle confond l'extériorité avec l'apparence. Mais le monde extérieur existe. A partir d'un psychologisme périmé il n'est pas impossible d'écrire de bons livres, mais on ne saurait certainement pas en déduire une esthétique valable. Nathalie Sarraute admet qu'il y a, en dehors d'elle, « de grosses souffrances, de grandes et simples joies, de puissants besoins » et qu'on pourrait songer à « évoquer d'une façon plausible les souffrances et luttes des hommes » ; mais ce sont là pour un littérateur de trop basses besognes : avec une surprenante désinvolture, elle les abandonne aux journalistes. A ce compte-là, on pourrait aiguiller ses lecteurs vers des études cliniques, des comptes rendus psychanalytiques, des témoignages bruts de paranoïaques ou de schizophrènes. Si scrupuleuse quand il s'agit de dépiauter une ambition ou un dépit, croit-elle qu'il suffit de rapports et de statistiques pour rendre compte de la vie d'une usine ou d'un

H.L.M. ? Les collectivités, les événements, les foules, les relations des hommes aux autres hommes et aux choses, tous ces objets bien réels, et irréductibles à nos palpitations souterraines, méritent et exigent l'éclairage de l'art. Que le dialogue pose un problème au romancier, je suis bien d'accord ; mais je ne pense pas du tout que la parole soit « le prolongement de mouvements souterrains » ; elle a des usages très divers ; le plus souvent, c'est un acte, sollicité par une situation, qui éclate au grand jour, rompant avec le silence, et on la dénature si on l'enkyste dans la continuité d'un monologue intérieur. Il faut inventer des moyens qui aident le romancier à mieux dévoiler le monde, mais non l'en détourner pour le cantonner dans un subjectivisme maniaque et sans vérité.

Quant au style des *Mandarins,* il plaît ou il ne plaît pas ; mais c'est souvent d'une manière académique qu'on l'a critiqué, comme s'il existait un « beau style » en soi, et que je m'en sois écartée. J'ai fait exprès de me tenir proche du langage parlé. J'écris autrement ces mémoires. A un récit qui relate un passé figé, une certaine rigueur convient. Mais mon roman se proposait d'évoquer l'existence dans son jaillissement et j'ai souhaité que mes phrases s'accordent à ce mouvement.

Intermède

Pourquoi cette pause, soudain ? Je sais fort bien qu'une existence ne se décompose pas en périodes tranchées et 1952 n'a pas marqué dans la mienne de coupure. Mais le territoire n'est pas la carte. Mon récit exige avant que je puisse le poursuivre, une certaine mise au point.

Un défaut des journaux intimes et des autobiographies c'est que, d'ordinaire, « ce qui va sans dire » n'est pas dit et qu'on manque l'essentiel. J'y tombe, moi aussi. Dans *Les Mandarins* j'ai échoué à montrer combien le travail de mes héros comptait pour eux ; j'espérais ici mieux parler du mien : je me leurrais. Le travail ne se laisse guère décrire : on le fait, c'est tout. Du coup, il tient dans ce livre peu de place, alors que dans ma vie il en occupe tant : elle s'organise tout entière autour. J'y insiste parce que le public se rend à peu près compte du temps et des soins qu'exige un essai ; mais, dans sa majorité, il s'imagine qu'un roman ou des souvenirs, ça s'écrit au courant de la plume. « Ce n'est pas bien malin, j'en aurais fait autant » ont dit des jeunes femmes après avoir lu les *Mémoires d'une jeune fille rangée* : ce n'est pas un hasard si elles ne l'ont pas fait. A une ou deux exceptions près, tous les écrivains que je connais peinent énormément : je suis comme eux. Et contrairement à ce qu'on suppose, roman et autobiographie m'absorbent beaucoup plus qu'un essai ; ils me donnent aussi plus de joies. J'y pense longtemps à l'avance. J'ai rêvé aux personnages des *Mandarins* jusqu'à croire à leur existence. Pour mes mémoires, je me suis familiarisée avec mon passé en relisant des lettres, de vieux livres, mes journaux intimes, des quotidiens. Quand je me sens prête, j'écris d'affilée trois ou quatre cents pages. C'est un labeur pénible : il exige une intense concentration, et le fatras que j'accumule me dégoûte. Au bout d'un mois ou deux, je suis trop écœurée pour poursuivre. Je repars à zéro. Malgré les matériaux dont je dispose, la feuille de nouveau est blanche et j'hésite avant de plonger. En général, je commence mal, par impatience ; je voudrais tout dire d'un coup : mon récit est pâteux, désordonné et décharné. Peu à peu, je me résigne à prendre mon temps. Vient l'instant où je trouve la distance, le ton, le rythme qui me satisfont ; je démarre pour de bon. M'aidant de mon brouillon, je rédige à grands traits un chapitre. Je reprends la première page et arrivée en bas, je la refais phrase par phrase ; ensuite je corrige chaque phrase d'après l'ensemble de la page, chaque page d'après le chapitre entier ; plus tard, chaque chapitre, chaque page, chaque phrase d'après la totalité du livre. Les peintres, disait Baudelaire, vont de l'esquisse à l'œuvre achevée en peignant à chaque stade le tableau complet ; c'est ce que j'essaie de faire. Aussi chacun de mes ouvrages me demande-t-il de deux à trois ans — quatre pour *Les Mandarins* — pendant lesquels je passe six à sept heures par jour devant ma table.

On se fait souvent de la littérature une idée plus romantique. Mais elle m'impose cette discipline justement parce qu'elle est autre chose qu'un métier : une passion ou, disons, une manie. Au réveil, une anxiété ou un appétit m'oblige à prendre tout de suite mon stylo ; je n'obéis à une consigne abstraite que dans les sombres périodes où je doute de tout : alors la consigne peut même craquer. Mais, sauf en voyage, ou quand il se passe des événements extraordinaires, une journée où je n'écris pas a un goût de cendres.

Et bien sûr l'inspiration joue : sans elle l'assiduité ne servirait à rien. Le projet d'exprimer certaines choses, sur un certain mode, naît, renaît, s'enrichit, se transforme capricieusement. Les résonances en moi d'un incident, d'une lumière, l'éclat d'un souvenir ne sont pas concertés, ni la chance d'une image ou d'un mot. Tout en me conformant à mon plan, je tiens compte de mes humeurs : si j'ai envie soudain de raconter une scène, d'aborder un thème, je le fais, sans m'astreindre à l'ordre établi. Une fois bâtie la carcasse du livre, je me confie volontiers au hasard : je rêve, je divague, pas seulement devant mon papier, mais toute la journée, même la nuit. Il arrive souvent avant de m'endormir ou pendant une insomnie qu'une phrase me traverse et que je me relève pour la noter. De nombreux passages des *Mandarins* et de mes souvenirs ont été écrits d'un trait sous le coup d'une émotion : parfois je les retouche le lendemain, parfois non.

Lorsque enfin, après six mois, un an, ou même deux, je soumets le résultat à Sartre, je n'en suis pas encore contente, mais je me sens à bout de souffle : il me faut sa sévérité et ses encouragements pour reprendre mon élan. D'abord il me rassure : « C'est gagné... Ça sera un bon livre. » Et puis dans le détail, il s'irrite ; c'est trop long, c'est trop court, ce n'est pas juste, c'est mal dit, c'est bâclé, c'est gâché. Si je n'étais pas habituée à l'âpreté de son langage — le mien, quand je le critique, n'est pas plus doux — je serais atterrée. En fait, une seule fois il m'a vraiment inquiétée, quand j'achevais *Les Mandarins* ; d'ordinaire ses reproches me stimulent parce qu'ils m'indiquent comment dépasser les défauts dont j'avais plus ou moins conscience et qui souvent, rien qu'en le regardant me lire, me sautent aux yeux. Il me suggère des coupures, des changements; mais surtout il m'incite à oser, à approfondir, à affronter les obstacles au lieu de les éviter. Ses conseils vont dans mon propre sens et il ne me faut que quelques semaines, au plus quelques mois, pour donner à mon livre sa figure définitive. Je m'arrête quand j'ai l'impression, non certes que mon livre est parfait, mais que je ne peux plus le perfectionner.

Dans ces années que je raconte, j'ai pris beaucoup de vacances : ça consiste, en général, à travailler ailleurs. Cependant j'ai fait de longs voyages pendant lesquels je n'écrivais pas : c'est que mon projet de connaître le monde reste étroitement lié à celui de l'exprimer. Ma curiosité est moins barbare que dans ma jeunesse, mais presque aussi exigeante : on n'a jamais fini d'apprendre parce qu'on n'a jamais fini d'ignorer. Je ne veux pas dire que pour moi aucun moment ne soit gratuit : jamais un instant ne m'a semblé perdu s'il m'apportait un plaisir. Mais à travers la dispersion de mes occupations, divertissements, vagabondages, il y a une constante volonté d'enrichir mon savoir.

Plus je vais, plus le monde entre dans ma vie jusqu'à la faire éclater. Pour la raconter, il me faudrait douze portées; et une pédale pour *tenir* les sentiments — mélancolie, joie, dégoût — qui en ont coloré des périodes entières, à travers les intermittences du cœur. Dans chaque moment se reflètent mon passé, mon corps, mes relations à autrui, mes entreprises, la société, toute la terre; liées entre elles, et indépendantes, ces réalités parfois se renforcent et s'harmonisent, parfois interfèrent, se contrarient ou se neutralisent. Si la totalité ne demeure pas toujours présente, je ne dis rien d'exact. Même si je surmonte cette difficulté, j'achoppe à d'autres : une vie, c'est un drôle d'objet, d'instant en instant translucide et tout entier opaque,

que je fabrique moi-même et qui m'est imposé, dont le monde me fournit la substance et qu'il me vole, pulvérisé par les événements, dispersé, brisé, hachuré et qui pourtant garde son unité ; ça pèse lourd et c'est inconsistant : cette contradiction favorise les malentendus. Je n'ai pas été aussi secouée par la guerre que je le prétends, a-t-on dit, puisqu'en 1941 je prenais plaisir à me promener ; on dira sans doute que la guerre d'Algérie m'a peu touchée puisque Rome, la musique, certains livres ont gardé pour moi leur attrait. Mais, tout le monde l'a éprouvé, on peut se divertir avec le cœur en deuil. L'émotion la plus violente et la plus sincère ne dure pas : quelquefois elle suscite des actes, elle engendre des manies, mais elle disparaît ; par contre un souci, provisoirement écarté, ne cesse pas d'exister : il est présent dans le soin même que je prends de l'éviter. Les paroles souvent ne sont que du silence et le silence a ses voix. Pendant la captivité de Sartre, étais-je malheureuse ou encore heureuse ? J'étais telle que je me suis peinte, avec mes gaietés, mes angoisses, mes découragements, mes espoirs. J'ai tenté de saisir la réalité dans sa diversité et sa fluidité ; résumer mon récit en mots définitifs, c'est aussi aberrant que de traduire en prose un bon poème.

Le fond, tragique ou serein sur lequel mes expériences s'enlèvent leur donne leur vrai sens et en constitue l'unité ; j'ai évité de les lier par des transitions qui seraient univoques, donc artificielles. Alors puisque la totalisation me paraît si nécessaire, pourquoi me suis-je asservie à l'ordre chronologique au lieu de choisir une autre construction ? J'y ai réfléchi, j'ai hésité. Mais ce qui compte avant tout dans ma vie, c'est que le temps coule ; je vieillis, le monde change, mon rapport avec lui varie ; montrer les transformations, les mûrissements, les irréversibles dégradations des autres et de moi-même, rien ne m'importe davantage. Cela m'oblige à suivre docilement le fil des années.

Si bien qu'après cet intermède je reprends mon histoire où je l'avais laissée.

DU MÊME AUTEUR

Aux Éditions Gallimard

Romans

L'INVITÉE (1943).
LE SANG DES AUTRES (1945).
TOUS LES HOMMES SONT MORTELS (1946).
LES MANDARINS (1954).
LES BELLES IMAGES (1966).
QUAND PRIME LE SPIRITUEL (1979).

Récit

UNE MORT TRÈS DOUCE (1964).

Nouvelle

LA FEMME ROMPUE (1968).

Théâtre

LES BOUCHES INUTILES (1945).

Essais — Littérature

PYRRHUS ET CINÉAS (1944).
POUR UNE MORALE DE L'AMBIGUÏTÉ (1947).
L'AMÉRIQUE AU JOUR LE JOUR (1948).
LE DEUXIÈME SEXE, I et II (1949).

PRIVILÈGES (1955). (Repris dans la coll. Idées sous le titre FAUT-IL BRÛLER SADE ?)

LA LONGUE MARCHE, *essai sur la Chine* (1957).

MÉMOIRES D'UNE JEUNE FILLE RANGÉE (1958).

LA FORCE DE L'ÂGE (1960).

LA FORCE DES CHOSES (1963).

LA VIEILLESSE (1970).

TOUT COMPTE FAIT (1972).

LES ÉCRITS DE SIMONE DE BEAUVOIR (1979), par Claude Francis et Fernande Gontier.

LA CÉRÉMONIE DES ADIEUX, suivi de ENTRETIENS AVEC JEAN-PAUL SARTRE, *août-septembre 1974* (1981).

Témoignage

DJAMILA BOUPACHA (1962), en collaboration avec Gisèle Halimi.

Scénario

SIMONE DE BEAUVOIR (1979), un film de Josée Dayan et Malka Ribowska, réalisé par Josée Dayan.

Impression Bussière Camedan Imprimeries
à Saint-Amand (Cher),
le 4 juillet 2000.
Dépôt légal : juillet 2000.
1ᵉʳ dépôt légal dans la collection : septembre 1972.
Numéro d'imprimeur : 003009/1.
ISBN 2-07-036764-9./Imprimé en France.